Abriß

der

Heiligen Geschichte.

Sonderabdruck aus
der vierten Auflage des Hilfsbuchs für den Religionsunterricht.

Von

Professor R. Heidrich,

Geh. Regierungsrat, Königl. Gymnasialdirektor a. D.

Berlin 1915.

J. Guttentag, Verlagsbuchhandlung,

G. m. b. H.

Vorwort.

Der vorliegende Abriß der Heiligen Geschichte ist ein Sonderabdruck aus der vierten Auflage meines Hilfsbuchs für den Religionsunterricht in den oberen Klassen. Eine weitere Ausführung des Stoffes findet der Lehrer in meinem „Handbuch der Heiligen Geschichte" (3. Aufl. 1911), auf dessen Abschnitte die Überschriften hinweisen. Eine Darlegung über den Unterricht in der Heiligen Geschichte ist gegeben in demselben Buche, in meinem Lehrplan (1903, Progr. des Gymn. zu Nakel-Netze) und in meiner „Christenlehre" (1912).

Berlin, den 20. März 1915.

R. Heidrich.

Inhaltsverzeichnis.

I. Lehrbuch.

Erster Teil[1]).

Heilige Geschichte[2]).

Einleitung.

Das Volk und die Religion der Offenbarung.

1. Die Abstammung des Volkes Israel. (II, 6.)[3])

Unsere Religion verdanken wir nicht unseren Vorfahren, auch nicht einem anderen Volksstamme der Indogermanen, zu denen ja auch das deutsche Volk gehört[4]), sondern dem zwar kleinen, aber darum nicht unbedeutenden Volke Israel, welches zum Volksstamme der Semiten gehört.

Die Semiten zerfallen aber in Ostsemiten und Westsemiten, da der Urstamm der Semiten sich zunächst in zwei Teile geteilt hat, aus welchen dann allmählich die einzelnen semitischen Völker entstanden sind. Zu den Westsemiten gehören die Kanaaniter (Phönizier, Hebräer, Moabiter), die Aramäer und die Araber. Zu den Ostsemiten gehören die Babylonier und die Assyrer, von denen in vorhistorischer Zeit die Ägypter (und die Abessinier) ausgegangen sind. Für uns kommt hier nur das Volk Israel in Betracht, andere (sowohl semitische als auch nicht-semitische) Völker nur insoweit, als sie in Israels Geschichte eingreifen[5]).

[1]) Der Unterricht in der Heiligen Geschichte: Lehrplan für den Religionsunterricht (Nakel 1903): II, 4b. Christenlehre (1912): II bcd. Handbuch II[3]: S. XLVII–XLIX u. S. LIV–LXV–LXXIII.

[2]) Die zur heiligen Geschichte gehörenden Abschnitte: Die heilige Schrift, Die biblischen Bücher, Zahlen der heiligen Geschichte, sind — um sie für den Schüler leichter auffindbar zu machen — in den Anhang des Lehrbuchs verwiesen worden: Nr. 141–143, 155, 1 u. 2.

[3]) In der Klammer ist der betr. Abschnitt des Handbuchs (3. Aufl.) angegeben.

[4]) Inder, Perser—Griechen, Italer, Kelten—Germanen, Slawen.

[5]) Über die Sprache der Israeliten vgl. Nr. 9e und Heil. Gesch.[3] Nr. 14 A, II.

2. Die Religion des Volkes Israel und die weltgeschichtliche Bedeutung Israels. (II, 7—9.)

5. Mose 4, 5—14 u. 32—40. Ps. 42 u. 43. Hebr. 11.

a. Unter den Völkern des Altertums spielt das Volk Israel, äußerlich angesehen, nur eine unbedeutende Rolle; im Staate haben die Israeliten es niemals zu einer der athenischen oder der römischen auch nur im entferntesten ähnlichen Verfassung gebracht; eine Weltherrschaft haben sie niemals geübt; in Kunst und Wissenschaft stehen sie hinter den anderen Völkern des Altertums zurück. Aber dies kleine, unbedeutende Volk spielt in anderer Beziehung eine große Rolle. Während nämlich die anderen Völker dem Polytheismus verfallen und ihre Religionen schließlich zugrunde gegangen sind, hat das Volk Israel den Glauben an einen Gott festgehalten, obwohl es damit Jahrtausende allein stand in der ganzen Welt. Und aus diesem Volke ist nun, als die Zeit erfüllet war, das Christentum hervorgegangen, die eine der drei Weltreligionen, welche nach unserer Meinung schließlich nicht bloß die anderen weniger bedeutenden Religionen, sondern auch die beiden anderen Weltreligionen, den Buddhismus und den Islam, überwinden wird.

b. Der Glaube an den einen Gott — das ist das große Gut, welches Israel vor den anderen Völkern voraushatte; mit dem Volke Israel kann sich kein anderes Volk vergleichen (5. Mose 4, 5—14 u. 32—40); nach dem einen Gott dürstet des Israeliten Seele (Ps. 42 u. 43), und des Israeliten Eigentümlichkeit ist der Glaube an den einen Gott (Hebr. 11).

c. Die Entstehung, die Fortbildung und die Vollendung der israelitischen Religion beruht aber nicht auf einer rein menschlichen Entwicklung der geistigen Anlagen des Volkes Israel, sondern auf der Offenbarung Gottes, welcher sich dem Volke Israel immer aufs neue und immer vollkommener geoffenbart hat.

3. „Inhalt und Zusammenhang der heiligen Geschichte." (II, 10—12.)

Hebr. 1, 1—2. Röm. 10, 2. Matth. 28, 19.

a. Wie „Gott zu den Vätern manchmal und mancherleiweise durch Moses und die Propheten und zuletzt zu den Menschen durch seinen Sohn Jesus Christus geredet hat" (Hebr. 1, 1—2) — das ist der Hauptinhalt der in der heiligen Schrift erzählten Geschichte des Volkes Israel. Dieser Hauptinhalt der Bibel bildet nun zwar, wie der angeführte Spruch aus dem Hebräerbriefe zeigt, ein zusammenhängendes Ganze, aber es werden doch verschiedene Stufen und Perioden der Offenbarung unterschieden, und erst in Jesus Christus hat Gott sich den Menschen vollkommen geoffenbart. Als die Hauptträger der Offenbarung sind aber nach dem angeführten Bibelspruche Moses (in den „Propheten" enthalten), die Propheten und Christus anzusehen, an welche alles übrige sich als Ergänzung oder als Fortführung anschließt.

b. Hiernach ergeben sich also folgende Perioden der Geschichte des Volkes Israel, deren Überschriften im Anschluß an den genannten Spruch (und an Röm. 10, 2 und an Matth. 28, 19) also lauten:

1. Wie Gott die Israeliten aus Ägypten geführt und durch Moses zu ihnen geredet hat.

2. Wie Gott das Königtum im Volke Israel begründet und manchmal und mancherleiweise durch die Propheten zu seinem Volke geredet hat.
3. Wie die aus dem Exil zurückgekehrten Juden um Gott eiferten, aber mit Unverstand.
4. Wie Gott, als die Zeit erfüllet war, durch seinen Sohn Jesus Christus zu den Menschen geredet hat.
5. Wie die Apostel hingegangen sind in alle Welt, um alle Menschen zu Jüngern Jesu Christi zu machen.

c. Die heilige Schrift. Vgl. Nr. 141—143 und 146b; Heil. Gesch.[3] Nr. 13—15. Die Urkunde der Offenbarung aber, in welcher aufgezeichnet ist, wie Gott zu den Israeliten manchmal und mancherleiweise durch Moses und die Propheten und zuletzt durch seinen Sohn Jesus Christus zu allen Menschen geredet hat, ist die Bibel; von ihrer Gliederung und Entstehung, Übersetzung und Verbreitung, wie auch von ihrer Bedeutung wird unten ausführlich gesprochen werden.

d. Die Bücher der heiligen Schrift: Nr. 155, 1.

e. Die Zahlen der heiligen Geschichte: Nr. 155, 2.

Erster Teil.

Die Geschichte des Alten Bundes.

Erster Abschnitt.

Das Volk Israel in der Urzeit und im Zeitalter des Moses.[1])

Wie Gott die Israeliten aus Ägypten geführt und durch Moses zu ihnen geredet hat.

I. Die Geschichte des vormosaischen und des mosaischen Zeitalters.

4. Urgeschichte des Volkes Israel. (II, 16 u. 17.)

1. Mose 11, 27—32; 12, 1—9. Psalm 105, 1—23. Apg. 7, 2—16.

a. Als Stammvater des Volkes Israel wird in der Bibel Abraham genannt, ein Sohn des Tharah (eines Nachkommen des Sem), welcher bereits auf der Wanderung nach Westen begriffen war. Aber nicht in Tharah und auch nicht in Jakob, auf den doch die zwölf Stämme des Volkes zurückgeführt werden, sondern in Abraham erblickt das Volk Israel seinen Stammvater, weil es besonders an ihm denjenigen Zug wahrnimmt, welcher für das Volk Israel charakteristisch ist, den Glauben an den einen Gott. Von seinen Verwandten sich trennend, verläßt näm-

[1]) Über die Geschichtsquellen für dieses Zeitalter (die fünf Bücher Mosis und das Buch Josua) vgl. Nr 10c. Von den fünf in den genannten sechs Büchern behandelten Gegenständen (Urgeschichte der Menschheit — Urgeschichte des Volkes Israel — Erlösung aus Ägypten — Gesetzgebung — Eroberung Kanaans) werden hier nur die vier letzten behandelt, der erste in der Glaubenslehre (Nr. 125—128).

lich Abraham sein Vaterland (Babylonien, vielleicht um das Jahr 1900) im Vertrauen auf Gott, der ihm eine neue Heimat bescheren werde, die er freilich noch nicht kannte, und er hat das Vertrauen, daß sein Glaube der Glaube seines Volkes, ja aller Menschen werden müsse.

b. Auf seiner Wanderung dem Zuge der Vorfahren nach Westen folgend, kam nun Abraham nach Kanaan; obwohl bereits bewohnt, sollte doch dies Land einst der Besitz seiner Nachkommen werden. Zunächst war Abraham ein Fremdling in Kanaan, aber ein angesehener und mächtiger Mann, der mit seinen 318 Knechten auch wohl im Kriege die Entscheidung gab (K. 14), jedoch von den Landesbewohnern geschieden durch seinen Glauben. Diesen Glauben an den einen Gott hat Abraham gepflegt als das Heiligtum seiner Familie, und aus seiner Familie hat sich dasjenige Volk entwickelt, welches allein unter den Völkern den Glauben an den einen Gott festgehalten hat; Moses hat diesen Glauben zum Grundgesetz des ganzen Volkes erhoben; Jesus hat denselben verkündet und mit seinem Tode besiegelt als das Panier, um welches alle Völker gesammelt werden sollen. So glauben denn noch heute an einen Gott die Nachkommen Abrahams, die Israeliten, und monotheistische Religionen sind ebenfalls die auf dem Glauben Israels beruhenden Religionen, das Christentum und der Islam.

c. Das Zeitalter Abrahams und seiner beiden Nachkommen, Isaak und Jakob, welche im Westjordanlande an verschiedenen Orten gewohnt hatten, schließt mit der durch Jakobs Sohn Joseph veranlaßten Wanderung der bereits zahlreich gewordenen Familie nach Ägypten, wo sie zum Volke heranwachsen unter einem fremden Volke, von demselben geschieden vornehmlich durch ihren Glauben.

5. Moses' Geburt und Berufung. (II, 18.)

2. Mose 2—4.

a. Als nun später das Volk Israel in Ägypten schwer bedrückt wurde, da wurde ihnen in Moses der Befreier aus der Knechtschaft in Ägypten und der Begründer des unter ihnen zu errichtenden Gottesstaates geschenkt. In trüber Zeit, von Eltern aus dem Stamme Levi geboren, welche bereits zwei Kinder hatten, Aaron und Mirjam (= Maria), sollte er als Kind (wie alle neugeborenen Knaben) nach des Königs Befehl im Nil ertränkt werden. Als die Mutter das Kind nach drei Monaten endlich aussetzen mußte, wurde das schwimmende Schilfkästchen von einer Tochter des Königs bemerkt, und das Kind aus Mitleid von ihr gerettet und erzogen.

b. Aber „durch den Glauben wollte Moses, da er groß ward, nicht mehr ein Sohn heißen der Tochter Pharaos, und erwählte viel lieber mit dem Volke Gottes Ungemach zu leiden“ (Hebr. 11, 24—25). Aber als er nun eigenmächtig seinem unterdrückten Volke helfen wollte, da mußte er vor des Königs Zorn aus Ägypten fliehen, und er begab sich nach der benachbarten Sinaihalbinsel, wo er bei einem Priester der Midianiter Aufnahme fand; es schien so, als hätte er darauf verzichtet, seinem Volke helfen zu wollen, nachdem ihm der erste Versuch mißlungen war.

c. Aber als er nun schon alt geworden war, da fühlte er sich von Gott berufen, sein Volk aus der Knechtschaft zu erlösen, und nun ist ihm dies Werk gelungen.

6. Die Erlösung des Volkes Israel aus Ägypten. c. 1320. (II, 19.)

2. Mose 14, 30—15, 21.

a. Als Moses, dem Rufe Gottes folgend, nach Ägypten zurückkehrte, da freuten sich seine Landsleute, als sie von der ihnen zugedachten Erlösung aus Ägypten hörten. Als aber der König das Verlangen Moses', daß das Volk einmal in der Wüste ein Fest feiern dürfe, entschieden zurückwies, ja das Volk nun noch mehr bedrückte, da wollten sie von Moses nichts mehr wissen; doch Moses gab darum seinen Plan nicht auf. Hatte der König der Bitte des Moses nicht nachgegeben, so mußte er jetzt vor den Plagen Gottes, die über sein Land kamen, sich beugen und endlich doch Israel ziehen lassen. Durch zehn Plagen, welche über das Land kamen, zum Nachgeben gezwungen, ließ endlich der König das Volk ziehen, und von den geängsteten Ägyptern gedrängt, zogen die Israeliten aus dem Lande.

b. Den König reute es aber bald, daß er die Israeliten hatte ziehen lassen; er setzte ihnen mit einem starken Heere nach, und im Westen des (damals noch weiter nach Norden hinaufreichenden) Meerbusens von Suez kam er in ihre Nähe. Als nun Israel verzweifelt an seiner Rettung verzagte, da führte sie Moses glücklich mitten durch das Meer; die ihnen nachsetzenden Ägypter aber wurden von der zurückkehrenden Flut überrascht und vernichtet. Dieser Tag war der Tag, an welchem Israel eigentlich zum Volke Gottes geworden ist; an ihm erfuhren sie, was das erste Gebot sagt: „Ich bin der Herr, dein Gott, der ich dich aus Ägyptenland, aus dem Diensthause, geführt habe"; alljährlich wurde das Volk durch die Feier des Passahfestes an seine wunderbare Erlösung aus Ägypten erinnert.

7. Der Zug zum Sinai und die Bundschließung. (II, 20.)

a. Aber zunächst nicht nach Kanaan, welches damals ebenfalls noch den Ägyptern untertan war, hatte Moses sein Volk zu führen beschlossen, sondern er führte sie auf die Halbinsel Sinai zu; das Ziel ihrer weiteren Wanderung war der „Berg Gottes" (schon damals als solcher geltend), der Sinai, an dem sie unter manchen Schwierigkeiten, die Moses mit Gottes Hilfe überwand, im dritten Monat nach dem Auszuge glücklich anlangten.

b. Am Sinai wurde nun ein längerer Aufenthalt gemacht; hier sollte der Bund Gottes mit dem Volke Israel geschlossen werden, durch welchen dasselbe noch fester an Gott geknüpft wurde, als seine Stammväter. Aber das Volk Gottes konnten sie nur werden, wenn sie seiner Stimme gehorchen wollten; und das Volk erklärte sich auf Moses' Anfrage bereit, alles, was der Herr fordere, zu tun. Nachdem nun das Volk durch Reinigungen für den feierlichen Akt der Bundschließung vorbereitet worden war, erfolgte die Bekanntmachung des Grundgesetzes des Bundes, der zehn Gebote, und darauf die feierliche Bundschließung zwischen Gott und dem Volke, durch welche Israel zum Volke Gottes wurde. (Nr. 12.)

c. Aber als Moses wieder auf dem Sinai verweilte, beging sein Volk eine schwere Sünde, indem es Moses' Bruder Aaron nötigte, ihm ein Bild Gottes zu machen. Der Bilderdienst war aber dem Volke kurz vorher verboten worden, und so erging über das Volk durch die Leviten, Moses' Stammgenossen, ein strenges Strafgericht. Moses aber betete zu Gott, daß er das Volk trotz seines Abfalls doch nicht verstoße, und gab dem Volke, da er die ersten Tafeln beim Anblick des goldenen Kalbes zerbrochen hatte, zwei neue Tafeln mit den zehn Geboten; auch empfing das Volk in dieser Zeit eine Gottesdienstordnung und den Grundstock der Gesetzgebung, welche später immer weiter ausgebaut worden sind[1]).

8. Vom Sinai zum heiligen Lande; Moses' Tod. (II, 21.)

5. Mose 29; 31, 1—8; 32, 48—52. K. 34.

a. Nachdem Israel etwa ein Jahr lang am Sinai verweilt hatte, brach es unter Moses' Führung auf, um nach dem Lande Kanaan zu ziehen; es gelangte auch bald an die Südgrenze des Landes, zur Stadt Kades Barnea. Von hier aus wurden nun Kundschafter in das Land geschickt; als diese aber bei ihrer Rückkehr von den starken Bewohnern und den festen Städten Kanaans erzählten, da wurden die Israeliten mutlos, und bald darauf wurden sie auch bei einem Angriff auf die Amalekiter zurückgeschlagen. Nun erkannte Moses, daß diese Generation nicht geeignet sei, den neuen Wohnsitz zu erobern; ein neues, besseres und tüchtigeres Geschlecht mußte erst heranwachsen, ehe an die Eroberung Kanaans zu denken war.

b. Als nun Moses die Zeit gekommen glaubte, um aufs neue die Eroberung Kanaans zu versuchen, da gedachte er durch das Gebiet der Edomiter zu ziehen, um von Osten her in Kanaan einzudringen. Da aber die Edomiter den Durchzug nicht gestatteten, so mußte das Volk bis zum Golf von Akaba zurückziehen, und nunmehr zog es im Osten von den Edomitern und darauf ebenso an der Ostgrenze des Moabiterlandes hin bis zum Flusse Arnon, welcher, in das Tote Meer mündend, die Südgrenze des Landes der Amoriter bildete. Der König dieses Volkes, Sihon, welcher ihnen feindlich entgegentrat, um ihnen den Durchzug durch sein Gebiet zu verwehren, und bald darauf auch der König des weiter nördlich gelegenen Landes Basan, namens Og, wurden besiegt, und so war das Ostjordanland in die Hände der Israeliten gefallen — eigentlich wider ihren Willen, nur infolge der Feindseligkeit seiner Bewohner; die Israeliten hatten es zunächst nur auf das Land im Westen des Jordan abgesehen. Da sie aber das Ostjordanland einmal eingenommen hatten, so haben sie es auch behalten, und die Stämme Ruben, Gad und halb Manasse haben sich daselbst angesiedelt.

c. Moses schien nun dem von ihm ins Auge gefaßten Ziel, der Eroberung des eigentlichen Landes Kanaan, ganz nahe gekommen zu sein; aber es war ihm nicht beschieden, sein Volk ins Land Kanaan zu führen; erst seinem Nachfolger Josua ist es gelungen, das Werk des Moses zu vollenden; Moses ist vor der Vollendung seines Werkes gestorben.

9. Die Eroberung Kanaans durch Josua. (II, 23.)

Josua 1, 1—9. 21, 43—45. K. 23 u. 24.

a. Der Nachfolger des Moses, Josua, begann alsbald zu unternehmen, was dem Werke des Moses erst seinen Abschluß geben sollte, die Eroberung des Landes Kanaan. Nachdem die Israeliten den Jordan über-

[1]) Der Inhalt des Gesetzes ist in Nr. 10—19 dargelegt.

schritten und die nächstgelegene feste Stadt Jericho erobert hatten, kam es zu zwei großen Schlachten, in denen das Schicksal Kanaans entschieden wurde. Die Könige des mittleren Landes schlossen nämlich, um dem weiteren Vordringen Josuas zu wehren, ein Bündnis, wurden aber bei Gibeon geschlagen in einer Schlacht, von der es im Buche Josua nach einem alten Liede (im „Buche des Frommen“ — (Josua 10, 13) heißt, daß Gott auf Josuas Gebet Sonne und Mond habe stillstehen lassen, um ihm einen vollständigen Sieg über die Kanaaniter zu verschaffen. In einer zweiten Schlacht, am See Merom, wurden auch die verbündeten Könige des Nordens besiegt. Den Süden des Landes hatte der Stamm Juda selbständig erobert.

b. So waren nun die Kanaaniter besiegt, aber noch lange nicht unterworfen, selbst abgesehen davon, daß es den Israeliten niemals gelungen ist, bis ans Mittelmeer vorzudringen und die an der Küste wohnenden Philister und Phönizier zu unterwerfen. Viele Städte des Landes und ganze Gebiete blieben noch lange in den Händen der alten Bewohner und sind erst später unter die Herrschaft der Israeliten gekommen. Welche Folgen dieser Zustand für das Volk Israel gehabt hat, zeigt die spätere Geschichte. Trotzdem aber wurde das Land alsbald unter die einzelnen Stämme verteilt; Ruben, Gad und halb Manasse blieben im Osten vom Jordan; der Stamm Levi erhielt als Priesterstamm kein zusammenhängendes Gebiet; die anderen Stämme wurden im Westen vom Jordan angesiedelt.

c. Nunmehr war das Werk des Moses durch Josua zum Abschluß gebracht.

II. 9 B. Das heilige Land. (II, 24 u. 6.)

a. Zwischen dem Mittelmeer im W. und der Syrischen Wüste im O. erstreckt sich vom 31.—37. Breitengrade die Landschaft Syrien (mit Kanaan), im N. durch Zweige des Taurus von Kleinasien geschieden, im S. teils (im W.) in die Sinaihalbinsel, teils (im O.) in die Halbinsel Arabien übergehend. Syrien ist eine Hochebene, zum Teil mit hohen Bergketten besetzt, etwa 650 km lang und 100 – 150 km breit. Diese schmale Hochebene ist aber durch eine von N. nach S. gehende Spalte in eine östliche und eine westliche Hälfte geteilt. Der Norden der ganzen Landschaft ist das eigentliche Syrien, der kleinere Süden das Land Kanaan. In Syrien ist die Spalte von den Flüssen Orontes (der nach N. fließt und im W. von Antiochia mündet) und Leontes (der nach S. fließt und bei Tyrus mündet) ausgefüllt. Im südlichen Teile des eigentlichen Syriens erheben sich zu beiden Seiten der Spalte zwei Bergketten, im W. der Libanon, im O. der Antilibanon. Der Libanon ist etwa 150 km lang und endet bei Sidon; seine Kammhöhe beträgt 2000 m, die höchsten Gipfel gehen etwas über 3000 m hinaus; fast das ganze Jahr hindurch ist das Gebirge mit Schnee bedeckt (daher auch sein Name: weißer Berg); von den Zedernwäldern im Libanon haben die Türken nicht viel übrig gelassen. Der dem Libanon im O. parallel laufende Antilibanon ist nur 1500 m hoch, erhebt sich aber im S. zu dem 2760 m hohen Hermon, mit welchem er an der Grenze von Kanaan endet.

b. Der Süden des Landes Syrien ist das Land Kanaan oder Palästina. Dasselbe ist im N. vom Libanon und Antilibanon, im W. durch das Mittelmeer (welches aber die Israeliten nicht erreicht haben, da sie die Philister an der Küste nicht zu überwältigen vermochten), im O. von der Syrischen Wüste begrenzt, und geht im S. allmählich über in die Halbinsel Sinai (im W.) und in die Halbinsel Arabien (im O.). Kanaan reicht vom 31.–33. Breitengrade und ist etwa 520 Quadratmeilen groß (wovon ein Drittel im O. des Jordan). Auch in Palästina setzt sich die von N. nach S. gehende syrische Spalte fort; aber während dieselbe in Syrien etwa 1000 m hoch ist, senkt sie sich in Palästina, vom Jordan durchflossen, endlich so tief unter den Meeresspiegel hinab, daß das Tote Meer, dessen Spiegel 394 m unter dem des Mittelmeeres liegt, die tiefste Stelle der ganzen Erde ist. Südlich vom Toten Meere setzt sich die Spalte, aber wieder emporsteigend (nur im S. zum Meerbusen abfallend), bis zum Busen von Akaba fort; die Wasserscheide in dieser Fortsetzung der Spalte liegt 240 m über dem Mittelmeer.

Diese Spalte im Lande Kanaan, heute das Ghor genannt, ist nun bis zum Toten Meer von dem Hauptflusse des Landes, dem Jordan, durchflossen. Derselbe entspringt auf dem Hermon, der Südspitze des Antilibanon, in drei Quellen, welche sich in einem Seebecken, dem Chulesee, sammeln, der nach N. in einen Sumpf von wechselndem Umfang ausgeht; dieser See liegt noch 2 m über dem Meeresspiegel. Aus diesem See fließt der Jordan in vierstündigem Laufe mit starker Strömung in den See von Genezareth (oder das Galiläische Meer), welcher bereits 208 m unter dem Meeresspiegel liegt. Und immer mehr senkt sich nun das Ghor, so daß der Jordan in raschem Laufe in das Tote Meer gelangt, dessen Spiegel jetzt 394 m unter dem Meere liegt; in das Rote Meer ist der Jordan aber niemals abgeflossen. Das Wasser des Toten Meeres enthält sechsmal so viel Salz als der Ozean, so daß kein Meerfisch darin leben kann; sein spezifisches Gewicht ist schwerer als das des Menschen, so daß derselbe darin nicht untersinkt.

Auf beiden Seiten der vom Jordan durchflossenen Spalte erheben sich nun Hochländer, welche im S. in Wüste und Steppe auslaufen. Das Ostjordanland, früher Gilead, später Peräa genannt, ist wasserreicher als das Land im Westen, und hat deshalb prächtige Wälder und reichen Graswuchs und eignet sich trefflich für Ackerbau und Viehzucht; nach Osten geht das Land allmählich in die Syrische Wüste über. Das Westjordanland, welches steil zum Jordan abfällt (wie auch das Ostjordanland), aber sanfter nach Westen, wo ihm ein flacher Küstensaum, das Land der Philister, vorliegt, zerfällt in drei Landschaften, Galiläa, Samaria und Judäa. Galiläa, die nördlichste Landschaft, ist eine Hochebene, zur Viehzucht geeignet, von einzelnen Bergen überragt (Tabor 562 m, angeblich der Berg der Verklärung Jesu). In Galiläa liegt Nazareth (Nasra); dagegen sind von Kapernaum nicht einmal die Trümmer sicher nachzuweisen (es lag am Galiläischen Meer). Die größten Städte waren zur Zeit Jesu Cäsarea und Tiberias. Galiläa ist im S. durch die Tiefebene Jesreel begrenzt, in welcher der Kison zum Mittelmeer fließt. Südlich von der Ebene zieht ein Höhenzug ans Meer, welcher mit dem Vorgebirge Karmel endigt (180 m); dasselbe bildet die Grenze zwischen den Gebieten der Phönizier (im N.) und der Philister (im S.). Südlich von Galiläa erheben sich die Hochländer von Samaria (Gebirge Ephraim) und Judäa (Gebirge Juda), beide jetzt unbewaldet, mit spärlichem Graswuchs für die Herden. In Samaria war zuerst die Hauptstadt Sichem (das heutige Nabulus), wo noch jetzt ein kleiner Rest der Religionsgemeinde der Samariter zu finden ist (etwa 170 Seelen); die spätere Hauptstadt war Samaria. In Judäa zieht sich durch das Land von N. nach S. noch ein höheres Plateau, auf welchem die größeren Orte liegen, namentlich Jerusalem. Eine Meile südlich von Jerusalem liegt Bethlehem, weiter südlich Hebron. Der Hafen für Jerusalem ist Joppe oder Jafa, heute mit Jerusalem durch eine Kunststraße und durch eine Eisenbahn verbunden; nördlich davon lag am Meere Cäsarea, in der römischen Zeit die Hauptstadt von Palästina, jetzt ein kleines Dorf. In der Nähe des Toten Meeres lag Jericho, früher durch seine Palmengärten berühmt, in dessen Nähe heute ein armseliges Dorf in öder Umgebung liegt.

c. Die Hauptstadt des Landes ist heute, wie früher, Jerusalem, c. 780 m über dem Mittelmeer, aber 1160 m über dem Toten Meere liegend, von jenem 12 Stunden, von diesem 8 Stunden entfernt. Rings um die Stadt ziehen sich Täler, welche sie im Altertum gegen feindliche Angriffe sicherten; nur im Nordwesten hängt die Stadt mit dem Hochlande zusammen, auf welchem sie liegt. Da nun die Täler auch in die Stadt hineinziehen (oder doch früher hineinzogen, während sie heute zum Teil ausgefüllt sind), so zerfiel die Stadt in vier Teile: den südöstlichen, Zion[1]) oder die Stadt Davids, den nordöstlichen mit dem Tempel (Moria), den südwestlichen mit der Oberstadt, den nordwestlichen, die Bezetha. Das heutige Jerusalem ist nicht ganz das alte, sondern teils darüber hinausgreifend (Grabeskirche), teils dahinter zurückbleibend.

Seit dem J. 637 befindet sich Jerusalem in den Händen der Mohammedaner, und sie nannten die Stadt, die ihnen nächst Mekka als der heiligste Ort der Welt gilt, el Kuds d. h. das Heiligtum; auf dem alten Tempelplatze steht heute eine Moschee, der sogen. Felsendom. Aber die Mehrzahl der Bewohner bilden noch heute die Juden (45000), neben denen nur 10000 Mohammedaner und 15000 Christen vorhanden sind. Unter den Christen sind am zahlreichsten die Griechen (Hauptkirche und mehrere von ihr getrennte Parteien: 8000 Seelen); römische Christen sind etwa 4000 vorhanden, Evangelische 1600. Die Evangelischen haben neben fünf Kirchen (darunter die im J. 1898 von Kaiser Wilhelm II. eingeweihte Erlöserkirche) mehrere Schulen und Wohltätigkeitsanstalten (darunter auch eine Diakonissenanstalt). Als gemeinsames Heiligtum aller Christen gilt die Kirche des heiligen Grabes (den Griechen und Lateinern gehörig), welche angeblich alle Stätten des Leidens und der Auferstehung Jesu einschließt: im O. die Schädelstätte (Golgatha), im W. das heilige Grab; alle christlichen Parteien (außer den Evangelischen) halten in dieser Kirche abwechselnd Gottesdienst.

d. In das von den Kanaanitern (Semiten — in verschiedenen Stämmen) bewohnte Land Kanaan sind nun (im 14. Jahrh. vor Chr.) die Israeliten eingewandert, und sie haben sich im Lande, nach ihren Stämmen zusammenwohnend, angesiedelt; nur der Stamm Levi hat kein zusammenhängendes Gebiet erhalten. Wenn nun die Israeliten schon mit den von ihnen zwar

---

[1]) Heute wird Zion der Westen der Stadt genannt.

unterworfenen, aber doch nicht ausgerotteten Kanaanitern viele Kämpfe zu bestehen hatten, so haben sie erst recht kämpfen müssen gegen die ihnen benachbarten Völker, die im O. von ihnen wohnenden Moabiter und Ammoniter, die im S. wohnenden Edomiter, die im W. wohnenden Philister und die im N. wohnenden Syrer oder Aramäer.

e. Die Sprache, welche die Israeliten gesprochen haben, das Hebräische (eine semitische Sprache), ist stets auf einen kleinen Raum beschränkt gewesen; nach dem Exil ist aber das Hebräische verdrängt worden durch das Aramäische, die Sprache der im N. von den Israeliten ansässigen Syrer oder Aramäer, welche um die Zeit Jesu im ganzen Lande die herrschende Sprache war [1]). Heute haben die Juden zwar noch eine gemeinsame Religion, aber nicht mehr eine gemeinsame Sprache, sondern sie sprechen die Sprache desjenigen Landes, in welchem sie ihren Wohnsitz haben.

III. Die Gesetzesreligion nach ihrer Begründung und in ihrem Wesen.

10. Einleitung; die Bücher Mosis und das Buch Josua.

(II, 50—51 u. 57, u. 25—29.)

a. Nicht um seiner äußeren Geschichte, sondern um seiner Religion willen ist das Volk Israel für uns von Bedeutung; seine Religion ist nämlich, nachdem sie durch Moses begründet und durch die Propheten weiterentwickelt worden ist, die Grundlage des Christentums geworden. Im folgenden Abschnitte soll nun diese Religion in derjenigen Form, welche sie durch Moses und seine Nachfolger erhalten hat, dargestellt werden.

b. Dieser Abschnitt, welcher die Religion Israels in ihrer gesetzlichen Form, die Gesetzesreligion, darstellt, zerfällt aber in drei Hauptteile. Im ersten Teil wird die Begründung der Gesetzesreligion dargestellt; Moses, als der Begründer des Glaubens an Jehovah, als Mittler des Bundes mit Gott, als Urheber des Gesetzes wird hier dargestellt. Der zweite Teil zeigt, wie Gott mit dem Volke Israel in Gemeinschaft tritt, indem er in diesem Volke herrscht als sein König, wie er sich gegenwärtig zeigt in seinem Heiligtum, und wie er dem Volke nahekommt an den von ihm eingesetzten Festen. Der dritte Teil zeigt, wie das Volk mit seinem Gott in Gemeinschaft tritt. Israel ist ein heiliges Volk, aber es tritt mit seinem Gott nicht in eine unmittelbare, sondern in eine durch Priester und Opfer vermittelte Gemeinschaft.

Drei Hauptgedanken sind es also, die uns in jedem der drei Hauptteile dieses Abschnittes entgegentreten, zuerst: Name Gottes, Bund Gottes, Gesetz Gottes; sodann: Gottes Gegenwart in Israel, das Heiligtum Gottes, die Feste des Herrn; endlich: die Heiligkeit Israels, das Priestertum, das Opfer.

Im folgenden soll nun die Gesetzesreligion nach der hier angedeuteten Gliederung dargestellt werden.

c. Unsere Kunde von der durch Moses begründeten Gesetzesreligion und von der älteren Geschichte des Volkes Israel beruht aber auf den fünf

---

[1]) Heute ist in Palästina die herrschende Sprache das Arabische.

Büchern Mosis (dem Pentateuch) und dem als Anhang zu denselben anzusehenden Buche Josua — einem großen, allmählich entstandenen Werke. Das unzweifelhaft von Moses selbst herstammende und aufgezeichnete Zehngebot nebst einigen anderen Gesetzen ist nämlich später durch einen Propheten und einen Priester zu einem großen Gesetzbuch erweitert worden. Wie nun das Gesetz erst im Laufe der Zeit weiter entwickelt worden ist, so hat auch die gesetzliche Frömmigkeit des Volkes Israel nur allmählich diejenige Gestalt erhalten, welche im folgenden dargestellt ist. Die Darstellung des Gesetzes Mosis in seiner (allerdings erst in der Zeit nach Moses) allmählich entwickelten Gestalt, vereinigt mit der Erzählung vom Werke des Moses (Erlösung des Volkes aus Ägypten und Gesetzgebung), welchem als Einleitung die Geschichte der vormosaischen Zeit (die Urgeschichte der Menschheit und die Urgeschichte des Volkes Israel) vorangeschickt und die Geschichte von seinem Nachfolger Josua (Eroberung Kanaans) angefügt ist, ist enthalten in dem großen „Buch des Gesetzes", wie die Israeliten sagen, d. h. in den fünf Büchern Mosis, für welche das Buch Josua als Abschluß anzusehen ist.

A. Die Begründung der Gesetzesreligion.

11. Der Gott Israels und sein Name. (II, 52 u. 58.)

„Du sollst nicht andere Götter haben neben mir." 2. Mose 20, 3.
„Der Herr unser Gott ist ein einiger Herr." 5. Mose 6, 4.
„Ich bin der allmächtige Gott, wandle vor mir und sei fromm!" 1. Mose 17, 1.
(Lesen: Psalm 29.)
„Ich bin erschienen Abraham, Isaak und Jakob als der allmächtige Gott; aber mein Name Herr (Jehovah) ist ihnen nicht offenbart worden." 2. Mose 6, 3.
„Ihr sollt heilig sein, denn ich bin heilig, der Herr, euer Gott." 3. Mose 19, 2.

a. Die Religion Israels ist auf der Grundlage der Religion der Stammväter des Volkes durch Moses begründet worden. Moses war nun zwar ein großer Prophet, aber nicht vornehmlich durch die Predigt hat er seine Religion gestiftet, sondern durch die großen Taten, die er vollbracht hat: einerseits durch die Erlösung Israels aus Ägypten und seine Führung nach Kanaan, andererseits durch die Bundschließung am Berge Sinai.

b. Schon die Patriarchen haben den einen Gott verehrt, und die Israeliten waren zu Moses' Zeit zwar in Gefahr, zu „andern Göttern" abzufallen, aber sie waren im ganzen doch dem einen Gott treu geblieben. Zwar sind später die Israeliten immer wieder zum Götzendienst abgefallen, aber wenigstens seit dem Exil „eiferten sie um den einen Gott, wenn auch mit Unverstand", und die Neigung zum Götzendienst war seitdem bei ihnen für immer beseitigt. Moses hat also nicht an die Stelle der von den Stammvätern verehrten vielen Götter den einen Gott gesetzt, sondern er hat die Israeliten nur in dem von ihren Stammvätern verehrten allmächtigen Gott, von dem auch die Heiden wissen, auch den heiligen Gott erkennen lassen; aber daß Gott für jeden einzelnen Menschen ein Vater sei, das hat erst Jesus den Menschen verkündigt; für den Israeliten ist Gott nur der Vater seines Volkes.

c. Für seinen Gott hat nun das Volk Israel seit Moses' Zeit auch einen besonderen Namen, welcher ausschließlich von dem Gotte Israels gebraucht wird, nämlich den Namen Jehovah[1]), d. h. der Seiende oder der Ewige, und in diesem Gotte hat das Volk Israel. während es früher jedem Volke eine besondere Gottheit zuschrieb, später immer deutlicher den Gott aller Völker erkannt.

12. Der Bund Gottes mit dem Volke Israel. (II, 59.)

„Ich will euer Gott sein, und ihr sollt mein Volk sein." 3. Mose 26, 12.
2. Mose 19, 1—20 und 24, 1—8. 5. Mose 4, 23—40. K. 29. 3. Mose 26.
Josua 1, 1—9; 24, 1—28. Richter 2, 6—13.

a. Mit dem Volke Israel, welches sich Jehovah durch die Erlösung aus Ägypten zum Eigentum erworben hatte, hat nun Gott durch Moses am Berge Sinai einen Bund geschlossen, durch welchen Jehovah als der Gott des Volkes Israel in besonderem Sinne und das Volk Israel als sein besonderes Eigentum anerkannt wurde. Der Bund beruhte zunächst auf Gottes Entgegenkommen, aber Israel mußte auch willig sein, in den Bund einzutreten (3. Mose 29, 12). Auch dieser Bund wurde nun nach der Sitte des Altertums unter Darbringung eines Opfers geschlossen, und außerdem wurde er noch durch eine besondere Handlung bekräftigt. Das Blut der geschlachteten Opfertiere wurde nämlich zur Hälfte an den Altar gesprengt (wie das beim Opfer stets geschah), sodann aber wurde mit der andern Hälfte das Volk besprengt mit den Worten: „Das ist das Blut des Bundes, den der Herr mit euch macht auf Grund aller dieser (im Bundesbuche aufgezeichneten) Worte" (2. Mose 24, 8). Durch diese nur hier vorkommende sinnbildliche Handlung wurde angedeutet, daß das Volk mit Gott in Gemeinschaft trete.

b. Die Idee der Bundesgemeinschaft zwischen Gott und Israel ist nun die Hauptidee der alttestamentlichen Religion; ihr Wesen wird aber am deutlichsten bezeichnet durch das Wort: „Ich will euer Gott sein, und ihr sollt mein Volk sein" (3. Mose 26, 12). Gottes Volk ist aber Israel nur, wenn es Gottes Gebote hält; wenn es gottlos ist, so hat es die strengsten Strafen von Gott zu erwarten. Aber Gott wird sein Volk auch dann nicht für immer verstoßen, sondern es nur züchtigen, damit es sich bekehre, und dann ist die Bundesgemeinschaft wiederhergestellt.

c. Aber die Wirklichkeit hat der Idee zunächst und für lange Zeit nicht entsprochen, und als das Volk nach dem Exil das Gesetz Moses wirklich streng hielt, da versank es in die Knechtschaft des Buchstabens, von welcher es erst durch Christus befreit worden ist.

13. Das Gesetz Gottes; der Dekalog. (II, 60—61.)

„Ihr sollt heilig sein, denn ich bin heilig, der Herr, euer Gott." 3. Mose 19, 2.
5. Mose 4, 5—14 u. 32—40 2. Sam. 7, 23—24. Ps. 19. Röm. 2, 17—29.
2. Mose 20, 1—17. 5. Mose 5, 6—21. 3. Mose 19, 1—18 u. 30—37.

a. Wenn nun das Volk mit Gott in eine Bundesgemeinschaft trat, so mußte es heilig sein, wie Gott; was es aber zu tun und zu lassen habe, um heilig zu sein, das erfuhr Israel aus dem Gesetz.

---

[1]) Da die Hebräer in ihrem Alphabet keine Vokale haben, so können wir nicht sicher erkennen, wie dieses Wort ausgesprochen worden ist. Die heutigen

b. Im Gesetz Mosis sind nun einerseits die höchsten Ideen zwar schon ausgesprochen, aber im Leben des Volkes wurden sie noch nicht verwirklicht; das war erst die Aufgabe des Christentums; aber andrerseits hatte das Gesetz und die Frömmigkeit nach dem Gesetz auch noch ihre Schranken, und auch diese sind erst im Christentum überwunden worden.

c. Das Grundgesetz des Volkes Gottes enthielten die beiden Tafeln, auf welchen die zehn Gebote, der Dekalog, verzeichnet waren. Der Wortlaut derselben ist uns nicht genau bekannt (2. Mose 20 und 5. Mose 5 stimmen nicht buchstäblich mit einander überein)[1], und über die Verteilung des Dekalogs auf die beiden Tafeln sind die verschiedenen Kirchen verschiedener Meinung (griechisch-reformierte Teilung: fünf und fünf Gebote; katholisch-lutherische Teilung: drei und sieben Gebote). Den Inhalt des Dekalogs bilden die Grundforderungen des religiösen (die erste Tafel) und des sittlichen Lebens (die zweite Tafel). Die andern mosaischen Gesetze sind teils eine Ausführung des Sittengesetzes, teils Religionsgesetze, teils Staatsgesetze. Daß diese Gebote aber nicht alle den gleichen Wert für die Frömmigkeit haben, das ist im Gesetz nur angedeutet (5. Mose 30, 11—14), von den Propheten zwar bereits deutlich ausgesprochen (Jer. 31, 33), aber erst im Christentum zur Geltung gebracht worden.

B. Die Gemeinschaft Gottes mit dem Volke Israel.

14. Gottes Gegenwart im Volke Israel. (II, 62.)

„Ich will unter ihnen wohnen und will ihr Gott sein." 3. Mose 26, 11—12. Hesek. 37, 27. Offenb. 21, 3.

„Du sollst dir kein Bildnis . . . Bete sie nicht an, und diene ihnen nicht!" 2. Mose 20, 4—5.

a. Der Gott, der sich dem Volke Israel unter einem neuen Namen geoffenbart, der mit ihm einen Bund geschlossen und ihm ein Gesetz gegeben hat, ist nun auch mit seinem Volke in eine dauernde Gemeinschaft getreten. Zwar wird ja Gott auch bei den Israeliten als im Himmel wohnend gedacht, aber damit ist schon in der alten Zeit nur der Gedanke der Erhabenheit Gottes über die Welt ausgesprochen, und der Gott des Himmels offenbart sich auf Erden. Gott ist nun aber ein Geist und darf nach dem Gesetze nicht unter einem Bilde dargestellt werden (2. Mose 20, 4—5); der nach Salomos Tode im Reiche Israel eingeführte Bilderdienst verstieß gegen das Gesetz. Aber darum ist Gott dem Volke nicht ferne, sondern er wird als in seinem Volke wohnend gedacht, zwar noch nicht, wie die Propheten und Christus lehren, im Herzen der Gläubigen (so daß man an jedem Orte zu Gott beten kann), aber wohl in der Bundeslade, in der Stiftshütte und im Tempel, also im Nationalheiligtum.

b. Der im Volke Israel wohnende Gott ist nun der König dieses Volkes (2. Mose 15, 18), aber erst nach den Propheten auch der König aller Völker (Jer. 10, 7). Es gibt aber in Israel zunächst kein ständiges Amt,

Gelehrten sprechen diesen Namen Jahveh und übersetzen ihn „Der Ewige". Luther hat diesen Gottesnamen übersetzt mit HERR, den Gottesnamen Adonaj mit HErr, den Gottesnamen Elohim mit GOtt.

[1] Die eigentlichen 10 Gebote ohne Erläuterungen bestehen im Grundtext aus 28 + 26 = 54 Wörtern.

welches der Träger der Königsgewalt Gottes wäre; bisweilen gibt es gar keine einheitliche Leitung des Volkes; wenn es eine solche gibt, so sind die Träger derselben nur Stellvertreter Gottes; ein erbliches Königtum ist eigentlich ein Widerspruch gegen das Königtum Gottes. So ist Israel eine Theokratie, aber nicht ein hierarchischer Staat; das Priestertum hat den Kultus zu leiten, aber nicht das Volk zu regieren.

c. Das Königtum Jehovahs ist nun zwar in der Gesetzesreligion auf das Volk Israel beschränkt, aber dadurch ist der Verkehr mit anderen Völkern nicht ausgeschlossen; es gilt jedoch noch nicht als Israels Aufgabe, die anderen Völker dem Gotte Israels zu unterwerfen; nur im Volke Israel wird zunächst das Reich Gottes aufgerichtet.

15. Die Bundeslade, die Stiftshütte und der Tempel. (II, 63 u. 64.)

„Von dem Gnadenstuhl, der auf der Lade des Zeugnisses ist, will ich mich dir bezeugen und mit dir reden." 2. Mose 25, 22.

„In der Hütte des Stifts will ich mich den Kindern Israel bezeugen, und will unter den Kindern Israel wohnen und ihr Gott sein." 2. Mose 29, 43 u. 45.

2. Mose 25, 10—22.

a. Wenn auch Gott unsichtbar ist und durch kein Bild dargestellt werden darf, so will er doch im Volke Israel wohnen. Als der sinnbildliche Ort der Gegenwart Gottes gilt aber dem Volke Israel zunächst die Bundeslade. In der Bundeslade sind nämlich die beiden Gesetzestafeln enthalten, im Gesetz aber hat Gott sich geoffenbart, und in dieser Offenbarung ist Gott im Volke Israel gegenwärtig. Aber da Israel seinen Bundespflichten nicht vollständig nachkommt, so kann Gott in Israel nur wohnen, wenn er dem Volke als gnädiger Gott seine Sünde vergibt. Und auch dieser Gedanke, daß der im Gesetz sich offenbarende Gott ein gnädiger Gott ist, ist sinnbildlich ausgedrückt, nämlich in dem Deckel der Bundeslade; derselbe heißt vielleicht „Sühngerät", und bei dem größten Feste Israels, am großen Versöhnungstage, wird gerade dieser Deckel vom Hohenpriester mit Opferblut besprengt, um dem ganzen Volke Vergebung seiner noch ungesühnten Sünden zu verschaffen.

b. Für die Bundeslade wurde nun die Stiftshütte angefertigt, welche dem Israeliten (aber nur um der in ihr aufbewahrten Bundeslade willen) als Stätte der Offenbarung Gottes galt; sie heißt deshalb in der Bibel „das Zelt der Zusammenkunft", nämlich Gottes mit seinem Volke; „Stiftshütte" heißt sie bei Luther, wie eine Kirche eine „Stiftskirche" heißen kann, eine zu gottesdienstlichem Zwecke gestiftete Hütte. Dieses Zelt (oder bewegliche Haus) war aber in folgender Weise gebaut.

In einem Hofe, dem sogenannten Vorhof, der nur nach Osten einen Eingang hatte, stand das Zelt der Stiftshütte. Vor derselben stand im Vorhof der Brandopferaltar, an welchem die von den Israeliten in den Vorhof gebrachten Tiere Gott geopfert wurden. Die Stiftshütte, deren Wände aus hölzernen Bohlen bestanden (nur die Ostseite war durch einen Vorhang gebildet), zerfiel in zwei Teile, das Heilige und das Allerheiligste. Im Heiligen standen der Räucheraltar, auf welchem durch die Priester die Rauchopfer dargebracht wurden (Sinnbilder des Gebetes), der Schaubrottisch, auf welchen an jedem Sabbath zwölf Brote als Dank für das von Gott geschenkte tägliche Brot gelegt wurden, und der siebenarmige Leuchter (das Volk Israel ist ein von Gott erleuchtetes Volk, die Heiden wandeln in Finsternis). Im Allerheiligsten befand sich nur die Bundeslade.

Die Kostbarkeit der zur Stiftshütte verwendeten Stoffe und die Kunst ihrer Bearbeitung machte sie zu einer würdigen Wohnung Gottes. Aber jeder Israelit durfte Gott nur so weit nahen, als ihm Gottes Gnade dies gestattete. Das Volk durfte zwar in den Vorhof eintreten, aber der Priester brachte das Opfertier zum Altar; nur die Priester durften das Heilige betreten; das Allerheiligste durfte nur der Hohepriester, und auch nur einmal im Jahre, betreten. Für das Volk gab es also noch keine vollkommene Gemeinschaft mit Gott; so wies die Stiftshütte sinnbildlich auf die Zeit hin, wo Gott mit den Menschen in eine vollkommene Gemeinschaft treten werde (Offenb. 21, 3).

c. Als Salomo in Jerusalem statt der bisherigen Stiftshütte für die Bundeslade einen Tempel baute, nahm er für diesen Bau die Stiftshütte zum Vorbilde; nur wurde der Tempel noch einmal so groß und mit größerer Pracht gebaut; die Stiftshütte wurde in den Obergemächern des Tempels untergebracht; später ist sie zugleich mit dem Tempel zugrunde gegangen. Aber wenn auch der Tempel das vornehmste Heiligtum des Volkes war, so ist er doch die einzige Kultusstätte erst seit der Zeit des Königs Josia geworden, da früher auch die frommen Israeliten Gott auf den Höhen anbeteten und nach dem (ältesten) Gesetz (2. Mose 20, 24) auch anbeten durften. Dagegen waren der Bilderdienst und der Götzendienst von Anfang an im Gesetz verboten.

16. Die heiligen Zeiten. (II, 65.)

2. Mose 20, 8—11. 5. Mose 5, 12—15. 2. Mose 31, 12—17 und 35, 2—3. Ps. 92. 2. Mose 23, 14—17. 3. Mose 23; 25, 1—7 und 18—22; 25, 8—17 und 23—55. 2. Mose 12, 1—13, 10. 3. Mose 16.

Wie es für den Gott Israels trotz seiner Allgegenwart einen besonderen Ort gibt, wo er in Israel wohnt, das Nationalheiligtum, so gibt es auch, obwohl das ganze Leben des Israeliten ihm geweiht sein soll, in der Woche einen besonderen Tag, den Sabbath, an welchen sich die Feier des siebenten Jahres und des fünfzigsten Jahres anschließen, und im Jahre ebenfalls besondere Feste, welche Gott besonders geweiht sind. Diese besonderen heiligen Zeiten des Volkes Israel sollen im folgenden dargestellt werden.

a. Schon bei ihrer Trennung von ihren Stammesgenossen, den anderen Semiten, haben die Israeliten, wie andere Überlieferungen der Vorzeit, so vielleicht auch die siebentägige Woche und vielleicht auch schon eine Auszeichnung des siebenten Tages als eines Ruhetages in die neue Heimat mitgenommen. Aber erst durch Moses ist die Sabbathfeier für das Volk Israel zum Gesetz geworden. Seitdem war der Sabbath ein dem Herrn angehöriger, also heiliger Tag, an welchem das Volk sich aller Arbeit enthalten sollte, um sich immer aufs neue Gott zum Eigentum zu ergeben.

b. An die Feier des siebenten Wochentages schließen sich die Feier des siebenten und des fünfzigsten Jahres, des Sabbathjahres und des

Jubeljahres, an. Nachdem das Land sechs Jahre getragen hatte, sollte es im siebenten Jahre, dem Sabbathjahre, brach liegen, und was von selber wuchs, sollte den Armen und den Tieren des Feldes gehören; auch sollte den Armen das geliehene Geld im Sabbathjahr nicht abgefordert werden.

Nachdem aber das Sabbathjahr siebenmal gefeiert worden war, sollte am Schluß der ganzen Periode das fünfzigste Jahr, das Jubeljahr oder Halljahr, gefeiert werden, in welchem ebenfalls der Acker nicht bestellt werden, außerdem aber die Leibeigenen freigelassen und jedes verkaufte Grundstück an die Familie des ursprünglichen Besitzers zurückgegeben werden sollte.

c. Diesen Festen des siebenten Tages und des siebenten und des fünfzigsten Jahres stehen nun die Jahresfeste gegenüber, wohl zum Teil ursprüngliche Erntefeste, welche später mehr zu Festen geschichtlicher Vorgänge geworden sind: das Passah-, das Pfingst- und das Laubhütten-Fest. An diesen drei Festen sollten alle männlichen Glieder des Volkes Israel zum Nationalheiligtum kommen und an dem gemeinsamen Gottesdienste teilnehmen.

α. Das Passahfest war ursprünglich vielleicht ein Frühlingsfest, an welchem die Erstlinge der Herde Gott geopfert wurden. Aber dieser Gedanke trat bald völlig zurück gegenüber der historischen Bedeutung des Festes, als des Gedächtnisfestes zu Ehren der Erlösung aus Ägypten. Am 14. Nisan (im Frühlingsmonat) sollte daher jeder Israelit für sein Haus gegen Abend ein fehlerfreies einjähriges Lamm (oder eine Ziege) schlachten und dasselbe (ohne ihm ein Bein zu zerbrechen) mit ungesäuertem Brot und bitteren Kräutern verzehren. Dieses Lamm (2. Mose 12, 27) galt fortan als ein Opfer zum Gedächtnis des Vorübergehens, d. h. der Verschonung (Pesach) des Herrn, der an den Kindern Israels in Ägypten vorüberging, als er die Ägypter plagte; daher der Name Passah. Das Blut des Tieres sollte den Israeliten mit Gott versöhnen. Das Passahmahl ist aber ein Opfermahl, in welchem Gott mit jedem israelitischen Hause aufs neue in Gemeinschaft tritt, weshalb eben diese Mahlzeit nicht von einzelnen, sondern familienweise genossen wird. Das Essen des Passahlammes eröffnete aber das siebentägige (also im ganzen achttägige) Fest der ungesäuerten Brote — ursprünglich ein Dankfest für die neue Ernte, weshalb auch die Erstlingsgarbe der zuerst von den Getreidearten reifenden Gerste dem Herrn dargebracht wurde, und das Brot ungesäuert, wie es in der alten Zeit üblich war, genossen wurde — dann aber gefeiert zur Erinnerung an den Auszug aus Ägypten, wo die Israeliten den Brotteig ungesäuert mitnehmen mußten.

β. Mit dem Pfingstfeste wurde die durch das Passahfest eröffnete Getreideernte abgeschlossen. Dies Fest fiel auf den 50. Tag nach Ostern und wurde früher an einem, später an zwei Tagen gefeiert; an ihm wurden zwei Weizenbrote, als Erstlingsgaben der nunmehr vollendeten Ernte, dem Herrn dargebracht. Eine historische Bedeutung haben diesem Feste die Juden erst nach der Zerstörung Jerusalems gegeben, indem sie es als Fest der Gesetzgebung betrachteten, da ja Israel im dritten Monat nach dem Auszuge an den Sinai gekommen war.

γ. Das letzte der drei Jahresfeste ist das Laubhüttenfest. Dasselbe wurde im 7. Monat sieben (später acht, heute sogar neun) Tage lang gefeiert, zunächst ebenfalls ein Erntefest, das Fest der nunmehr ebenfalls vollendeten Obst- und Weinernte, wobei man im Weinberge oder im Obstgarten in Zelten wohnte; dann aber wurde es ebenfalls auch ein historisches Fest, gefeiert zum Gedächtnis daran, daß Gott die Kinder Israels während ihres Wüstenaufenthalts in Hütten wohnen ließ; durch das Wohnen in zu diesem Zwecke errichteten Hütten sollte man an diese Zeit erinnert werden.

d. Eine besondere Stelle unter den jüdischen Festen nimmt der **Versöhnungstag** ein, am zehnten Tage des siebenten Monats gefeiert, der einzige Tag, an welchem das Fasten geboten war. An diesem Tage wurde nämlich durch den Hohenpriester alle noch ungesühnte Sünde des Volkes vom letzten Jahre gesühnt. Zu diesem Zwecke mußte der Hohepriester erst seine eigene Sünde sühnen, dann erst konnte er die Sünde des Volkes sühnen. Zuerst ging er deshalb mit dem Blute des für ihn selber, dann mit dem Blute des für das Volk geschlachteten Tieres in das Allerheiligste und besprengte damit den Deckel der Bundeslade und das Allerheiligste. Dann wurden auch das Heilige und der Rauchopferaltar durch Besprengung mit Opferblut entsühnt, da sie ebenfalls durch die Sünde Israels befleckt waren. Endlich aber fand noch eine ganz besondere Handlung statt. Für das Volk waren nämlich **zwei** Ziegenböcke zur Sühne gestellt worden; aber nur der eine wurde geopfert, der andere wurde vom Hohenpriester, indem er seine Hand auf ihn legte und dabei ein Sündenbekenntnis ablegte, in sinnbildlicher Weise mit der Sünde des ganzen Volkes vom letzten Jahre beladen und nach der Wüste geführt. Durch den ersten Bock wurde die Sünde gesühnt, durch den zweiten hinweggeschafft — beides wurde sonst durch eine einzige Handlung, das Opfer, ausgedrückt; hier sind beide Momente besonders dargestellt.

Dieses Fest nimmt also unter den Festen eine besondere Stelle ein, indem der **Hohepriester** dabei fungiert, indem das **Allerheiligste** von ihm betreten wird, und indem das Volk Gottes mit seinem Heiligtum und seiner Priesterschaft von der Sünde des **ganzen Jahres** entsündigt wird. Aber auch diese Sühne war doch nur eine sinnbildliche Sühne; die wirkliche und dauernde Versöhnung ist erst durch Jesus Christus den Menschen zuteil geworden.

e. Zu den im mosaischen Gesetz verordneten Festen sind später noch einige neue hinzugekommen, und so ergab sich für das jüdische Volk folgender Festkalender. Im Monat Nisan, dem ersten des gottesdienstlichen Jahres (also im Frühjahr), wird das **Passahfest** acht Tage lang gefeiert. Im dritten Monat wird das **Pfingstfest** zwei Tage lang gefeiert. In den vierten und fünften Monat fallen **die Feste der Eroberung Jerusalems und der Zerstörung des Tempels**. Der eigentliche Festmonat ist der siebente Monat (im Herbst); auf seinen ersten und zweiten Tag fällt das **Neujahrsfest**, auf den zehnten Tag das **Versöhnungsfest**, auf den 15.—23. Tag das **Laubhüttenfest**. In den neunten Monat fällt das **Tempelweihfest** (gefeiert zum Andenken an die nach der Entweihung durch Antiochus Epiphanes erfolgte neue Einweihung des Tempels durch den Makkabäer Judas), in den zwölften das Purimfest (gefeiert zum Andenken an die im Buche Esther berichtete Errettung der Juden).

An den jüdischen Festkalender hat sich das christliche Kirchenjahr mit seinem Festzyklus angeschlossen.

C. Die Gemeinschaft des Volkes mit Gott.

17. Die Heiligkeit des Volkes Gottes. (II, 66.)

„Ihr sollt mir ein heiliges Volk sein." 2. Mose 19, 5.
„Ihr sollt heilig sein, denn ich bin heilig, der Herr euer Gott." 3. Mose 19, 2.

Wenn nun zunächst Gott mit dem Volke Israel in Gemeinschaft tritt, so muß doch auch das Volk mit Gott in Gemeinschaft treten; das geschieht aber dadurch, daß Israel ein heiliges Volk wird. Wie geschieht das?

a. Gott hat sich das Volk Israel zu seinem Eigentum erwählt, aber eben das Volk als Ganzes, nicht die einzelnen Israeliten, deshalb wird man durch die Geburt ein Glied des Reiches Gottes, nicht durch eine Bekehrung. Aber zu der Aufnahme in das Reich Gottes wird doch für den einzelnen Israeliten noch ein besonderer Weiheakt erfordert, nämlich die am achten Tage nach der Geburt an jedem Knaben zu vollziehende Beschneidung, ein sinnbildlicher Reinigungsakt, durch welchen der einzelne Israelit dem Volke Gottes persönlich einverleibt wurde und persönlich Anteil an dem Bunde Jehovahs mit seinem Volke erlangte.

b. Das Volk Gottes sollte aber „ein heiliges Volk" sein (2. Mose 19, 5—6). Heilig ist aber nur, wer von jedem sittlichen Makel frei ist; indes im Volke Israel galten auch gewisse äußerliche Verunreinigungen als sittlich befleckend, aber allerdings erst dann, wenn man die im Gesetz gebotene Reinigung unterließ. Eine solche Verunreinigung zieht sich der Israelit zu durch den Genuß des Fleisches der unreinen Tiere oder auch der reinen Tiere, wenn sie nicht regelrecht geschlachtet, sondern umgekommen waren. Ebenso verunreinigt die Berührung eines Leichnams, ja, auch schon der Aufenthalt in seiner Nähe; endlich auch der Aussatz. Wer aber unrein geworden ist, der muß sich bestimmten Anordnungen unterziehen, um nicht seine Unreinheit auf andere zu übertragen, und um selber wieder rein zu werden; aber diese Reinigung wird bewirkt durch äußerliche Handlungen, nicht durch eine Reinigung des Herzens.

c. So steht auch in dieser Beziehung die Gesetzesreligion noch auf dem Standpunkt einer äußerlichen Frömmigkeit, und erst im Christentum ist dieser Standpunkt überwunden.

18. Das Priestertum im Volke Gottes. (II, 67.)

„Der Herr hat den Priester erwählt, daß er stehe am Dienst im Namen des Herrn." 5. Mose 18, 5.
2. Mose 19, 5—6. 4. Mose 16, 5b. 2. Mose 28, 1. 4. Mose 6, 22—27.

a. Als Gottes erwähltes und als heiliges Volk ist Israel auch ein Volk von Priestern, ein „priesterlich Königreich", welches seinem Gott nahen darf und soll. Daher gab es in der alten Zeit noch kein besonderes Priestertum.

b. Da aber des Volkes Heiligkeit noch mangelhaft war, und deshalb das allgemeine Priestertum den Israeliten um seiner Sünde willen noch nicht zur vollen Gemeinschaft mit Gott führte, so bedurfte es noch eines besonderen Priestertums. Wie das Volk durch Gottes Erwählung zum allgemeinen Priestertum gelangt, so beruht das besondere Priestertum ebenfalls auf Gottes Erwählung (4. Mose 16, 5b). Zwar nimmt schon der ganze Stamm Levi eine gewisse Mittelstellung zwischen Gott und dem Volke ein, aber das besondere Priestertum ist doch nur auf die Nachkommen Aarons übertragen. Ihr besonderes Priestertum beruht aber freilich nicht auf einer besonderen inneren Heiligkeit, die sie doch eigentlich haben sollten, sondern auf einer größeren äußeren Heiligkeit, die von ihnen gefordert wird, und auf einer äußeren Weihe, die ihnen zuteil wird. Die strengsten Anforderungen dieser Art werden an den Hohenpriester gestellt. Die Vermittelung des Priesters wird aber nur für den Gottesdienst am Nationalheiligtum gefordert, um das Opfer Gott darzubringen und um das Volk zu segnen[1]. Außerdem haben die Priester (und auch die Leviten) die Gesetzesüberlieferung zu wahren und die richtige Erklärung und Beobachtung desselben zu überwachen. Aber eine Predigt hat es im Gottesdienste Israels zunächst nicht gegeben; dieselbe ist erst im Synagogen-Gottesdienste aufgekommen, und von der Synagoge ist sie in die christliche Kirche gekommen.

c. Die Vorrechte des Stammes Levi und der Priesterschaft waren, obwohl sie kein besonderes Stammgebiet besaßen, nicht gering. Als Wohnsitz wurden ihnen in 48 Städten Häuser und Viehtriften zugewiesen; außerdem wurden ihnen der Zehnte und die Erstlinge nebst manchen anderen Einkünften, namentlich auch bei den Opfern, überwiesen. Aber weder der Hohepriester, noch die Priesterschaft überhaupt hat in Israel jemals eine große politische Rolle gespielt; Israel war zwar eine Theokratie, aber keine Hierarchie. Nach dem Exil haben die Priester ihr Ansehen sogar bald an die Schriftgelehrten abtreten müssen, und seitdem der Tempel zerstört ist, gibt es im jüdischen Volke überhaupt kein Priestertum mehr.

19. Das Opfer im Volke Gottes. (II, 68.)

„Es soll niemand leer vor dem Herrn erscheinen." 5. Mose 16, 16.

„Die Seele [Das Leben] des Fleisches ist im Blute, und ich habe es euch auf den Altar gegeben, um eure Seelen zu versöhnen; denn das Blut versöhnt mittels der Seele". 3 Mose 17, 11.

„Ohne Blutvergießen geschieht nach dem Gesetz keine Vergebung." Hebr. 9, 22.

a. Zum Gebet, durch welches der Israelit, wie der Christ, seine Gemeinschaft mit Gott betätigt, kommt bei jenem noch das Opfer hinzu, als ein Mittel, um mit Gott in Gemeinschaft zu treten, und das Gesetz erklärt ausdrücklich, daß sich Gott nicht mit dem Gebet begnüge, sondern auch ein Opfer von dem Betenden fordere. Wenn nun zwar auch private Opfer dargebracht werden, so hat das Opfer doch vornehmlich eine Bedeutung für den Gottesdienst des ganzen Volkes gewonnen, indem die ununterbrochene Gemeinschaft Gottes mit seinem Volke auf dem ununterbrochenen Opferdienst beruht, welcher aber an das Nationalheiligtum und an die priesterliche Vermittelung gebunden ist. Der einzelne Israelit betätigt

---

[1]) Die Segensformel besteht im Grundtext aus 3 + 5 + 7 Wörtern.

seine Teilnahme an diesem Gottesdienste seines Volkes durch seine Anwesenheit beim Opfer im Vorhof des Heiligtums, und wenigstens an den drei großen Festen ist es seine Pflicht, beim Opfer des Volkes zugegen zu sein.

b. Gott bedarf nun zwar nicht der Nahrung (Ps. 50, 8 - 13), wie die Heiden und natürlich auch die Israeliten in der alten Zeit und manche gewiß auch noch später glaubten, sondern der Mensch opfert, weil Gott an der Gesinnung des Opfernden Wohlgefallen hat. Damit das geschehen könne, muß man Gott etwas ihm Angenehmes opfern. Wenn man nun ursprünglich Menschen opferte, so wurden später nur Tiere oder Feldfrüchte als Opfer dargebracht, und zwar nur bestimmte Tiere und Früchte.

Die Opferung findet aber im allgemeinen in der Weise statt, daß der Opfernde das Tier oder eine andere Gabe in die Nähe des Altars bringt, womit er erklärt, daß er diese Gabe Gott darbringen wolle. Dem Tiere legt er aber seine Hand auf, um dasselbe sinnbildlich zum Träger seiner religiösen Gesinnung zu machen, welche darauf gerichtet ist, diese Gabe Gott darzubringen. Diese Absicht bringt aber der Opfernde zur Ausführung durch die Schlachtung des Tieres, wodurch dasselbe Gott übergeben wird, indem es ganz oder zum Teil an den Altar gebracht wird.

Diesem Tun des Menschen entspricht nun als Tun Gottes die Annahme des Opfers, welche sich am deutlichsten dadurch vollzieht, daß dasselbe von dem als heilig geltenden Opferfeuer verzehrt wird und im Rauche zum Himmel, dem Wohnsitz Gottes, emporsteigt. In dem Emporsteigen des Opferrauches zum Himmel fand der Mensch eine Gewähr für die Annahme seines Opfers seitens der Gottheit.

c. Die Opfer entspringen aber entweder dem Bewußtsein der Sündenvergebung und der Heiligung noch zu bedürfen (meist blutige Opfer), oder dem Bewußtsein, schon geheiligt zu sein (meist unblutige Opfer); erst auf Grund blutiger Opfer werden dann unblutige Opfer seitens der durch jene als geheiligt geltenden Gemeinde dargebracht. Unblutige Opfer sind aber die Speiseopfer der einzelnen Israeliten, und seitens der Gemeinde die durch die Priesterschaft im Heiligen dargebrachten Rauchopfer und auch die im Heiligen beständig aufgelegten Schaubrote.

d. Durch sittliche wie auch durch körperliche Verunreinigung wird nämlich der Mensch ein Sünder. Der Sünder aber hat Schuld auf sich geladen und hat Strafe zu erwarten, bei äußerlicher Verunreinigung allerdings erst dann, wenn er die im Gesetz gebotene Reinigung unterläßt. Um nun die Gemeinschaft zwischen dem Sünder und dem heiligen Gott wiederherzustellen, bedarf es der Sühne, welche aber nur möglich ist bei Sünden, welche nicht „mit erhobener Hand" (d. h. in geflissentlicher Widersetzlichkeit gegen Gott), sondern „in Verirrung" begangen worden sind. Durch die Sühne wird aber nicht etwa die für ein Unrecht gesetzlich feststehende Strafe aufgehoben, sondern nur die Gemeinschaft mit Gott für den Sünder wiederhergestellt. Das Mittel der Sühne ist aber für das Volk Israel das Opfer.

e. Zunächst zur Entsündigung des einzelnen Israeliten, dann aber auch des ganzen Volkes wurden daher Sündopfer dargebracht, und zwar zunächst an jedem Neumond und an den drei großen Jahresfesten. Die umfassendste Entsündigung des ganzen Volkes aber fand am großen Versöhnungstage statt. Wie das Passahfest die jährliche Erneuerung der Bundesgemeinschaft für den einzelnen Israeliten ist, so ist der Versöhnungstag die jährliche Sühnung des ganzen Volkes. Diese Sühnung durch Opfer kann aber nur vom Priester bewirkt werden, und Opfern und Sühnen ist gerade die Hauptaufgabe des Priestertums.

f. Daß nun aber Gott dem Sünder um des Tieropfers willen seine Sünde vergibt, hat seinen Grund einerseits in der auch gegenüber dem Sünder fortdauernden Gnade Gottes und in der beim Sünder vorausgesetzten Reue, aber, wie der Heide und der Jude meinen, doch auch in dem Gott dargebrachten Opfer, denn „ohne Blutvergießen geschieht nach dem Gesetz keine Vergebung" (Hebr. 9, 22). Um aber die Gnade Gottes durch das Opfer zu erlangen, dazu schien das Tieropfer besonders wirksam zu sein, denn mit der Hingabe eines Tierlebens nähert sich der Mensch am meisten dem wahren Opfer, welches Gott vom Menschen fordert, der Hingabe seines eigenen Lebens in den Dienst Gottes. Auch schon im Alten Testamente ist es nämlich allmählich zur Anerkennung gekommen, daß das Opfer des Herzens das Wesentliche des Gottesdienstes sei, und daß Gehorsam besser sei als Opfer. Aber erst das Christentum hat auf das sinnbildliche Opfer ganz verzichtet, um nur noch das Opfer des Herzens an Gott zu verlangen.

g. Das vom Priester im Tempel dargebrachte Opfer bildete nun den Hauptinhalt des israelitischen Gottesdienstes; zu demselben sind erst durch den König David Gesang und Musik, und erst in den seit dem Exil entstandenen Synagogen auch die Schriftvorlesung und Schriftauslegung hinzugekommen. Seitdem es aber keinen Tempel mehr gibt, gibt es auch kein Opfer mehr, und das Gebet muß das Opfer ersetzen.

Zweiter Abschnitt.

Das Volk Israel im Zeitalter des Königtums, der Untergang der beiden Reiche und die Wiederherstellung des Reiches Juda.

Wie Gott das Königtum in Israel begründet und manchmal und mancherleiweise durch die Propheten zu seinem Volke geredet hat.

I. Die Geschichte des Volkes Israel von den Richtern bis zur Zeit des Esra.

20. Die Geschichtsbücher des Zeitalters von den Richtern bis Esra.

(II, 30 u. 45.)

Wie die Geschichte des mosaischen Zeitalters in einem zusammenhängenden großen Geschichtswerke dargestellt ist (Pentateuch und Josua), so ist auch die Geschichte der Zeit von den Richtern bis zum Untergange der beiden Reiche und der Wiederherstellung des Reiches Juda zusammenhängend dargestellt, nämlich einerseits in den Büchern der Richter, Samuels, der Könige und der Chronik, welche die Geschichte der vorexilischen Zeit zusammenhängend darstellen (und zwar die Zeit der Richter im Buche der Richter und in dem ersten Abschnitte des ersten Buches Samuels, die Zeit der Könige und des Untergangs der beiden Reiche in den Büchern Samuels und der Könige, wozu die Bücher der Chronik eine Ergänzung bilden), andrerseits in den Büchern Esra und Nehemia, welche die Geschichte der nachexilischen Zeit darstellen. Zu diesen beiden großen Geschichtswerken der vorexilischen und der nachexilischen Zeit treten zwei kleinere Schriften (Ruth, Esther) ergänzend hinzu. Von den apokryphischen Büchern treten als Ergänzungen zu dem Geschichtswerke der nachexilischen Zeit noch die Bücher Tobias und Judith hinzu; auch haben die in der nachexilischen Zeit entstandenen Bücher (Chronik und Esther, wie auch das Buch Daniel) in der griechischen Bibel noch einige Zusätze erhalten, welche Luther, sie von den ursprünglichen Büchern absondernd, unter die Apokryphen gestellt hat (Gebet Manasse, ein Zusatz zur Chronik; außerdem Zusätze zum Buche Esther, wie auch zum Buche Daniel).

21. Die Zeit der Richter. (II, 31.)

Richter 2, 6—3, 6.

a. Das Land Kanaan war erobert und verteilt, aber die einzelnen Stämme hatten die Aufgabe überkommen, die Kanaaniter, jeder in seinem Gebiete, vollends zu unterwerfen. Das ist nun nicht genügend ausgeführt worden, und an manchen Orten gewannen deshalb die Kanaaniter wieder die Oberhand über die Israeliten; dazu kamen feindliche Einfälle der Nachbarvölker, namentlich der Philister.

b. In solchen Zeiten des Druckes, der auf einzelnen Stämmen lastete, erhoben sich, von Gott erweckt, Männer, welche sich an die Spitze der Bedrängten stellten und die Feinde bekämpften; dies waren die sogenannten **Richter**, nicht dazu bestimmt, in Streitsachen das Recht zu finden, sondern dem Volke gegen seine Feinde sein Recht zu schaffen, da ja die Kanaaniter von Gott zum Untergange, die Israeliten zur Herrschaft bestimmt waren. Von den zwölf Richtern, welche das Richterbuch vorführt, sind nur wenige bedeutend, namentlich die Heldin **Debora** und der ihr zur Seite stehende Feldherr **Barak**[1]), die Richter **Gideon** und **Jephtha**; **Simson** hat trotz seiner großen Stärke seinem Volke wenig Nutzen gebracht. Wenn nun von diesen Richtern einige auch bedeutende Taten vollführt haben, so ist doch von ihnen ein **dauernder** Einfluß auf **ganz** Israel **nicht** ausgeübt worden; das Bewußtsein der Zusammengehörigkeit war den einzelnen Stämmen fast abhanden gekommen; „ein jeglicher tat, was ihm recht deuchte“ (Richter 21, 25).

c. In die Zeit der Richter gehört auch die Geschichte von **Ruth**, einer Heidin, welche in das Volk Gottes eingetreten und zur Stammmutter des Königs David geworden ist.

---

1) D. h. Blitz, wie in dem Namen Hamilkar **Barkas**.

22. Der Prophet Samuel; das Königtum im Volke Israel. (II, 32.)

1. Sam. 8; 10, 17—11, 15. K. 12. 1. Sam. 9, 1—10, 16.

a. Der Wendepunkt der Richterzeit liegt in dem Auftreten des Propheten Samuel und in der Begründung des Königtums in Israel. Immer schwerer lastete das Joch der Philister auf den Israeliten; aber der erste Versuch des Volkes, dasselbe zu brechen, endete mit einer furchtbaren Niederlage, bei welcher sogar die Bundeslade in die Hände der Feinde fiel. Zwar erhielten die Israeliten die Bundeslade zurück, aber dieselbe trat fortan im religiösen Leben des Volkes mehr in den Hintergrund; das Volk fand jetzt seinen Mittelpunkt nicht in dem an der Bundeslade waltenden Priester Eli, sondern in dem in dieser Zeit auftretenden Propheten Samuel, welcher bald das Volk zum Siege über die Philister führte und als Prophet und Priester und Richter in Israel waltete. Aber als nun Samuels Söhne nicht in des Vaters Wegen wandelten, und als immer neue Kriege das Volk bedrohten, da begehrte das Volk, nicht bloß einen Richter an seiner Spitze zu sehen, sondern einen König.

b. Im Volke Israel gab es damals noch kein menschliches Königtum; Jehovah selber galt als der König seines Volkes, welcher allerdings durch menschliche Organe (Moses, Josua, Richter) sein Volk leitete. Aber dieselben hatten keine selbständige Gewalt und kein königliches Recht über das Volk; darum war ihre Würde auch nicht erblich, und manchmal stand niemand an der Spitze des ganzen Volkes. In der Errichtung eines menschlichen Königtums in Israel lag also ein Herabsteigen von der idealen Höhe des mosaischen Gottesreiches; statt durch die Geistesmacht der Idee sollte das Volk fortan durch ein ständiges menschliches Regiment geleitet werden. Es war daher kein Wunder, daß Samuel von der Einsetzung eines menschlichen Königs zunächst nichts wissen wollte; aber schließlich hat er sich doch der Forderung des Volkes gefügt.

c. Es gelang aber nicht sofort, einen für Israel passenden König zu finden; Saul geriet bald mit den beiden anderen gottbegründeten Institutionen in Israel, mit dem Priestertum und dem Prophetentum, in Konflikt. Erst in David war „der Mann nach dem Herzen Gottes" gefunden (1. Sam. 13, 14), und nun erst wurde (2. Sam. 7) von dem Propheten die Erblichkeit des Königtums in dem Hause Davids proklamiert.

23. Der König Saul. c. 1000. (II, 33.)

2. Sam. 1, 17—27.

a. Durch Samuel, den ein zufälliges Ereignis (Verlust der Eselinnen) mit dem zukünftigen König zusammenführte, wurde Saul (ein Mann aus dem Stamme Benjamin) zum König des Volkes Israel bestimmt, aber erst durch eine große Tat wurde Saul wirklich zum König. Die Bewohner der Stadt Jabes in Gilead nämlich, welche von den Ammonitern schwer bedrängt wurden, wandten sich in ihrer Not nach Gibea, dem Geburtsorte Sauls, um Hilfe. In der Weise der Richter seine Landsleute zum Kampfe aufbietend, schlug Saul die Ammoniter, und nunmehr wurde, indem Samuel sein Richteramt öffentlich niederlegte, Saul allgemein als König anerkannt.

b. Sauls ganze Regierungszeit war von Kriegen ausgefüllt, besonders gegen die Philister; er war ein kraftvoller Herrscher, aber es gelang ihm nicht, sich in die Schranken zu finden, welche dem Königtum in Israel gezogen waren, sondern er geriet in Konflikt mit Samuel, und der König mußte vernehmen, daß Gott ihn verworfen und das Königtum einem anderen bestimmt habe.

c. Als sich nun der Krieg mit den Philistern wieder erneuerte, da wandte sich der König, von Schwermut verdüstert, an eine Totenbeschwörerin, um von dem heraufbeschworenen Samuel, der inzwischen gestorben war, die Zukunft zu erfahren. Aber die Kunde, die er erhielt, erregte ihn so heftig, daß er wie tot zur Erde fiel. Die Schlacht fiel in der Tat unglücklich aus, und der König fand im Kampfe seinen Tod.

24. Die Könige David c. 970 und Salomo c. 950. (II, 34.)

A. David und Saul.

1. Sam. 16, 14—23; 18, 1—9. 19, 9—17. Ps. 22.

a. Durch einen Zufall (als Saitenspieler – Sieg über Goliath) war David, der jüngste Sohn des Isai in Bethlehem (im Stamme Juda), an Sauls Hof gekommen, und bald hatte er durch seine Tüchtigkeit eine angesehene Stellung am Hofe gewonnen, so daß ihn Saul zum Befehlshaber der Kriegsleute machte. Bald war des Königs tüchtiger Sohn Jonathan sein innigster Freund; ja, David wurde sogar des Königs Schwiegersohn.

b. Aber der schwermütige König geriet auf den Gedanken, sein Sohn und sein Schwiegersohn beabsichtigten, ihn vom Throne zu stoßen, und so sah sich David genötigt, um sich den Nachstellungen Sauls zu entziehen, den Hof zu verlassen und sich in der Einsamkeit zu verbergen. Ja, als er sich in seinem Vaterlande nicht mehr halten konnte, begab er sich zu den Philistern, wo er, als der Feind Sauls, vom Könige derselben aufgenommen wurde.

c. Als nun der Philisterkönig gegen Saul den Krieg begann, der dem Saul das Leben kostete, wollte er sogar David und seine Schar seinem Heere einreihen; aber das Mißtrauen der anderen Philisterfürsten bewahrte David vor der üblen Wahl zwischen dem Kampfe gegen Saul oder Verrat an den Philistern, und ohne Davids Mitwirkung wurde Saul von den Philistern besiegt und getötet.

B. David als König.

Ps. 18 (= 2. Sam. 22).

a. Nachdem Saul und alle seine älteren Söhne im Kampfe umgekommen waren, wurde durch das Betreiben von Sauls Oheim, dem Feldhauptmann Abner, Sauls einziger noch lebender Sohn, Isboseth, zunächst vom Ostjordanlande als König anerkannt. Bald gelang es, auch den Norden des Westjordanlandes für Isboseth zu gewinnen. Dagegen hatte sich David im Stamme Juda eine eigene Herrschaft gegründet, und nach einiger Zeit kam es zum Kampfe zwischen den beiden israelitischen Königen. In diesem Kampfe erlag Isboseth, und David wurde auch von den anderen Stämmen als ihr König anerkannt. So war die Spaltung Israels nach einer Dauer von $7^1/_2$ Jahren glücklich beseitigt; darauf hat David noch 33 Jahre über ganz Israel geherrscht.

b. Was David als König von Juda notgedrungen gewesen war, ein Lehnsmann der Philister, das wollte er als König Gesamtisraels nicht mehr bleiben; daher kam es zu Kämpfen Davids mit den Philistern, in welchen David die Philister so gründlich besiegte, daß ihre Oberherrschaft über Israel seitdem für immer zu Ende war. Auch andere benachbarte Völker wurden von David besiegt und untertänig gemacht; das Reich Davids umfaßte zuletzt das Gebiet vom Libanon bis zum Roten Meer, und im Osten reichte es bis an die Syrische Wüste. So mächtig wie unter David ist das Volk Israel niemals vorher oder nachher gewesen.

c. Auch in anderer Beziehung war David ein großer König; er hat Jerusalem erobert und zum politischen und religiösen Mittelpunkte des Landes gemacht (Nr. 25); er hat das Kriegswesen geordnet und gefördert; selber ein Meister in Musik und Gesang, ist er der Begründer der religiösen Dichtung in seinem Volke geworden, und wie das ganze Gesetz dem Moses, die Spruchdichtung dem Salomo, so wurde die Psalmendichtung dem David zugeschrieben (Nr. 35—36). Trotz seiner Schwächen und Fehler erschien David den späteren Zeiten als das Ideal eines Königs, und nach seinem Bilde zeichneten die späteren Propheten den Messias, dessen Kommen sie verkündeten (Nr. 34).

C. Davids Sünde und Unglück.

1. Sam. 13, 14. 2. Sam. 12, 1—14; 16, 5—14; 15, 12; 16, 23; 17, 23. Ps. 51 u. 32.

a. „Ein Mann nach dem Herzen Gottes" (1. Sam. 13, 14) ist der König David gewesen; aber auch er blieb nicht frei von Sünde und Schuld, und auch ihm blieben Leid und Trübsal nicht erspart, freilich zumeist hervorgerufen durch eigene Schuld.

b. Als nämlich David einst ein schönes Weib vom Dache seines hoch gelegenen Hauses erblickte, Bathseba, die Frau des eben im Feldzuge abwesenden Uria, da unterdrückte er seine sündliche Leidenschaft nicht, sondern verband sich heimlich mit dem Weibe; ihren Mann ließ er im Kriege durch den Oberfeldherrn Joab („Uriasbrief") an einen verlorenen Posten stellen, und bald war Uria gefallen. Nunmehr nahm David des Gefallenen Witwe zur Frau, und sie gebar ihm einen Sohn. Aber die Tat wurde ruchbar, und der Prophet Nathan brachte den König zum Bewußtsein seiner Sünde und zum Bewußtsein seiner Schuld; in einem herrlichen Bußpsalm (Ps. 51) hat David seine Sünde bekannt zur Warnung für sein Volk und für uns. Aber freilich blieb trotz seiner Buße die Strafe nicht aus; das Kind der Bathseba starb, und erst ihr zweiter Sohn, Salomo, ist am Leben geblieben. Bald sollte der König noch schwerer für seine Sünde büßen.

c. Ein Sohn Davids, Absalom, versuchte nämlich, den Vater vom Throne zu stoßen, und fand dabei viele Anhänger; namentlich trat auch Davids kluger Rat Ahitophel auf seine Seite. Jedoch dessen kluger Ratschlag, David sofort zu bekämpfen, wurde vereitelt; deshalb ging Ahitophel in sein Haus und, ein Vorbild des Verräters Judas, erhängte er sich in seinem Hause, da er den üblen Ausgang der Sache Absaloms voraussah. Bald war es nämlich mit Absaloms Königtum vorbei: er wurde von Davids Feldherrn Joab besiegt und getötet. Auch später traf David noch manches Herzeleid, welches sein Alter trübte.

D. Der König Salomo.

1. Kön. 3, 5–45; 4, 25–34; 10, 23–29.

a. Als David, etwa 70 Jahre alt, schon sehr schwach geworden war, da versuchte sein ältester Sohn Adonia, sich noch bei Lebzeiten des Vaters die Krone aufs Haupt zu setzen; aber Bathseba erreichte es mit Unterstützung des Propheten Nathan, daß David, wie zur Sühne für sein Unrecht gegen Uria, den Sohn der Bathseba, Salomo, als König ausrufen ließ. Bald nach Salomos Einsetzung ist David gestorben.

b. Salomo hatte von seinem Vater ein großes Reich überkommen, aber er hat die Grenzen desselben nicht erweitert, ja, nicht einmal die Herrschaft über alle unterworfenen Völker zu behaupten vermocht; nicht als Kriegsfürst, sondern als Friedensfürst (was auch sein Name bedeutet) ist er groß gewesen, und wie nach dem Bilde der davidischen, so wird auch nach dem der salomonischen Zeit das vollkommene Gottesreich der Zukunft von den späteren Dichtern und Propheten gezeichnet.

Zunächst gewann Salomo großen Reichtum für sich und seine Untertanen, indem er sich an dem Handel beteiligte, den seine Nachbaren, Ägypten und Phönizien, betrieben, dessen Straßen durch sein Land führten. Aber Salomo war nicht bloß reich an irdischen Gütern, sondern auch reich an Weisheit. Dieselbe bewährte er sowohl als Richter (im Streite der beiden Weiber über das Anrecht an ein Kind), als auch im Gespräch und Rätselkampf (vgl. die Erzählung von der Königin von Saba in Südarabien) und auch durch Lieder und Sprüche, die von ihm herstammten: wie an David die Psalmendichtung, so hat sich an Salomo die Weisheitsdichtung angeschlossen. Die größte Bedeutung für Israel aber gewann Salomo durch den Bau des Tempels in Jerusalem, von welchem alsbald genauer gesprochen werden wird.

c. Aber die Pracht an Salomos Hofe und die Kosten seiner Bauten konnten nur bestritten werden durch eine starke Besteuerung der Untertanen, welche trotz des einträglichen Handels im Lande schwer empfunden wurde. Noch mehr aber als der Steuerdruck schadete dem Ansehen des Königs der von ihm gestattete Götzendienst seiner vielen Frauen, deren er gegen tausend besessen haben soll. Diese falsche Nachsicht gegen seine Frauen mußte dem Könige die Propheten entfremden, und so hat ihm denn auch ein Prophet das Schicksal seines Reiches unter seinem Sohne drohend vorherverkündigt; ja, schon bei Lebzeiten versuchte ein Empörer, der spätere König Jerobeam, ihm die Herrschaft zu entreißen; aber Salomo hat seine Herrschaft bis zu seinem Tode gegen seine Gegner behauptet.

25. Jerusalem und der Tempel. (II, 35.)

2. Sam. 7. 1. Kön. 8, bes. V. 12–30 u. 41–43.

a. Solange David nur König von Juda war, hatte er in der alten Patriarchenstadt Hebron gewohnt; Isboseth wohnte in Mahanaim im Ostjordanlande. Als nun David König über ganz Israel wurde, da konnte er nicht mehr in dem entlegenen Hebron bleiben, sondern er mußte sich eine neue Hauptstadt suchen. Und mit genialem Scharfblick hat er sie gefunden. Mitten in Kanaan, wo die Straßen von Süden nach Norden, wie vom

Meer zum Jordan sich schneiden, lag zwischen den Stämmen Juda und Benjamin, noch immer den Kanaanitern gehörig, die feste Stadt Jerusalem. Mit dieser Stadt, die er eroberte, gewann David für sein Reich einen festen Platz, welcher nicht leicht in die Hände der Feinde fallen konnte. Auf dem Berge Zion baute sich nun David auch einen Königspalast, und die Stadt wurde durch starke Bauten noch mehr befestigt, als sie es schon von Natur war. (Nr. 9 Bc.)

b. War nun die Stadt Jerusalem mit dem Berge Zion für das Volk Israel schon darum ein bedeutender Ort, weil hier fortan der politische Mittelpunkt des Landes und die Wohnung des Königs David und seiner Nachfolger war, so gewann die Stadt Jerusalem für den Israeliten bald noch eine größere Bedeutung: Jerusalem wurde auch der geistliche Mittelpunkt des Reiches Gottes. David brachte nämlich auf den Berg Zion das alte Nationalheiligtum der Israeliten, die Bundeslade, und dieselbe wurde zunächst in einem Zelte untergebracht. Aber schon David dachte daran, für sie ein festes Haus, einen Tempel, zu bauen; jedoch erst Salomo hat diese Aufgabe gelöst. Auf einer durch alte Erinnerungen geweihten Anhöhe auf der Ostseite der Stadt, nördlich vom Berge Zion, auf dem Moria (744 m hoch, höher als der Zion) wurde der Tempel errichtet, und nach seiner Vollendung veranstaltete Salomo eine glänzende Einweihungsfeier, bei welcher er den Herrn, den weder der Himmel noch dieser Tempel fassen könne, anrief, die Gebete, welche die Israeliten und auch die anderen Völker in diesem Hause an ihn richten würden, zu erhören (vgl. Nr. 14a). So war nun Jerusalem wie der politische so auch der geistliche Mittelpunkt des Volkes Israel.

26. Von der Teilung des Reiches bis zur Berührung der beiden Reiche mit der assyrischen Weltmacht c. 925—738; der Bilderdienst und der Götzendienst. (II, 36.)

1. Kön. 12, 26—33; 16, 29—33; 18, 17—19, 18; 2. Kön. 10, 18—29; 11, 18.

a. Als Salomo starb, folgte ihm zwar alsbald, da das Königtum in Davids Haus bereits erblich war, sein Sohn Rehabeam auf dem Throne; aber die meisten Stämme fielen bald von ihm ab, weil er sich weigerte, die von ihnen geforderte Erleichterung der durch den kostspieligen Hofhalt und die vielen Bauten seines Vaters gesteigerten Lasten zuzugestehen, und nur der Stamm Juda (nebst dem mit demselben bereits verschmolzenen Stamme Simeon), aus dem das Königshaus herstammte, blieb ihm untertan; die anderen Stämme wählten sich einen anderen König. So gab es also fortan ein kleineres Reich, nach dem Stamme Juda genannt, mit der Hauptstadt Jerusalem, in welchem Davids Dynastie weiter herrschte (neunzehn Könige, wie in Israel, aber in weit längerer Zeit), und ein größeres Reich, welches den Namen Israel für sich in Anspruch nahm, mit der Hauptstadt Samaria, unter verschiedenen Herrscherhäusern (neunzehn Könige aus neun Herrscherhäusern). Beide Reiche standen einander meistens feindlich gegenüber; nunmehr waren die Israeliten ihren feindlichen Nachbaren auf die Dauer nicht mehr gewachsen.

b. Als sich Israel von Juda trennte, wurde auf den Thron des ersteren ein Mann Namens Jerobeam erhoben, der schon gegen Salomo eine Empörung angestiftet hatte, aber von ihm vertrieben worden war. Jerobeam hielt es für vorteilhaft, um den Bestand seines Reiches zu sichern, seine Untertanen von dem Tempel in Jerusalem fernzuhalten, und deshalb errichtete er zwei heilige Stätten in seinem Lande, Dan im Norden und Bethel im Süden, und ließ an jedem dieser beiden Orte ein Bild der Gottheit aufstellen, und zwar ein Stierbild, wie einst schon Aaron ein solches aufgestellt hatte. Aber im Gesetz Moses' war der Bilderdienst untersagt.

c. Jerobeams Dynastie, wie auch die folgende, fanden schon im zweiten Gliede einen gewaltsamen Untergang; der fünfte König, Simri, regierte sogar nur sieben Tage. Dagegen hat das vierte Herrscherhaus, das von Omri begründet wurde, für das Reich Israel eine größere Bedeutung gewonnen, indem durch dasselbe in Israel, wo bereits der Bilderdienst bestand, auch noch der Götzendienst eingeführt wurde. Omris Sohn nämlich, der König Ahab, heiratete eine Tochter des Königs von Tyrus Ethbaal, Namens Isébel, und durch diese Königin kam nun auch die Verehrung des phönizischen Hauptgottes, des Baal, nach dem Reiche Israel.

d. Als sich nun der Götzendienst immer mehr verbreitete, da trat ein Prophet Namens Elias dem König Ahab entgegen und forderte ihn auf, durch ein Gottesgericht auf dem Berge Karmel entscheiden zu lassen, ob Baal oder Jehovah der mächtigere Gott sei. Elias blieb Sieger in dem Gottesgericht; dadurch gewann das Volk den Mut, die vom Könige beschützten Baalspriester dem mosaischen Gesetze gemäß zu töten, und so schien der Götzendienst ausgerottet zu sein. Aber bald mußte Elias vor der energischen Königin fliehen, und der Götzendienst bestand weiter.

e. Der König Ahab, der auch bei einer anderen Gelegenheit (Naboths Weinberg) die Strafpredigt des Elias vernommen hatte, fand in einem Kriege mit dem Nachbarreiche Syrien seinen Tod. Auf ihn folgten nacheinander seine beiden Söhne Ahasja und Joram; unter Joram wurde das Haus Ahabs durch Jehu, den Oberfeldherrn, den der Prophet Elisa, der Nachfolger des Elias, dazu aufforderte, gestürzt und ausgerottet, und Jehu begründete in Israel eine neue (die fünfte) Dynastie, aus welcher fünf Könige geherrscht haben, so viele, wie aus keiner anderen. Aber das Geschlecht Ahabs bestand, nachdem es in Israel gestürzt worden war, noch eine Zeitlang in Juda.

f. Im Reiche Juda hatten Rehabeam und seine ersten Nachfolger in beständiger Feindschaft mit den Königen Israels gestanden; aber seitdem Ahab in Israel regierte, waren die Königshäuser einander befreundet; ja Ahabs Tochter, Athalja, hatte sogar den König von Juda, Joram, geheiratet. Als ihr Mann gestorben war, regierte in Juda ihr Sohn, Ahasja; derselbe fand seinen Untergang, als Jehu das Geschlecht Ahabs ausrottete, da er sich gerade damals bei seinem Verwandten, dem Könige von Israel, aufhielt. Da machte sich Athalja selber zur Königin von Juda und rottete das ganze Geschlecht Davids aus; nur ein kleiner Sohn des letzten Königs entging ihrem Wüten. Nach sechs Jahren gelang es aber dem Hohenpriester, die Königin zu stürzen und den rechtmäßigen König auf den Thron seiner Väter zu setzen. Wie in Israel durch Jehu, so wurde auch in Juda der durch Athalja eingeführte Baalsdienst wieder ausgerottet[1]).

g. Die Regierung des Königs Jehu von Israel entsprach aber nicht den Erwartungen, mit welchen der Prophet Elisa ihn auf den Thron gebracht hatte, da er zwar den Götzendienst, aber nicht den Bilderdienst ausrottete. Erst unter seinem Enkel und namentlich unter dessen Sohn Jerobeam II. begann wenigstens äußerlich wieder eine bessere Zeit für das Reich Israel, indem dieser König wieder die Nachbarvölker demütigte und die unter den früheren Königen verloren gegangenen Gebiete wiedergewann. Aber der Sohn Jerobeams II. wurde nach einer kurzen Regierung gestürzt, und sein Nachfolger glaubte nicht anders seine Herrschaft behaupten zu können, als wenn er eine Stütze für dieselbe in einer fremden Macht gewinne. Diese fremde Macht aber war Assyrien, welches sich um diese Zeit zu einer Weltmacht entwickelte.

27. Das Reich Israel von der ersten Berührung mit der assyrischen Weltmacht bis zu seinem Untergange. 738—722. (II, 37—38.)

2. Kön. 17, 7—23.

a. Hatten die bisherigen Könige Israels viele Kämpfe mit ihren Nachbarn im Norden, den Königen des Landes Syrien (mit der Hauptstadt Damaskus), zu bestehen gehabt, so begann nunmehr eine andere, viel bedeutendere Macht, Assyrien, für Israel (wie auch für Juda) gefährlich zu werden. Den Beistand des Königs von Assyrien, Phul oder Tiglatpilesar, erkaufte sich nämlich der König Israels, Menahem, der den Sohn Jerobeams II. vom Throne gestürzt hatte, durch einen jährlichen Tribut, den er dem assyrischen Könige zu zahlen versprach; damit war bereits die Selbständigkeit des Reiches preisgegeben. Schon der Sohn Menahems wurde durch einen Empörer, Pekah, gestürzt. Als sich dieser, statt mit seinen Nachbarn, den Reichen Juda und Syrien, vereint den Assyrern entgegenzutreten, mit Syrien gegen Juda verbündete, da wandte sich der König von Juda, Ahas, an den König von Assyrien (Tiglatpilesar), wie das früher der König Menahem von Israel getan hatte, und dieser erschien sofort mit einem gewaltigen Heere, eroberte Damaskus und führte die Einwohner von Syrien als Gefangene in sein Reich; dem Könige von Israel wurde die Hälfte seines Landes genommen, und die Bewohner dieser Gegenden wurden als Gefangene abgeführt; über den Rest des Landes herrschte Pekah nur noch kurze Zeit als zinspflichtiger Unterkönig des Königs von Assyrien.

b. Als Pekah nämlich durch Hosea vom Throne gestürzt wurde, da wollte dieser letzte König des Reiches Israel, im Vertrauen auf Ägypten, welches das weitere Vordringen der Assyrer fürchten mußte, seine Freiheit wiedererringen. Aber Salmanassar, der Nachfolger von Tiglatpilesar, rückte sofort mit einem Heere gegen Israel, und der König mußte sich ihm ergeben. Doch die feste Stadt Samaria widerstand noch drei Jahre dem assyrischen Heere, welches sie umlagerte, und erst, als bereits Salmanassars

[1]) Vgl. Racine, Athalie.

Nachfolger, Sargon, auf den Thron gekommen war, ist Samaria im Jahre 722 erobert worden. Die vornehmsten Einwohner wurden in das assyrische Reich als Gefangene weggeführt, und neue Ansiedler wurden in das Land gebracht.

c. Aus der Vermischung dieser nicht sehr zahlreichen heidnischen Ansiedler mit den im Lande gebliebenen Israeliten ist das Mischvolk der Samariter entstanden, welches zwar mit Überwindung des Heidentums der neuen Ansiedler später nur den einen Gott Israels anbetete, aber von den Juden doch nicht als rechtgläubig angesehen wurde. Ein geringer Rest dieses Volkes (etwa 170 Seelen) hat sich bis auf den heutigen Tag erhalten. Dagegen sind die in die Gefangenschaft weggeführten Israeliten unter den anderen Völkern verschwunden; in das heilige Land sind später nur weggeführte Bewohner des Reiches Juda zurückgekehrt.

28. Das Reich Juda bis zum Tode des Königs Hiskia 925—697; der Prophet Jesaias. (II, 39—40.)

Jes. 6. 1. 2—4. 5. K. 36—37. 29—33. K. 8, 23—9, 6; 10, 5—12, 6; 19, 16—25.

a: Nr. 26 f.

b. Nach der Ermordung der Athalja bestieg das Haus Davids wieder den Königsthron von Juda, und unter dem dritten Könige nach Athalja, Usia (770), gelangte das Reich Juda zu großer Blüte, wie sie auch dem Nachbarreiche in derselben Zeit unter Jerobeam II. zuteil wurde. Aber unter Usias zweitem Nachfolger, Ahas (730), schien sogar, wie schon oben gezeigt, Judas Untergang nahe zu sein, indem sich Israel und Syrien verbündeten, um Juda zu erobern. Da wandte sich Ahas an den König von Assyrien und versprach, ihm untertan zu sein, wenn er ihm gegen seine Feinde beistehe. Tiglatpilesar kam ihm zu Hilfe, vernichtete Syrien und schwächte Israel; aber Ahas war nunmehr den Assyrern untertan. Als das Reich Israel durch den Anschluß an Ägypten das assyrische Joch abzuschütteln suchte, fand es (722) seinen Untergang; das Reich Juda aber blieb den Assyrern untertan, und dadurch entging es dem Schicksal des Nachbarreiches.

c. In dieser Zeit starb der König Ahas, und ein besserer König, sein Sohn Hiskia, wurde König von Juda. Als der König Salmanassar von Assyrien und auch sein Sohn Sargon gestorben waren, und als ihr Nachfolger Sanherib die Eroberungszüge der Assyrer nach Westen fortsetzte, da beschloß auch Hiskia, auf Ägypten vertrauend, von Assyrien abzufallen und seine Freiheit wiederzuerringen. Als Sanherib von Hiskias Abfall hörte, schickte er sofort (701) ein großes Heer nach Juda, welches das Land verwüstete und die Städte eroberte. Nunmehr beschloß Hiskia, den Zorn des assyrischen Königs zu versöhnen; er zahlte die verlangte Buße; aber das assyrische Heer zog nicht ab, sondern der König forderte die Übergabe Jerusalems, damit er nicht beim Zuge nach Ägypten im Rücken angegriffen werden könne. Eine Unterredung des Gesandten von Hiskia mit dem assyrischen Gesandten blieb erfolglos. Durch den Propheten Jesaias ermutigt, weigerte sich aber Hiskia, die Stadt Jerusalem zu übergeben (Jes. 37, 33—34), und das Verheißungswort des Propheten, daß

Jerusalem nicht in die Hände der Feinde fallen werde, ging bald in Erfüllung; Sanheribs Heer wurde so geschwächt, daß der König nach der Heimat zurückkehren mußte.

d. Um die Zeit, wo eben die Stadt Rom gegründet worden war (c. 720), wirkte nämlich im Reiche Juda, und zwar in Jerusalem, der größte Prophet von denen, deren Schriften uns erhalten sind, der Prophet Jesaias. Derselbe hat nicht bloß im allgemeinen seinem Volke Buße gepredigt, sondern er hat auch in die Zeitgeschichte eingegriffen. Zwei große Ereignisse hat er erlebt und mit seiner Weissagung begleitet: zuerst den Krieg der Syrer und der Israeliten gegen Juda unter Ahas, und dann den Einfall der Assyrer in Juda unter Hiskia. Der Tag der Rettung Jerusalems aus der Hand der Assyrer, welche Jesaias vorausgesagt hatte, war der Ehrentag im Leben des Propheten.

Aus großer Drangsal hatte Gott sein Volk wunderbar errettet; aber über Assyrien soll nun, wie der Prophet erwartet, das verdiente Strafgericht kommen. Jesaias hat dasselbe nicht erlebt, erst fast hundert Jahre nach seinem Tode (606) ist Ninive zerstört worden. Nach dem von ihm vorausgesagten Gericht über Assyrien sollte nun, wie er hoffte, alsbald das vollkommene Gottesreich aufgerichtet werden. Jesaias hat den Anbruch des von ihm verkündeten Gottesreiches nicht erlebt; er ist nach dem Jahre 700 gestorben; eine spätere Sage erzählt, er sei von dem gottlosen Könige Manasse zersägt worden; auf diese Sage wird wohl im Hebräerbriefe (11, 37) hingedeutet.

29. Der König Josia und die Reform des Gottesdienstes. (II, 41.)

2. Kön. 22, 1—23, 29.

a. Auf den frommen Hiskia folgte der König Manasse, welcher das Heidentum wieder in Juda einführte. Diese Zeit des herrschenden Heidentums nahm ein Ende, als nach der kurzen Regierung eines Sohnes Manasse's der König Josia im Jahre 640 den Thron bestieg. Als unter diesem Könige im Jahre 621 das etwas vorher abgefaßte fünfte Buch Mosis im Tempel gefunden und dem Könige überreicht wurde, da beschloß derselbe, diesem Gesetzbuche entsprechend den Götzendienst auszurotten und den Gottesdienst genau nach dem Buchstaben des Gesetzes zu ordnen. Der Tempel wurde vom heidnischen Wesen gereinigt, und alle heiligen Orte des Götzendienstes wurden zerstört, ja, jetzt wurde auch der seit alter Zeit übliche Höhendienst des Gottes Israels untersagt und alle Heiligtümer der Höhen zerstört. Nunmehr kam erst der Buchstabe des Gesetzes zur Geltung, was vorher niemals der Fall gewesen war. Nunmehr wurde auch erst der Tempel zu Jerusalem zu dem, wofür er den späteren Juden galt: das einzige wahre Heiligtum Jehovahs.

b. Doch der fromme König fand nur zu bald einen traurigen Tod. Zu seiner Zeit war Assyrien seinem Untergange nahe, und die Ägypter, seit kurzem den Assyrern untertan, schüttelten das Joch der Fremdherrschaft ab und begannen ihre Herrschaft über Syrien auszudehnen, um für die Zukunft ein Vordringen einer asiatischen Macht nach Ägypten unmöglich zu machen. Diesem Vordringen der Ägypter, durch welches die Unabhängigkeit seines Reiches gefährdet war, glaubte Josia entgegentreten zu müssen; aber als er nun dem Könige der Ägypter Necho bei Megiddo in Galiläa entgegentrat, da wurde er besiegt und verwundet, und nur seine Leiche konnte nach Jerusalem zurückgebracht werden (608).

30. Der Untergang des Reiches Juda 586; der Prophet Jeremias.

(II, 42—44.)

2. Kön. 17, 7—23 u. 34—41. Jerem. K. 1; 16, 1—13; 20, 14—18 u. 7—13. K. 27; 28; 21. K. 50, 1—3; 30, 1—3 u. 18—22; 23, 1—8; 24; 31, 31—34; 3, 14—18; 33, 14—18. Klagel. 1 u. 5; Hesek. 19.

a. Als der König Josia gestorben war, folgte ihm zunächst sein jüngerer Sohn Joas als Herrscher. Aber der ägyptische König nahm denselben gefangen und führte ihn mit sich nach Ägypten und setzte den älteren Sohn Josia's, Jojakim, auf den Thron von Juda, und derselbe mußte nun an Ägypten Tribut zahlen. Als nun das assyrische Reich im Jahre 606 durch die verbündeten Meder und Babylonier zerstört wurde, da konnten die Babylonier, als die Haupterben der assyrischen Macht, es nicht dulden, daß Syrien in den Händen der Ägypter blieb, und so sandte der bereits kranke König Nabopolassar seinen Sohn Nebukadnezar gegen den König von Ägypten Necho; in der Schlacht bei Karchemisch am westlichen Ufer des Euphrat wurde Necho geschlagen 605, und Syrien wurde dem Könige von Babel untertan.

Als aber Nebukadnezar die Ägypter aus Asien verdrängte, da schien auch bereits das Reich Juda in die Hände der Babylonier geraten zu sollen; aber Nebukadnezar sah sich durch die Verhältnisse in der Heimat zur Rückkehr genötigt, und erst drei Jahre später (602) zog er, nunmehr König von Babylon, aufs neue nach Westen, um seine Herrschaft daselbst auszudehnen und zu befestigen. Nunmehr wurde Juda den Babyloniern untertan. Als aber nach drei Jahren der Kampf zwischen Ägypten und Babylonien aufs neue begann, da zog Nebukadnezar alsbald gegen Ägypten und besiegte dasselbe. Da aber der König von Juda auf Ägyptens Seite getreten war, so wurde auch Juda bekämpft und bezwungen. Als der jüdische König in dieser Zeit starb, hielt es sein Sohn Jojachin für das Beste, sich dem König von Babylon zu ergeben, und derselbe führte ihn mit vielen Vornehmen gefangen nach Babel, der Tempel und der Königspalast wurden geplündert und das Volk entwaffnet (597). Darauf setzte Nebukadnezar einen jüngeren Sohn Josia's, Zedekia, als König in Jerusalem ein, und derselbe war ihm natürlich untertan.

b. Als aber Zedekia im Vertrauen auf Ägypten auf Abfall sann, da zog Nebukadnezar mit einem großen Heere gegen Juda, eroberte das Land, und Jerusalem wurde nach zweijähriger Belagerung erobert; der König entrann zwar zunächst im Getümmel des Kampfes, aber bald wurde er eingeholt und vor Nebukadnezar geführt. Derselbe ließ vor seinen Augen seine mitgefangenen Söhne hinrichten; darauf wurde er selber geblendet und in Ketten nach Babel geführt, wo er im Gefängnis gestorben ist. Die Stadt wurde geplündert und zerstört, der Tempel wurde vernichtet, viele Einwohner wurden auch jetzt wieder ins Exil abgeführt. Über den Rest der Bewohner wurde ein Jude, Gedalia, als Statthalter des babylonischen Königs gesetzt.

Als derselbe aber bald ermordet wurde, da flohen viele Juden vor Nebukadnezars Rache nach Ägypten.

So hatte auch das Reich Juda im Jahre 586 seinen Untergang gefunden, Jerusalem war zerstört, der Tempel war vernichtet; aber das Reich Gottes ist nicht zugrunde gegangen.

c. Auch in der Zeit, wo Assyriens Macht sank und unterging, wo Babel emporkam und Juda unterging, sind unter den Juden Propheten aufgetreten, besonders Hesekiel (Ezechiel), welcher unter den bereits vor der Zerstörung Jerusalems ins Exil abgeführten Juden wirkte, und Jeremias, der größte unter diesen Propheten.

Jeremias, welcher vornehmlich in der Zeit des Untergangs des Reiches Juda bedeutsam hervortrat, erklärte es für eine eitle Hoffnung, daß es der Stadt Jerusalem und dem Reiche Juda, in welchem unlängst durch die Reformation des Josia der rechte Gottesdienst wiederhergestellt worden war, um dieser äußeren Frömmigkeit willen nicht schlecht gehen könne; auch das Reich Juda mit Jerusalem und dem Tempel werde zerstört werden.

Als nun die Babylonier Jerusalem belagerten, wußte Jeremias keinen anderen Rat, als sich denselben zu ergeben (K. 21). Diese Predigt des Propheten gefiel freilich niemandem, und so wurde er als schlechter Patriot geschmäht und schließlich in eine Schlammgrube geworfen, aus der er nur durch die Verwendung eines königlichen Kämmerers noch beizeiten wieder herausgezogen wurde; er blieb aber gefangen.

Als Jerusalem erobert wurde, wurde Jeremias aus dem Gefängnis befreit, und es wurde ihm freigestellt, ob er nach Babel auswandern oder im jüdischen Lande bleiben wolle; Jeremias blieb in seiner Heimat, wo als babylonischer Statthalter ein Jude, Namens Gedalja, waltete, der sich seiner Landsleute nach Kräften annahm. Als aber bald darauf Gedalja von einem fanatischen Juden ermordet wurde, flohen die noch übrigen Juden gegen Jeremias' Rat vor der Rache der Babylonier nach Ägypten und zwangen auch den Propheten, mit ihnen zu ziehen; wahrscheinlich ist er dort auch gestorben.

Als Jerusalem zerstört worden war, da klagte Jeremias (wie auch die ihm zugeschriebenen „Klagelieder" und Hesekiel in Kap. 19) über den Fall der Stadt Gottes; aber er wußte doch nicht bloß zu klagen, sondern auch zu trösten; denn er war erfüllt von der Hoffnung auf ein neues, besseres Gottesreich, als durch die Babylonier zerstört worden war. Das mächtige Babel wird, wie Jeremias predigt, später selber zerstört werden, und nach 70 Jahren kehrt dann Juda, mit welchem Israel wieder vereinigt wird (was nicht geschehen ist), nach der Heimat zurück, und dann wird alsbald, wie Jeremias gleich allen anderen Propheten erwartet (ohne die neuen Entwicklungsstufen des Gottesreiches zu kennen), das vollkommene Gottesreich aufgerichtet werden (30, 1—3 und 18—22), beherrscht von einem König aus dem Hause Davids, der das sein wird, was Zedekia nur hieß: ein gerechter König, der aufs innigste mit Gott verbunden ist.

Die Hoffnung des Jeremias hat sich erfüllt, aber nicht so schnell, wie er erwartete, auch nicht so, wie er erwartete, jedoch noch viel herrlicher, als er dachte; aber das vollkommene Gottesreich ist noch heute ein Gegenstand der Hoffnung.

31. Die Juden im Exil; die Weissagung des zweiten Jesaias.
(II, 46—47.)

Ps. 137; Jes. 13, 1—14, 23. Hesekiel 34 u. 36—39.
Jes. 40, 1—11; 42, 2—9; 43, 1—7; 44, 6—23; 44, 24—45, 8.
Jes. 52, 1—12 (52, 13—53, 12); 54; 57, 15—21.
Jes. 63, 7—64, 12; 65 u. 66.

a. Seit den Jahren 597 und 586 lebten die von dem König Nebukadnezar weggeführten Juden im babylonischen Reiche im Exil; dieselben bildeten zwar nur einen Teil des jüdischen Volkes, während die beiden anderen Teile desselben in Juda (dieser ebenfalls unter babylonischer Herrschaft) und in Ägypten lebten; aber nur die weitere Geschichte der babylonischen Verbannten ist für die Geschichte des Reiches Gottes von Bedeutung. Die im Jahre 722 von den Assyrern weggeführten Bewohner des Reiches Israel sind nicht mehr in ihre Heimat zurückgekehrt.

b. Ihren Glauben hielten die Verbannten auch im Exil fest, obwohl ja der Kultus fast ganz aufhörte, da er zum großen Teil an den Tempel gebunden war, und obwohl doch ihr ganzes Leben in der Fremde ein Zustand der gesetzlichen Unreinheit war. Gerade diese Gebundenheit an den Tempel und an Jerusalem war es nun, welche die Juden im fremden Lande nicht heimisch werden ließ. Ihre Gedanken waren daher stets auf die Rückkehr nach dem heiligen Lande gerichtet, und ihre Hoffnung ging dahin, daß Babel zerstört (Psalm 137; Jes. 13, 1—14, 23) und alsdann in der wiedergewonnenen Heimat ein neues, vollkommenes Gottesreich gegründet werden solle.

c. Ihre Hoffnung auf Erlösung fand ihren Ausdruck zunächst durch den Propheten Hesekiel (Kap. 34 und 36—39), sodann aber besonders in den Weissagungen eines unbekannten Propheten, welche dem Buche des Jesaias angehängt sind (Jes. 40—66), und welche dessen würdig waren, daß sie an die Reden dieses großen Propheten angeschlossen wurden. Der Verfasser derselben wies in der Zeit, als Cyrus auftrat, darauf hin, daß durch Cyrus Babel zerstört werden und dadurch für die Exulanten die Erlösung kommen werde. Diese Erlösung ist in der Tat gekommen; aber das vollkommene Gottesreich, welches der Prophet bald nach der Rückkehr aus dem Exil erwartete, ist noch heute ein Gegenstand der Hoffnung.

32. Die Rückkehr aus dem Exil (538) und das neue Gottesreich: Esra und Nehemia; der Prophet Maleachi. (II, 48—49.)

Nehem. 1, 1b—7, 5a („das schönste Stück der historischen Literatur aus der nachexilischen Zeit", Kautzsch[3]). 8. 9, 1—8 u. 32—37; 10, 1 u. 29—30. Ps. 126. Mal. 3, 1—4 u. 19—24.

a. Als das babylonische Reich durch den Perserkönig Cyrus seinen Untergang fand, da gab dieser König alsbald den Juden die Erlaubnis, in ihre Heimat zurückzukehren und den Tempel wieder aufzubauen (538). Unter Anführung des Davididen Serubabel, des Stammfürsten von Juda, eines Enkels des Königs Jojachin, und des Hohenpriesters Jesua, eines Enkels des letzten Hohenpriesters in Jerusalem, zogen (48 Jahre nach der Zerstörung Jerusalems) über 40000 Juden nach Kanaan zurück und siedelten sich in Jerusalem und einer Anzahl benachbarter Städte an. Bald begann in Jerusalem auch der Tempelbau. Aber als die Zurückgekehrten die im Lande zurückgebliebenen Juden zu dem neuen Tempel nicht zulassen wollten, verleumdeten dieselben die Zurückgekehrten bei Cyrus, und so wurde der Weiterbau des Tempels untersagt; erst Darius erlaubte die Fortführung des Baues, und der neue Tempel wurde im Jahre 516 eingeweiht. Die ausgeschlossenen Juden haben sich später zu einer besonderen Gemeinde, der der Samariter, vereinigt und einen besonderen Tempel auf dem Berge Garizim erbaut.

b. Zu mancher äußeren Drangsal, welche die Juden in dieser Zeit traf, kam bald auch ein innerer Verfall, der sich in der Annäherung an das Heidentum zeigte. Diesem Verfall wurde abermals von Babylon her, dem Mutterlande des neuen Judentums, durch einen Priester und Schriftgelehrten namens Esra, welcher im Jahre 458 mit einer zweiten Schar von Exulanten aus Babylon heimkehrte, und durch einen Mundschenk des Königs Artaxerxes Longimanus, namens Nehemia, welcher zweimal (445–433 und 432) nach Jerusalem kam, gewehrt. Durch Nehemia wurde die Befestigung Jerusalems vollendet, durch Esra wurde eine innere Reformation vollzogen. Durch seinen Einfluß wurden nämlich zunächst die Mischehen der Juden mit den Heiden gelöst, und sodann das kurze Zeit vorher entstandene Priestergesetz, eine Weiterentwicklung des im fünften Buche Mosis enthaltenen Gesetzes, zur strengen Norm für das Leben des Volkes gemacht, indem er nach dem Vorbilde des Moses und des Josia das ganze Volk im Jahre 444 feierlich auf das Gesetz verpflichtete.

c. Die Verpflichtung des Volkes auf das Gesetz Mosis durch Esra ist der Abschluß der Geschichte des alten Israel; aber mit der Herrschaft des Gesetzes war doch nur die Grundlage für das vollkommene Gottesreich gewonnen, das vollkommene Gottesreich selbst war damit noch nicht begründet. So richtete sich denn auch jetzt wieder die Hoffnung der Juden auf die Zukunft; der Prophet Maleachi, der, wie auch die Propheten Haggai und Sacharja, in dieser Zeit lebte, wies deshalb auf die Zukunft hin, wo das vollkommene Gottesreich gegründet werden solle; aber seine Hoffnung hat sich erst in Jesus Christus, nach einem Zeitraum von vierhundert Jahren, erfüllt, und zwar auch nur dem Anfange nach erfüllt; wir Christen haben ja zwar durch Jesus Christus eine vollkommene Religion erhalten, aber auch wir warten noch des vollkommenen Gottesreiches, wo alle Gottesverheißungen erfüllt sein werden, indem alle Menschen Gott anbeten, alle den rechten Glauben haben, und alle vollkommen fromm sind.

II. Die Hoffnung der Frommen des Alten Bundes; die Propheten und die Weissagung.

„Wie vor Zeiten Gott manchmal und mancherleiweise zu den Israeliten durch die Propheten geredet hat."

33. Einleitung. (II, 70—77,1.)

a. Die Entwickelung des Reiches Gottes[1]. Hebr. 1, 1–2. Röm. 10, 2. Matth. 28, 19.

[1]) Vgl. Nr. 1–3.

b. Die Gesetzesreligion nach ihrer Begründung und in ihrem Wesen[1].

c. Die Propheten und die Weissagung. Jes. 6. Jerem. 1. 1. Kön. 22.

Die Bedeutung der Propheten für die Entwicklung des Reiches Gottes.

Durch einen Propheten, Moses, war das Reich Gottes im Volke Israel gegründet worden; durch Propheten (z. B. Elias) wurde dasselbe, wenn es in seinem Bestande bedroht war, aufrechterhalten; durch Propheten wurde das Reich Gottes in Israel auch in seinem Wesen vervollkommnet und auf seine Vollendung, welche in der Zukunft erfolgen sollte, hingewiesen. Nur die zuletzt genannten Propheten haben ihre Predigten aufgezeichnet, da dieselben nicht bloß für die Gegenwart, sondern auch für die Zukunft berechnet waren.

d. Übersicht über die Bücher der Bibel[2].

e. Die Schriften der Propheten des A. T. folgen in der Lutherbibel auf die geschichtlichen und die dichterischen Bücher, und zwar zunächst die der vier sogenannten großen Propheten: Jesaias, Jeremias, Hesekiel und Daniel, wegen des Umfangs ihrer Weissagungsbücher so genannt, sodann die Bücher der zwölf kleinen Propheten. Wie die großen, so sind auch die kleinen Propheten (wenigstens ungefähr) chronologisch geordnet, so daß unter ihnen drei Gruppen zu unterscheiden sind: Propheten der assyrischen Zeit (Hosea bis Nahum — dazu Jesaias), der babylonischen Zeit (Habakuk und Zephanja — dazu Jeremias und Hesekiel) und der nachexilischen Zeit (Haggai, Sacharja und Maleachi). Daniel ist der Prophet der makkabäischen Zeit.

Auch das N. T. enthält noch ein prophetisches Buch, die Offenbarung Johannis, in welchem darauf hingewiesen ist, daß auch für den Christen das vollkommene Gottesreich noch ein Gegenstand der Hoffnung ist.

34. Die messianische Weissagung. (II, 77.)

I. Übersicht.

a. Das Reich Gottes im Volke Israel.

1. Mose 1, 27. Gott schuf den Menschen ihm zum Bilde, zum Bilde Gottes schuf er ihn.

Röm. 3, 23. Sie sind allzumal Sünder und mangeln des Ruhms, den sie bei Gott haben sollten.

1. Mose 3, 15. Gott der Herr sprach zur Schlange: Ich will Feindschaft setzen zwischen dir und dem Weibe, und zwischen deinem Samen und ihrem Samen; derselbe soll dir den Kopf zertreten, und du wirst ihn in die Ferse stechen.

1. Mose 9, 18—27. Noah sprach: Gelobet sei der Herr, der Gott des Sem, und Kanaan sei sein Knecht. Gott breite Japheth aus und lasse ihn wohnen in den Hütten des Sem, und Kanaan sei sein Knecht. (V. 26—27).

---

[1]) Dieser Abschnitt ist oben behandelt: Nr. 10—19.
[2]) Vgl. Nr. 142, a—d (bez. Nr. 142—144 und 147b).

1. Mose 12, 1—3. Der Herr sprach zu Abraham: Gehe aus deinem Vaterlande und von deiner Freundschaft und aus deines Vaters Hause in ein Land, das ich dir zeigen will. Und ich will dich zum großen Volke machen, und in dir sollen gesegnet werden alle Geschlechter auf Erden.

2. Mose 19, 5—6. 3. Mose 26, 12. Der Herr sprach zu Mose: So sollst du sagen zu den Kindern Israel: Werdet ihr meiner Stimme gehorchen und meinen Bund halten, so sollt ihr mein Eigentum sein vor allen Völkern, und ihr sollt mir ein priesterlich Königreich und ein heiliges Volk sein. Ich will euer Gott sein, und ihr sollt mein Volk sein[1]).

b. Die Hoffnung auf die Gründung eines vollkommenen Gottesreiches.

α. König und Priester.

2. Sam. 7. Der Herr sprach zu David: Wenn nun deine Zeit hin ist, daß du mit deinen Vätern schlafen liegst, will ich deinen Samen nach dir erwecken, und ich will den Stuhl seines Königreichs bestätigen ewiglich; ich will sein Vater sein, und er soll mein Sohn sein (V. 12–14).

Lesen: Jes. 9, 1–6 (2—7); 11, 1—10; 2, 2—4.

Jes. 9, 5—6 (6—7). Uns ist ein Kind geboren, ein Sohn ist uns gegeben, und die Herrschaft ist auf seiner Schulter; und er heißt Wunderbar-Rat, Kraft-Held, Ewig-Vater, Friedefürst, auf daß seine Herrschaft groß werde und des Friedens kein Ende auf dem Stuhl Davids und in seinem Königreich.

Micha 5, 1. Und du Bethlehem Ephrata, die du klein bist unter den Städten in Juda, aus dir soll mir der kommen, der in Israel Herr sei, welches Ausgang von Anfang und von Ewigkeit her gewesen ist.

Lesen: Jerem. 23, 1–8; 33, 14—26; Hesek. 34.

Sach. 9, 9. Du Tochter Zion, freue dich sehr, und du Tochter Jerusalem, jauchze; siehe, dein König kommt zu dir, ein Gerechter und ein Helfer, arm, und reitet auf einem Esel und auf einem jungen Füllen der Eselin.

Lesen: Psalm 2. (Psalm 72 u. 45.)

Lesen: Psalm 110. (1. Mose 14, 14—20.) Sach. 6, 9–13.

Psalm 110, 4. Du bist ein Priester ewiglich nach der Weise Melchisedeks.

β. Prophet und Knecht Gottes.

5. Mose 18, 9—22. Moses sprach: Einen Propheten wie mich wird der Herr dein Gott dir erwecken aus dir und aus deinen Brüdern; dem sollt ihr gehorchen (18, 15).

Jerem. 31, 31—34. Siehe, es kommt die Zeit, spricht der Herr, da will ich mit dem Hause Israel und mit dem Hause Juda einen neuen Bund machen: ich will mein Gesetz in ihr Herz geben und in ihren Sinn schreiben, und sie sollen mein Volk sein, so will ich ihr Gott sein.

Lesen: Joel 3.

Jes. 49, 6. Es ist ein Geringes, daß du mein Knecht bist, die Stämme Jakobs aufzurichten und die Bewahrten Israels wiederzubringen,

---

[1]) Vgl. Nr. 12.

sondern ich habe dich auch zum Licht der Heiden gemacht, daß du seist mein Heil bis an der Welt Ende.

Lesen: Psalm 22. Sach. 12, 9—11. Jes. 52, 13—53, 12.

Jes. 53, 4—5. Fürwahr, er trug unsre Krankheit und lud auf sich unsre Schmerzen; wir aber hielten ihn für den, der geplagt und von Gott geschlagen und gemartert wäre. Aber er ist um unsrer Missetat willen verwundet und um unsrer Sünde willen zerschlagen; die Strafe liegt auf ihm, auf daß wir Frieden hätten, und durch seine Wunden sind wir geheilt.

γ. Das Kommen des Herrn.

Lesen: Jes. 40, 1—11. Mal. 2, 17—3, 4 u. 3, 19—24 (= 4, 1—6). Ps. 96. 97. 98.

Mal. 3, 1. Siehe, ich will meinen Engel senden, der vor mir her den Weg bereiten soll, und bald wird kommen zu seinem Tempel der Herr, den ihr suchet; und der Engel des Bundes, des ihr begehret, siehe, er kommt! spricht der Herr Zebaoth [1]).

e. Die Erfüllung der Weissagung.

Joh. 4, 22. Das Heil kommt von den Juden.

Hebr. 1, 1—2. Nachdem vor Zeiten Gott manchmal und mancherleiweise geredet hat zu den Vätern durch die Propheten, hat er am letzten in diesen Tagen zu uns geredet durch den Sohn.

2. Kor. 1, 20. In Christus sind alle Gottesverheißungen Ja und Amen.

1. Joh. 3, 2. Wir sind nun Gottes Kinder, und es ist noch nicht erschienen, was wir sein werden.

Lesen: Off. Joh. 21 u. 22.

Off. Joh. 21, 1—3. Und ich sah einen neuen Himmel und eine neue Erde, und die heilige Stadt, das neue Jerusalem, von Gott aus dem Himmel herabfahren. Und ich hörte eine große Stimme von dem Stuhl, die sprach: Siehe da, die Hütte Gottes bei den Menschen, und er wird bei ihnen wohnen, und sie werden sein Volk sein und er selbst, Gott mit ihnen, wird ihr Gott sein.

II. Ausführung.

A. Das Reich Gottes im Volke Israel. (Vgl. Nr. 12.)

Gott hatte den Menschen „ihm zum Bilde" geschaffen (1. Mose 1, 27), und die ganze Menschheit sollte ein Reich Gottes werden; aber die Menschen waren Sünder geworden (Röm. 3, 23). Doch Gott gab darum seine Absicht mit der Menschheit nicht auf, und wenn schon die Heiden geahnt haben, daß dereinst ein besserer Zustand der Menschheit zu erwarten sei, so haben die Propheten Israels es deutlich verkündigt, daß dereinst die Sünde in der Menschheit überwunden sein werde. Also verheißt ja schon die erste Weissagung, die wir in der heiligen Schrift lesen (1. Mose 3, 15): Die Sünde ist in die Welt gekommen, und die ganze Menschheit wird sündig; aber die Menschheit ist der Sünde dennoch feind und haßt sie wie die Schlange; dereinst wird aber die Sünde von der Menschheit auch wieder überwunden werden.

---

[1]) Vgl. II B f, Anm. 1.

Aber der Verlauf der Geschichte der Menschheit zeigt zunächst kaum etwas vom Siege über die Sünde, sondern Gott hat zunächst alles beschlossen unter die Sünde. Die Menschheit entfernt sich immer mehr von Gott, und es entsteht das Heidentum, und mit der Religion gerät auch die Sittlichkeit in Verfall. Damit ihn nun dereinst auch die Heiden finden möchten und mit seiner Hilfe die auch von ihnen gehaßte Sünde überwinden könnten, hat sich Gott zunächst einem Volke in besonderer Weise geoffenbart, dem Volke Israel.

Schon der Volksstamm, welchem das Volk Israel angehört, der Stamm der Semiten, wird in der heiligen Schrift vor den andern den damaligen Menschen bekannten Stämmen durch eine besondere Verheißung ausgezeichnet (1. Mose 9, 26—27). Aber erst in einem zweiten Worte tritt das Volk Israel, welches dort zwar gemeint, aber noch nicht genannt ist, bereits deutlich hervor. Als sich nämlich die übrige Menschheit von Gott immer mehr abwandte (1. Mose 11, 1—9), da wählte sich Gott in Abraham, einem Nachkommen Sems, den Mann aus, welchen er durch besondere Führung und Erziehung zum Stammvater eines dem wahren Gotte treu bleibenden Volkes, und damit zum Grundstein eines zu bildenden Gottesreiches in der ganzen Menschheit machen wollte (1. Mose 12, 1–3).

Daß nun aber das von Abraham herstammende Volk Israel eine so große Bedeutung für die Welt erlangt hat, das verdankt es nicht seiner weltlichen Bildung und Macht, sondern das verdankt es seiner Bundesgemeinschaft mit Gott, welche durch Moses begründet worden ist. Als nämlich Moses die Nachkommen Abrahams mit Gottes Hilfe glücklich aus Ägypten herausgeführt hatte, da weilten sie eine Zeit lang am Berge Sinai, und hier wurde nun zwischen Israel und seinem Gotte ein Bund geschlossen, durch welchen dieses Volk zum Volke Gottes wurde, dessen ganze Geschichte darauf hinzielte, daß das Reich Gottes, allerdings zunächst nur im Volke Israel, aufgerichtet werde (2. Mose 19, 5–6; 3. Mose 26, 12); das ganze Volk soll Gottes Eigentum werden, indem es heilig wird wie Gott durch Befolgung der göttlichen Gebote, und das ganze Volk soll ein Volk von Priestern sein, welches sich seinem Gotte zum Opfer hingibt in reinem Wandel und mit reinem Herzen. „Ich will euer Gott sein, und ihr sollt mein Volk sein" — das war das Ziel, welches dem Volke Israel vorgehalten wurde, und das ist das höchste Ziel, wonach überhaupt ein Volk streben kann.

B. Die Hoffnung auf die Gründung eines vollkommenen Gottesreiches.

a. Das höchste Ziel war dem Volke Israel von Gott bezeichnet worden, aber erreicht wurde dieses Ziel zunächst nicht: Israel sollte das Volk Gottes werden, aber die Wirklichkeit entsprach auch bei diesem Volke nicht der Idee; in allen seinen Gliedern und zu allen Zeiten war Israel nicht das Volk Gottes, da nicht alle Israeliten wirklich fromm waren, da ja die Religion Israels noch nicht eine vollkommene Religion war, und da das Gottesreich ja nicht bloß das Volk Israel, sondern alle Völker umfassen sollte. Deshalb traten immer wieder Männer in Israel auf, die Propheten, welche, gleich Moses von Gott erleuchtet, in Wort und Schrift auf eine Zeit hinwiesen, wo das Reich Gottes in Israel in ein vollkommenes Gottesreich umgewandelt werden würde.

Als nun im Volke Israel das Königtum begründet worden war, und namentlich, als in David ein König erstanden war, der es auch um seiner Frömmigkeit willen verdiente, an der Spitze des auserwählten Volkes zu stehen, und der nicht bloß in seinem Volke das Reich Gottes förderte, sondern auch die Herrschaft Israels über eine Anzahl benachbarter Völker ausdehnte, da schien es, daß das im Volke Israel gegründete Gottesreich sich nunmehr zum vollkommenen Gottesreiche weiterentwickeln werde. Zu diesem Zwecke faßte David den Plan, wie er für sich selber einen schönen Palast gebaut hatte, so auch dem Herrn ein würdiges Gotteshaus zu bauen, und der Prophet Nathan billigte sein Vorhaben. Aber, von Gott eines andern belehrt, befiehlt Nathan am andern Tage dem Könige, vom Tempelbau abzustehen, und verkündet ihm (2. Sam. 7), daß Gott ihm ein erbliches, unvergängliches Königtum über Israel zugedacht habe (während Sauls Geschlecht vom Throne ausgeschlossen worden war); er werde sterben, aber immer werde ein Nachkomme von ihm auf dem Thron Israels sitzen; wenn sich etwa seine Nachkommen auch an Gott versündigen sollten, so würden sie doch von Gott nicht verstoßen, sondern nur gezüchtigt werden; der Davidische König Israels solle fortan das in höherem Sinne sein, was ganz Israel war, nämlich der Sohn Gottes, und Gott wolle sein Vater sein.

Mit diesem Worte Nathans an David war der Grund gelegt zu der Hoffnung aller späteren Propheten, daß Davids Geschlecht unvergänglich sein und an der Spitze des Volkes Gottes bleiben werde. Als nämlich David gestorben war, da erwarteten die Propheten Israels von einem zukünftigen, von David herstammenden und dem David ähnlichen Könige, daß er das vollkommene Gottesreich aufrichten werde, und aus dem geschichtlichen Königtum Davids im Volke Israels erwuchs im Geiste der von Gott erleuchteten Propheten Israels die Hoffnung und Weissagung von dem Könige der Zukunft, dem Messias, und von dem vollkommenen Gottesreiche der Zukunft. Was nun diese gotterleuchteten Männer von diesem vollkommenen Gottesreiche gepredigt haben, soll im folgenden dargelegt werden.

b. Zunächst schildert der Prophet Jesaias[1]) diesen von David abstammenden König der Zukunft als einen Herrscher, auf welchem der Geist Gottes ruht, der infolgedessen das vollkommene Gottesreich aufrichtet, ein Reich des Friedens und ein Reich für alle Völker (Jes. 9, 1–6 [2–7]; 11, 1–10; 2, 2–4). Nachdem nämlich das Volk in großes Elend geraten ist (durch die Assyrer), erbarmt sich der Herr (alsbald, wie der Prophet erwartet) seines Volkes; die Feinde des Volkes werden vernichtet und dem Kriege ein Ende gemacht. Das geschieht aber durch den dem Volke Israel von Gott geschenkten König, einen Herrscher besonderer Art, welche die ihm beigelegten Namen bezeichnen: Wunder-Rat (d. h. ein Wunder von einem Berater), Kraft-Held (oder richtiger: starker Gott — der Messias ist ja Gottes Sohn), Ewig-Vater (d. h. ein ewiger Versorger der Seinen), Friede-

[1]) Vgl. Nr. 27a und 28.

fürst. Dieser König wird seine Herrschaft immer weiter ausdehnen und ein Reich des Friedens und der Gerechtigkeit aufrichten.

Ähnlich wie Jesaias predigt auch Micha von dem Könige der Zukunft. Derselbe verkündigt (K. 5, 1), daß aus Bethlehem, das zwar eine Tausendschaft (einen Bezirk, eine Stadt mit tausend Familien) in Juda bildet, aber doch nur einen kleinen Bezirk, der Herrscher Israels geboren werden solle. dessen Ausgang weit in die Vorzeit zurückreicht. Und die Erfüllung hat diesen Spruch (durch die Geburt Jesu in Bethlehem) genauer bestätigt, als ihn wohl der Prophet selber gemeint hat. Aber weder Jesaias noch Micha haben die Gründung des von ihnen geweissagten vollkommenen Gottesreiches erlebt.

Dieselben Gedanken von dem vollkommenen Gottesreiche der Zukunft haben auch die Propheten Jeremias (K. 23, 1–8 und 33, 14–26) und Hesekiel (K. 34) ausgesprochen[1]), und zwar zu der Zeit, wo nach dem Untergange des assyrischen Reiches das babylonische Reich die herrschende Macht in Vorderasien geworden war. Diese Propheten erwarteten die Gründung des vollkommenen Gottesreiches alsbald nach dem Untergange des babylonischen Reiches; aber auch ihre Hoffnung hat sich nicht erfüllt.

Wenn so die Propheten meist von einem herrlichen Könige der Zukunft predigen, so haben dieselben doch auch schon von einem Könige in Niedrigkeit geweissagt, wie es Jesus gewesen ist. Ein Zeitgenosse von Jesaias und Micha, dessen Predigt dem (erst nachexilischen) Sacharjabuche angefügt ist (K. 9–11), sieht nämlich ebenso, wie Jesaias, den zukünftigen König des Reiches Gottes bereits kommen; aber dieser König zieht nicht auf stolzem Rosse oder auf einem mit Rossen bespannten Wagen (wie das seit Salomos Zeiten üblich war) in Jerusalem ein, sondern auf einem Esel, entsprechend der Einfachheit des früheren Lebens, und nicht seine äußere Herrlichkeit schildert der Prophet, sondern eine innere Herrlichkeit, welche mehr wert ist als äußere Pracht; er ist zwar ein König, aber arm und gerecht und ein Helfer den Armen und Gerechten, und seine Herrschaft wird eine Herrschaft des Friedens sein.

So haben die Israeliten auf Grund der Weissagung einen König aus Davids Geschlecht erwartet, welcher das vollkommene Gottesreich aufrichten werde, und diese Hoffnung wird nun auch festgehalten von den späteren Propheten[2]), und wir finden dieselbe namentlich auch ausgesprochen in den Psalmen, von denen hier besonders Psalm 2 in Betracht kommt (vgl. auch Ps. 72 und 45).

Aber die Weissagung vom Könige Israels geht auch noch einen Schritt weiter. Indem der 110. Psalm den König Israels als den König des Gottesreichs preist, dem auch die Heiden untertan werden (vgl. Ps. 2), zeichnet der Dichter dieses Liedes den König Israels nicht bloß als König, sondern auch als Priester, indem er ihn anredend sagt: „Du bist ein Priester ewiglich nach der Weise Melchisedeks.“ Wie Melchisedek, ein Zeitgenosse von Abraham, König und zugleich Priester war (1. Mose 14, 14–20), soll auch der König des Reiches Gottes König und Priester sein.

---

[1]) Vgl. Nr. 30c.
[2]) Vgl. Nr. 31c und 32c.

c. Aber wenn nun vornehmlich die Hoffnung auf einen künftigen König des vollkommenen Gottesreichs (der zugleich Priester sein werde) die Predigt der Propheten durchzieht, so ist neben dieser Hoffnung doch noch eine zweite Form der prophetischen Predigt (ja sogar noch eine dritte, wie unten gezeigt werden wird) vorhanden, welche zwar ebenfalls ein künftiges herrliches Gottesreich verkündet, aber dasselbe nicht von einem König, sondern von einem Propheten erwartet, da in der späteren Zeit nicht mehr die Könige, sondern die Propheten für das Reich Gottes von Bedeutung waren. Moses hatte den Bund zwischen Gott und Israel gestiftet, und wenn derselbe auch eigentlich in mancher Beziehung schon über sich hinauswies, so kam es doch zunächst nur darauf an, diesen Bund Gottes aufrechtzuerhalten. In diesem Sinne hat Moses (5. Mose 18, 15) gesprochen von einem Propheten, den Gott den Israeliten (immer aufs neue) erwecken werde, und dem sie gehorchen sollten.

Wenn nun Israels erster Prophet, Moses, den Alten Bund gestiftet hatte und von späteren Propheten die Aufrechterhaltung desselben erwartet, so predigt dagegen Jeremias (K. 31, 31—34) von einem Neuen Bunde, dessen Ziel dasselbe ist, wie das des Alten; die Kinder Israels sollen Gottes Volk sein und er will ihr Gott sein; Kinder Gottes sollen sie nun aber auch wirklich sein, indem sie nicht mehr durch Strafen gezwungen, sondern freiwillig Gottes Gebote halten. Und daß nun der neue Bund und das vollkommene Gottesreich auch auf die Heidenwelt sich erstrecken werde, das haben wir schon als eine alte Hoffnung des Volkes Gottes erkannt (1. Mose 12, 1–3: Abrahams Segen), welche ebenso bei David wiederkehrt (Ps. 2) und im Exil aufs neue hervortritt (Jes. 49, 6), um im Christentum immer mehr ihre Erfüllung zu finden.

Wenn also die Gründung des vollkommenen Gottesreiches zunächst von einem zukünftigen Könige, aber auch von einem Propheten erwartet wurde, so war es kein Wunder, daß die Zeitgenossen Jesu neben einem Könige auch einen Propheten erwarteten, und sowohl ein König als auch ein Prophet ist ja auch in Jesus von Nazareth erschienen.

Wie aber an die Weissagung von dem zukünftigen Könige sich der Gedanke an einen Priester anschließt, so schließt sich an die Predigt von einem kommenden Propheten ebenfalls noch ein anderer Gedanke an, nämlich der vom leidenden Knechte Gottes, und damit kommt doch auch schon das Alte Testament auf einen Gedanken, den das Neue Testament ganz besonders stark hervorhebt: das Wort vom Kreuze Christi. Schon der 22. Psalm predigt von dem Leiden eines Frommen, und Jesus hat am Kreuze mit den Worten dieses Psalms gebetet („Eli, Eli, lama asabthani" — „Mein Gott, mein Gott, warum hast du mich verlassen"), der in einigen Versen wie auf Jesu Leiden ausdrücklich bezogen erscheinen könnte (was freilich nicht anzunehmen ist — der Dichter redet von seinem Leiden). Aber vor allem predigt das in der letzten Zeit des Exils geschriebene Buch des zweiten Jesaias (Jes. 40–66)[1]) von einem „Knechte Gottes", welcher seinen prophetischen Beruf, Gottes Wahrheit zu bezeugen und Gottes Heil bis zu den Enden der Erde zu bringen, unter Schmach und

---

[1]) Vgl. Nr. 31 c.

Verfolgung in Treue bis zum Tode erfüllt; „dem sollt ihr gehorchen", so hatte Moses gesagt; der Knecht Gottes muß leiden, so heißt es bei diesem Propheten. Als Vertreter des dem Zorne Gottes verfallenen Volkes nimmt er die Schuld aller auf sich, gibt sein Leben als Schuldopfer für sie hin und führt durch sein stellvertretendes Strafleiden das Heil aller herbei; endlich geht er aber auf diesem Leidenswege zu unvergänglicher Herrlichkeit ein, als ihr Heilsvermittler von aller Welt anerkannt. Infolge der Opferidee und der Idee des mittlerischen Eintretens der Gerechten für die schuldige Gemeinschaft, der sie angehören, erkennt der Prophet in diesem Leiden ein stellvertretendes Tragen der Sündenstrafen ganz Israels, um dessentwillen das ganze Volk begnadigt wird. Allerdings nur von einem leidenden Knechte Gottes ist hier die Rede, nicht von einem leidenden Messias; trotzdem haben schon alte jüdische Erklärer dieses Abschnittes den leidenden Gottesknecht und den auf dem Throne Gottes sitzenden Messias für ein und dieselbe Person erklärt, wie das die Erfüllung in Jesus Christus auch wirklich verbunden gezeigt hat. Und wenn der Prophet mit dem leidenden Knechte Gottes, den er verherrlicht, wohl einen Frommen seiner Zeit gemeint hat, so ist doch dieser fromme Dulder nur ein Vorbild gewesen für den viel größeren Knecht Gottes Jesus Christus, in welchem sich die Predigt dieses Propheten erst vollkommen erfüllt hat.

d. Aber noch eine dritte Gestalt der prophetischen Predigt von dem zukünftigen Reiche Gottes tritt uns im A. T. entgegen; König und Prophet treten schließlich zurück hinter Gott selbst, der in Israel erscheinen und das Gottesreich zur Vollendung führen werde. So predigt schon Jes. 40—66 (vgl. 40, 1—11), so eine Anzahl von Psalmen (bes. 96, 97, 98), so endlich der letzte der nachexilischen Propheten. Maleachi (K. 2, 17—3, 24; besonders 3, 1), Gott selber werde in Israel erscheinen, nachdem ein Vorläufer seiner Erscheinung vorangegangen sei (K. 3, 23—24). Und so ist es in der Erfüllung geschehen; in Jesus ist Gott selber auf Erden erschienen.

e. Ein König (der zugleich Priester ist), ein Prophet (der als Knecht Gottes für das Volk leidet), Gott selber in Israel erscheinend — das sind die im A. T. noch als getrennt erscheinenden Wege, auf denen das Reich Gottes in der Zukunft aufgerichtet werden soll. Die Erfüllung hat diese Wege in Jesus Christus vereinigt gezeigt: er ist der König des Volkes Gottes und zugleich Priester, er ist der Prophet und leidende Gottesknecht, in ihm ist die Fülle der Gottheit leibhaftig erschienen.

f. Wenn nun die Propheten in sehr verschiedener Weise die Frage beantworten, durch wen das vollkommene Gottesreich aufgerichtet werden solle, so stimmen dagegen alle Propheten überein in der Darstellung der Hauptmomente, welche zur Gründung dieses Reiches gehören: des Gerichts, der Vollendung Israels, der Bekehrung der heidnischen Völker. Alle Propheten verkünden, daß die israelitischen Reiche um ihrer Sünde willen ihren Untergang finden werden, daß aber auch über die zwar siegreichen, aber gottlosen Bedrücker Israels das Gericht hereinbrechen werde, und daß erst nach diesem Gerichte das vollkommene Gottesreich kommen werde. Aber wenn nun dieses vollkommene Gottesreich zunächst im Volke Israel aufgerichtet werden soll, so predigen doch die Propheten Israels auch von einer Unterwerfung der Heiden unter den Gott Israels; aber ob dieselbe mit Gewalt oder in anderer Weise werde erreicht werden, das war ihnen verborgen. Und auch das war ihnen verborgen, daß das vollkommene Gottesreich nicht alsbald nach der Rückkehr der Juden aus dem Exil seine Vollendung erreichen werde, daß dasselbe nicht mehr an die mosaische Gesetzgebung gebunden sein, und daß es ein Reich im Himmel und nicht auf Erden sein werde; das alles haben erst wir Christen aus der Predigt Jesu gelernt[1]).

C. Die Erfüllung der Weissagung.

Ausgehend von der Bundesgemeinschaft zwischen Gott und Israel, wie auch im Anschluß an das Reich Gottes in Israel und an seinen Davidischen König, hatten die Propheten „manchmal und mancherleiweise" geredet von dem vollendeten Reiche Gottes. Wie ist nun die Hoffnung Israels erfüllt worden?

a. „Das Heil kommt von den Juden (Joh. 4, 22), nicht von den Heiden, weder von den feingebildeten Griechen, noch von den mächtigen Römern; nur vom Glauben der Juden aus hat sich die rechte Sehnsucht nach dem wahren Heil entwickelt, und nur in ihrer Mitte konnte der Sohn Gottes auftreten und leichter Glauben finden; erst von den Juden aus konnte das Heil den Heiden gebracht werden.

b. Nachdem nun zu den Juden vor Zeiten Gott manchmal und mancherleiweise geredet hat durch die Propheten, hat er zuletzt zu ihnen geredet durch den Sohn, und „in Christus sind alle Gottesverheißungen Ja und Amen" (2. Kor. 1, 20); er war der verheißene Messias, Davids Nachkomme und der König Israels und zugleich ein Priester; er war der rechte Prophet und der leidende Knecht Gottes; in ihm hat Gott selber sich geoffenbart; er war das alles in einer Person, und so ist durch ihn alles das dem Volke Israel dargeboten worden, was die Propheten als auf verschiedene Weise dem Volke Israel zuteil werdend verkündet hatten.

c. Durch Christum sind wir nun Gottes Kinder; aber es ist noch nicht erschienen, was wir sein werden (1. Joh. 3, 2); wir wandeln jetzt im Glauben und nicht im Schauen (2. Kor. 5, 7); wir sind wohl selig, doch erst in der Hoffnung (Röm. 8, 24). Denn noch sind nicht alle Verheißungen der Propheten erfüllt, nicht einmal die erste (von der Überwindung der Sünde); aber wir hoffen auf eine Vollendung des Reiches Gottes, wie sie schon im Alten Bunde geweissagt worden ist, und wie sie im Neuen Bunde durch Jesus und seine Apostel gleichfalls verheißen wird. Dann wird alles das in Erfüllung gehen, was schon das A. T. von der Zukunft erwartete, erst dann werden wirklich alle Weissagungen „Ja und Amen" sein. Dann wird, was schon das Ziel des mosaischen Gottesbundes war, und was die Propheten wieder als das Ziel der Zukunft betrachteten, Israel und auch die Heidenwelt in Wahrheit Gottes Volk sein, und der Herr wird ihr Gott sein.

---

[1]) Vgl. Jes. 1—3; 13, 1—14, 23. Joel 1—2 u. 4. (Gericht.)
Ps. 126. Jes. 40; 43—44; 62 u. 65—66. Joel 3. (Gottesreich Israels.)
Ps. 2 (45 u. 72); 96; 97; 98; 148; 150. (Bekehrung der Heiden.)

III. Glaube und Leben der Frommen des Alten Bundes nach den Psalmen, den Sprüchen Salomos und dem Buche Hiob.

35. Dichtung und Weisheit des A. T.; die lyrischen und die didaktischen Bücher des A. T. (II, 78—81.)

a. Die israelitische Religion war zunächst eine Gesetzesreligion, aber auch in ihr sollte doch die Frömmigkeit eine Sache des Herzens sein. Dies zu bewirken, darauf war vornehmlich das Streben einerseits der Propheten und andererseits der Dichter und der Weisen des Volkes gerichtet. Da von den Propheten schon oben die Rede gewesen ist, so braucht hier nur auf die Bedeutung der Dichter und der Weisen für die Frömmigkeit des Volkes Israel hingewiesen zu werden.

b. Die Dichtung der Israeliten beschränkt sich auf die Lyrik und die Didaktik; der Begründer der ersteren ist David, der letzteren Salomo; die Form der Poesie ist der Parallelismus der Glieder.

Die lyrischen Bücher des A. T. sind die Klagelieder des Jeremias (über die Zerstörung Jerusalems), das Hohelied und der Psalter, der letztere eine Sammlung von 150 lyrischen (oder didaktischen) Gedichten, aus verschiedenen Zeiten herstammend, sämtlich religiösen Inhalts, welche nicht, wie die Geschichtsbücher, von den Offenbarungen Gottes und den Taten der Frommen erzählen, sondern die Stimmungen ihres Herzens im Verhältnis zu Gott und seiner Offenbarung im Gesetz (z. B. Ps. 1) und in der Weissagung (z. B. Ps. 2) erkennen lassen[1].

c. Wenn in der lyrischen Dichtung Israels sich das fromme Gemüt ausspricht, so spricht sich in den Weisheitsbüchern die auf Grund der Offenbarung durch eigenes Nachdenken und eigene Beobachtung gewonnene Erkenntnis über das wahre Wesen der Frömmigkeit aus. Die Form dieser Bücher ist ursprünglich die des Einzelspruchs; dann werden Einzelsprüche zu größeren Ganzen verbunden; endlich entsteht das zusammenhängende Lehrgedicht. Einzelne Sprüche (bisweilen zu größeren Ganzen verbunden) sind im A. T. die Sprüche Salomos (von Salomo und anderen weisen Männern herstammend), und unter den Apokryphen das Buch des Jesus, des Sohnes des Sirach, und die Weisheit Salomos. Zusammenhängende Lehrgedichte sind das Buch Hiob und der (dem weisen Könige in den Mund gelegte) „Prediger Salomo" — beides sehr interessante Bücher, da sie uns zeigen, wie auch der Fromme in einen Kampf um die Erhaltung seines Glaubens geraten kann.

36. Glaube und Leben der Frommen des Alten Bundes nach den Psalmen, den Sprüchen Salomos und dem Buche Hiob. (II, 82—85.)

Wie Glaube und Leben der Frommen des Alten Bundes auf Grund der ihnen zuteil gewordenen göttlichen Offenbarung sich gestaltet haben, das lernen wir vornehmlich aus den Psalmen, den Sprüchen Salomos und dem Buche Hiob kennen.

---

[1]) Lesen: Psalm 1 und 2.

a. Der Glaube der Frommen des Alten Bundes, wie wir ihn aus den Psalmen kennen lernen, ist natürlich auf Gott gerichtet. Gott, als der Gegenstand des Glaubens, erscheint aber in den Psalmen zuvörderst als der Schöpfer der Welt und des Menschen (Ps. 104, 139, 29), sodann als der Begründer des mosaischen Gottesreiches (Ps. 19, 78, 105 u. 106, Ps. 46, 122, 42 u. 43, 84, 137, 126), alsdann als der Vollender des Gottesreiches (Ps. 2, 110 [87, 132, 72], 96, 97, 98).

Mit Gott steht nun der Mensch in Gemeinschaft; die Gemeinschaft des Menschen mit Gott, wie sie uns in den Psalmen entgegentritt, erscheint zunächst als eine Gemeinschaft des Menschen überhaupt mit Gott (Ps. 8, 121, 127, 65, 150), sodann als eine Gemeinschaft des Frommen mit Gott (Ps. 1, 24 [15], 26, 128, 23, 33, 91, 92 und Ps. [3, 4], 25, 6, 16 [88, 41, 86], 22, 37 u. 73); endlich wird auch das Verhältnis des Sünders zu Gott dargestellt (Ps. 14 [= 53] [7], 51, 32, 130, 90, 103). In allen diesen Liedern sehen wir nun den Israeliten ins Herz und erkennen das innere Leben des Frommen, dessen äußere Frömmigkeit wir kennen lernen, wenn wir die Eigentümlichkeit der Gesetzesfrömmigkeit erkennen.

b. Wie nun der Wandel der Frommen des alten Bundes auf Grund ihres Glaubens sich gestaltet, das zeigen vornehmlich die Sprüche Salomos (wie auch die andern Lehrbücher des A. T. und der Apokryphen, besonders das Buch Jesus Sirach).

c. Aber auch das A. T. kennt schon einen Kampf um den Glauben, zwar nicht so schwer und so tief wie heute, wo der Mensch manchmal sogar an der Existenz Gottes zweifelt, aber doch schwer genug; diesen Kampf um den Glauben lernen wir aus dem Buche Hiob kennen.

α. Unter den lyrisch-didaktischen Büchern des A. T. nimmt das Buch Hiob in der Lutherbibel die erste Stelle ein; ein hochbegabter Dichter hat dies köstliche Buch geschrieben, der vielleicht selber ein „Hiob" war, wie der, den er uns vorführt.

β. Welches ist nun der Inhalt dieses Buches? Dasselbe führt uns einen reichen Mann, namens Hiob, vor, einen Ausländer, keinen Israeliten. Derselbe war sehr reich und sehr fromm. Da verliert er unter Gottes Zulassung an einem Tage alle seine Habe und sogar auch seine Kinder; ein anderer hätte gewiß gegen Gott gemurrt; er aber bleibt fest im Glauben an Gott; „der Herr hat's gegeben, der Herr hat's genommen, der Name des Herrn sei gelobt" — so spricht der fromme Dulder. Aber noch schwereres Unglück wird über ihn verhängt: er wird vom Aussatz ergriffen, der schrecklichen, unheilbaren Krankheit, welche den Leidenden fast nur noch den Tod erwarten und als eine Erlösung begrüßen läßt. Da wird auch des Dulders Frau an Gott irre und fordert Hiob auf, den Glauben an Gott aufzugeben; er aber bleibt fest im Glauben an Gott; „haben wir Gutes empfangen von Gott und sollten das Böse nicht auch annehmen?" — das ist seine bewundernswerte Antwort.

So hat Hiobs Glaube zwei schwere Proben bestanden; aber wer ist sicher, daß er jede Versuchung besteht? Es tritt nämlich bald eine dritte Versuchung an ihn heran — und diese besteht er nicht, obwohl sie scheinbar viel geringer war, als die beiden ersten, die er bestanden hatte. Als nämlich drei seiner Freunde hörten, wie traurig es ihm ergehe, da kamen sie zu ihm, um ihn zu trösten. Aber als sie nun sein ganzes Unglück wahrnahmen, da fanden sie kein Wort des Trostes, sondern schweigend saßen sie ihm sieben Tage lang gegenüber. Und das geriet dem frommen Dulder zum Anstoß; er las nämlich in ihrem Schweigen den Gedanken (den die Freunde ja nachher auch aussprachen), er müsse ein Sünder sein, da Gott einen frommen Menschen so schwer nicht heimsuchen könne. Das konnte Hiob nicht ertragen; den Verlust seiner Habe, ja seiner Kinder und seiner Gesundheit hatte er ertragen; aber daß nun seine Frömmigkeit angezweifelt wurde — das war eine Versuchung, die für ihn zu schwer war; sie hat er nicht bestanden.

Als nämlich Hiob in den Mienen seiner schweigenden Freunde liest, daß sie ihn infolge der furchtbaren Schicksalsschläge, welche ihn getroffen haben, für einen Sünder halten, da beginnt er zu sprechen, und gleich seine erste Rede (K. 3) ist ein Meisterwerk der Beredsamkeit, hinreißend und ergreifend. „Wäre ich doch nicht geboren, oder wäre ich doch gleich nach der Geburt gestorben, oder wäre ich doch wenigstens jetzt gestorben“ — mit diesen scharfsinnigen, aber bitteren Worten machte er seinem Unmut Luft, und damit hat er gegen Gott gemurrt, der ihn hat geboren werden lassen, der ihn nach der Geburt am Leben erhalten hat, der ihn auch jetzt nicht getötet, sondern mit den schwersten Leiden heimgesucht hat. Nun ist es für die Freunde leicht, dem gegen Gott murrenden Hiob entgegenzutreten, und das tun sie nun hintereinander, zuerst Eliphas, dann nach Hiobs Antwort Bildad, endlich nach Hiobs neuer Erwiderung Zophar, und dreimal läßt der Dichter die drei Freunde dem Hiob Antwort geben, nur daß beim letzten Gesprächskreise Zophar nichts mehr zu sagen weiß. Was sie sagen, ist immer dasselbe, zuerst milder, dann schroffer gehalten: „Du mußt dein Leiden durch deine Sünden verdient haben, denn da für dich keine Hoffnung auf Erlösung von demselben besteht, so kann es nicht ein bloßes Prüfungsleiden sein.“ Und was Hiob ihnen erwidert, ist auch immer dasselbe: „Ich bin kein Sünder, der so schweres Leiden als Strafe verdient hat.“ Als nun die Freunde nichts mehr zu erwidern wissen, da faßt Hiob nochmals in längerer ergreifender Rede zusammen, was er zu sagen hat (K. 29—31): „Wie war ich doch früher so glücklich, und jetzt bin ich so unglücklich, und doch habe ich nichts Böses, sondern im Gegenteil viel Gutes getan!“

So würde das Buch, wenn wir jetzt am Ende wären, unbefriedigend schließen; aber so durfte der Dichter nicht schließen.

Hiob und seine Freunde waren in gleicher Weise von dem Gedanken ausgegangen, daß das Leiden, von welchem der Mensch nicht wieder befreit wird, eine Strafe für den Sünder sei. Diese Meinung beherrscht ja das ganze Alte Testament, und da in demselben mehr das Schicksal des ganzen Volkes als der einzelnen Israeliten ins Auge gefaßt wird, so konnte diese Ansicht lange richtig und ausreichend zu sein scheinen. Aber ist sie wirklich richtig? Hiob erkennt aus seiner Erfahrung, daß sie nicht immer richtig sein kann, denn er ist nach seiner Meinung kein Sünder, der so schwere Strafe verdient hat. Dagegen halten nun seine Freunde an ihrer bisherigen Ansicht fest, daß das Leiden, von welchem der Mensch in diesem Leben nicht wieder befreit wird, eine Strafe Gottes für den Sünder sei.

γ. Wie gewinnt nun der Dichter eine Erklärung für das Leiden des Gerechten?

Wenn wir zunächst den nun folgenden Abschnitt des Gedichtes (K. 32—37) übergehen, so läßt, nachdem Hiob und seine Freunde zu keinem Resultat gekommen sind, der Dichter Gott selber im Gewitter sich offenbaren, und Hiob vernimmt von Gott, wie wunderbar er in der Natur walte; niemand könne die Naturerscheinungen erklären, niemand sei mit den von ihm genannten Tieren genau bekannt und ihnen gewachsen. Aus diesen Reden Gottes soll Hiob selber den Schluß ziehen, und er zieht ihn (denn er demütigt sich ja vor Gott), daß er, da er Gottes Wege in der Natur nicht begreife, noch viel weniger die viel schwerer zu begreifenden Wege Gottes mit den Menschen verstehen könne; Gottes Wege sind unerforschlich. — Damit trösten auch wir uns, wenn wir von Gottes Schlägen gebeugt, von Gottes Wegen überrascht, ratlos dastehen; wir ergeben uns in Gottes wunderbaren Ratschluß, wenn wir ihn auch nicht verstehen; was Gott tut, das ist wohlgetan.

Hiermit konnte der Dichter schließen, Hiob konnte im Leiden sterben, sich ergebend in Gottes Fügung. So schließt zunächst die Hiobsgeschichte des Neuen Testaments, die Geschichte vom armen Lazarus; derselbe ist im Elend gestorben. Aber so schließt unser Buch nicht. Hiob wird in unserm Gedichte wieder gesund und erlangt alles wieder, wiederum zehn Kinder und noch einmal so viel an irdischem Gut, als er früher hatte, und er stirbt alt und lebenssatt. Das ist ja allerdings ein schöner Schluß der Geschichte. Aber geht es auch wirklich im Leben so zu? Stirbt nicht mancher Unglückliche, ja vielleicht die Mehrzahl, im Elend, wie der arme Lazarus? — Diese Frage hat das Buch Hiob nicht beantwortet; es schließt mit Hiobs Wiederherstellung; aber es könnte auch mit Hiobs Untergang schließen, und derselbe würde dann sterben mit dem Worte: „Gottes Wege sind unerforschlich.“

Mit Gottes Antwort hat sich deshalb, wie heute viele Forscher annehmen, ein späterer Weiser im Volke Gottes nicht begnügt; er glaubte noch eine andere Antwort auf die Frage nach der Ursache für das Leiden des Gerechten geben zu könneu, als der ältere Dichter des Buches Hiob. Als nämlich Hiob und seine drei Freunde nichts mehr zu sagen wissen, da tritt, wenn wir nunmehr erst zu dieser Stelle des Buches zurückkehren (K. 32—37), bevor Gott redet, ein vierter Redner auf, Elihu, von dem sonst im Buche Hiob keine Rede ist, und dessen Rede auch Gott (K. 38, 2) völlig unbeachtet läßt, und weist darauf hin, daß das Leiden nicht immer als Strafe anzusehen sei, sondern auch als Prüfung für den Frommen, um ihn zu läutern und zu fördern. Das ist in der Tat ein richtiger Gedanke; aber auch diese Antwort des Dichters befriedigt uns doch ebenso wenig, wie der Ausgang des Buches. Wenn die Prüfung so heilsam für den Menschen ist, warum wird der reiche Mann im Neuen Testament nicht geprüft, dem doch die Prüfung, ja sogar die Strafe des Leidens, vielleicht zum Segen gereicht hätte?

Wenn also Hiobs Freunde alles Leiden des Menschen aus der Gerechtigkeit Gottes herleiten, so wird in den Reden Gottes dasselbe als eine auf der Weisheit Gottes beruhende Schickung, in der Rede Elisus als eine auf der Liebe Gottes beruhende Prüfung angesehen;[1]) diese

[1]) Von dem in Jes. 53 enthaltenen Gedanken (daß der Gerechte für die Ungerechten leidet) mag hier abgesehen werden, da es hier auf das ankommt, was für alle Menschen gilt.

beiden Anschauungen hält zwar auch der Christ für richtig, aber er findet eine noch mehr befriedigende Antwort auf diese Frage im Gleichnis vom armen Lazarus: das ewige Leben wird die Vergeltung bringen, die wir hier so oft vermissen. Dadurch nämlich unterscheidet sich unsere Hoffnung von der des Hiob, daß wir nicht bloß auf eine im Diesseits sich vollziehende Vergeltung hoffen, sondern ein ewiges Leben erwarten, von welchem Hiob wohl auch in K. 19, 25—27 noch nicht redet[1]; das Alte Testament kennt nur ein Schattenleben in der Unterwelt (= Hölle), erst das Neue Testament predigt von einer Seligkeit im Jenseits, und nur durch diesen Glauben wird das Rätsel des Buches Hiob in befriedigender Weise gelöst; nur wenn wir an ein jenseitiges Leben glauben, können wir den Glauben an Gott auch im Leiden festhalten.

Dritter Abschnitt.

Das jüdische Volk von der Wiederherstellung bis zum Untergange des Staates. 432 vor Chr. bis 70 nach Chr.

Wie die aus dem Exil zurückgekehrten Juden um Gott eiferten, aber mit Unverstand.

I. Äußere Geschichte des späteren Judentums.

37. Die Geschichtsbücher des späteren Judentums. (II, 86.)

Die Hauptquellen für unsere Kenntnis der Geschichte des späteren Judentums sind die späteren Geschichtsbücher des jüdischen Volkes. Während aber für die frühere Zeit von Moses bis Esra eine ziemlich zusammenhängende Geschichtsüberlieferung vorhanden ist, ist von Esra bis zur Zeit der Makkabäer in der Geschichtschreibung eine Lücke, welche nicht durch gleichzeitige oder wenig spätere Geschichtschreiber ausgefüllt ist; erst von der Makkabäerzeit bis zum Untergange Jerusalems besitzen wir wieder wertvolle und ausreichende Geschichtsdarstellungen in den Büchern der Makkabäer und in den Geschichtsbüchern des Josephus.

Das erste Buch der Makkabäer, welches die Zeit der Makkabäer von 175—135 darstellt, gehört zu den wertvollsten Geschichtsbüchern, welche wir für die israelitische Geschichte besitzen; viel weniger wertvoll ist das zweite Makkabäerbuch, welches die Geschichte der Jahre 176—161 erzählt.

Einem Priester aus Jerusalem, namens Josephus, welcher im jüdischen Kriege eine (nicht glückliche) Rolle gespielt hat, verdanken wir außer einer zusammenhängenden Geschichte seines Volkes bis zum Ausbruch des Krieges gegen die Römer auch die Aufzeichnung seiner Erlebnisse und damit die genaue Kenntnis des Ausgangs der Geschichte Israels; sein Hauptwerk ist nämlich die „Geschichte des jüdischen Krieges". (Vgl. Nr. 42d.)

[1] Luthers Übersetzung dieser Stelle, auf welcher das schöne Lied „Jesus, meine Zuversicht" zum Teil beruht, ist in der durchgesehenen Bibel mit Recht nach dem Grundtext so geändert worden, daß Hiob eine Hoffnung auf ein jenseitiges Leben nicht oder wenigstens nicht unzweifelhaft ausspricht.

38. Das Judentum in der Zeit von Esra bis zu der Religionsverfolgung unter Antiochus Epiphanes. 432—168. (II, 87.)

a[1]). Über die Schicksale der jüdischen Gemeinde in dem Jahrhundert von Esra bis zu Alexander dem Großen ist uns fast gar nichts überliefert; die Gemeinde scheint sich im ganzen in einem erträglichen Zustande befunden und die persische Oberherrschaft, unter welcher sie stand, nicht als Druck empfunden zu haben. Als das persische Reich durch Alexander den Großen zerstört worden und nach Alexanders Tode in drei große (Macedonien, Ägypten und Syrien) und mehrere kleinere Reiche zerfallen war, fiel das jüdische Land an Ägypten, mit welchem es etwa hundert Jahre verbunden blieb; die Juden waren mit der Herrschaft der Ägypter ganz zufrieden, viele Juden siedelten sich sogar in Ägypten an. Später waren aber die Juden ganz zufrieden damit, daß sie (im Jahre 198) nach heftigen Kämpfen zwischen Ägypten und Syrien zu Untertanen des Königs von Syrien, Antiochus des Großen, des bekannten Gegners der Römer, wurden, der ihnen mit großer Freundlichkeit entgegenkam.

b. Der zweite Nachfolger von Antiochus dem Großen war sein zweiter Sohn Antiochus IV. Epiphanes (175—164). Mit ihm begann eine schlimme Zeit für die Juden. Als nämlich die Juden einen vom Könige Antiochus eingesetzten Hohenpriester vertreiben wollten, kam der König im Jahre 170 selber nach Jerusalem und ließ seine Soldaten erbarmungslos unter die sich gar nicht widersetzenden Juden einhauen. Ja, er ging sogar selber in den Tempel und nahm den Tempelschatz nebst den wertvollsten Tempelgeräten mit sich. Bald begann sogar eine systematische Verfolgung des Judentums, wie sie niemals früher vorgekommen war. Der Opferdienst und die Festfeier, die Beschneidung und die Beschäftigung mit dem mosaischen Gesetz wurden untersagt; dafür sollte auch bei den Juden der heidnische Gottesdienst eingeführt werden; ja, im Jahre 168 wurde auf dem Brandopferaltar im Tempel ein heidnischer Altar errichtet, auf welchem Schweine geopfert wurden. Auf die Übertretung dieser Gebote war die Todesstrafe gesetzt. Zwar viele Juden fügten sich den Geboten des Königs, aber die Mehrzahl blieb standhaft, und sie harrten auf eine Erlösung, wie sie ihnen in dem in dieser schweren Drangsalszeit entstandenen Buche Daniel verheißen wurde.

39. Das jüdische Volk unter den Makkabäern; das Eingreifen der Römer; der Untergang der Makkabäer. 168—40 v. Chr. (II, 88.)

a. In der Zeit der Religionsverfolgung entfloh ein Priester, Namens Mattathias, mit seinen fünf Söhnen, deren einer, Judas, später den Beinamen Makkabi, d. h. der Hammer (= dem bekannten Worte Martell), erhalten hat (wovon das Geschlecht den Namen der Makkabäer führt) und begab sich nach der in der Nähe von Lydda gelegenen Stadt Modin[2]). Als aber auch hierher ein Gesandter des Königs kam, um die Juden zum

[1]) Vgl. Nr. 31 u. 32.

[2]) Eigentlich: Mode-in, heute wohl El-Medje, Dorf bei der Stadt Lydda (L. ist eine Eisenbahnstation zwischen Jafa und Jerusalem).

Opfer für die heidnischen Götter zu zwingen, und Mattathias damit den Anfang machen sollte, da weigerte sich dieser, seinem Gotte untreu zu werden, und als ein anderer Jude damit den Anfang machen wollte, schlug er ihn tot; alsbald wurde auch der Gesandte des Königs getötet und der heidnische Altar zerstört. Damit war das Zeichen zum Aufstand gegen den König gegeben. An Mattathias schlossen sich bald immer mehr gesetzestreue Juden an, verließen Modin und suchten Schutz in den Bergen und Einöden. Bald errangen sie immer neue Siege, und überall wurden die heidnischen Altäre zerstört.

b. Als Mattathias im Jahre 167 starb, folgte ihm als Feldherr der Juden sein dritter Sohn Judas, der um seiner Tapferkeit willen den Namen Makkabi erhielt. Nachdem derselbe mit seiner geringen Schar in mehreren Schlachten über große Heere des Königs gesiegt hatte, konnte er daran gehen, den Tempel wieder vom Götzendienst zu reinigen und aufs neue zu weihen, und seitdem feiern die Juden bis auf den heutigen Tag das Tempelweihfest. Als im Jahre 164 Antiochus starb, glaubte Judas die Zeit gekommen, um die syrische Besatzung aus der Burg von Jerusalem zu vertreiben; aber als nun die Syrer mit Übermacht im Lande erschienen, wäre es den Juden wohl schlecht gegangen, wenn nicht Streitigkeiten über die Vormundschaft des jungen Königs ausgebrochen wären. Aus diesem Grunde wurde seitens der Syrer mit den Juden Frieden gemacht und Religion und Gottesdienst wieder freigegeben. Damit war der Religionskrieg zu Ende (163); fortan handelte es sich um die Herrschaft über das jüdische Volk. Judas geriet nämlich bald mit dem Hohenpriester in Zwist, weil er sich nicht damit begnügen wollte, für sein Volk die Religionsfreiheit errungen zu haben, sondern auch die Herrschaft über die Juden erringen wollte. Als ein syrisches Heer infolge der Absetzung des von Judas vertriebenen Hohenpriesters in Judäa erschien, wurde es geschlagen (162); im nächsten Jahre wurde aber Judas geschlagen, und tapfer kämpfend starb er den Heldentod (161).

Als nach Judas' Tode die Syrer auch weiter die Juden bedrängten, wählten die Juden seinen jüngsten Bruder Jonathan zu ihrem Feldherrn. Die Thronstreitigkeiten in Syrien klug benützend, machte sich derselbe im Jahre 153 zum Hohenpriester der Juden, und als der Thronbewerber, an den sich Jonathan angeschlossen hatte, zum König geworden war, erhielt er von demselben den Titel eines Teilfürsten und Feldherrn; damit war Juda zwar nicht selbständig, aber doch eine besondere Provinz des syrischen Reiches unter einem eigenen Oberhaupt und mit eigener Verwaltung geworden. Aber neue Thronstreitigkeiten in Syrien verwickelten Jonathan in neue Kämpfe; ja, endlich geriet er sogar in die Gefangenschaft der Syrer, und bald wurde er von denselben getötet (143).

Jonathans Bruder Simon, der einzige noch lebende Sohn des Mattathias, wurde nun Hoherpriester, Feldherr und Volksfürst der Juden (143). Dazu machte er zunächst sich selber, aber seine Herrschaft wurde auch vom Syrerkönig und bald darauf (141) auch durch einen Beschluß des jüdischen Volkes anerkannt, „bis ein zuverlässiger Prophet aufstehe" (d. h. bis zur Ankündigung oder Gründung des messianischen Reiches — also als erblicher Herrscher).

So war durch die drei Söhne des Mattathias die Freiheit errungen worden, und zwar nicht bloß die Religionsfreiheit, sondern auch die politische Freiheit, und die Juden bildeten wieder, wie in der alten Zeit, ein freies Gemeinwesen, und zwar jetzt unter dem Herrscherhause der Makkabäer.

c. Simons ältester Sohn, Johannes Hyrkanus, welcher seinem Vater als Hoherpriester und Fürst der Juden (135—105) folgte, hat das bis auf seine Zeit so kleine, nur etwa den Stamm Juda umfassende Herrschergebiet der Makkabäer nach Norden und Süden bedeutend erweitert, indem er im Norden Samaria und im Süden Idumäa seinem Reiche beifügte, so daß er ein so großes Reich besaß, wie es seit den Zeiten Davids und Salomos nicht mehr bestanden hatte.

Als derselbe starb (105), legte sich sein Sohn Judas Aristobulus, wenigstens den Heiden gegenüber, den Königstitel bei, und erweiterte das von seinem Vater überkommene Herrschergebiet (Judäa, Idumäa und Samaria) noch nach dem Norden, indem er auch Galiläa unterwarf und die dortigen heidnischen Bewohner zur Annahme des Judentums zwang. Da er bei seinem Tode (104) keinen Sohn hinterließ, so mußte seine Gattin nach dem Gesetz ihren Schwager heiraten, und so wurde derselbe, Alexander Jannäus (= Jonathan), der Nachfolger seines Bruders (104—78).

Als Alexander Jannäus starb, folgte ihm seine tatkräftige Gattin Alexandra Salome, obwohl schon 64 Jahre alt, als Königin (78—69); nur das Hohepriestertum überließ sie ihrem schwachen Sohne Hyrkanus II. Sie schloß sich an die Pharisäer an, die Gegner der weltlichen Herrschaft des Makkabäischen Hauses, während der tüchtigere Bruder des Hyrkanus, Aristobulus, denselben entgegentrat. Als nun die Mutter im Jahre 69 starb, sollte zwar ihr älterer Sohn Hyrkanus II., der schon Hoherpriester war, auch König werden; aber alsbald machte ihm sein tüchtigerer Bruder Aristobulus die Herrschaft streitig, und bald hatte dieser im Kampfe seinen Bruder besiegt, so daß er Hoherpriester und König wurde. Da gab nun einer seiner Feldherren dem Hyrkanus einen guten Rat, wie er die verlorene Herrschaft wiedergewinnen könne; dieser Feldherr war der Edomiter Antipater (der Vater von Herodes dem Großen), dessen Vater schon unter den früheren Herrschern mit der Verwaltung seiner Heimat Idumäa (dem Edomiterlande) betraut worden war, und der Sohn (Antipater) scheint dem Vater in dieser Stellung gefolgt zu sein. Auf seinen Rat floh nämlich Hyrkanus aus Jerusalem und knüpfte Unterhandlungen mit einem arabischen Fürsten, Aretas, an, damit dieser ihn wieder in seine Herrschaft einsetze. Als nun Aretas den Aristobulus in Jerusalem mit einem Heere einschloß, sah sich dieser ebenfalls nach auswärtiger Hilfe um, und er hoffte sie bei den eben unter dem Oberbefehl des Pompejus in Syrien einrückenden Römern zu finden, welche bereits in Asien ihre Herrschaft ausgebreitet und eben damals (64) dem syrischen Reiche ein Ende gemacht hatten. Der Unterfeldherr des Pompejus, Namens Scaurus, befand sich in Damaskus, als die Gesandten des Aristobulus vor ihm erschienen; aber zugleich mit ihnen kamen zu Scaurus auch Gesandte von Hyrkanus mit der Bitte, ihm gegen seinen Bruder beizustehen. Scaurus entschied sich für Aristobulus, damit nicht Aretas zu mächtig werde, und gebot diesem, von Jerusalem sofort abzuziehen. Als aber Pompejus mit einem Heere in Judäa erschien und sich für Hyrkanus entschied, ergab sich Aristobulus zwar freiwillig den Römern, und auch die Stadt Jerusalem ergab sich ihm; aber der von Aristobulus' Anhängern verteidigte Tempelberg mußte erstürmt werden. Pompejus betrat selber das Allerheiligste, ließ aber den Tempel und seine Schätze unberührt.

Mit der politischen Freiheit der Juden, welche die Makkabäer in schweren Kämpfen mit den Syrern errungen hatten, war es aber jetzt zu Ende; zwar erhielt Hyrkanus das (um mehrere Gebiete verkleinerte) jüdische Land, aber nur als Hoherpriester, nicht als König; das jüdische Land wurde den Römern tributpflichtig, und wenn auch noch nicht zur Provinz gemacht wie Syrien, so stand es doch fortan unter der Aufsicht des Verwalters von Syrien.

d. Nach Pompejus' Tode wurde Antipater, einer der treusten und eifrigsten Anhänger Cäsars, von diesem zum Verwalter (procurator) des jüdischen Landes ernannt; Hyrkanus blieb Hoherpriester. Antipater aber übertrug, um die Erblichkeit seines Hauses im Herrscheramte über die Juden anzubahnen, seinem ältesten Sohne die Regierungsgeschäfte in der Umgegend von Jerusalem, dem jüngeren, Herodes, die Verwaltung von Galiläa. Nach Cäsars Tode wurde Antipater von einem Nebenbuhler, der ihn um seine Macht beneidete, vergiftet; dem Herodes gelang es aber, den Mord seines Vaters an dem Mörder zu rächen. Als der Bürgerkrieg zu Ende war (42) und Antonius der Herr des Ostens wurde, wußte sich Herodes die Gunst desselben zu erwerben, und Antonius ernannte die beiden Söhne des Antipater zu Tetrarchen (Teilfürsten) und übergab ihnen die Verwaltung des Landes.

e. Da drangen die Parther in das römische Asien, und die Juden hofften, durch sie von der Herrschaft der Römer und der Söhne Antipaters befreit zu werden; Antigonus, der einzige noch übrige Sohn des Aristobulus, stellte sich an die Spitze und kämpfte gegen die beiden Edomiter; Jerusalem fiel in seine Hände, und endlich mußten sich Hyrkanus und der Bruder des Herodes nicht anders zu helfen, als daß sie sich den Parthern ergaben und zum parthischen Statthalter führen ließen; Herodes aber gelang es, aus Jerusalem zu entkommen, und er begab sich nach Rom zu Antonius. Weil nun zu fürchten war, daß, wenn Antigonus im jüdischen Lande herrsche, die Parther ihre Herrschaft in Asien behaupten oder sogar noch weiter ausdehnen würden, so wurde durch einen Senatsbeschluß Herodes zum Könige des jüdischen Landes ernannt (40 v. Chr.).

40. Der König Herodes der Große. 40—4 v. Chr. (II, 89.)

a. Nachdem Herodes durch die Römer zum Könige von Judäa ernannt worden war, kehrte er alsbald in seine Heimat zurück, um sein Reich dem Antigonus zu entreißen. Da er aber Jerusalem zunächst nicht in seine Gewalt bekommen konnte, so begab er sich nach Galiläa, und nach vielen Kämpfen hatte er dasselbe unterworfen. Aber nur mit römischer Hilfe gelang es ihm endlich, auch Jerusalem einzunehmen und Antigonus in seine Gewalt zu bekommen (37); denselben lieferte er dem Antonius aus, und dieser ließ ihn hinrichten. Nunmehr war er endlich im Besitze seines Königreichs; dasselbe umfaßte aber die Landschaften Idumäa, Judäa, Samaria, Galiläa (nebst einigen kleineren Gebieten in der Nähe von Galiläa) und Peräa — also wieder das ganze Gebiet des jüdischen Landes.

b. Das Streben des Herodes ging, obwohl er sich zu den Pharisäern freundlich stellte, doch auf dasselbe Ziel hinaus, welches sich einst Antiochus Epiphanes gesteckt hatte, die Juden den anderen Völkern anzunähern und ihre Eigentümlichkeit zu vernichten. Vergeblich suchte er sich deshalb durch ein besonderes Unternehmen die Gunst der Juden zu erwerben. Der zweite Tempel war nämlich in dürftiger Zeit gebaut worden und war schon den Zeitgenossen klein und ärmlich erschienen; er paßte nun vollends nicht mehr zu den Prachtbauten, welche seit Herodes' Zeit Jerusalem zierten. Herodes verkündete deshalb den Juden, daß er den Tempel zu erneuern gedenke. Aber die Juden fürchteten, er werde ihren Tempel zwar einreißen, aber keinen neuen bauen oder gar an seiner Stelle einen heidnischen Tempel errichten. Um diesen Argwohn zu zerstreuen, ließ Herodes zunächst alles Baumaterial vollständig zusammenbringen; auch wurden Priester im Bauhandwerk unterrichtet, damit der eigentliche Tempel von heiligen Händen errichtet werde. Nunmehr wurde der alte Bau rasch abgebrochen, und aus mächtigen Marmorblöcken, die später zum Teil mit Goldplatten überkleidet wurden, wurde der Neubau aufgeführt, viel schöner, höher und länger, als der erste Tempel gewesen war.

c. Seine heidnischen Zeitgenossen haben diesen Herrscher den **großen** Herodes genannt, und er besaß allerdings eine große Klugheit und eine große Tatkraft; aber den Juden ist er stets nur als ein großer Tyrann erschienen; wer ihm entgegentrat oder ihm auch nur gefährlich zu sein schien, der wurde ermordet: er hatte sogar seine eigene Frau und seine Söhne getötet und das ganze Haus der Makkabäer ausgerottet, um sich seine Herrschaft zu erhalten; er hat ja auch in der Tat seine Herrschaft bis zu seinem Tode behauptet.

41. Die Söhne des Herodes und die römischen Statthalter; Herodes Agrippa I. 4 vor Chr. bis 44 nach Chr. (II, 90.)

a. Nach dem Testamente des Herodes, das der römische Kaiser bestätigte, wurde nunmehr das jüdische Land in drei Teile geteilt.

Philippus, der beste der drei Söhne, erhielt unter dem Titel eines Tetrarchen (d. i. Teilfürst) einige Landstriche im nördlichen Teile des Landes jenseits des Jordans, ein fast ganz heidnisches Gebiet, das er 37 Jahre lang weise und tüchtig regiert hat. Als er im Jahre 34 kinderlos starb, wurde sein Gebiet zunächst mit der römischen Provinz Syrien vereinigt, aber schon im Jahre 37 dem Herodes Agrippa übergeben.

Antipas oder **Herodes** (wie er im Neuen Testament stets genannt wird) erhielt als Tetrarch Galiläa und Peräa; er war also der Landesherr Jesu, und er hat ja auch mit Jesus persönlich zu tun bekommen; Pilatus sandte ihm bekanntlich seinen Gefangenen zu, damit er als sein Landesherr das Urteil über ihn spreche; aber Antipas ließ sich darauf nicht ein, sondern verspottete nur Jesum und schickte ihn wieder zu Pilatus zurück. Seine erste Gemahlin kehrte zu ihrem Vater, dem Araberfürsten Aretas, zurück, als er die Herodias liebgewann, das Weib eines seiner Stiefbrüder; dafür wurde er von Aretas mit Krieg überzogen, der für ihn unglücklich endete. Wie später mit Jesus, so war er früher mit Johannes dem Täufer bekannt geworden; er hat denselben ins Gefängnis setzen lassen, weil er seine Ehe mit Herodias tadelte, wie das Neue Testament berichtet; bekanntlich wurde später Johannes von ihm hingerichtet. Als sich Antipas nach Rom begab, um sich vom Kaiser Caligula den Königstitel zu erbitten, den derselbe eben (nebst den Besitzungen des Philippus) dem Herodes Agrippa verliehen hatte, da schickte ihn Caligula auf eine Anklage des Agrippa im Jahre 39 in die Verbannung nach Lugdunum (Lyon); sein Land wurde gleichfalls dem Agrippa übergeben.

Der älteste der drei Söhne des Herodes, Archelaus, erhielt den Hauptteil vom Gebiete seines Vaters: Idumäa, Judäa und Samaria. Als Archelaus in Rom, aber nur als Ethnarch (Fürst — ein höherer Titel als Tetrarch, d. h. Teilfürst), nicht als König, bestätigt worden war und in die Heimat zurückkehrte, hatte er immer wieder mit der Feindseligkeit der ihn hassenden Juden zu kämpfen. Eine Klage vornehmer Juden beim Kaiser brachte es bereits im Jahre 6 nach Chr. dahin, daß Archelaus entsetzt und nach Vienna (in Gallien) in die Verbannung geschickt wurde.

b. Nach des Archelaus Absetzung im Jahre 6 nach Chr. wurden Idumäa, Judäa und Samaria zur römischen Provinz gemacht und unter einen Prokurator gestellt, der für gewöhnlich in Cäsarea seinen Sitz hatte, während der Feste aber in Jerusalem verweilte, weil dann daselbst sehr viele Menschen zusammenströmten und oft genug dabei Unruhen ausbrachen. Bis zum Jahre 41 haben sieben Prokuratoren das Land verwaltet, Pilatus war der fünfte derselben.

Zehn Jahre lang, 26—36 nach Chr., wo er abgesetzt und zur Verantwortung nach Rom geschickt wurde, ist nämlich Pontius Pilatus Prokurator im Lande des Archelaus gewesen. Nachdem er in Jerusalem Jesum hatte kreuzigen lassen, schritt er später (im Jahre 35) auch gegen eine ihm verdächtige Volksbewegung in Samarien ein. Auf dem Berge Garizim sollten nämlich, wie die Samariter glaubten, die heiligen Tempelgeräte vergraben sein. Als nun ein angeblicher Prophet den Samaritern versprach, ihnen diese Tempelgeräte zu zeigen, da überfiel Pilatus das zahlreiche Volk, und dabei wurden viele Samariter getötet. Der Legat von Syrien, bei dem Pilatus deshalb von den Samaritern verklagt wurde, schickte ihn zur Verantwortung nach Rom (36 nach Chr.). Von seinem Ende weiß die christliche Sage mancherlei zu erzählen.

Im ganzen hat das jüdische Volk unter den ersten Statthaltern, von einzelnen Fällen abgesehen, eine ruhige Zeit verlebt.

c. Da wurde im Jahre 41 noch einmal ein jüdisches Königreich hergestellt, und zwar unter einem Enkel von Herodes dem Großen und der Makkabäerin Mariamme, Herodes Agrippa I. Derselbe, ein Sohn des von seinem Vater Herodes dem Großen hingerichteten Aristobulus, ein Bruder der berüchtigten Herodias, hatte nach dem Tode des Tiberius im Jahre 37 vom Kaiser Caligula die Besitzungen des damals gestorbenen Philippus und einige andere Landstrecken als König, dazu im Jahre 39 nach der durch ihn bewirkten Absetzung des Antipas auch Galiläa und Peräa erhalten. Als er dem Nachfolger von Caligula, Claudius, mit zum Kaiserthron verholfen hatte, belohnte dieser seinen Freund im Jahre 41 dadurch, daß er ihm auch noch das seit dem Jahre 6 nach Chr. von einem Prokurator verwaltete Gebiet von Idumäa, Judäa und Samaria übergab. Agrippa herrschte also wieder, wie sein Großvater Herodes, über ganz Palästina, sogar einige Teile der Nachbarländer hatte er noch dazu erhalten. Er erwarb sich die Gunst der Juden, indem er (allerdings nur im jüdischen Lande) genau die jüdischen Satzungen beobachtete und indem er die Christen verfolgte (Apg. 12); der Apostel Jakobus wurde, als der erste Märtyrer unter den Aposteln, auf seinen Befehl enthauptet, während Petrus seinen Händen entrann. Aber dieser letzte König der Juden hat nur drei Jahre regiert; als er in Cäsarea Festspiele zu Ehren des Kaisers feierte, erschien er am zweiten Tage im Theater in einem Gewande, welches ganz aus Silber gewirkt war. Als das Gewand in der Sonne erglänzte, nannten die Schmeichler ihn einen Gott, und der König ließ sich diese Schmeichelei gefallen. Da wurde er plötzlich krank und mußte nach Hause getragen werden; nach fünf Tagen war er tot (44 nach Chr.; vgl. Apg. 12, 19—23); er war der letzte Nachkomme des Herodes, der das jüdische Volk beherrscht hat. Sein Sohn Herodes Agrippa II. erhielt zwar einige Gebiete im Norden von Palästina, die Aufsicht über den Tempel in Jerusalem und die Befugnis, den Hohenpriester zu ernennen, aber nicht die Herrschaft über das jüdische Land.

42. Die späteren römischen Statthalter; der Ausbruch des Krieges gegen Rom; der Krieg in Galiläa. 44—66. (II, 90—92.)

a. Nach dem Jahre 44 haben wieder Prokuratoren, wiederum sieben an der Zahl, das (ganze) jüdische Land verwaltet; dieselben haben zum Teil geradezu darauf hingearbeitet, das ihnen anvertraute Volk durch ihre Rücksichtslosigkeit zum Aufruhr zu treiben.

Felix, der vierte derselben, hatte als zweite Frau eine Jüdin, Drusilla, eine Tochter von Herodes Agrippa I., welche um seinetwillen ihrem Manne untreu wurde. Unter Felix wurde Paulus gefangen genommen, und vor Felix und Drusilla hat er sich verantwortet (Apg. 24, 24). Des Felix Nachfolger Festus war zwar ein rechtlich gesinnter Mann, aber die Zustände im jüdischen Lande steuerten schon zu sehr dem Aufruhr entgegen, als daß er das Land hätte wirklich beruhigen können. Festus ist es, der den Apostel Paulus auf sein berechtigtes Verlangen als römischen Bürger nach Rom sandte, damit seine Sache vor dem kaiserlichen Gerichtshofe verhandelt werde. Des Festus Nachfolger Albinus benützte seine Stellung hauptsächlich, um Geld herauszuschlagen; aber der schlimmste der Prokuratoren war Gessius Florus, der siebente und letzte, welcher das jüdische Land verwaltet hat. Er plünderte nicht bloß einzelne Leute, sondern ganze Ortschaften; die Räuber durften tun, was sie wollten, wenn sie nur mit ihm den Gewinn teilten. Es war ihm sogar ganz recht, wenn die Juden sich gegen die römische Herrschaft empörten; dann war er vor jeder Anklage sicher, da die Aufrührer gewiß nicht gegen ihn recht bekamen. Es bedurfte nur noch eines Anlasses zum Aufstand gegen die Römer, und dieser Anlaß war bald gefunden.

b. In der Stadt Cäsarea (am Mittelländischen Meere) wohnten nämlich mehr Heiden als Juden, und nach mancherlei Reibungen zwischen beiden Parteien kam es endlich zum Prozeß darüber, ob Cäsarea als heidnische oder als jüdische Stadt anzusehen sei; das römische Gericht entschied zu Gunsten der Heiden, die Juden waren also in Cäsarea nur der geduldete Teil, und bald kam es zu einem Streite, in welchem sie den kürzeren zogen, wobei sie sogar aus ihrer Synagoge verdrängt wurden.

In Jerusalem erregte die Kunde von den Vorgängen in Cäsarea die größte Erbitterung, und als es vollends in Jerusalem infolge einer Beleidigung des Statthalters durch die Juden zum Kampfe zwischen dem Volke und den Soldaten kam, wobei diese aus der Stadt gedrängt wurden, da vermochten die Vorsteher der Stadt das Volk nicht mehr zu beruhigen; den Römerfeinden gehorchend, war es jetzt zum Kampfe gegen die Unterdrücker entschlossen.

c. Bald hatten die Empörer den Tempelberg in ihre Gewalt bekommen; Opfer und Fürbitte für den Kaiser und das römische Volk wurden eingestellt; die noch immer in Jerusalem befindliche, aber von den Juden eingeschlossene kleine Besatzung, die sich nach drei festen Türmen geflüchtet hatte, wurde zur Ergebung veranlaßt. Man hatte ihnen freien Abzug ohne Waffen zugesichert; aber den Heiden glaubte man den Eid nicht halten zu müssen, und so wurden sie alle niedergemetzelt; nur der Tribun Metilius rettete sein Leben durch das Versprechen, Jude zu werden. Während in Jerusalem der Kampf tobte, hatte auch bereits im ganzen Lande und in den Nachbarländern die längst bestehende Feindschaft zwischen Juden und Heiden zum offenen Kampfe geführt, in welchem überall Tausende der schwächeren Partei, hier Juden, dort Heiden, erschlagen wurden; Mord und Plünderung tobten längere Zeit in Palästina, Syrien und Ägypten, von den römischen Beamten selten unterdrückt, meist befördert.

Nunmehr wagten auch die bisherigen Freunde des Friedens und der Römer nicht mehr, der Kriegspartei sich zu widersetzen. Das ganze Land wurde in verschiedene Bezirke geteilt, und dieselben wurden Feldherren zugeteilt, welche die nötigen Vorkehrungen für den Krieg treffen sollten.

d. Als der Kaiser Nero von dem Aufstande in Judäa erfuhr, übertrug er den Oberbefehl über die gegen die Juden zu sendenden Truppen dem Titus Flavius Vespasianus, einem tapferen, umsichtigen und unbescholtenen Feldherrn. Vespasianus zog zuvörderst ein größeres Heer zusammen; mit etwa 60000 Mann begann er im Frühjahr 67 den Kampf.

Von Antiochia aus, wo er die Armee versammelt hatte, beschloß Vespasianus zunächst nach Galiläa zu ziehen und dort den Aufstand zu dämpfen. Hier war Oberbefehlshaber der Juden ein vornehmer Pharisäer, namens Josephus, der freilich vom Kriege nichts verstand; vergebens suchte ein tapferer Galiläer, Johannes von Gis-chala, denselben von der bedeutenden Stelle zu verdrängen.

Als das römische Heer mit der Ruhe und Sicherheit wohlgeschulter Soldaten gegen die kaum eingeübten Galiläer heranrückte, da ergriff dieselben ein solcher Schrecken, daß sie noch vor Beginn des Kampfes nach allen Richtungen auseinanderstoben; Josephus begab sich noch rasch in die Festung Jotapata, gegen welche alsbald die Römer heranrückten. Schon lag das Heer fast sieben Wochen vergeblich vor der durch Josephus klug und tapfer verteidigten Stadt, da führte ein Überläufer den Vespasianus zum Ziel; er riet dem Römer, in der frühen Morgenstunde die Stadt zu überrumpeln, dann würde er die durch den übermäßig anstrengenden Dienst ermatteten Juden schlafend finden. Der Sohn des Oberfeldherrn, Titus, wagte das Unternehmen; bald waren die Römer in der Stadt. Als die Juden endlich merkten, was geschehen war, stießen sich viele das Schwert in die eigene Brust, die anderen wurden niedergehauen; die Stadt wurde dem Erdboden gleichgemacht; Weiber und Kinder wurden in die Sklaverei verkauft. Dagegen gelang es dem Josephus, sein Leben zu retten; aber er wurde gefangen genommen, und während des späteren Kampfes befand er sich im römischen Lager. Daß er später freigelassen und zum Schriftsteller (namentlich des jüdischen Krieges) geworden ist, ist schon oben (Nr. 37) bemerkt worden.

Mit der Eroberung von Jotapata war die stärkste Festung des Landes bezwungen, allmählich fielen auch die anderen Städte in die Hände der Römer; Johannes von Gis-chala hatte sich in seine Heimat (Gis-chala) geflüchtet, und es gelang ihm, als Titus vor der Stadt anlangte, durch eine List zu entkommen.

e. In dieser Zeit verließ die Christengemeinde Jerusalem und begab sich nach der Stadt Pella auf der Ostseite des nördlichen Jordantals; daselbst hat sie die schreckliche Zeit des jüdischen Krieges glücklich überstanden.

43. Der Krieg in Judäa. 70. (II, 93.)

a. Nach der Unterwerfung von Galiläa (67) hatte Vespasianus auch Peräa und Idumäa unterworfen; Jerusalem überließ er zunächst sich selber, Hunger und Parteiung arbeiteten ihm dort in die Hände. Auch gab es für Vespasianus im Jahre 68 noch viel wichtigere Dinge zu bedenken. Der Kaiser Nero hatte sich nämlich durch einen Freigelassenen den Tod geben lassen; sein Nachfolger Galba war bereits wieder ermordet worden; nunmehr stritten Otho und Vitellius um die Herrschaft. Als Vitellius siegte, erklärten sich die Soldaten des Morgenlandes gegen ihn, und sie bewogen den Vespasianus, die Herrschaft über das römische Reich zu übernehmen. Nun begab sich Vespasianus nach Rom und überließ seinem Sohne Titus die Vollendung des jüdischen Krieges.

b. Von Cäsarea her rückte Titus im April des Jahres 70 mit einem Heere von etwa 80000 Mann durch Samaria gegen Jerusalem vor; es war kurz vor dem Passahfeste, und ausnahmsweise viele Pilger und auch Kämpfer waren zur Festfeier und zum Beistande für ihre Landsleute erschienen. Titus schritt, im Norden angreifend, zunächst zum Angriff gegen den Stadtteil Bezetha[1]). Rasch war ein Wall errichtet und Wurfgeschosse darauf aufgepflanzt; bald arbeiteten auch die Sturmböcke gegen die Mauer.

Am 15. Tage der Belagerung drangen die Römer stürmend in die Gassen der Bezetha ein; die Juden zogen sich hinter die zweite Mauer,

[1]) B. war der nördlichste Teil der Stadt, von welchem südlich eine zweite Vorstadt und noch weiter nach Süden die eigentliche Stadt mit dem Tempel und der Burg lagen.

welche die zweite Vorstadt umgab, zurück. Bald drangen die Römer, obwohl sich die bis dahin uneinigen Parteien in der Stadt jetzt vereinigt hatten und den tapfersten Widerstand leisteten, auch in den zweiten Stadtteil ein; zwar wurden sie durch einen furchtbaren Straßenkampf noch einmal zurückgedrängt, aber kurz darauf bemächtigten sie sich des zweiten Stadtteils zum zweiten Male. Titus hätte gern weiteres Blutvergießen vermieden, aber vergeblich forderte Josephus, der gefangen genommene Kommandant von Jotapata, den ihm sein Vater als Ratgeber zurückgelassen hatte, in seinem Namen die Juden zur Ergebung auf.

In siebzehn Tagen hatte das römische Heer mit der größten Anstrengung die Wälle zu weiterem Angriff errichtet; man begann die Wurfmaschinen darauf zu stellen und die Türme zu errichten. Als dieselben durch die Juden zerstört wurden, beschlossen die Römer, die ganze Stadt mit einem hohen Walle zu umgeben und sie auszuhungern, und bald begann eine furchtbare Hungersnot in der Stadt zu wüten.

c. Als nun die ganze Stadt durch einen Wall eingeschlossen war, ließ Titus doch bald wieder Sturmwälle errichten, und zwar der Burg Antonia gegenüber; darauf wurden die Sturmböcke gegen die Mauer der Burg vorgeschoben, und bald war diese erheblich beschädigt; an derselben Stelle war aber vorher ein unterirdischer Gang unter der Mauer durchgeführt worden, und so stürzte sie in der folgenden Nacht plötzlich von selbst zusammen; aber schon stand eine Barrikade hinter der Bresche. Nach kurzer Zeit aber gaben die Juden die Burg selber preis und flüchteten sich auf den Tempelberg; die Römer hofften vergebens, den Tempel alsbald einnehmen zu können.

Um nun den Tempel besser belagern zu können, wurde die Burg dem Erdboden gleichgemacht. Darauf wurden wieder Wälle errichtet, um den Tempel zu belagern. Als die Wälle den Tempel umgaben, brannten die Juden die Hallen nieder, die den Tempel mit der ehemaligen Burg verbanden, damit die Römer nicht durch die Hallen zum Tempel gelangen könnten. Als die Sturmböcke mehrere Tage lang gegen die Mauer des Tempels gearbeitet hatten, erkannte Titus, daß die Mauer zu fest sei, um alsbald einzustürzen; es mußte also wieder gestürmt werden. Die Leitern wurden angelegt, aber wer hinaufkam, den stürzten die Juden sofort wieder hinab; auch warfen sie mehrmals die ganze Leiter um. Nunmehr ließ Titus die den Tempel umgebenden noch nicht verbrannten Hallen in Asche legen; nach eintägiger Rast sollte zum Hauptsturm geschritten werden. Am bestimmten Tage, am 5. August, an welchem Tage angeblich auch der erste Tempel zerstört worden war, machten die Juden nochmals einen Ausfall; aber die Römer schlugen sie zurück; im Kampfgedränge kamen nun einige Römer zugleich mit den fliehenden Juden bis dicht vor den Tempel; da hob ein Soldat einen andern empor, und dieser schleuderte durch eine Fensteröffnung einen Feuerbrand in den Tempel. Nach furchtbarem Kampfe wurde der Tempel erstürmt; noch konnte Titus das prachtvolle Heiligtum betreten und ansehen; bald lag es in Trümmern.

d. Mit der Erstürmung des Tempels war aber der Kampf noch nicht zu Ende; die jüdischen Soldaten waren nämlich in großer Zahl vom Tempelberge über die Brücke in die Oberstadt entronnen; Titus forderte sie auf, sich ihm auf Gnade oder Ungnade zu ergeben; sie aber forderten freien Abzug in die Wüste; da erklärte Titus, nunmehr werde er nach dem strengen Kriegsrecht verfahren, auf Gnade dürften sie nicht mehr hoffen.

Zuerst wurde nunmehr die ganze Stadt geplündert und eingeäschert, darauf jeder Versteck sorgfältig durchsucht, und alle Bewohner, die man fand, wurden getötet; danach begann man die Belagerung der Oberstadt. Endlich kam es zum Sturm, aber die Juden leisteten kaum noch Widerstand; bald waren die Römer in der Stadt, schlugen alles nieder, plünderten nach Herzenslust, und am andern Tage, am 2. September, legten sie auch diesen Stadtteil in Asche. Von der ganzen Stadt blieben überhaupt nur drei Türme für die römische Besatzung stehen; einer von denselben und ein Stück von der alten Tempelmauer sind noch heute vorhanden. Die Gesamtzahl der Gefangenen betrug 97 000, die der bei der Belagerung umgekommenen Einwohner 1 100 000.

Im Jahre 71 hielt Titus mit seinem Vater Vespasianus in Rom einen glänzenden Triumphzug, in welchem die vornehmsten Gefangenen mitaufgeführt und unter den Beutestücken auch der goldene Schaubrottisch, der siebenarmige Leuchter und eine Gesetzesrolle aus dem Tempel einhergetragen wurden. Zum Gedächtnis an den Sieg über die Juden baute Vespasianus der Friedensgöttin einen Tempel; auch Denkmünzen mit der Umschrift Victoria Augusti (Sieg des Kaisers) und Judaea capta (Judäas Eroberung) wurden geschlagen; noch heute steht in Rom der dem Titus errichtete Triumphbogen, auf welchem der Triumphzug des Siegers abgebildet ist.

e. Noch zweimal kam es, abgesehen von kleineren Aufständen, zum Kampfe zwischen Römern und Juden, unter den Kaisern Trajanus (115—117) und Hadrianus (132—135); aber wieder wurden Tausende von Juden erschlagen, und ein jüdisches Reich ist niemals wieder errichtet worden. Das Volk der Juden ist jedoch nicht zugrunde gegangen, sondern dasselbe hat sich bis auf den heutigen Tag erhalten. (Vgl. Nr. 45.)

II. 44. Die Frömmigkeit des jüdischen Volkes in der Zeit nach dem Exil. (II, 94—97.)

„Sie eifern um Gott, aber mit Unverstand."

a. Die innere Entwickelung Israels nach dem Exil ist vornehmlich durch die Wirksamkeit zweier einflußreicher Stände bestimmt, der Priester und der Schriftgelehrten. Zunächst hatten die Priester das Übergewicht, erst seit der Makkabäischen Zeit gewannen die Schriftgelehrten ein höheres Ansehen als die Priester. Seitdem nämlich durch Josia aller Gottesdienst in Jerusalem konzentriert und seitdem durch Esra der Pentateuch zum anerkannten Gesetzbuch geworden war, besaß die Priesterschaft, und zwar nur die am Tempel in Jerusalem, das Privilegium, allein für das ganze Volk und für alle einzelnen Israeliten Gott wohlgefällige Opfer darbringen zu können. So hatten also die Priester die höchste Stellung im Volke. Als aber unter den Priestern der Eifer für das Gesetz erkaltete (und sie zu Sadducäern wurden), während im Volke der Eifer für das Gesetz immer größer wurde, traten an ihre Stelle in der geistigen Beherrschung des Volkes die Schriftgelehrten (welche aus den Pharisäern hervorgingen); auf die Zeit der Priester folgte die Zeit der Schriftgelehrten.

b. Als nämlich durch Esra das Gesetz zur Norm für die Frömmigkeit des aus dem Exil zurückgekehrten Volkes gemacht worden war, da sonderten sich allmählich die „Frommen" von den Heiden, ja sogar von den gewöhnlichen Juden ab, weil dieselben ihnen nicht fromm genug waren, und diese „Frommen" erhielten als „Abgesonderte" den Namen Pharisäer, und sie suchten das Gesetz besonders streng zu erfüllen. Aus den Pharisäern sind die Schriftgelehrten hervorgegangen, welche es sich zur Aufgabe machten, das Gesetz im einzelnen auszulegen und durch immer neue Vorschriften zu ergänzen und zu verschärfen. Damit fanden sie im Volke großen Anklang, und obwohl sie die große Masse als nicht fromm genug verachteten, so stand dieselbe doch auf ihrer Seite. Dagegen sind die Sadducäer die Vornehmen der Juden, besonders die vornehmen Priester; dieselben hielten sich nur an das mosaische Gesetz, verwarfen also die Zusätze und Erklärungen der Schriftgelehrten, und traten dem Heidentum weniger schroff entgegen.

Wenn man nun gewöhnlich den Pharisäern und den Sadducäern als dritte Partei die Essener (oder Essäer) zur Seite stellt, so stellt man dieselben eigentlich von vornherein in ein falsches Licht, da sie mit dem Gegensatze dieser beiden Parteien gar nichts zu tun haben, auch für die Entwicklung des jüdischen Volkes im ganzen gar keine Bedeutung haben. Die Essener waren eine Art von Mönchsorden, der an verschiedenen Orten im jüdischen Lande Niederlassungen hatte. Sie lebten in vollständiger Gütergemeinschaft; ihre Hauptbeschäftigung war der Ackerbau; der Handel war verpönt; ihre Enthaltsamkeit und Mäßigkeit wurde allgemein gerühmt. Woher nun aber ihre Absonderung von dem übrigen Judentum und eine Anzahl ihrer eigentümlichen Gebräuche und Anschauungen zu erklären seien, ist uns nicht bekannt.

c. Durch die Rückkehr aus dem Exil und die Neugründung des jüdischen Staates war nun das Gottesreich des Alten Bundes wiederhergestellt, und dadurch ist dem Christentum der Boden für seinen Neubau des Gottesreiches gewonnen worden. Das wiederhergestellte Gottesreich ruhte aber aufs neue, und infolge der höheren Schätzung des Gesetzes noch mehr als früher, auf der Beobachtung des mosaischen Gesetzes. Wenn früher durch die Propheten das Gesetz verinnerlicht worden war, so trat nach der Wiederherstellung des Staates die Prophetie zurück, und nur das Gesetz sollte den Menschen zum vollkommenen Heil führen. Nun erst wurde das Judentum zur ausschließlichen Gesetzesreligion, und es mußte sich zeigen, ob auf diesem Wege die wahre und vollkommene Gemeinschaft mit Gott gewonnen werden könne.

Das Ziel alles Strebens der frommen Juden war aber, wie in der Gesetzesreligion, so auch jetzt wieder die Heiligkeit. Aber wenn die Propheten die innere Heiligkeit betont hatten, so betonte man jetzt die äußere Heiligkeit, welche sich vor allem in der strengsten Absonderung von allem nicht streng-jüdischen Wesen zeigte. Wer aber heilig sein wollte, der wollte auch in guten Werken seine Heiligkeit zeigen; dies Streben war ja berechtigt, aber auch hier trat bald eine Veräußerlichung der Frömmigkeit ein. Durch die äußere Frömmigkeit, die oft nur eine Frömmigkeit der Lippen und der Hände war, wurde die Frömmigkeit des Herzens verdrängt; der Pharisäer galt ohne weiteres für viel besser als der Zöllner; der Jude galt ohne weiteres für besser als der Heide.

d. Um nun das ganze Leben durchaus nach dem Gesetz zu regeln, wurde das Gesetz immer buchstäblicher ausgelegt und aus dem Buchstaben immer mehr Konsequenzen gezogen. So wußten die Schriftgelehrten von so vielen Verboten und Geboten (613, nämlich 365 Verbote und 248 Gebote, so viele wie Tage im Jahre und angeblich Glieder am Körper), daß die Frage nur allzu natürlich war: „Welches ist das vornehmste Gebot im Gesetz?" Diese Frage beantworteten freilich die Schriftgelehrten anders als Jesus. Da nun den Schriftgelehrten und Pharisäern schließlich ihre Menschensatzungen mehr galten als die Gebote Gottes, so war es kein zu hartes Urteil über ihre Frömmigkeit, wenn der frühere Pharisäer Paulus von seinen Zeitgenossen später sagte: „Sie eifern um Gott, aber mit Unverstand."

e. Die Gesetzesauslegung der Schriftgelehrten wurde nun von einer Generation der andern zunächst mündlich überliefert und immer mehr ausgebildet und verschärft, und so gab es in der „Überlieferung der Ältesten" (Mark. 7, 3) eine mündliche Auslegung des Gesetzes, welche man später ebenso auf Moses zurückführte, wie die Gesetzgebung im Pentateuch. Diese Gesetzesauslegung wurde aber allmählich (200—500 nach Chr.) auch schriftlich aufgezeichnet im Talmud, und seitdem ist neben der Bibel der Talmud die Norm für die jüdische Sittlichkeit und Frömmigkeit.

III. 45. Das Judentum in der Zeit nach dem Exil; das Judentum in der Zerstreuung; das Judentum seit der Zerstörung Jerusalems bis zur Gegenwart. (II, 98—100.)

a. Die Bewohner des jüdischen Landes waren seit dem Exil teils Heiden, teils Juden; die Juden stammten teils von den zurückgebliebenen, teils von den aus dem Exil zurügekehrten Israeliten her. Diese Juden sprachen aber nicht mehr Hebräisch, sondern Aramäisch, die auch nach dem Untergange des syrischen Reiches noch immer weiter nach Süden sich verbreitende Sprache des syrischen Volkes (nicht, wie man früher meinte, die Sprache der Babylonier, unter denen sie gelebt hatten). Den Kern des Landes bildete aber nach der Rückkehr aus dem Exil die Landschaft Judäa, der Hauptsitz des späteren Judentums. Dagegen galten die Samariter trotz ihres Glaubens an den einen Gott nicht als Juden; sie errichteten sich einen eigenen Tempel auf dem Berge Garizim, weil die Juden sie zu ihrem Tempel nicht zuließen. In Galiläa und Peräa wohnten zwar neben den Juden viele Heiden, aber die Bevölkerung war doch wesentlich jüdisch.

An der Spitze des ganzen jüdischen Staates, ja, eigentlich aller Juden der Welt, stand aber seit dem Exil der Hohepriester; die Makkabäerfürsten besaßen zugleich das Hohepriestertum; mit dem Untergange der Makkabäer verlor auch der Hohepriester an Macht. Das jüdische Land stand, als die Makkabäer beseitigt wurden, teils direkt unter den Römern, teils unter

Fürsten, welche den Römern untertan waren, und der Hohepriester stand wieder unter dem politischen Oberherrn. Der Hohepriester war aber der Vorsitzende des Synedriums zu Jerusalem, der obersten einheimischen Behörde des jüdischen Volkes, welche etwa seit dem Jahre 250 vor Chr. bestand und bis zur Zerstörung Jerusalems bestanden hat.

Aber die Juden haben niemals den Gedanken loswerden können, daß die Herrschaft der Römer mit der Herrschaft Gottes über Israel unverträglich sei; daher schließlich der letzte Aufstand gegen die Römer und die Hoffnung auf Sieg bis zum letzten Augenblicke; aber diese Hoffnung erwies sich als unbegründet; der Aufstand führte nur zur Vernichtung des jüdischen Staatswesens für alle Zeit.

b. Zuerst unfreiwillig (durch die Wegführung aus dem Heiligen Lande), dann auch freiwillig, hatten sich die Juden allmählich in den verschiedensten Ländern der alten Welt, noch über das Gebiet des römischen Reiches hinaus, ansässig gemacht. Aber dies in alle Länder zerstreute Judentum, die Diaspora (2. Makk. 1, 27), hatte und behielt seinen Mittelpunkt in dem Tempel zu Jerusalem; denselben besuchte der fremde Jude wenigstens einmal in seinem Leben; an denselben zahlte er jährlich 2 Drachmen (1.30 Mark) als Tempelsteuer; dorthin wandte er sein Antlitz beim Gebet.

c. An dies seltsame und sich von den anderen Nationen streng absondernde Volk haben sich nun dennoch, namentlich in der vorchristlichen Zeit, auch Heiden mehr oder weniger angeschlossen, angezogen von dem Glauben an den einen Gott, von dem sie in den jüdischen Schriften und in den Synagogen der Juden, wo der Gottesdienst überall in der griechischen Sprache abgehalten wurde, vernahmen; solche „Judengenossen" waren die Proselyten. Dieselben nahmen entweder nur den Glauben Israels an und einige Gesetze, namentlich die Sabbathfeier und die Speisegesetze, welche den Verkehr zwischen ihnen und den Juden ermöglichen sollten; oder sie nahmen (was aber selten geschah) das ganze Gesetz nebst der Beschneidung an und wurden ganz und gar zu Juden; solche hießen einfach Proselyten oder Proselyten der Gerechtigkeit, die anderen hießen „gottesfürchtige (Proselyten) Judengenossen" (vgl. Apg. 13, 43). Tausende von Heiden sind in der älteren Zeit zum Judentum übergetreten, allerdings meist nicht als Proselyten der Gerechtigkeit; das hat aber fast ganz aufgehört, als das Christentum sich verbreitete; die Heiden wandten sich nunmehr dem Christentum zu, und seitdem ist das Judentum eine Religion geworden, welche sich zwar durch die Erhaltung des Stammes erhält, aber nicht weiterverbreitet; eine Weltreligion wie das Christentum, der Islam und der Buddhismus, ist das Judentum nicht; es ist heute wieder, was es von Anfang an war, die Religion eines einzigen Volkes.

d. Wenn nun schon vor der Zerstörung Jerusalems die Juden sich überall hin verbreitet hatten, so ist das nach der Zerstörung ihrer heiligen Stadt natürlich erst recht geschehen; vom Altertum an durch das Mittelalter hindurch bis zur Neuzeit finden wir in den meisten Ländern der Christen und der Mohammedaner (aber nicht der Heiden) neben der einheimischen Bevölkerung in geringerer oder größerer Zahl auch Juden, welche überall sich heimisch zu machen suchten und die Landessprache annahmen. Das Schicksal dieser Fremdlinge ist nun in den verschiedenen

Zeiten und in den verschiedenen Gegenden sehr verschieden gewesen; es wechselte von der freundlichsten Duldung oder gar Bevorzugung bis zur schrecklichsten Verfolgung oder gänzlichen Vertreibung. Im Jahre 1791 sind die Juden in Frankreich für gleichberechtigte Bürger erklärt worden, und seitdem sind allmählich die anderen Länder darin nachgefolgt, so daß heute überall auch gegenüber den Juden der Grundsatz herrscht, daß der Genuß der staatsbürgerlichen Rechte unabhängig ist von dem religiösen Bekenntnis.

e. Die Zahl der Juden beträgt aber heute (1910) etwa 12 Mill. unter etwa 1600 Mill. Menschen, wovon auf Europa 9 Mill. kommen[1]). Einen äußeren Mittelpunkt für ihre Religion und ein staatliches Oberhaupt haben die Juden nicht mehr; das, was sie zusammenhält, ist ihre Religion; ihre heutige Religion ist aber eine Weiterentwicklung der Religion des Alten Testaments, aus welcher ja auch das Christentum hervorgegangen ist; aber nur das Christentum ist nach unserer Meinung die wahre Erfüllung und Vollendung der ATlichen Religion; das heutige Judentum ist die natürliche Weiterentwicklung des alten Judentums, während das Christentum die Vollendung der Offenbarung ist.

Zweiter Teil.

Die Geschichte des Neuen Bundes.

Vierter Abschnitt.

Jesus Christus.

Wie Gott, als die Zeit erfüllet war, durch seinen Sohn zu den Menschen geredet hat.

I. Einleitung.

46. Judentum und Christentum; die Überlieferung vom Leben Jesu.

(II, 101–106).

a. Gliederung der heiligen Geschichte. (Nr. 3.)

b. Die Bibel. (Nr. 142–144 und 147b).

c. Judentum und Christentum. — Eine bleibende Religion haben die heidnischen Völker nicht geschaffen; das war die Aufgabe des Volkes Israel, dessen Geschichte und Religion in den vorhergehenden Abschnitten dargestellt worden ist. Aber auch die Religion Israels war zunächst nur eine Volksreligion, nicht eine Weltreligion; eine Weltreligion ist erst das aus dem Judentum hervorgegangene Christentum geworden. Und nicht bloß eine allgemeine Religion hat Jesus gegründet,

[1]) Die meisten Juden zählt unter den Ländern Rußland (6½ Mill.), unter den Städten New York (über 1 Mill.).

sondern auch eine höhere, ja, die höchste Religion, über welche noch keine Religion hinausgekommen ist und keine jemals hinauskommen wird. Wie aber das Judentum aus dem Heidentum nicht von selbst entstanden ist, sondern auf Offenbarung beruht, so ist auch das Christentum aus dem Judentum nicht von selbst hervorgegangen (in dieser Weise ist das nachexilische und das heutige Judentum entstanden), sondern das Christentum ist die Vollendung der Offenbarung.

d. Das Christentum war nun zunächst für das Volk Israel das Ziel seiner Geschichte und der Ausgangspunkt seiner weiteren Entwickelung; aber ebenso auch für die Heidenwelt — das zeigt uns die Weltgeschichte. Die ganze gebildete Welt war in der Zeit von Christi Geburt zusammengefaßt in dem einen römischen Weltreiche; für das Christentum aber war die Vereinigung der Völker in einem Reiche die beste Vorbereitung; das eine Weltreich diente der Anbahnung des einen Gottesreiches. Und das Gottesreich für alle Völker ist nun gegründet worden und hat sich über alle Welt immer mehr verbreitet; noch ist zwar seine Aufgabe nicht erfüllt, aber das Christentum ist dennoch in der Welt die herrschende Macht; alle Hauptmomente der Weltgeschichte hängen auch mit dem Christentum zusammen und sind für dasselbe von Bedeutung; alle anderen Religionen werden zugrunde gehen, nicht aber das Christentum.

e. Die Überlieferung vom Leben Jesu. 1. Joh. 1, 1–4. Joh. 20, 30–31. Luk. 1, 1–4. Das Christentum ist nun die Schöpfung Jesu Christi; worauf beruht denn unsere Kunde von Jesu Predigt und seinem Leben? — Jesus selber hat gepredigt, aber nichts geschrieben; er war kein Gesetzgeber wie Moses, sondern der Begründer eines neuen Lebens in der Menschheit. Auch Jesu Jünger und die Schüler derselben haben zunächst ebenfalls nicht geschrieben, sondern gepredigt. Auch kein gleichzeitiger römischer oder griechischer Schriftsteller hat uns das Leben Jesu beschrieben, und sie konnten es auch garnicht beschreiben, da ja die Heiden von Jesus zunächst wenig oder nichts gesehen und gehört haben. Ebenso hat von den nicht an Jesum glaubenden Juden keiner ein Leben Jesu geschrieben; wie eine solche Erzählung ausgesehen hätte, können wir uns aber nach der Bibel denken.

Wir haben nun aber von gläubig gewordenen Juden Erzählungen über das Leben Jesu erhalten, und zwar von seinen Jüngern, die so lange Zeit in seiner Nähe geweilt hatten. Dieselben haben natürlich aufgeschrieben, was sie gesehen und gehört haben (1. Joh. 1, 1–4), freilich nicht alles, was Jesus gesagt und getan hat (Joh. 20, 30; 21, 25), aber doch genug, um das zu erreichen, was sie mit ihren Schriften bezweckten, daß die Leser durch ihre Schriften zum Glauben an Jesus Christus geführt würden (Joh. 20, 31). Allerdings besitzen wir nicht mehr die ältesten und wohl auch einfachsten Darstellungen, von welchen Lukas (1, 1–4) spricht, welcher auf viele Schriftsteller hinweist, welche die von den Augenzeugen des Lebens Jesu berichteten Taten und Worte Jesu aufgeschrieben haben. Aber die Schrift des Lukas selber, wie auch die des Matthäus und des Markus, die drei älteren Evangelien, beruhen, wie man mit Recht annimmt, auf den Berichten der Augenzeugen. Da nun diese drei Evangelien in so vielen Geschichten und oft sogar im Ausdruck übereinstimmen, so nennt man sie die

Synoptiker; man kann nämlich nach diesen drei Darstellungen eine Synopsis, d. h. einen Überblick des Lebens Jesu, geben. Um ihrer großen Übereinstimmung willen nehmen nun die Gelehrten an, daß diese drei Evangelien auf gemeinsame Quellen zurückzuführen seien, nämlich auf eine Spruchsammlung, welche nach alter Überlieferung der Apostel Matthäus in aramäischer Sprache verfaßt haben soll, und auf eine Darstellung des Lebens Jesu, welche ebenfalls nach alter Überlieferung Markus, ein Schüler des Petrus und des Paulus, auf Grund der Predigten des Petrus aufgezeichnet haben soll. Unser erstes Evangelium beruht, wie man meint, vornehmlich auf der Spruchsammlung des Matthäus, und heißt darum das Evangelium des (oder richtiger: nach) Matthäus. Das zweite Evangelium beruht entweder auf der Schrift des Markus, und heißt darum das Evangelium des (nach) Markus, oder es ist selber die ursprüngliche Schrift des Markus. Das dritte Evangelium (wie auch die Apostelgeschichte), eine Schrift des (nach) Lukas, eines Schülers des Paulus, beruht auf denselben älteren und anderen uns unbekannten Schriften.

Diesen drei nicht von Aposteln herrührenden, aber auf ihrer Predigt beruhenden Evangelien steht noch ein viertes Evangelium zur Seite, welches einem Apostel zugeschrieben wird, das Evangelium des (nach) Johannes, mehr eine Predigt als eine Erzählung vom Leben Jesu, geschrieben zu einer Zeit, wo das Christentum längst verbreitet und vom Judentum geschieden war.

Die vielen apokryphischen Evangelien, die es außer denen der Bibel noch gibt, enthalten unter vieler Spreu auch einige wenige Körnlein vielleicht wahrer oder wenigstens ansprechender Dinge; aber sie sind im ganzen zu wertlos, um auch nur ein bescheidenes Plätzchen in unserer Bibel erhalten zu können.

Was nun die Evangelien von Jesus predigen, das bestätigen die noch früher als die Evangelien geschriebenen Briefe des N. T., wie auch die Apostelgeschichte und die Offenb. Joh. Wenn diese Schriften uns auch kein vollständiges Lebensbild von Jesus geben, so erkennen wir doch aus ihnen, worauf sich der Glaube an Jesus bei den Aposteln und den ersten Christen vornehmlich gegründet und welchen Hauptinhalt er gehabt hat.

II. Der Verlauf des Lebens Jesu bis zum Bekenntnis des Petrus.

47. Die Geburt und die Jugend Jesu. (II, 107—108.)

Luk 2, 1—21—40. Matth. 2. Luk. 2, 41—52.

a. In der Zeit des Kaisers Augustus kurz vor dem Tode des Königs Herodes (40—4 vor Chr., also vor dem Beginn unserer Zeitrechnung) ist der Heiland der Welt geboren worden, in einem Hause, welches vor Menschen niedrig war, aber angesehen vor Gott, in einer Familie, welche zu den „Armen im Geiste“ gehörte und auch zu den leiblich Armen, welche aber ihre Herkunft auf den König David zurückführte. Maria und Joseph waren aber von Nazareth in Galiläa, wo sie ihren Wohnsitz hatten, nach Bethlehem gezogen, der Heimat ihres Stammvaters David, wo, wie man glauben konnte, nach der Weissagung der Messias das Licht der Welt erblicken sollte. So wurde nun in Bethlehem im Stamme Juda der Heiland der Welt geboren, und von seinen Eltern und ihren gleichgesinnten Freunden begrüßt. Aber die Freude verkehrte sich in Trauer, als der König Herodes durch „Weise aus dem Morgenlande" auf dieses wunderbare Kind aufmerksam gemacht wurde; nur die Flucht nach Ägypten rettete das Kindlein vor dem Arm des Mörders. Als Herodes bald darauf starb, brachen in Judäa so heftige Unruhen der Juden gegen ihren neuen Herrscher Archelaus aus, daß Joseph bei seiner Rückkehr aus Ägypten nicht wieder nach Bethlehem zog, sondern nach seiner Heimat Nazareth zurückkehrte.

b. In Nazareth, welches in Galiläa lag, dem Herrschergebiete eines weniger verhaßten Sohnes des verstorbenen Herodes, namens Herodes (oder Antipas — vgl. Nr. 41a), ist Jesus in der Stille des Elternhauses herangewachsen, von den Eltern in der Heiligen Schrift unterwiesen, wie das damals noch ohne einen Schulunterricht geschah, und auf den Gott Israels hingewiesen. Und diesen Gott erkannte nun der heranwachsende Knabe als seinen Gott in einem besonderen Sinne. Mit zwölf Jahren zog nämlich Jesus, der Sitte gemäß, zum erstenmal mit seinen Eltern nach Jerusalem, um daselbst das Osterfest mitzufeiern. Als er hier infolge eines Irrtums seiner Eltern zurückblieb, da fanden ihn dieselben bei ihrer Rückkehr im Kreise der Schriftgelehrten, denen er zuhörte, und auf die besorgte Frage, warum er sie so geängstigt habe, gab er ihnen die merkwürdige Antwort: „Wisset ihr nicht, daß ich sein muß in dem, das meines Vaters ist?" Noch niemals hatte Jesus so zu seinen Eltern gesprochen; erst jetzt ging auch ihm selber das Bewußtsein auf von einer besonderen Gemeinschaft mit dem Vater, wie sie ihm beschieden war; er fühlte sich fortan als der Sohn Gottes in einem Sinne, wie das auch seinen von ihm geliebten Eltern nicht zukam.

c. Als nun aber der zwölfjährige Knabe von Jerusalem nach Nazareth zurückkehrte, lebte er trotzdem im Hause seiner Eltern weiter wie bisher und war ihnen untertan; er nahm zu an Weisheit und Alter (richtiger: Gestalt) und Gnade bei Gott und den Menschen, aber er trat nicht in die Öffentlichkeit, bis die Stunde seiner Wirksamkeit ihm von Gott angezeigt wurde; sie kam erst mit dem Auftreten Johannes des Täufers. Bis dahin hat er seinen Eltern im Hause gedient wie vorher; er hat, wie damals sogar jeder Schriftgelehrte, ein Handwerk gelernt, das väterliche Handwerk des Zimmermanns; er ist gewiß, wenn Joseph schon vor seinem öffentlichen Auftreten starb, für Mutter und Brüder und Schwestern an dessen Stelle getreten, indem er für den leiblichen Unterhalt der Seinigen sorgte.

48. „Der Anfang des Evangeliums von Jesu Christo" (Mark. 1, 1): Johannes der Täufer. (II, 110.)

a. Die Wirksamkeit des Johannes.

Jes. 40, 1—5. Mal. 3, 1 u. 23—24. Luk. 1, 67—80. Mark. 1, 1—8. Matth. 3, 1—12. Luk. 3, 1—18. Joh. 1, 19—28.

Als den Anfang des Evangeliums von Jesus Christus bezeichnet Markus mit Recht das Auftreten Johannes des Täufers, dessen Predigt zunächst darauf hinwies, daß das von den Propheten verheißene vollkommene

Gottesreich nahe herbeigekommen sei; aber Johannes betrachtete sich nicht als den Gründer desselben, sondern nur als den Vorläufer des Messias, und Johannes verkündete mit dem nahen Himmelreiche seinen Zeitgenossen nicht eine Zeit der Freude, wie sie sie erwarteten, nicht eine „gute Botschaft", wie Jesus. Jesus predigt vom Himmelreich als von einem Reiche der Gnade Gottes zur Rettung der Sünder; Johannes betrachtet das Himmelreich zunächst als ein Reich zum Gericht über diejenigen, welche sich nicht des Eintritts in dasselbe würdig gemacht haben. Was bei Jesus das letzte ist, das Weltgericht (Matth. 13, Netz), das ist bei Johannes das erste. Deshalb verbindet sich nun bei Johannes mit der Predigt vom Himmelreich alsbald die Mahnung: „Tut Buße", das heißt: Werdet neue Menschen! Und um diese Mahnung ihnen kräftiger und eindringlicher zu machen, verband er mit ihr eine sinnbildliche Handlung, eine Taufe, welche dem Menschen die Pflicht vorhalten sollte, den alten Menschen abzulegen und als ein neuer Mensch wieder ins Leben hineinzutreten. Das war nun freilich nur eine Taufe mit Wasser, das heißt, eine bloß sinnbildliche Handlung, welche nur bezeichnen konnte, was der Mensch leisten solle, nicht eine Taufe mit dem Geiste, das heißt, eine Handlung, durch welche von Gott im Menschen gewirkt wurde, was für den Menschen nötig ist; die Taufe mit dem Geiste konnte erst derjenige bewirken, dessen Vorläufer er war.

b. Johannes und Jesus.

Matth. 11, 2–19. Luk. 7, 18—35; 16, 16.

Als nun Johannes schon einige Zeit gewirkt hatte, da kam auch Jesus und ließ sich von ihm taufen, und obwohl er in Jesus denjenigen erkannte, der größer war als er, den von ihm verkündeten Messias, so wirkte Johannes doch noch eine Zeitlang selbständig weiter neben Jesus, der ja auch nach seiner Meinung das Reich Gottes noch nicht gründete, sondern erst noch vorbereitete, so daß es ihm noch immer nötig erscheinen konnte, die Gründung desselben auch seinerseits weiter vorzubereiten. Seine Wirksamkeit fand aber ein jähes Ende, als Herodes (Antipas), in dessen Gebiete er predigte und taufte, den Propheten gefangennehmen und in seiner Feste Machärus (im südlichen Peräa) verwahren ließ.

Aus seinem Gefängnis schickte nun Johannes an Jesus zwei seiner Jünger mit der Frage, ob er der von ihm verkündete und als solcher erkannte Messias auch wirklich sei — eine Frage, die nicht so unbegreiflich ist, wie sie manchem erscheint. War nicht die Wirksamkeit Jesu, wie schon oben gezeigt worden ist, verschieden von dem Bilde der messianischen Zeit, welches Johannes festhielt? Wenn nun Jesus ihn auf die Werke hinweist, die er tue, die ja im Alten Testament als Werke des Messias bezeichnet seien, so dürfen wir wohl annehmen, daß diese Antwort dem Johannes genügt hat; aber eine Kunde darüber gibt es nicht.

c. Der Tod des Johannes.

Mark. 6, 17–29. Matth. 14, 1—12.

Johannes, der schon seit längerer Zeit gefangen war, erlitt aber im Gefängnis einen gewaltsamen Tod, weil er des Herodes Gattin Herodias beleidigt hatte, eine Frau, welche ursprünglich die Frau eines seiner Halbbrüder gewesen, aber von Herodes ihrem Manne abspenstig gemacht worden war; sie rächte sich an Johannes, als sich dazu Gelegenheit fand bei einem Gastmahl, wo ihre Tochter sich von ihrem Stiefvater eine besondere Gunst erbitten durfte. Auf der Mutter Geheiß forderte die Tochter das Haupt des Johannes, und Herodes wagte nicht, ihre Bitte abzuschlagen. So wurde der Täufer im Gefängnis hingerichtet.

Der Anfang mit der Gründung des vollkommenen Gottesreiches war also durch Johannes den Täufer gemacht worden, der, wie Jesus sagt, unter allen Propheten vor ihm der größte gewesen ist; aber der Kleinste im Himmelreich ist dennoch größer als Johannes (Matth. 11, 11).

49. Die Taufe Jesu; der Beruf Jesu und die Versuchung.

(II, 111 u. 112.)

a. Mark. 1, 9–11. Matth. 3, 13–17. Luk. 3, 21–22. Joh. 1, 29–34. Joh. 3, 22–30. Ganz Israel sollte durch Johannes getauft werden, und so unterzog sich auch Jesus, als er von dem Auftreten des Johannes hörte, dieser Taufe. Freilich konnte die Taufe für Jesus nicht der Beginn eines sündenfreien Lebens sein, da er ja stets von der Sünde frei war; aber auch für ihn begann nunmehr ein neues Leben, das Leben des Berufs für das Gottesreich, welcher ihm übertragen war, als der Messias im Volke Israel aufzutreten. Jesus empfing bei der Taufe den h. Geist, wie er ihn brauchte, um das Reich Gottes auf Erden herstellen zu können; Johannes aber erkannte bei der Taufe Jesum als den von Gott seinem Volke gesandten Messias (Joh. 1, 29–34), und er erklärte: „Er muß wachsen, ich aber muß abnehmen“ (Joh. 3, 22–30).

b. Mark. 1, 12–13. Matth. 4, 1–11. Luk. 4, 1–13. Aber in welcher Weise sollte nun das vollkommene Gottesreich gegründet werden? Die Juden erwarteten nach dem Alten Testament einen Messias, welcher zunächst das Römerjoch von ihrem Nacken nehmen und alsdann nach der Vernichtung der Feinde Gottes das herrliche Gottesreich auf Erden aufrichten werde, an welchem neben Israel auch die Heiden teilnehmen sollten. Diesem Gedanken entsprechend, hätte Jesus sich an die Spitze des Volkes stellen müssen, um mit dem Schwerte das Reich Gottes aufzurichten. Das ist aber, wie Jesus erkannte, ein Weg, der Gott nicht wohlgefällt, da er nur zur Errichtung eines *weltlichen* Reiches geführt hätte. Was aber Gott nicht gefällt, das ist böse und sündlich, und darum weist Jesus diesen Weg zur Errichtung des Gottesreiches zurück (3. Versuchung bei Matth.). Jesus aber will auch nicht durch äußere Mittel, durch Wunder und Zeichen, welche des Volkes Aufmerksamkeit erregen und ihm sofort einen großen Anhang verschaffen, das Gottesreich aufrichten (2. Versuchung). Ja, er muß sogar bereit sein zu leiden um des von ihm aufzurichtenden Gottesreiches willen, und darf sich dem Leiden nicht eigenmächtig entziehen (1. Versuchung). Das ist der Sinn der drei Versuchungen, die Jesus zurückweist.

Auch Jesus hat also die Versuchung gekannt, aber er hat sie — am Anfang seines Lebens wie allezeit — überwunden; er ist *versucht* worden gleich wie wir, aber er hat niemals *gesündigt* (Hebr. 4, 15); all sein Tun richtete sich stets auf die Erfüllung des Willens Gottes, und bei allem, was ihm widerfuhr, war sein Gebet: „*Vater, dein Wille geschehe!*“

30. Das Leben und Wirken Jesu bis zum Bekenntnis des Petrus.

(II, 113—115.)

Apg. 10, 36—43. Mark. 1, 14—8, 30.

a. Wie er nicht die ihm von Gott gestellte Aufgabe zu lösen habe, das hatte Jesus in der Versuchung erkannt; wie er sie gelöst hat, das zeigt uns die Darstellung des Lebens Jesu im N. T. Das läßt uns schon der Überblick über das Leben Jesu erkennen, den Petrus in seiner Predigt vor dem Hauptmann Cornelius gibt (Apg. 10, 36—43). Das zeigt uns aber genauer die Darstellung des Lebens Jesu in den Evangelien.

b. Wenn man aber die Darstellung des öffentlichen Lebens Jesu nach den Synoptikern mit der bei Johannes vergleicht, so scheint sich zunächst ein unauflöslicher Widerstreit beider Darstellungen zu ergeben. Nach den Synoptikern hebt das öffentliche Leben Jesu erst nach der Gefangennehmung des Täufers an, und zwar in Galiläa, und verläuft hier ununterbrochen bis in die Nähe des Todespassah. Die einzige Fahrt nach Jerusalem, die alsdann eintritt, erscheint zwar nicht arm an Begebenheiten, aber sie erreicht die Hauptstadt doch nur wenige Tage vor dem Fest, Tage, in welche sich dann eine Überfülle von Verhandlungen und Begebenheiten zusammendrängt. Demgegenüber ist die Johanneische Darstellung ungleich mehr gegliedert, und verläuft in einem wiederholten Wechsel zwischen dem Norden und dem Süden des Landes.

Die Darstellung der Synoptiker ist insofern richtig, als in der Tat der größere Teil der öffentlichen Wirksamkeit Jesu nach Galiläa fällt (etwa $1^1/_4$ Jahr von $2^1/_4$ Jahren). Aber Jesus ist nicht bloß einmal in Jerusalem gewesen, wie die Synoptiker erzählen, sondern mehrmals, wie Johannes berichtet; der Zusammenhang und Verlauf des Lebens Jesu ist nur aus dem vierten Evangelium vollständig zu erkennen.

c. Der Verlauf des Lebens Jesu bis zum Bekenntnis des Petrus.

Als Jesus aus der Wüste zurückkam, wo er im Gebet über seine Aufgabe klar geworden und die Versuchung, als weltlicher Messias aufzutreten, von sich gewiesen hatte, da kehrte er zunächst in die Nähe des Täufers zurück, der in Peräa weiter lehrte und taufte, und aus dessen Anhängern gewann er seine ersten Jünger (Joh. 1, 28—52).

Von Peräa begab sich Jesus in seine Heimat, nach Galiläa, zurück, aber zunächst nicht nach Nazareth, sondern nach Kapernaum (Joh. 2, 12), welches zu einer öffentlichen Wirksamkeit mehr geeignet war, als das abgelegene Nazareth. In Kapernaum begann er nun öffentlich als Lehrer aufzutreten, und sein erstes Wort lautete ebenso wie das Wort des Johannes: „Tut Buße, denn das Himmelreich ist nahe herbeigekommen."

Als er etwa einige Wochen in Galiläa gewirkt hatte, nahte das Osterfest (des J. 29), und Jesus begab sich, da er ja im größeren Kreise wirken wollte, nach Jerusalem (erste Reise des Mannes nach Jerus.), wo er namentlich durch die Tempelreinigung Aufsehen erregte (Joh. 2, 13—25). Nach dem Feste kehrte er, nach kurzer Wirksamkeit in Judäa und Samaria (Joh. 4, 1—42), nach Galiläa zurück.

Nunmehr begab sich Jesus zwar zunächst nach Nazareth, aber nur auf kurze Zeit; bald kehrte er wieder nach seinem Wohnsitze Kapernaum zurück, von wo aus er im Lande Galiläa umherzog. Dabei begleiteten ihn die zwölf Apostel, welche er sich teils schon früher, teils erst jetzt aus der an ihn sich anschließenden größeren Zahl der Gläubigen auswählte (Mark. 3, 13–19): Simon (von ihm Kephas, griechisch: Petrus, d. h. Fels genannt) und Andreas, Johannes und Jakobus (zwei Brüderpaare), Philippus und Bartholomäus (= Nathanael), Matthäus (= Levi) und Thomas, Jakobus (des Alphäus Sohn) und Judas (eines Jakobus Sohn), mit dem Beinamen Lebbäus oder Thaddäus, Simon aus Kana (oder: der Eiferer, d. h. ein bisheriger Anhänger der Partei der sogen. Zeloten, d. h. Eiferer, welche die Römer mit Gewalt aus dem Lande treiben wollten) und Judas Ischarioth oder nach Joh. 6, 71: Judas, der Sohn Simons Ischarioth (d. h. der Mann aus Kerioth, einer Stadt im Stamme Juda).

Nachdem Jesus etwa ein Jahr lang in Galiläa gepredigt hatte, begab er sich (Frühjahr 30) zum Purimfeste nach Jerusalem (zweite Reise), aber noch vor Ostern verließ er die Stadt, wo die Schriftgelehrten und Pharisäer ihren Hauptsitz hatten, da dieselben in ihm bald einen Feind des Gesetzes erblickten. Einen besseren Erfolg, als er selber, hatten seine von ihm inzwischen als Prediger durch die jüdischen Städte gesandten Jünger gehabt, mit welchen er nach Ostern (des J. 30) wieder in Galiläa zusammentraf. Nunmehr predigte Jesus wieder in Galiläa (Frühjahr bis Sommer 30).

Hatte aber Jesus bisher vornehmlich von dem durch die Gnade Gottes kommenden Reiche Gottes gepredigt, so predigte er nunmehr immer deutlicher auch von seiner Person, als dem Mittler zwischen Gott und den Menschen (Matth. 11, 25–30; Joh. 6). Aber das war den Leuten eine harte Rede, die sie nicht verstanden, und als nun viele seiner bisherigen Jünger ihm untreu wurden (Joh. 6, 66–71), da fragte Jesus die Zwölf, ob auch sie ihn etwa verlassen wollten; Petrus aber erwiderte: „Herr, wohin sollen wir gehen? Du hast Worte des ewigen Lebens." Un als Jesus darauf erfahren hatte, wofür ihn die Juden hielten, da fragte er sie, wofür sie ihn hielten: da sagte Petrus: „Du bist der Messias" (Mark. 8, 29). Jesus hatte nichts von dem getan, was das Volk vom Messias erwartete, und trotzdem erklärte ihn Petrus für den Messias; diesen Glauben hatte Gott in Petrus gewirkt, und Jesus pries seinen Jünger und solchen Glauben (Matth. 16, 13–20).

III. Die Predigt Jesu vom Reiche Gottes und seiner Gerechtigkeit.

51. Übersicht über die Predigt Jesu. (II, 116.)

Durch Moses war ein Reich Gottes im Volke Israel begründet worden, aber dasselbe war noch nicht das vollkommene Gottesreich. Um nun das von den Propheten verheißene vollkommene Gottesreich zu gründen, dazu ist Jesus in die Welt gekommen. Um diese Aufgabe zu erfüllen, hat er zunächst gepredigt. Ein Überblick über seine Predigt soll im folgenden gegeben werden.

Alle Menschen sind Sünder — das ist die Voraussetzung der Predigt Jesu; aber Gott ist ein gnädiger Gott, der nicht den Tod des

Sünders will, sondern daß er sich bekehre und lebe — damit beginnt die Predigt Jesu. Die Predigt von der Gnade Gottes gegen die Sünder ist der Anfang der Predigt Jesu.

Aber die Gnade Gottes offenbart sich nicht jedem einzelnen Menschen besonders und unvermittelt, sondern die Gnade Gottes offenbart sich durch die Gründung eines Reiches Gottes, welches ja schon vor Christus bestand, aber erst in Christus seine Vollendung findet. Das Himmelreich ist nahe herbeigekommen — so lautet der zweite Hauptgedanke der Predigt Jesu.

Wenn nun zwar der Sünder in das Himmelreich aufgenommen wird, so kann er doch nicht darin bleiben, wenn er nicht „Buße tut", indem er das hochzeitliche Kleid der Gerechtigkeit anlegt; daß aus dem Sünder im Himmelreich ein Gerechter werden muß, und zwar mit einer besseren Gerechtigkeit, als die der Pharisäer war — das ist der dritte Hauptgedanke der Predigt Jesu.

„Trachtet am ersten nach dem Reiche Gottes und nach seiner Gerechtigkeit" — das ist der Grundgedanke der im folgenden zusammengefaßten Reden Jesu.

52. Jesu Predigt von der Gnade Gottes gegen die Sünder. (II, 117.)

Luk. 15. (Matth. 22, 1—14. [Vgl. Luk. 14, 23.] Matth. 20, 1—16. Luk. 7, 36—50. Luk. 18, 9—14. Matth. 21, 33—46.)

a. Durch die Sünde sind die Menschen von Gott abgekommen, aber durch die Gnade Gottes werden sie zu Gott zurückgeführt. Diesen Gedanken entwickelt Jesus im 15. Kapitel des Evangeliums Lucä in drei schönen Gleichnissen, vom verlorenen Schaf, vom verlorenen Groschen und vom verlorenen Sohn. Der Hirte, der von hundert Schafen eins verloren hat, sucht dasselbe, bis er es findet; wieviel mehr die Frau, die von nur zehn Groschen einen verliert! Und vollends der Vater, der von nur zwei Söhnen einen verliert, ist nicht gleichgültig gegen das Schicksal seines verlorenen Kindes; auch nicht eins seiner Kinder, so zahlreich sie auch sind, will Gott verloren gehen lassen.

b. Schaf und Groschen gehen aber verloren ohne eigene Schuld und werden gefunden ohne ihre Mitwirkung; nicht so der verlorene Sohn, der sündige Mensch. Eigenwillig hat der Sohn das Vaterhaus verlassen, durch eigene Schuld wird der Mensch ein Sünder. Die Heimsuchung Gottes wirkt nun bei dem Sünder zuerst Reue über sein verkehrtes Tun, und dann Verlangen nach Rückkehr zum Vater, von dessen Güte er Wiederaufnahme ins Haus erwartet. Und der Vater nimmt den durch eigene Schuld verloren gegangenen Sohn wieder zum Kinde an und freut sich über den Sünder, der Buße tut und ein neuer Mensch wird; er vergibt ihm alle Schuld, und der verlorene Sohn ist ihm so lieb, wie der nicht verlorene; aber er muß natürlich ein anderer Mensch werden, als er bis jetzt war.

c. Ja, der verlorene Sohn wird dem Vater oft noch lieber, als der andere Sohn, der beim Vater geblieben ist, der tugendhafte Mensch, der sich nicht in schwere Sünde verirrt hat; denn dieser wird doch gar leicht auch tugendstolz und sieht mit Verachtnng herab auf den Bruder, auch wenn er sich von der Sünde zu Gott bekehrt hat. So tun ja die Pharisäer, denen Jesus diese drei Gleichnisse vorhält (K. 15, 1—2). Wie leicht kann es da sogar geschehen, daß der fromme Sohn sich vom Vater gänzlich abwendet und nichts mehr von einem Vater wissen will, der einen solchen schlechten Menschen in sein Haus aufnimmt. In solche Gottesfeindschaft geraten schließlich die Pharisäer, wie ihnen das Gleichnis Matth. 21, 33—46 warnend (aber vergeblich) vorhält.

53. Jesu Predigt vom Reiche Gottes. (II, 118.)

Matth. 13. Mark. 4, 26—29.

a. Die Gnade Gottes offenbart sich aber in der Gründung des Reiches Gottes. Auf das Reich Gottes warteten der Verheißung gemäß die gläubigen Israeliten, und Jesus begann seine Predigt mit dem Worte: „Das Reich Gottes ist nahe herbeigekommen." Aber die Israeliten fanden doch meist, sogar ein Johannes der Täufer im Gefängnis (Matth. 11), ihre Erwartung in Jesus nicht befriedigt. Und darüber darf man sich nicht wundern, auch wir hätten an ihrer Stelle wohl nicht anders gedacht. Das nämlich war der Unterschied zwischen der Erwartung der Juden und der Lehre und Leistung Jesu, daß jene das Gottesreich als sofort vollendet erwarteten, Jesus es als werdend predigte und ein sich erst allmählich entwickelndes Gottesreich gründete. Daher der fortwährende Anstoß und die Frage der Jünger bis zuletzt: „Herr, wirst du das Reich Israels bald aufrichten?"

b. Von dem werdenden und wachsenden Reiche predigt nun Jesus in einer Anzahl von Gleichnissen, sieben bei Matthäus nebeneinander, zu denen noch ein achtes bei Markus hinzukommt. Das erste derselben, das vom Sämann (Matth. 13, 1—9 und 10—23), zeigt, wie durch die Predigt des Wortes Gottes das Reich Gottes in den Menschen gegründet wird. Allen wird gepredigt, zwar nicht jetzt, aber später, wenn nicht in diesem, dann in jenem Leben; aber nicht alle nehmen das Wort Gottes in sich auf. Mancher gleicht dem hartgetretenen Wege, und an ihm geht das Wort Gottes wirkungslos vorüber; vielleicht sucht Gott ihn später erfolgreich heim, wie den verlorenen Sohn (Luk. 15), und er wird doch noch bekehrt. Andere nehmen zwar das Wort Gottes auf, aber sie sind zu oberflächlich, oder ihr Herz ist zu geteilt, um rechte Frucht zu bringen. Doch das Wort Gottes schafft auch Frucht, allerdings in höherem oder geringerem Grade, je nach den Anlagen, die Gott dem Menschen gegeben hat.

Wenn so das erste Gleichnis hauptsächlich von der Gründung des Reiches Gottes handelt und auf den verschiedenen Erfolg der Predigt hinweist, so handeln zwei andere Gleichnisse, das bei Markus K. 4, 26—29 erzählte, von dem selbstwachsenden Samen, und das Gleichnis vom Unkraut, besonders von der Entwickelung des Reiches Gottes. Der Sämann kann nur säen, wie es bei Markus heißt, aber weiter kann er nichts tun, Sonnenschein und Regen hat er nicht in der Hand, der Same wächst ohne sein Zutun; die Ernte gibt Gott allein, wann und wie er will. Wie dieses Gleichnis, so weist auch das zweite Gleichnis bei Matthäus, das vom Unkraut (K. 13, 24—30 u. 36—43), auf die Entwickelung des Reiches hin, die der Mensch nicht in der Hand hat. Im Reiche Gottes gibt es Gute und Böse nebeneinander; eine Kirche, frei von allen Sündern, schon hier auf Erden zu haben, dies Verlangen ist immer wieder in der Kirche aufgetaucht; aber wer kann eine solche Kirche herstellen? Darum Duldung auch für den schwachen und bösen Christen!

Wenn die bisherigen Gleichnisse auf die Gründung und auf die Entwickelung des Reiches Gottes hinweisen, so stellen die beiden folgenden Gleichnisse (Senfkorn und Sauerteig) die Ausbreitung des Reiches Gottes in der Menschheit dar. Mit dem Senfkorn und dem Sauerteige wird das Reich Gottes verglichen (K. 13, 31—33), weil beide klein sind und Großes wirken; das Reich Gottes fängt ebenfalls klein an und wird allmählich groß und kräftig. Wie aus dem Senfkorn fast ein Baum wird, so wird aus dem so geringen Anfange des Reiches Gottes, aus Jesus, noch dazu dem Gekreuzigten, ein großes Reich von jetzt schon 640 Millionen Menschen (unter etwa 1600 Mill.) — und noch ist das Ende seiner Ausbreitung gewiß nicht gekommen. Und wie ein wenig Sauerteig den ganzen Teig durchdringt, so durchdringt der Geist Christi immer mehr das ganze Leben der Christenheit, ja der Menschheit, und gestaltet dasselbe immer mehr um.

Die beiden folgenden Gleichnisse (Schatz und Perle, K. 13, 44—46) weisen auf die verschiedene Aneignung des im Reiche Gottes dargebotenen Heils hin. Das Reich Gottes wird von den Menschen in verschiedener Weise gewonnen: der eine gewinnt es zufällig, der andere hat danach gesucht.

Endlich das siebente Gleichnis bei Matthäus (Netz mit den Fischen, K. 13, 47—50) weist auf die Vollendung des Reiches Gottes hin. Die von den Menschen zu früh begehrte und vergeblich erstrebte Scheidung zwischen Guten und Bösen wird Gott im Weltgericht vollziehen; aber das Gericht ist nicht der Anfang, wie die Juden meinten, sondern das Ende der Wege Gottes mit den Menschen.

c. So zeichnen also diese acht Gleichnisse das Reich Gottes von seinem ersten Anfange bis zu seinem Ende, nach seiner Gründung und Entwickelung, nach seiner Ausbreitung und Aneignung, wie nach seiner Vollendung.

54. Jesu Predigt von der Gerechtigkeit. (II, 119 u. 120.)

Die Bergpredigt.

a. Matth. 4, 23—5, 2. Matth. 5, 3—20. (Luk. 6, 12 u. 17—26.)
b. Matth. 5, 21—7, 11.
  α. Matth. 5, 21—48; 7, 1—6. Luk. 10, 25—37.
  β. Matth. 23, 1—36; 6, 1—4 (Tob. 4, 7—12); 6, 16—18; 9, 14—17; 6, 5—6. Luk. 18, 9—14.
  Matth. 6, 7—15. Luk 11, 1—4. Matth. 18, 21—35. Matth. 7, 7—11. Luk. 11, 5—8; 18, 1—8a.
  γ. Matth. 6, 19—34.
c. Matth. 7, 12; 22, 34—40; 7, 13—27; 7, 28—29.

In das Reich Gottes kommen kann zwar der Sünder, aber er wird nur dann im Reiche Gottes bleiben, wenn er gerecht und fromm wird; so predigt nun Jesus drittens von der wahren Gerechtigkeit. Den Mittelpunkt für die Predigt Jesu von der Gerechtigkeit bildet aber die **Bergpredigt**, an welche sich andere Reden Jesu als sachliche Ergänzungen anschließen.

a. **Die Bergpredigt**, wie wir sie bei Matthäus lesen (K. 5-7: 107 Verse; bei Lukas nur 30 Verse: K. 6, 20—49), **beginnt mit einer Einleitung, deren ersten Teil** (5, 3—12) **die acht Seligpreisungen bilden**, welche die Bedingungen angeben, unter denen der Mensch ins Himmelreich **kommen** und darin **bleiben** kann; sie fordern nicht, wie Moses, daß der Mensch alle Gebote gehalten habe, sondern zunächst nur (die vier ersten), daß der Mensch sich für das Himmelreich empfänglich zeige. Selig sind die geistlich Armen, so lautet die erste Seligpreisung bei Matthäus; nur diejenigen, welche sich arm fühlen an geistlichen Gütern, welche gesinnt sind wie der Zöllner, der da betet: „Gott sei mir Sünder gnädig" — nur solche werden ins Himmelreich eingehen. Wer sich nun geistlich arm fühlt, der wird auch Leid tragen über seine geistliche Armut, und dem wird der Trost der Sündenvergebung verkündet werden. Wer aber von Gott sein Heil erwartet, der wird in Sanftmut und Demut das Reich Gottes von der Gnade Gottes erwarten; er wird nicht das Reich Gottes mit äußerer Gewalt gründen und gewinnen wollen, wie die damaligen Juden, deren Verlangen darauf gerichtet war, einen Messias zu erhalten, der die Römer mit dem Schwerte aus dem Heiligen Lande vertriebe. Wer so von Gott sein Heil erwartet und nach Gerechtigkeit hungert und dürstet, der wird von Gott gesättigt werden. Nicht diejenigen preist also Jesus selig, welche gerecht **sind**, sondern welche es **werden** wollen, denn die vier ersten Seligpreisungen fordern nur, daß der Mensch **empfänglich** sei für das Reich Gottes, das Jesus predigt; sie mahnen uns zu beten: „Dein Reich komme, und vergib uns unsere Schuld!"

Wie der Mensch ins Reich Gottes **kommt**, zeigen also die vier ersten Seligpreisungen; wie der Mensch im Reiche Gottes **bleibt**, zeigen die vier letzten. „Selig sind die Barmherzigen" — wie in der vierten Bitte, so wird auch hier von denen, die Gottes Barmherzigkeit erfahren haben, Barmherzigkeit gegen ihre Mitmenschen gefordert. „Selig sind, die reines Herzens sind" — nur solche Menschen können mit Gott in Gemeinschaft stehen. „Selig sind die Friedfertigen" (richtiger: Friedestifter) — nur sie sind Gotte ähnlich, der ja auch Frieden gemacht hat zwischen sich und den Sündern. Außer diesen Tugenden der **Tat** wird aber auch Bereitwilligkeit zum **Leiden** gefordert: „Selig sind, die um Gerechtigkeit willen verfolgt werden"; wer im Reiche Gottes bleiben will, darf auch die Verfolgung nicht scheuen.

Aber nicht hauptsächlich zu **leiden** haben die Jünger Jesu, sondern sie sollen vornehmlich in der Welt **wirken**; sie sollen nämlich die ganze Welt zu Gott führen. **Die Aufgabe der Jünger Jesu legt der zweite Teil der Einleitung der Bergpredigt** (5, 13—16) **dar. Das Salz der Erde und das Licht der Welt** sollen die Jünger Jesu sein; wenn sie das nicht werden, dann haben sie überhaupt keine Bedeutung für die Welt; wenn **sie** es nicht sind, wer soll es sonst sein? Gott sei Dank, daß die christliche Predigt nicht vergeblich gewesen ist — aber noch heißt es weiter arbeiten und weiter predigen, damit **alle** Menschen mit uns „anbeten die Macht der Liebe, die sich in Jesus offenbart".

Nachdem so Jesus seine Jünger ermahnt hat, das weiter zu predigen, was sie von ihm lernen würden, legt er ihnen den Charakter seiner Predigt dar; der dritte Teil der Einleitung (5, 17—20) zeigt nämlich die wesentliche Übereinstimmung der Predigt Jesu mit dem Alten Testamente. Jesus ist nicht gekommen, das Gesetz und die Propheten (und die Schriften: die drei Teile des Alten Testaments), d. h. das Alte Testament, aufzulösen; wer das tut, der könnte zwar gleichfalls ein Jünger Jesu sein; aber höher steht, wer im Christentum die Erfüllung der früheren Offenbarung Gottes erkennt und lehrt. So fordert denn Jesus von seinen Jüngern, daß ihre Gerechtigkeit entspreche den Forderungen des Gesetzes des Alten Testaments; aber freilich legt Jesus dasselbe anders aus, als die damaligen Schriftgelehrten und Pharisäer, welche über dem Buchstaben den Geist des Gesetzes verloren und vergaßen. Und damit ist nun Jesus zu dem Thema der Bergpredigt gekommen, welches die beiden ersten Kapitel derselben (K. 5 und 6) eng verbindet und durchdringt und im letzten Kapitel zwei lose angeknüpfte Zusätze (7, 1—12) erhält. Es sei denn eure Gerechtigkeit besser, denn der Schriftgelehrten und Pharisäer, so werdet ihr nicht in das Himmelreich kommen — damit (5, 20) ist das Thema der Bergpredigt bei Matthäus bezeichnet.

b. Die Frömmigkeit und Sittlichkeit der Schriftgelehrten und Pharisäer: Nr. 44.

c. Der falschen Gerechtigkeit der Schriftgelehrten und Pharisäer stellt Jesus die wahre Gerechtigkeit gegenüber, indem er das Gesetz Mosis anders auslegt, als die Schriftgelehrten und Pharisäer, und zwar beginnt Jesus dabei, wie er das auch sonst tut (Matth. 19, 18), mit der zweiten Tafel des Gesetzes, und erst im folgenden Kapitel legt er die erste Tafel aus. Die Sittlichkeit, als das Leichtere, stellt Jesus voran, und dann erst geht er auf die Frömmigkeit ein, den Grund der Sittlichkeit, das Schwerere gegenüber der Sittlichkeit. Was für eine Sittlichkeit er nun fordert, das zeigt er an sechs Beispielen (Töten, Ehebruch, Scheidung, Schwören, Vergelten, Lieben), sämtlich Pflichten gegen den Nächsten. Jedesmal stellt er nun seine Auslegung derjenigen gegenüber, welche von den Schriftgelehrten gegeben wird (K. 5, 21—48).

Das erste Gebot, welches Jesus auslegt, ist das vom Töten. Wenn Moses geboten hat, nicht zu töten, so haben die Schriftgelehrten dieses Gebot, wie es zunächst scheinen kann, mit dem richtigen Zusatz versehen: „Wer aber tötet, der soll dem Gerichte verfallen sein", dem Untergerichte der gewöhnlichen Stadt, welches auf den Tod durch das Schwert erkennen konnte. Aber dieser Zusatz wird nun von Jesus entschieden bekämpft; danach wäre also nur derjenige ein Mörder, welcher das Gebot äußerlich, mit der Hand, durch die Tat übertreten hat. Aber mit dieser Auslegung ist doch höchstens der weltliche Richter zufrieden, denn selbst dieser bestraft auch schon den Mordversuch — nicht aber der himmlische Richter und die innere Stimme des Herzens, das Gewissen des Menschen An diese Stimme des Herzens wendet sich Jesus, wenn er das Verbot des Tötens so erklärt, daß er auch schon denjenigen einen Mörder nennt, welcher seinem Bruder im Herzen zürnt oder ihn mit dem Munde schmäht. Daher soll der Mensch nicht zürnen, sondern versöhnlich sein; die Versöhnung mit dem Nächsten ist die Voraussetzung für das Gott wohlgefällige Opfer; die Unversöhnlichkeit ist aber auch für das gewöhnliche Leben (Prozeß) schädlich. So geht Jesus freilich mit seiner Auslegung des Gebotes über die Auslegung der Schriftgelehrten hinaus; seine Forderung ist zwar nicht eine solche, welche jemals vom Staate zum Gesetz erhoben werden könnte; er stellt Forderungen für Herz und Gewissen, welche niemals veralten, während doch alle Staatsgesetzgebungen allmählich veralten. In derselben Weise legt Jesus auch die anderen Sittengesetze aus, stets sich wendend an das Gewissen der Menschen, unbekümmert um das, was der Staat oder auch nur die Kirche fordern kann oder nicht; aber dem Gewissen des Menschen werden von ihm Forderungen entgegengebracht, wie sie die Schriftgelehrten nicht kennen.

Das zweite Gebot, das Jesus auslegt, ist das vom Ehebruch; in seinen Augen ist ein Ehebrecher nicht bloß ein David, welcher dem Uria sein Weib äußerlich wegnimmt, sondern schon derjenige, welcher eines andern Weib begehrt. Es gilt also, schon die böse Begierde des Herzens zu bekämpfen.

Das dritte Gebot, das Jesus behandelt, ist das von der Ehescheidung. Das Gesetz Mosis gestattete dem Manne, seine Frau zu entlassen, nur mußte er ihr einen Scheidebrief geben, einen Entlassungsschein, wie wir ihn heute dem entlassenen Dienstboten geben. Zwar forderte ja nun das Gesetz (5. Mose 24, 1), daß der Mann den Scheidebrief nur dann gebe, wenn er „etwas Häßliches" an seinem Weibe gefunden habe; aber was nun dies Häßliche sei, darüber fehlte im Gesetze jede Bestimmung, und so war es kein Wunder, daß die verschiedenen Schriftgelehrten die verschiedensten Scheidungsgründe aufstellten, bald strenger, bald milder urteilend, so daß auch einmal (Matth. 19, 3—9) Schriftgelehrte an Jesum mit der Frage herantraten, ob sich der Mensch aus jedem Grunde von seinem Weibe scheiden dürfe. Ihnen antwortete Jesus, es habe zwar Moses die Scheidung gestattet, aber nur um ihrer Herzenshärtigkeit willen, die leicht noch schlimmere Übel in der Ehe herbeiführen könne, als eine Scheidung; aber nach der ursprünglichen, in der Schöpfungsgeschichte ausgesprochenen Bestimmung Gottes sei die Ehe unlösbar; die Ehe sei von Gott eingesetzt, und darum solle der Mensch sie nicht willkürlich lösen. Aber auch hier gibt Jesus nicht ein Gesetz für den Staat, ja, nicht einmal für die Kirche, sondern nur für das Gewissen seiner Jünger; der Staat darf seine Gesetzgebung auch hier selbständig gestalten, und auch er wird um der „Herzenshärtigkeit" der Menschen willen manches gestatten müssen, was dem Wesen der rechten Ehe allerdings nicht entspricht, wie ja auch sogar Jesus die Ehescheidung nicht durchaus verbietet.

Das vierte Gebot, welches Jesus auslegt, ist das vom Schwören (dem achten Gebote entsprechend). Auch die Pharisäer verboten den Meineid; aber sie zeigten doch eigentlich den Leuten, wie man den Nächsten betrügen könne, indem man einer Form des Eides sich bediene (vgl. auch K. 23, 16 bis 22), welche den Betrug nicht so schlimm und jedenfalls nicht als Meineid erscheinen lasse, wenn nämlich der Schwörende nicht bei Gott schwöre, sondern bei anderen Dingen. Gegen diese Anleitung zur Unwahrhaftigkeit protestiert Jesus, indem er darauf hinweist, daß jeder Schwörende eigentlich doch bei Gott schwöre, auf den alle beim Schwur angerufenen Dinge hinweisen. Sodann aber fordert er, daß seine Jünger überhaupt nicht schwören. Aber auch hier gilt es, daß Jesus nur für das Privatleben Vorschriften gibt, nicht für unser Verhalten als Bürger des Staates; und das ergibt sich hier besonders deutlich als eine richtige Auslegung des Wortes Jesu, da ja Jesus selbst vor dem Hohenpriester beschwört, daß er der Messias sei.

Das fünfte Gebot, welches in der Bergpredigt ausgelegt wird, ist das von der Vergeltung. Als Grundsatz für einen bestimmten Fall der staatlichen Rechtsprechung war im Alten Testament aufgestellt worden das Wort: „Auge um Auge, Zahn um Zahn" (3. Mose 24, 19—20). Aber selbst im Alten Testament war dies Wort nicht auf die Spitze getrieben, sondern auch schon Liebe für den Nächsten gefordert. Die Pharisäer aber hatten dies Wort zur Norm für das Verhalten zum Nächsten im Privatleben gemacht. Demgegenüber fordert Jesus, daß man sich ein Unrecht gefallen lassen, ja sogar sich bereit zeigen solle, noch mehr zu leiden, als einem zugemutet wird.

Endlich zeigt Jesus noch an einem sechsten Gebote, wie er das Alte Testament auslegt im Gegensatze zu den Pharisäern, nämlich am Gebote der Feindesliebe. Liebe zum Nächsten war schon im Alten Testament geboten (3 Mose 19, 18); da aber in diesem Gebote unter dem Nächsten nur der Volksgenosse zu verstehen sei, so folgerten die Pharisäer, daß der Fremde als Feind zu hassen sei. Dagegen fordert Jesus Liebe nicht bloß zum Volksgenossen, sondern auch zum Feinde und zum Ausländer, welchen er ebenfalls für des Menschen Nächsten erklärt.

An diese Mahnung zur Liebe zum Nächsten und zum Feinde schließt sich aber noch ein Wort an, welches Matthäus erst im 7. Kapitel bringt, das Wort vom Richten (K. 7, 1—5) mit seinem Gegensatz (7, 6). Wer den Nächsten liebt, der wird nicht so leicht bereit sein, ihn zu verdammen und zuerst den Nächsten bessern zu wollen, statt sich selber zu bessern. Aber freilich darf doch auch (und das ist die Mahnung von Kap. 7, 6) die Hochschätzung des Nächsten nicht so weit gehen, daß sie jedem Unwürdigen das Heiligste preisgibt, der daraus nur einen Spott macht. Den Nächsten nicht für zu schlecht halten, aber auch nicht für zu gut — dazu ermahnt dieser Abschnitt der Bergpredigt.

Die Pflichten gegen den Nächsten hat Jesus im ersten Teil der Bergpredigt ausgelegt; da liegt es nahe, zu fragen, wer denn der Nächste ist. Der Schriftgelehrte, der diese Frage an Jesum richtete, vernahm von ihm das Gleichnis von dem barmherzigen Samariter (Luk. 10, 25—37), welcher, mitleidiger als der rechtgläubige Priester und Levit, sich als Nächster zeigt gegenüber dem andersgläubigen Unglücklichen, der unter die Räuber gefallen war. Jesus fordert auch hier, wie schon oben beim Gebot der Nächstenliebe, daß wir in jedem Menschen ohne Rücksicht auf Glaube und Volkstum unseren Nächsten sehen sollen.

d. Die Predigt Jesu von der besseren Gerechtigkeit, die er von seinen Jüngern fordert, schließt mit dem Worte: „Darum sollt ihr vollkommen sein, wie euer Vater im Himmel vollkommen ist!" Damit weist Jesus von der *Gerechtigkeit* auf die Grundlage derselben, die *Frömmigkeit*, hin, und der *zweite Hauptteil der Bergpredigt* (K. 6) *ist nun eine Predigt von der Frömmigkeit*, und damit legt Jesus die *erste* Tafel des Gesetzes aus, wie vorher die *zweite*. Auch hier zeigt Jesus seinen Jüngern die Frömmigkeit der Pharisäer als im Gegensatze stehend zu *der* Frömmigkeit, welche *er* von den Menschen fordert.

Nicht bloß in der Bergpredigt, sondern auch in anderen Reden (namentlich in der großen Strafpredigt Matth. 23, 1—36) bekämpft Jesus die pharisäische Frömmigkeit; *hier* geht er nur auf *drei* Übungen dieser falschen Frömmigkeit ein, Almosen geben, Fasten und Beten.

Wenn die Pharisäer *Almosen geben*, so wollen sie sich damit den Himmel verdienen (Tobias 4, 7—12); davon weiß Jesus nichts; für ihn ist das Almosengeben ein Werk der Liebe gegen den Nächsten, und er zeigt nun, *wie* man Almosen geben solle: sie wollen von den Leuten gesehen und gerühmt werden; aber nicht einmal die Linke soll, wie Jesus sagt, wissen, was die Rechte tut.

Wenn die Pharisäer *fasten*, so wollen sie vor den Leuten als besonders fromm erscheinen; aber der Jünger Jesu soll sich auch dieser Übung der Frömmigkeit nicht rühmen; das Fasten soll auch nicht ein gebotenes Werk sein (Matth. 9, 14–17).

Vornehmlich weist aber Jesus auf das *Gebet* hin, und auch hier zeigt er, *wie* man in rechter Weise beten solle; aber hier sagt er auch, *daß* man beten solle. Jesus selber hat fleißig gebetet, und das Beten hat er seinen Jüngern dringend ans Herz gelegt. Ein Nachtrag zum zweiten Hauptteil der Bergpredigt (Matth. 7, 7–11) enthält die bekannte Mahnung: „Bittet, so wird euch gegeben; suchet, so werdet ihr finden; klopfet an, so wird euch aufgetan", und verheißt dem gläubigen Beter Erhörung. Jesus ermahnt sogar, daß man *anhaltend* beten solle, wenn Gott nicht *alsbald* gibt, um was man bittet (Luk. 11, 5—8 u. 18, 1–8a). Aber auch hier tritt nun Jesus den Pharisäern entgegen. Die Pharisäer beten nicht aus Frömmigkeit, sondern aus Eitelkeit, damit die Leute ihre Frömmigkeit bewundern. Der Christ betet nicht für die Menschen, sondern für das Auge Gottes. Daß man nicht richtig betet, wenn man sich vor Gott bloß seiner guten Werke rühmt, das zeigt das Gleichnis vom Pharisäer und vom Zöllner (Luk. 18, 9—14). Daß man beim Gebet nicht viele Worte machen solle, darauf weist Jesus dadurch hin, daß er als ein Mustergebet das Vaterunser gibt.

e. *Das Vaterunser.* Wie man *nicht* beten solle, das hat Jesus seinen Jüngern zunächst gezeigt; aber er hat sie auch darüber belehrt, *wie* man beten solle. Da es nicht darauf ankommt, daß man viele Worte mache, so gibt Jesus seinen Jüngern, um ihnen zu zeigen, wie man in Kürze um viele Dinge beten könne, ein Mustergebet, das Vaterunser (Matth. 6, 9—13); so stellt es *Matthäus* dar. Dagegen haben nach *Lukas* (11, 1–4) seine Jünger ihn gebeten, sie beten zu lehren, wie ja auch Johannes seine Jünger beten gelehrt habe. Mag uns immerhin unbekannt sein, *wann* und *weshalb* Jesus dies Gebet seine Jünger gelehrt habe — das steht fest, *daß* er sie es gelehrt hat.

In zweifacher Überlieferung ist uns also das Vaterunser erhalten (Matth. 6 und Lukas 11), die beiden Formen des Vaterunsers stimmen aber nicht ganz miteinander überein [1]). Die Anrede ist bei Lukas kürzer als bei Matthäus (nur: „Vater"); die dritte Bitte fehlt bei Lukas überhaupt, ebenso die siebente Bitte; der Schluß ist überhaupt ein späterer Zusatz; auch im einzelnen finden sich noch kleinere Abweichungen beider Texte voneinander. Es ist uns also das Vaterunser in derselben Weise überliefert wie die zehn Gebote und die Abendmahlsworte, nicht buchstäblich, sondern in freierer Wiedergabe; wir sollen uns eben nicht an den Buchstaben klammern.

Bei dieser Erkenntnis verliert nun allerdings die Frage nach der Einteilung des Vaterunsers etwas von der Wichtigkeit, die sie für den gemeinen Mann hat, der die sechs oder sieben Bitten seines reformierten oder Lutherschen Katechismus für eine wesentliche Sache des Vaterunsers hält. Das Vaterunser zerfällt aber in beiden Texten in eine Anrede, welche bei Lukas freilich nur aus einem einzigen Worte besteht (Vater), in zwei (Lukas) oder drei (Matth.) Bitten um göttliche Dinge und in drei (Lukas) oder drei bis vier (Matth.) Bitten um menschliche Dinge: zunächst eine um das tägliche Brot, sodann zwei (Lukas) oder zwei bis drei (je nachdem man bei Matth. zählt) Bitten um geistliche Güter für den Menschen. Trotz dieser Abweichungen stimmen aber beide Texte in der Hauptsache überein; Gottes Sache steht auch im Vaterunser, wie im Zehngebot, voran, und erst an zweiter Stelle steht der Menschen Sache; gegenüber dieser Übereinstimmung im großen verschwinden die Abweichungen im einzelnen.

f. Nachdem nun Jesus die Nichtigkeit der pharisäischen Frömmigkeit erwiesen und als wahre Übung der Frömmigkeit vornehmlich das Gebet hingestellt hat, weist er zuletzt noch zurück auf die Grundlage der Frömmigkeit, auf den Glauben an den Vater im Himmel, und so ist er schließlich beim ersten Gebote angelangt, und seine Erklärung desselben, die er in K. 6, 19—34 gibt, ist von Luther schön zusammengefaßt, wenn er sagt: „Wir sollen Gott über alle Dinge fürchten, lieben und vertrauen." Jesus fordert in seiner Mahnung zunächst die Reichen (V. 19—24) auf, nicht vor allem nach irdischen Gütern zu trachten, sondern nach den himmlischen, da man nicht zwei Herren zugleich dienen könne. Er wendet sich sodann an die Armen (V. 25—32) und verbietet ihnen die Sorge, die sie sich machen um Nahrung und Kleidung, und zum Schlusse (V. 33—34) faßt er sodann beide Mahnungen noch einmal zusammen, indem er sagt: „Trachtet am ersten nach dem Reiche Gottes und nach seiner Gerechtigkeit, so wird euch solches alles (das Irdische) von selber zufallen. Darum sorget nicht für den andern Morgen, denn der morgende Tag wird für sich selber sorgen (d. h. er wird seine eigenen Sorgen bringen); es ist genug, daß ein jeglicher Tag seine eigene Plage habe."

g. Nachdem nun Jesus in der Bergpredigt zuerst die wahre Sittlichkeit und dann die wahre Frömmigkeit dargelegt und damit die beiden Tafeln des Gesetzes ausgelegt hat, faßt er den ersten Teil seiner Predigt noch einmal zusammen in dem Worte Matth. 7, 12: „Alles nun, was ihr wollt, daß euch die Leute tun sollen, das tut ihr ihnen; das ist das Gesetz und die

[1]) Der griechische Text und die lateinische Übersetzung wie auch die verschiedenen Formen des Vaterunsers in den großen deutschen Kirchen sind unten abgedruckt im Katechismus (3. Hauptst.).

Propheten." Aber wenn dies Wort schon den Juden bekannt war (Tobias 4, 16) und doch zunächst nur fordert, daß wir gegen unsern Nächsten gerecht und liebevoll seien, so faßt Jesus selber an einer anderen Stelle den Inhalt der **beiden** Tafeln und der **ganzen** Bergpredigt in einem kurzen Worte zusammen. Als ihn nämlich einst ein Schriftgelehrter fragte, welches von den vielen Geboten (deren die Pharisäer 613 zählten: 365 Verbote und 248 Gebote) das höchste sei, da antwortete er (Matth. 22, 34—40): „Du sollst lieben Gott deinen Herrn von ganzem Herzen, von ganzer Seele und von ganzem Gemüte und deinen Nächsten als dich selbst. In diesen zweien Geboten hanget das ganze Gesetz und die Propheten." Damit hat Jesus den Inhalt der beiden Tafeln des Gesetzes wie den Inhalt seiner Bergpredigt und aller seiner Reden von der Gerechtigkeit und Frömmigkeit kurz zusammengefaßt.

h. Aber „wohl dem, der tat, was er sollt'" — mit dieser Mahnung schließt die Bergpredigt. „Es ist nicht leicht, ein Christ zu sein," denn eng ist die Pforte und schmal der Weg zur wahren Frömmigkeit. Wie leicht wird man von dem rechten Wege abgeführt durch falsche Propheten! Wie sehr ist auch der Gläubige geneigt, mit dem bloßen Glauben sich zu begnügen, während doch der wahre Glaube „in der Liebe tätig ist". So schließt denn Jesus mit der Gegenüberstellung des klugen und des törichten Mannes; der kluge Mann ist derjenige, welcher Jesu Predigt nicht nur **hört**, sondern auch danach **tut**.

i. So hat also Jesus das Thema der Bergpredigt von der wahren Gerechtigkeit behandelt im Anschluß an das Gesetz Mosis, aber im Gegensatze gegen die Pharisäer; **der Christen Gerechtigkeit soll besser sein als die der Schriftgelehrten und Pharisäer.**

IV. 55. Die Person Jesu; Jesu Liebe zu den Leidenden, den Armen und den Kindern; Jesus ein Vorbild der Frömmigkeit und Sittlichkeit. (II, 121—125.)

A. Die Person Jesu.

Matth. 11, 25—30. Dan. 7, 1—3 und V. 9—14 und V. 27. Matth. 26, 62—64. Joh. 6, 66—69. Mark. 8, 27—30. (Matth. 16, 13—17.) Matth. 22, 41—46. Joh. 1, 1—18.

a. Wenn Jesus zuerst fast nur vom Reiche Gottes predigte, und als das Mittel, durch welches dasselbe gegründet werde, nur das **Wort** bezeichnete, nicht äußere Gewalt, wie sie die Juden angewendet wissen wollten, so wies er doch allmählich auch darauf hin, daß der Glaube an das von ihm gepredigte **Wort** auch zum Glauben an seine **Person** führen müsse, da die Sache des Gottesreiches an seine Person gebunden sei. So forderte denn Jesus später die Menschen nicht mehr bloß zum Hören seines **Wortes**, sondern auch zur Anerkennung seiner **Person** auf, wenn er sagte: „Kommet her zu **mir** alle, die ihr mühselig und beladen seid, **ich** will euch erquicken" (Matth. 11, 28—30); nicht sein **Wort**, sondern **er selber** ist das Brot des Lebens (Joh. 6).

Wer ist nun dieser Jesus von Nazareth, der so Großes von sich aussagt?

b. Als Jesus auftrat, bezeichnete er sich zunächst nicht als den Messias, sondern als den Menschensohn. Wenn seine Jünger diesen Ausdruck wohl zunächst so verstanden haben, daß er ein Menschenkind sei (Ps. 8, 4), so meinte allerdings Jesus damit etwas anderes, woran sie aber zunächst nicht dachten; er bezeichnete sich nämlich mit diesem aus dem Propheten Daniel (K. 7) entlehnten Ausdruck als den Gründer des Gottesreiches, d. h. als den Messias. Da die damaligen Juden aber diese Stelle des A. T. nicht beachteten und infolgedessen den Messias nicht als Menschensohn bezeichneten (sondern nach anderen Stellen des A. T. als Gottessohn), so fragte Jesus einst seine Jünger, wer denn der Menschensohn nach ihrer Meinung sei (Mark. 8, 27—30). Darauf gab ihm Petrus die Antwort, daß er in ihm den verheißenen Messias erblicke (Mark. 8, 29).

c. Aber Jesus ist nicht bloß der zwar von Gott gesandte, aber doch immer nur menschliche Gründer des vollkommenen Gottesreiches, der Messias, sondern er ist größer als der Messias (vgl. Matth. 22, 41—46), denn er ist der Sohn Gottes in persönlichem Sinne, welcher nicht bloß von Gott nicht getrennt war durch die Sünde, wie alle anderen Menschen (Joh. 8, 46: „Welcher unter euch kann mich einer Sünde zeihen?"), sondern auch in der innigsten Gemeinschaft mit Gott stand, so daß er schon als Kind sagen konnte: „Wisset ihr nicht, daß ich sein muß in dem, das meines Vaters ist", und als Mann gesagt hat: „Wer mich siehet, der siehet den Vater" (Joh. 14, 9), so daß der Apostel mit Recht gesagt hat (Kol. 2, 9): „In ihm wohnet die ganze Fülle der Gottheit leibhaftig."

Von dieser persönlichen Herrlichkeit des Gottessohnes hat aber besonders Johannes in dem Prolog seines Evangeliums gesprochen (Joh. 1, 1—18), in welchem er darauf hinweist (vgl. Hebr. 1, 1—2), daß der Gott, der zuerst in der Weltschöpfung, dann in den Propheten sich geoffenbart, sich zuletzt in dem Menschen Jesus Christus vollkommen geoffenbart hat, damit durch Jesus auch wir zu Gottes Kindern werden und an Gott den Vater glauben.

B. Jesu Liebe zu den Leidenden, den Armen und den Kindern.

Matth. 11, 25—30. Luk. 6, 20 u. 24; 12, 13—21 (—31); 16, 1—13 u. 19—31; 18, 18—30. Mark. 9, 30—37; 10, 13—16. Matth. 18, 1—14.

Je mehr sich aber Jesus über seine Mitmenschen emporhob, desto mehr ließ er sich zu ihnen herab und rief zu sich alle, die da mühselig und beladen waren, um sie zu erquicken (Matth. 11, 25—30).

Diese Liebe zu den Menschen hat aber Jesus bewährt zunächst in seiner Liebe zu den Leidenden, denen er durch seine Wunder Hilfe bringt. Aber freilich das Beste, was er ihnen bringt, ist doch nicht die Hilfe für ihren kranken Leib, sondern für ihre kranke Seele, und diese bringt er ihnen in seiner Predigt, und darum war schon damals und ist erst recht für uns seine Predigt wichtiger, als seine Wunder.

Aber nicht bloß den Leidenden, sondern auch denjenigen, deren ganzes Leben manchmal ein Leiden ist, den Armen, hat sich Jesus in Liebe zugewendet, und zwar so sehr, daß es uns manchmal scheinen will, als habe er die Armen mehr geliebt, als die Reichen (Luk. 6, 24). Wenn er von den reichen Leuten fast nur Böses sagt (Luk. 12, 13—31; 16, 1—13; 16, 19—31), ja, wenn er von dem reichen Jüngling geradezu fordert, daß er alle seine Güter verkaufe und den Armen gebe (Luk. 18, 18—30), so ist ja Jesus allerdings der Meinung, die er auch geradezu ausspricht, daß es für den Armen leichter sei, fromm zu werden und zu bleiben, als für den Reichen; aber daß es auch für den Armen Versuchungen gibt, und daß der Reiche dieselben überwinden kann, versteht sich von selbst.

Endlich aber ist die Liebe Jesu noch besonders den Kindern zugewendet, die ja ebenfalls den Erwachsenen gegenüber gering und arm sind (Mark. 9, 30—37; 10, 13—16; Matth. 18, 1—14); sie erscheinen ihm als für das Gute empfänglicher, als die Erwachsenen (wie die Armen mehr als die Reichen), und er warnt davor, die Kinder (und die ihnen an Einsicht Gleichstehenden) gering zu schätzen und ihnen Anstoß zu geben.

C. Jesus als Vorbild für seine Jünger.

„Ein Beispiel habe ich euch gegeben, daß ihr tut, wie ich euch getan habe."
Joh. 13, 15.

Wenn Jesus schon groß war in seiner Predigt, so daß die Leute mit Recht von ihm sagten: „Er predigt gewaltig und nicht wie die Schriftgelehrten" (Matth. 7, 29), so war er eher noch größer in seinem Leben, denn es ist ja leichter, das Gute zu erkennen, als dasselbe zu tun. Und Jesus hat nun das, was er in seiner Predigt von den Menschen gefordert hat, auch in seinem Leben getan; Leben und Lehre stimmen bei ihm durchaus überein. So ist Jesus für uns nicht bloß ein Prediger, sondern auch ein Vorbild der Frömmigkeit und Gerechtigkeit. Inwiefern ist nun Jesus ein Vorbild für uns?

Wenn Jesus in allen Tugenden für uns ein Vorbild ist, so ist er es vornehmlich in den Haupttugenden des Christen, im Glauben, in der Hoffnung und in der Liebe. Auch Jesus hat auf Erden gelebt im Glauben und nicht im Schauen, er lebte im Vertrauen auf Gott und tat seine Wunder im Vertrauen auf Gott. Auch Jesus hat gelebt in der Hoffnung auf Gott, der ihn behüten werde, wenn es sein Wille sei, und der auch im Tode sein Werk nicht werde untergehen lassen. Aber Jesus ist vornehmlich in der Liebe ein Vorbild für uns. Aus Liebe zu den Menschen hat er auf vieles verzichtet, was andere Menschen unbefangen genießen können (irdische Güter und Ehe); von seinem ganzen Tun aber gilt, was er bei der Fußwaschung zu seinen Jüngern sagt (Joh. 13, 13—17): „Ein Beispiel habe ich euch gegeben, damit ihr tut, wie ich euch getan habe"; sein ganzes Leben und vollends sein Sterben war ein Leben in dienender Liebe (Matth. 20, 26—28).

V. Der Ausgang des Lebens Jesu.

56. Jesus und seine Gegner; die Tempelreinigung; die Verklärung Jesu; Jesu Predigt von seinem Ausgang. (II, 126 u. 127.)

(Nr. 44.) Joh. 2, 13—22. Luk. 15, 1—2. Matth. 15, 12—14; 11, 16—19; 9, 14—15; Mark. 2, 23—28. Joh. 9. Matth. 23, 1—36. Matth. 21, 33—46. Mark. 9, 2—13. Mark. 8, 31—38. (Matth. 16, 21—28.) Matth. 26, 62—64 (vgl. Dan. 7, 13—14).

a. Für den Messias war Jesus, nachdem er längere Zeit gewirkt hatte, von Petrus erklärt worden; andere hielten ihn wenigstens für einen Propheten; anders betrachteten die Schriftgelehrten Jesu Wirken.

Als Jesus kurz vor Ostern 29 öffentlich aufgetreten war, da war es natürlich, daß er das nächste der drei großen Feste, das Passahfest, benutzte, um nach Jerusalem zu ziehen und dort, im Mittelpunkte des Judentums, mit seiner Predigt aufzutreten und vielleicht das ganze Volk zu gewinnen. Und so erschien denn Jesus in Jerusalem, aber schon sein erstes Auftreten daselbst brachte ihn in Konflikt mit den geistigen Führern seines Volkes. Als nämlich Jesus den Tempel betrat, fand er in demselben Zustände und Einrichtungen, in welchen er eine Entweihung desselben erblickte. Diesem Unfuge, der ihn wohl schon früher betrübt hatte, trat Jesus in der Weise der alten Propheten entgegen, und vor seinem energischen Auftreten wichen die habgierigen Verkäufer aus dem Heiligtum, und viele fromme Israeliten gaben ihm gewiß ihre Zustimmung zu erkennen. Als ihn nun aber die geistlichen Machthaber seines Volkes nach der Berechtigung zu seinem Tun fragten und ein Zeichen für sein prophetisches Auftreten forderten, da sagte er ihnen (Joh. 2, 18), wenn sie weiter fortführen mit ihrer Entweihung und Zerstörung des Heiligtums, so werde er in kurzem (Hos. 6, 2) einen neuen Tempel bauen, der in Wahrheit ein Gotteshaus sei.

b. So war Jesus gleich bei seinem ersten Auftreten mit den geistlichen Machthabern seines Volkes in Konflikt geraten, und immer neue Anlässe zum Streite kamen hinzu, indem er nach ihrer Meinung, da er nicht bloß die Satzungen der Väter geringschätze, sondern sogar den von Gott eingesetzten Sabbath entheilige, ein Feind des Gesetzes war; seine Wunder tue er nicht mit Gottes Hilfe, sondern mit Hilfe des Teufels. Jesus aber trat seinen Gegnern nunmehr immer schärfer entgegen (Matth. 23, 1—36) und sagte ihnen ins Gesicht, daß er von ihnen den Tod erwarte (Matth. 21, 33—46).

c. Aus der Feindschaft der Schriftgelehrten, die ihm immer aufs neue entgegentrat, hatte Jesus erkannt, daß seiner irdischen Wirksamkeit von ihnen ein gewaltsames Ende gemacht werden würde. Zur Gewißheit wurde ihm diese Erkenntnis in dem geheimnisvollen Vorgange seiner Verklärung (Mark. 9, 2—13).

d. Seit dieser Zeit nun, wo er selber über den Ausgang seines Lebens, durch den Tod zur Herrlichkeit, Klarheit gewonnen hatte, da begann Jesus auch seine Jünger über den Weg zu belehren, den er als vom Vater ihm vorgeschrieben erkannt hatte (Mark. 8, 31—38; Matth. 16, 21—28): es ist der Weg des Leidens und des Todes für ihn selber und auch für seine Jünger. Auf die Notwendigkeit seines Todes aber seine Jünger hinzuweisen, das mußte er für immer wieder erforderlich halten, weil ihnen aus dem Alten Testament zwar ein messianischer König, aber nicht ein leidender Messias bekannt war, da sie in dem leidenden Knechte Gottes (Jes. 53) nicht den Messias sahen. Petrus freilich kann sich in diesen Weg zunächst gar nicht finden, und ein „Satan" wird der „Felsenmann" für seinen Meister.

e. Aber so oft Jesus auf seinen Tod hinweist, so oft weist er auch darauf hin, daß sein Tod nicht das Ende seines Lebens und Wirkens, sondern nur der Durchgang zu einem neuen Leben und Wirken sei. Und das ist nun „das Kommen in den Wolken des Himmels" zur Vollendung des Gottesreiches, von welchem Jesus im Anschluß an den Propheten Daniel gesprochen hat (Matth. 26, 62—64; vgl. Dan. 7, 13—14).

57. Die letzte Wirksamkeit Jesu vor seinem Einzuge in Jerusalem.

(II, 128 und 129a.)

Mark. 9, 30—10, 52. Joh. 11, 1—44 und 45—57.

Als nun Jesus (bald nach seiner Verklärung und der ersten Ankündigung seines Leidens) sich wiederum nach Jerusalem begeben und daselbst zum letzten Male längere Zeit gewirkt hatte (Sept. bis Dez. 30; dritter Aufenthalt in Jerusalem), da erhielt er in Peräa, wohin er sich aus Jerusalem zurückgezogen hatte, die Nachricht, daß in Bethanien bei Jerusalem Lazarus, der Bruder von Maria und Martha, schwer erkrankt sei. An ihm vollbrachte nun Jesus noch, kurz vor seinem Tode, sein größtes Wunder: er erweckte ihn vom Tode, obwohl er schon den vierten Tag (vom Tode an) im Grabe lag (Joh. 11, 1—44). Dies Wunder erregte das größte Aufsehen, und da schien es nun dem hohen Rate in Jerusalem für sein Ansehen gefährlich, diesen galiläischen Propheten noch weiter wirken zu lassen. Es wurde nunmehr beschlossen, Jesum zu töten; wer seinen Aufenthalt wisse, solle ihn der Obrigkeit angeben; Jesus aber zog sich zunächst nach dem kleinen Orte Ephraim in Judäa zurück, wo er in Verborgenheit lebte; er wollte sterben, wenn es Gottes Wille war — aber in Jerusalem (Joh. 11, 45—57).

58. Die Salbung Jesu in Bethanien, sein Einzug in Jerusalem (Sonntag vor Ostern 31) und seine letzte Wirksamkeit in Jerusalem.

(II, 129b u. 130.)

Joh. 11, 55—57. Luk. 19, 1—10. Joh. 12, 1—8.

Palmsonntag: Joh. 12, 9—11—19. Luk. 19, 39—40—44.

Montag, Dienstag und Mittwoch: Joh. 12, 19. Mark. 14, 1—2. Matth. 21, 15—16. Mark. 11, 27—33; 12, 41—44; 13, 1—2. Matth. 23, 37—39; 26, 14—16.

a. Wiederum nahte das Passahfest (des J. 31) heran, und indem Jesus Ephraim verließ, schloß er sich mit seinen Jüngern den Festpilgern an. Als der Pilgerzug (wohl am Freitag Abend) nach Bethanien kam, gingen die anderen Festpilger wohl alsbald über den Ölberg, wo sie vor Jerusalem in Zelten übernachteten, wenn sie nicht in Jerusalem ein Unterkommen fanden:

Jesus aber blieb (den Sabbath über) in **Bethanien**, freudig begrüßt von den Schwestern, deren Bruder Lazarus er unlängst vom Tode erweckt hatte.

In Bethanien aber wurde Jesus von einem Manne, namens Simon, der von früherem Leiden her den Namen der Aussätzige behalten hatte (aber natürlich nicht mehr aussätzig war), zu Gaste geladen, und mit ihm auch die drei Geschwister, bei denen er zur Herberge war, Martha, Maria und Lazarus. Bei diesem Gastmahl (Freitag, des Abends) salbte ihm Maria mit kostbarer Salbe das Haupt und sogar die Füße, die sonst dem Gaste nur gewaschen wurden. Als Judas der Maria deshalb Vorwürfe machte, indem er bemerkte, daß das Geld für die Salbe lieber den Armen hätte gegeben werden sollen, da rechtfertigte Jesus das Tun der Maria, indem er auf den Wert ihres Tuns, als einer Tat der Liebe zu ihm, und zugleich darauf hinwies, daß er in ihrem Tun eine vorweggenommene Salbung für sein nahes Begräbnis sehe (Joh. 12, 1—8); Jesus wußte, daß diese Reise nach Jerusalem ihn zum Tode führe.

b. Als nun Jesus am Tage nach dem Sabbath (Sonntag) in Jerusalem einzog, da wurde er von den Festpilgern in feierlichem Zuge nach Jerusalem geleitet und als der erschienene Messias begrüßt; auf einem Esel reitend, zog er als sanftmütiger Herrscher, wie ihn der Prophet Sacharja verheißen hatte (Sach. 9, 9), in Jerusalem ein, und unter dem Hosiannaruf des Volkes (Hilf doch, o Gott, dem Könige!) zog er in die Stadt, und wie ihn einst **Petrus** für den Messias erklärt hatte, so bekannte er jetzt sich **selber** als den erwarteten Messias. Als die Pharisäer ihm zumuteten, die Huldigungen des Volkes zu unterdrücken, wies er ihr Ansinnen mit den Worten zurück: „Wenn diese schweigen, werden die Steine schreien" (Joh. 12, 11—19; Luk. 19, 39—40); aber freilich daran, diese Erregung des Volkes zur Aufrichtung eines weltlichen Messiasreiches zu benutzen, wie die Juden es erwarteten, hat er auch jetzt nicht gedacht.

Auch die drei nächsten Tage hat Jesus noch in Jerusalem geweilt und gewirkt; in der Nacht aber verließ er stets die Stadt und begab sich nach Bethanien oder an einen andern nahen Ort zu Bekannten, wo er sich vor den jüdischen Oberen sicherer fühlte, als in Jerusalem. Denn die Pharisäer und die Sadducäer erkannten in gleicher Weise, daß es die höchste Zeit sei, diesen Nebenbuhler, der ihnen die Herrschaft über das Volk abnehmen könne, zu beseitigen.

c. Während aber Jesus bis zum letzten Tage des Volkes und seiner Jünger gedachte, da schlich (Mittwoch) einer derselben, Judas Ischarioth, zu den Pharisäern und erbot sich, Jesus in ihre Hände zu liefern, indem er ihnen seinen Aufenthaltsort verrate, damit sie ihn mit leichter Mühe verhaften könnten (Matth. 26, 14—16); es war Nacht in seiner Seele (Joh. 13, 30), und diese Nacht ist nicht mehr erhellt worden.

59. Der letzte Tag vor dem Tode. (Donnerstag; II, 131.)

a. **Vor dem Abschiedsmahl.** Matth. 26, 17—19. Luk. 22, 24—27. Joh. 13, 1—17. Jesus wußte, daß er an dem kommenden Osterfeste sterben werde, und er beschloß deshalb, da er das eigentliche Passahmahl mit seinen Jüngern nicht mehr halten konnte, am Tage vorher (Donnerstag) ein solches Mahl mit denselben zu halten, um in diesem Mahl das Abschiedsmahl mit seinen Jüngern zu feiern und aus dem Abschiedsmahl für seine Gläubigen ein Mahl dauernder Gemeinschaft mit ihnen zu gestalten. Deshalb versammelte sich Jesus, der den Tag wohl in Bethanien zugebracht hatte, am Abend mit seinen Jüngern in einem Hause in Jerusalem, um mit ihnen das letzte Mahl zu genießen (Matth. 26, 17–19).

Als sich nun Jesus zu Tische setzen wollte, da entstand ein Streit unter den Jüngern, wer der erste unter ihnen sei und Jesu am nächsten sitzen dürfe (Luk. 22, 24–27). Jesus entschied diesen Rangstreit durch eine Tat der Demut, indem er sich vom Tische nochmals erhob und seinen Jüngern die Füße wusch; als er das getan hatte, da sagte er: „Ein Beispiel habe ich euch gegeben, daß ihr tut, wie ich euch getan habe“, d. h. daß ihr bereit seid, einander in demütiger Liebe zu dienen (Joh. 13, 1—17).

b. Jesu letztes Mahl. Luk. 22, 14—18. 1. Kor. 11, 23—25. Luk. 22, 19—20. Matth. 26, 26—28. Mark. 14, 22—24. Nunmehr knüpfte Jesus an das jüdische Passahmahl ein neues Mahl an, welches er für seine Gemeinde stiftete. Indem er nämlich das (ungesäuerte) Brot nahm und dasselbe brach und seinen Jüngern zureichte (der Passahsitte entsprechend), sprach er ein Wort dabei, welches in der Passahfeier nicht begründet war, denn er sagte: „Nehmet, esset; das ist mein Leib, der für euch gebrochen wird; das tut fortan zu meinem Gedächtnis!“ Ebenso knüpfte er nachher an den dritten Becher (mit rotem Wein), der nach der Festsitte herumgereicht wurde, ein anderes Wort, indem er sagte: „Trinket alle daraus; das ist mein Blut, das Blut des (neuen) Bundes, welches für euch vergossen wird; das tut (fortan) zu meinem Gedächtnis!“ Der alte Bund, den Moses zwischen Israel und Gott geschlossen hatte, war geschlossen worden durch die Besprengung des Volkes mit dem Blute der geschlachteten Opfertiere; der neue Bund wird geschlossen durch die Opferung Jesu am Kreuze. Durch die Passahmahlzeit trat der Jude in die Gemeinschaft mit dem Gotte, der durch das Passahopfer versöhnt wurde; durch das neue Passahmahl tritt der Christ in die Gemeinschaft mit Gott, der seinen Sohn für uns am Kreuze geopfert hat.

c. Die letzten Reden Jesu. Luk. 22, 28—30. Joh. 13, 18—19; 21—30; 31—35; 36—38. Mark. 14, 27. Luk. 22, 31—32; 35—38. Joh. 14—16. Joh. 17. Beim Passahmahl und nach demselben hat nun Jesus noch viel mit seinen Jüngern gesprochen, hauptsächlich um sie im Glauben zu befestigen, damit sie nicht bei seinem Tode ganz verzagten.

Zunächst wies er sie darauf hin, daß unter ihnen, seinen nächsten Freunden (Luk. 22, 28—30), doch ein Verräter sei (Joh. 13, 18—19). Auf Petrus' Wink, Jesum zu fragen, wer das sei, fragte ihn Johannes, der Jesu zunächst lag, und Jesus sagte ihm leise: „Dem ich den Bissen eintauche und gebe.“ Er gab ihn aber dem Judas Ischarioth. Derselbe merkte, was Jesus gesagt habe, und als Jesus ihn aufforderte, was er tun wolle, bald zu tun, ging er von dannen (Joh. 13, 21—30).

Nunmehr wendete sich Jesus an seine Jünger, und in ergreifenden Reden tröstete er sie darauf noch über seinen Weggang und verhieß ihnen als Ersatz für ihn selber den heiligen Geist, der in ihnen wohnen und sie in alle Wahrheit leiten werde, und in einem erhabenen Gebete blickte er hin auf das Werk, das er auf Erden vollendet hatte, aber doch erst vom Himmel her ganz vollenden werde. Mit Ergebung, ja mit Freudigkeit geht er darauf in den Tod, der ihn zu Gott führt und der zur Vollendung seines Werkes unentbehrlich ist.

d. Gethsemane. Mark. 14, 26 u. 32—42. Zum Tode bereit, sieht Jesus seinem Schicksal entgegen; aber Jesus war doch auch ein Mensch, wie alle Menschen, und darum hat auch er nicht ohne schweren Kampf den Todesgang angetreten; diesen Kampf hat er gekämpft in Gethsemane. Als Jesus nämlich das Haus in Jerusalem verließ, wo er das Abschiedsmahl mit den Jüngern gehalten hatte, verließ er mit seinen Jüngern Jerusalem und begab sich an einen Ort Namens Gethsemane, vielleicht einen Garten bei Jerusalem, am Westabhang des Ölbergs gelegen, noch heute mit uralten Ölbäumen bewachsen. Als sie dahin kamen, ließ Jesus die anderen Jünger am Eingange des Gartens zurück, und sie sind bald eingeschlafen; nur die drei auserwählten Jünger, die ihm am nächsten standen, nahm er mit sich, Petrus, Jakobus und Johannes, und sie bat er, mit ihm zu wachen und zu beten, um ihres Trostes nicht zu entbehren. Aber als er nun auch von ihnen wegging, um allein im Gebet mit Gott zu ringen, ob es möglich sei, daß der ihm zugedachte Leidenskelch an ihm vorübergehe, da fand er sie, als er, dreimal zu ihnen zurückkehrend, bei ihnen Trost suchte, vom Schlaf umfangen; was sie ihm nicht boten, hat er trotzdem gewonnen, indem seine Seele Ruhe fand in Gott, der ihn, wie Lukas bildlich sagt, durch einen Engel tröstete.

Aber als er das dritte Mal zu ihnen zurückkehrte, da sagte er zu ihnen: „Schlafet ihr noch immer? — Es ist genug; die Zeit meines Leidens ist gekommen." Denn schon sah er den Verräter herankommen.

60. Der Tod Jesu. (Freitag; II, 132—134.)

a. Die Gefangennehmung Jesu. Joh. 18, 1—11. Mark. 14, 43—52. Als sich Judas während des Passahmahls von Jesus und seinen Mitjüngern entfernt hatte, begab er sich zu einem der jüdischen Oberen und versprach, für 30 Silberlinge[1]) in dieser Nacht Jesum in ihre Hände zu liefern. Um die Verhaftung in der Stille der Nacht zu bewirken, wo kein Widerstand von seiten der ihm anhängenden Galiläer zu befürchten war, entsandte das Synedrium eine Anzahl ihm untergebener Leute, und Judas führte sie nach Gethsemane, wo Jesus eben den schweren Seelenkampf bestanden hatte. Als sie Jesum fanden und durch des Judas Kuß erkannten, trat Jesus auf den Verräter zu mit dem strafenden Worte: „Judas, verrätst du den Menschensohn mit einem Kuß?" Zwar versuchte noch Petrus die Gefangennahme Jesu mit Gewalt zu verhindern, aber Jesus trat diesem Versuche seinerseits entgegen, und als die Jünger sahen, daß Jesus sich selber in die Hände seiner Feinde übergebe, da stoben sie auseinander, und Jesus wurde gefangen abgeführt.

---

[1]) Silberling = Sekel = $2\frac{1}{2}$ Mark.

b. Jesus vor der jüdischen Obrigkeit. Joh. 18, 12—14 und 19—24. Luk. 22, 54 und 63-65. Luk. 22, 66—71. Jesus wurde nun zunächst in das (vielleicht am nächsten gelegene) Haus des früheren Hohenpriesters Hannas (des Schwiegervaters des Kaiphas) gebracht und von diesem vorläufig verhört. Als aber das Synedrium, die höchste nationale Behörde des jüdischen Volkes, im Palaste des wirklichen Hohenpriesters Kaiphas zusammengetreten war, führten sie Jesum zu Kaiphas, und nun begann erst das gerichtliche Verhör des Angeklagten. Nun wurden die Zeugen wider Jesus vernommen, aus deren Aussagen sich eine Anklage gegen Jesus ergeben sollte. Aber ihre Aussagen stimmten nicht überein, wie das Gesetz es forderte, nicht einmal in dem zu einer Anklage geeignetsten Worte Jesu, wonach er von einer Zerstörung und Wiederaufrichtung des Tempels gesprochen hatte. Da trat der Hohepriester selber Jesu gegenüber mit der Frage: „Ich beschwöre dich bei dem lebendigen Gott, daß du uns sagest, ob du der Messias bist, der Sohn des Hochgelobten." Früher hatte Jesus es oft abgewiesen, sich als den Messias darzustellen, um nicht falsche Erwartungen an sein Auftreten knüpfen zu lassen; jetzt bekannte er: „Du sagst es, ich bin es." Aber wenn nun die Umstehenden darauf erwidern konnten, daß er, der Gefangene, bald Getötete, unmöglich in Wahrheit der Messias sein könne, so antwortete er im voraus auf diesen Einwurf: „Aber ich sage euch, von nun an (von meiner Auferstehung an) werdet ihr sehen den Menschensohn (nach Daniels Weissagung) sitzend zur Rechten der Kraft (d. h. Gottes) und kommend auf den Wolken des Himmels" (um seine Herrlichkeit zu offenbaren und das Gottesreich auf Erden aufzurichten). Auf dieses Bekenntnis hin wurde Jesus, weil er sich göttliche Würde angemaßt habe, als Lästerer Gottes für „des Todes schuldig" erklärt. Während dieser Verhandlungen erfolgte die Verleugnung des Petrus, und bald darauf tötete sich Judas aus Verzweiflung über seine Tat. (Mark. 14, 66—72. Joh. 18, 15—18 u. 25—27. Apg. 1, 16—20. Matth. 27, 3—10.)

c. Jesus vor der heidnischen Obrigkeit. Joh. 18, 28—38. Luk. 23, 3-12. Matth. 27, 15—23. Joh. 19, 1—16. Das Synedrium hatte Jesum zum Tode verurteilt, aber die Genehmigung zur Hinrichtung mußte es bei dem römischen Prokurator nachsuchen, welcher als Stellvertreter des Kaisers in Judäa, Samaria und Idumäa gebot, namens Pontius Pilatus (Nr. 41 b). Als nun die Juden von ihm begehrten, daß er ihr Todesurteil einfach bestätige, da erklärte er ihnen, dann möchten sie ihn nach ihren Satzungen bestrafen, d. h. mit einer anderen Strafe belegen (Schläge, Bann), die ihnen anzuwenden gestattet sei. So mußten sie denn vor dem Heiden Jesum fälschlich verklagen, indem sie die Sache so wandten, daß er sich zum Könige aufwerfe gegen den Kaiser. Als nun Pilatus Jesum wegen seines Königtums verhörte, da erkannte er bald, daß hier von einem weltlichen, römerfeindlichen Königtum keine Rede sei. Und als nun Pilatus an ihn die Frage richtete: „So bist du dennoch ein König? — da wies Jesus ihn darauf hin, daß er ein König im Reiche der Wahrheit sei. An eine sichere Erkenntnis der Wahrheit glaubte aber Pilatus nicht; er erwiderte spöttisch: „Was ist Wahrheit?"[1]. Aber einen solchen Schwärmer, wie er in Jesus gesehen

[1]) Quid est veritas? — Wenn man die Buchstaben dieser Frage umstellt, so ergibt sich der Satz: Est vir, qui adest.

haben wird, konnte er nicht zum Tode verurteilen; er erklärte, daß er an Jesus keine Schuld finde. Die Juden aber blieben dabei, er wiegele das Volk auf, in Galiläa habe er damit angefangen, nun sei er auch nach Judäa gekommen. Als Pilatus hörte, daß Jesus aus Galiläa herstamme, freute er sich, die ganze Sache loswerden zu können; als Galiläer war nämlich Jesus ein Untertan des dort (und in Peräa) herrschenden Herodes Antipas. Da derselbe nun zum Feste ebenfalls in Jerusalem war (er war ja ein Jude), so schickte Pilatus ihm Jesum zu, damit er über ihn das Urteil spreche. Herodes freute sich zwar, Jesum, von dem er schon gehört hatte, zu sehen; aber als derselbe ihm nicht, wie er wünschte, ein Wunder vormachte, so verspottete er ihn und schickte ihn an Pilatus zurück.

Als nun Jesus zu Pilatus zurückgebracht wurde, hatte sich bereits eine große Volksmenge vor seinem Hause versammelt. Als nun von einigen Leuten, vielleicht von Freunden Jesu, Pilatus gebeten wurde, der Ostersitte gemäß, wo einst das Volk aus Ägypten befreit worden war, einen Gefangenen loszugeben, da schlug Pilatus ihnen vor, ihnen Jesus loszugeben. Die jüdischen Oberen aber verlangten statt seiner einen anderen Gefangenen, der wegen Aufruhrs und Mordes im Gefängnis saß, also einen wirklichen Römerfeind, während sie Jesum mit Unrecht der Römerfeindschaft bezichtigten. Dieser Gefangene hieß Barabbas (d. h. Sohn des Vaters). Und die Oberen des Volkes setzten es durch, daß Barabbas freigegeben wurde. Als Pilatus aber fragte, was er denn mit Jesus tun solle, da antwortete die Menge: Kreuzige ihn!

Da nun Pilatus nicht wagte, dem Volke geradezu entgegenzutreten, so suchte er in anderer Weise das Volk umzustimmen. Wer gekreuzigt werden sollte, der wurde zuvor gegeißelt. Jesu Rücken wurde also von den Soldaten entblößt und blutig geschlagen, und nach der Geißelung hängten sie ihm, dem angeblichen Judenkönig, einen Purpurmantel um, flochten aus Dornen eine Krone und setzten sie auf sein Haupt und gaben ihm ein Rohr, ein angebliches Zepter, in die Hand. In dieser Gestalt führte Pilatus Jesum heraus vor das Volk, und indem er sagte: „Sehet, welch ein Mensch!" (Ecce homo!) — hoffte er das Mitleid des Volkes zu erregen und Jesum loslassen zu können.

Als nun trotzdem die von ihren Oberen aufgehetzte Volksmenge bei ihrer Forderung beharrte, daß Jesus gekreuzigt werde, da erwiderte Pilatus unwillig: „So nehmet ihr ihn hin und kreuzigt ihn, denn ich finde keine Schuld an ihm." Das durften sie aber nicht, und darum versuchten sie nunmehr auf eine andere Weise, Pilatus zur Kreuzigung Jesu zu bewegen. Nunmehr brachten sie nämlich das vor, womit sie bisher zurückgehalten hatten, daß Jesus sich für den Gottessohn erklärt und deshalb nach ihrem Gesetz den Tod verdient habe. Aber diese Anklage bewirkte gerade das Gegenteil von dem, was sie bewirken sollte. Von Göttersöhnen redeten ja auch die Heiden, und so fragte denn Pilatus Jesum nach seiner Abstammung, und als derselbe ihm nichts erwiderte, sagte er zu ihm: „Weißt du nicht, daß ich Macht habe, dich loszulassen oder dich zu kreuzigen?" Darauf erwidert ihm Jesus: „Du hättest keine Macht über mich, wenn sie dir nicht von oben gegeben wäre"! Dies Wort machte auf Pilatus einen solchen Eindruck, daß er den Juden aufs neue erklärte, er finde keine Schuld an diesem Menschen.

Aber die Juden wußten doch ihren Willen bei Pilatus durchzusetzen, indem sie ihm den Kaiser als denjenigen vorhielten, den er zu fürchten habe: „Wenn du diesen losläßt, so bist du kein Freund des Kaisers, denn dieser Jesus will sich zum König machen wider den Kaiser." Das wirkte endlich bei Pilatus; den Kaiser fürchtete er schließlich doch mehr als Gott; so entschloß er sich endlich, Jesum den Juden preiszugeben.

d. Der Gang nach Golgatha; Jesus am Kreuze. Luk. 23, 26—32; 23, 33 u. 39—43. Joh. 19, 25—27. Mark. 15, 34. Joh. 19, 28; 19, 30. Luk. 23, 46. Das Todesurteil wurde nach alter Sitte auch sofort vollstreckt; um die Mittagszeit (Joh. 19, 14) oder noch früher, gegen neun Uhr (Mark. 15, 25), wurde Jesus zusammen mit zwei anderen Verurteilten von den mit der Kreuzigung beauftragten Soldaten nach einem Hügel vor der Stadt geführt, der von seiner Gestalt den Namen Golgatha, d. h. Schädelstätte (genauer: der Schädel) führte. Als die Soldaten am Platze der Hinrichtung angekommen waren, boten sie den Verurteilten der Sitte gemäß, um ihre Qual zu lindern, einen betäubenden Trank an; aber Jesus wies denselben zurück, da er mit klarem Bewußtsein auf sich nehmen wollte, was Gottes Wille über ihn verhängt hatte. Nunmehr wurde er nebst den beiden Verbrechern ans Kreuz gehängt, er in der Mitte, die anderen zu beiden Seiten, und über den Kreuzen wurden die Tafeln befestigt, welche die Schuld der Gekreuzigten bezeichneten. Über dem Kreuze Jesu war (in den drei im Lande gebräuchlichen Sprachen: Lateinisch, Griechisch, Aramäisch) zu lesen: „Jesus von Nazareth, der Juden König" (Jesus Nazarenus rex Judaeorum, abgekürzt bei uns: J. N. R. J.), wie Pilatus zu schreiben befohlen hatte. Die Kleider der Gekreuzigten fielen den Soldaten zu, und diese verteilten dieselben unter sich durch das Los.

Während nun Jesus am Kreuze hing, wurde er von den Vorübergehenden verspottet; aber er litt schweigend auch diesen Schimpf. Aber wohl werden uns von den Evangelisten sieben Worte überliefert, welche Jesus am Kreuze gesprochen hat, die letzten Worte unseres sterbenden Heilandes.

Als er nämlich von den Kriegsknechten am Kreuze befestigt worden war, da betete Jesus: „Vater, vergib ihnen, denn sie wissen nicht, was sie tun!"

Ein zweites Wort entlockte Jesu einer der mit ihm gekreuzigten Schächer. Als nämlich der eine derselben ihn verhöhnte, wie die unten stehenden Ungläubigen, und ihm zurief: „Bist du der Sohn Gottes, so hilf dir selber und uns" — da schalt ihn der andere mit den Worten: „Und du fürchtest dich auch nicht vor Gott, der du doch in gleicher Verdammnis bist? Und zwar sind wir mit Recht darin; wir empfangen, was wir mit unseren Taten verdient haben; dieser aber hat nichts Unrechtes getan." Er hatte, vielleicht schon früher, jedenfalls aber jetzt, von dem am Kreuze hängenden Jesus einen Eindruck bekommen, der ihn sprechen ließ: „Herr, gedenke an mich, wenn du (als König) in (mit) deinem Reiche kommst!" Und Jesus erwiderte ihm, mehr als Irdisches verheißend: „Wahrlich, ich sage dir, heute noch wirst du mit mir (bei Gott) im Paradiese sein!"

Das dritte Wort Jesu richtete sich an die Seinigen. Zwar waren ja alle Jünger bei seiner Gefangennehmung geflohen; aber als er nun starb, da war er doch von den Seinigen nicht ganz verlassen; unter dem Kreuze standen wenigstens Johannes und dessen Mutter, wie auch die Mutter Jesu. Da wandte sich nun Jesus an seine Mutter und sagte zu ihr: „Weib, siehe, das ist dein Sohn", und zu Johannes sagte er: „Siehe, das ist deine Mutter!" Sein Lieblingsjünger sollte bei Maria an seine Stelle treten.

Die drei ersten Worte Jesu galten anderen, die vier letzten Worte betrafen ihn selber. „Eli, eli, lama asabthani", d. h.: „Mein Gott, mein Gott, warum hast du mich verlassen?" so betete Jesus mit den Worten seines Vorläufers David (Ps. 22), als er nicht nur des Leibes, sondern auch der Seele Qual für uns am Kreuze erduldete, zwar noch immer an „seinem" Gott festhaltend, aber doch „verlassen" sich fühlend. Bald darauf rief Jesus: „Mich dürstet", und ein Soldat reichte ihm auf einem Ysopstengel einen Schwamm, den er in das im Morgenlande übliche Getränk (Essig mit Wasser) getaucht hatte. Darauf sprach Jesus: „Es ist vollbracht", und bald darauf verschied er mit den Worten; „Vater, in deine Hände befehle ich meinen Geist!" Unter wunderbaren Naturerscheinungen ist Jesus nach einem Leiden von nur wenigen Stunden verschieden, in der Zeit, wo die Passahlämmer im Tempel geschlachtet wurden (etwa nachmittag 3 Uhr); der römische Hauptmann, der an seinem Kreuze stand, empfing von dem Tode Jesu einen solchen Eindruck, daß er sagte: „Wahrlich, dieser Mensch ist ein Sohn eines Gottes gewesen" — auch die Heiden sprachen ja von Söhnen ihrer Götter.

e. Das Begräbnis Jesu. Joh. 19, 31—42. Der Freitag, an welchem Jesus starb, war derjenige Tag, an welchem des Abends das Passahmahl gehalten wurde; der folgende Sonnabend war der erste Osterfeiertag. Damit nun nicht am Festtage die Hingerichteten noch vielleicht lebend oder tot an den Kreuzen hingen, hatten die jüdischen Oberen den Pilatus gebeten, dieselben noch vor dem Beginn des Sabbaths töten zu lassen, damit sie vom Kreuze abgenommen und begraben werden könnten. Pilatus gewährte den Juden diese Bitte, und so wurden denn, um sie rascher zu töten, den beiden mit Jesus gekreuzigten Schächern die Beine zerschmettert. Als das an Jesus ebenfalls geschehen sollte, sahen die Soldaten, daß er bereits tot war; um sich aber über seinen Tod zu vergewissern, stach ihn einer der Soldaten mit der Lanze in die Seite, und Johannes, der unter dem Kreuze stand, sah Blut und Wasser aus der Seite herausfließen.

Als nun Jesus tot war, da fand ein Mitglied des Synedriums, Joseph von Arimathia, ein heimlicher Anhänger Jesu, den Mut, Pilatus um den Leichnam Jesu zu bitten, damit er ihn bestatten könne. Als Pilatus ihm diese Bitte gewährte, da nahm derselbe den Leichnam Jesu vom Kreuze ab und brachte ihn nach seinem Garten, wo er ein neues Grab besaß, welches in einen Felsen gehauen war. An der Beisetzung beteiligte sich auch Nikodemus, ebenfalls ein Mitglied des Synedriums und ein heimlicher Anhänger Jesu. Ein gewaltiger Stein wurde vor das Grab Jesu gewälzt; auch der Gottessohn war gleich uns Sündern „gestorben und begraben".

61. Das Wunder der Auferstehung Jesu; die Erscheinungen des Auferstandenen; die Himmelfahrt. (II, 135—137.)

a. Luk. 24, 13—27 u. 9—11. Jesus war gestorben, sein Leib ruhte im Grabe, und seine Seele war bei Gott, „im Paradiese", wie er dem gläubigen Schächer gesagt hatte. Aber durfte das nun das Ende seines Lebens sein?

Alle Hoffnungen, die seine Jünger auf Jesum gesetzt hatten, waren vereitelt worden durch seinen Tod. Zwar hatten sie darum den Glauben an Jesum nicht ganz aufgegeben; er hatte ihnen ja seinen Tod vorausgesagt und auf seine Wiederkunft hingewiesen. Aber wenn nun nicht die Auferstehung Jesu erfolgt wäre, so hätten sie eben nur auf seine Wiederkunft sich verlassen, und dieser Glaube an seine Wiederkunft wäre ihre Religion geworden, die sie andern verkündet hätten. Aber mit der Zeit wäre dieser Glaube an die Wiederkunft Jesu in Herrlichkeit, wenn er sich nicht bestätigt hätte, allmählich erloschen; dann wäre das Wirken Jesu auf Erden vergeblich gewesen; dann gäbe es heute kein Christentum.

b. Da ist nun in den Jüngern der Glaube entstanden, daß Jesus vom Tode auferstanden sei, und auf diesem Glauben beruht es, daß trotz des Todes Jesu das Christentum besteht. Aber ist die Auferstehung Jesu auch kein leerer Wahn? Als die Jünger davon vernahmen, haben sie zunächst nicht daran geglaubt; diese Botschaft deuchte ihnen ein „Märlein", und sie wollten sie nicht glauben. Haben sie recht daran getan, daß sie daran geglaubt haben, und dürfen auch wir an diese Botschaft glauben?

Diese Tatsache ist ein Wunder, und zwar ein so großes Wunder, daß wir an dasselbe ebenso wie die ersten Jünger nicht ohne weiteres glauben, sondern nur dann, wenn uns dies Wunder durch Zeugen berichtet wird, an deren gutem Willen und sicherem Wissen wir nicht zweifeln können. Welches sind denn nun solche Zeugnisse?

Das sind nicht bloß unsere Evangelien, die etwa 40 oder mehr Jahre nach der Auferstehung Jesu und nur zum Teil von Augenzeugen geschrieben sind, sondern es gibt einen noch älteren Zeugen für den Glauben der Jünger Jesu an die Auferstehung ihres Meisters, nämlich den Apostel Paulus, der in seinem Kapitel 15 des ersten Korintherbriefes die Auferstehung Jesu als die Grundlage des Glaubens an unsere Auferstehung betrachtet und genauer bespricht.

Aber liegt denn nun diesem Glauben der Jünger Jesu auch nicht eine bloße Einbildung, sondern eine wirkliche Tatsache zugrunde?

Der Rationalismus, welcher alle Wunder bestritt, leugnete zwar nicht die Auferstehung Jesu, aber er betrachtete Jesum nur als *scheintot*; aber diese Annahme gilt heute allgemein für unmöglich. Dagegen wird allerdings noch heute vielfach behauptet, daß die Auferstehung Jesu nur eine oft wiederholte *Vision* gewesen sei; aber dabei bleibt vieles unerklärlich. So können wir denn nicht umhin, uns mit den Jüngern Jesu selber dem Glauben zuzuwenden, daß die Auferstehung Jesu eine wirkliche *Tatsache* war, daß Jesus, der bereits nicht mehr der Erde angehörte, doch wieder auf der Erde erschienen ist. Diese Tatsache ist allerdings ein Wunder; aber ohne dieses Wunder gäbe es kein Christentum.

c. Ostermorgen: Mark. 16, 1—8. Joh. 20, 3—18.

Die Emmausjünger und Petrus: Luk. 24, 13—35.

Jesus im Jüngerkreise: 1. Kor. 15, 5. (Luk. 24, 33—35.) Joh. 20, 19—23. Luk. 24, 44—49. Joh. 20, 14—29.

Die Erscheinungen in Galiläa: 1. Kor. 15, 6. Matth. 28, 18—20. 1. Kor. 15, 7. Joh. 21.

Letzte Erscheinung in Jerusalem: Apg. 1, 4—9. Matth. 28, 18—20. Luk. 24, 52—53.

Die Ausgießung des h. Geistes: Apg. 2, 1—41.

Vierzig Tage hindurch ist Jesus seinen Jüngern in Judäa und in Galiläa immer aufs neue erschienen, so daß sie schließlich an seiner Auferstehung nicht mehr zweifelten. Vom Ölberge, wo sie ihren Meister am vierzigsten Tage nach Ostern (Donnerstag) zum letzten Male erblickt hatten, kehrten sie nach Jerusalem zurück „mit großer Freude", und als nun das jüdische Pfingstfest kam, da wurden sie erfüllt von dem Geiste Gottes, den ihnen Jesus verheißen hatte, und nun wagten sie mit ihrer Botschaft von der Auferstehung Jesu, an der sie bis dahin allein sich erfreut hatten, hinauszutreten in die Welt, und durch ihre Predigt von dem Auferstandenen ist die christliche Kirche gegründet worden.

Fünfter Abschnitt[1]).

Das Christentum im Zeitalter der Apostel.

Wie die Apostel hingegangen sind in alle Welt, um alle Menschen zu Jüngern Jesu Christi zu machen.

62. Einleitung. Die zwölf Apostel; die Gemeinde des Herrn; „die Apostelgeschichte". (II, 138—140.)

Joh. 1, 35—52. Mark. 1, 16—20; 2, 13—17; 3, 13—19. Matth. 9, 35—10, 42. Luk. 10, 1—16; 17—20. Matth. 11, 25—30. Matth. 16, 13—20; 18, 18—20; 28, 18—20.

a. Als Jesus auftrat, gesellten sich ihm bald einzelne Männer zu, und sie und andere Galiläer schlossen sich später dauernd an ihn an, und wurden seine Apostel. Es waren dies zwölf Männer, nämlich: die Brüderpaare Simon und Andreas, Jakobus und Johannes; sodann Matthäus (= Levi, ein Zöllner) und Thomas, Philippus und Bartholomäus (= Nathanael); endlich Jakobus (ein Sohn des Alphäus) und Judas (ein Sohn des Jakobus, mit dem Zunamen Lebbäus oder Thaddäus), Simon von Kana (oder der Eiferer, d. h. ein Anhänger der Zeloten, der fanatischen Römerfeinde) und Judas Ischarioth (oder nach Joh. 6, 71: Judas, der Sohn Simons, des Ischarioth, d. h. eines Mannes aus der Stadt Kerioth). Ihre Zwölfzahl wies darauf hin, daß sie für das ganze Volk Israel bestimmt seien; als Israel ungläubig blieb, da sind sie die Stammväter des neuen Gottesvolkes geworden.

b. Nach Gottes Absicht sollte nämlich durch die Predigt Jesu und seiner Jünger das Judentum zum vollkommenen Gottesreiche umgestaltet werden; dann wäre heute kein besonderes Judentum mehr vorhanden. Aber diese Absicht Jesu ist nicht erfüllt worden, sondern es ist aus dem Judentum (und auch aus dem Heidentum) eine besondere Gemeinde Jesu, die Christenheit oder die christliche Kirche, gewonnen worden, neben welcher das Judentum als besondere Regel noch weiterbesteht.

c. Wie nun die christliche Kirche durch die Apostel gegründet worden ist, und wie sich dieselbe in der ältesten Zeit entwickelt hat, erzählt die Apostelgeschichte, die zweite Schrift des Lukas, des Verfassers des dritten Evangeliums, eines Mitarbeiters (Philem. 24. Kol. 4, 14. 2. Tim. 4, 11) und Reisebegleiters des Paulus, als welchen er sich in der Apostelgeschichte an mehreren Stellen (durch das daselbst gebrauchte „Wir") zu erkennen gibt (Apg. 16, 10—17; 20, 5—15; 21, 1—18; 27, 1—28, 16). Den Inhalt dieser Schrift im einzelnen lassen die folgenden Abschnitte erkennen.

---

[1]) Dieser Abschnitt, der Schluß der heiligen Geschichte, findet seine Fortsetzung in der (auf ihn in diesem Buche alsbald folgenden) Kirchengeschichte.

63. Die Begründung des Christentums unter den Juden durch den Apostel Petrus; die Verfolgung der Gemeinde; die Ausbreitung des Christentums. (II, 142. I, 4.)

a. Apg. 1; 2, 1—41.
b. K. 3, 1—4, 23; 5, 12—42; 6, 7—15; 7, 1—8, 3. K. 12.
c. K. 8, 3—25 und 26—40; 10, 1—11, 18.

a. Nach der Auferstehung Jesu waren die Jünger zunächst nach Galiläa zurückgekehrt, bald aber nach Jerusalem übergesiedelt, und nach der Himmelfahrt Jesu blieben sie, dem Befehl ihres Meisters gemäß, in Jerusalem, und an des Judas Stelle wurde Matthias zum Apostel erkoren. Am Pfingstfeste vom heiligen Geiste erfüllt, traten sie aus der bisherigen Verborgenheit hervor, und durch des Petrus Predigt wurde aus den Juden die erste Christengemeinde (von 3000 Seelen) gewonnen, und damit war das Christentum unter den Juden begründet.

b. Die ursprüngliche Duldung der Christen durch die Juden hörte aber bald auf, und zuerst wurden zwei Apostel (Petrus und Johannes) nach der Heilung eines lahmen Bettlers festgenommen, und zwar bald wieder entlassen, aber mit der Mahnung, nicht mehr von dem auferstandenen Jesus zu predigen. Bald darauf wurden alle Apostel ins Gefängnis geworfen, und als sie erklärten, weiter von Jesus predigen zu müssen, da „man Gott mehr gehorchen müsse, als den Menschen", wurden sie körperlich gezüchtigt, obwohl im Hohen Rate der Juden Gamaliel mahnte, abzuwarten, ob nicht die Sache Jesu von Gott sei.

Die dritte und größte Verfolgung begann mit der Steinigung des Almosenpflegers Stephanus, welcher getötet wurde, weil er angeblich behauptet hatte, Jesus werde den Tempel zerstören und das Gesetz Mosis abschaffen. Nunmehr begann eine allgemeine Verfolgung der Christen auch außerhalb Jerusalems und Palästinas, und diese etwa zehnjährige Verfolgung (35—44) fand erst ihren Abschluß, als Herodes Agrippa, ein Enkel von Herodes dem Großen, starb, nachdem er über das jüdische Volk drei Jahre lang geherrscht hatte (41—44; vgl. Nr. 41 c); derselbe hatte den Apostel Jakobus enthaupten lassen; Petrus, den er gleichfalls verhaften ließ, wurde wunderbar befreit und „zog an einen andern Ort".

c. War nun der neue Glaube zunächst nur unter den Juden verbreitet worden, so begann derselbe bald infolge der Verfolgung durch die Juden die Schranken des Judentums zu überschreiten; zunächst nahmen die Samariter denselben an (der Zauberer Simon, die Simonie), bald auch Proselyten aus den Heiden (zuerst der Kämmerer der Königin Kandace aus Äthiopien, dann der römische Hauptmann Cornelius in Cäsarea, von Petrus getauft); aber der Apostel der Heiden wurde nicht Petrus, sondern Paulus.

64. Glaube, Gottesdienst und Leben der ersten Christen. (II, 154.)

Apg. 2, 42. 1. Kor. 12 u. 14. Apg. 2, 42—47; 4, 32—5, 16; 6, 1—7. Eph. 4, 17—6, 24. 1. Kor. 13. Luk. 10, 25—37. Philemonbrief. Jakobusbrief. 1. Petrusbrief. 1. Johannesbrief.

„Sie blieben aber beständig in der Apostel Lehre und n der Gemeinschaft und im Brotbrechen und im Gebet" —

so charakterisiert die Apostelgeschichte die Zustände der ersten christlichen Gemeinde.

a. Die Apostel hatten mit ihrer Predigt den Grund gelegt zu der neuen Gemeinde, und die Christen blieben nun auch beständig in der Apostel Lehre, und auch wir müssen, wenn wir rechte Christen sein wollen, bei ihrer Lehre bleiben. Zwar Apostel selber können wir nicht mehr haben (wie die Irvingianer sie zu haben vorgaben), aber ihre Lehre besitzen wir in ihren Schriften. Aber die christliche Kirche ist nicht immer bei der Lehre der Apostel geblieben; deshalb traten die Reformatoren auf, die es als ihre Aufgabe betrachteten, die Christenheit zur Lehre der Apostel zurückzuführen, und die evangelische Kirche betrachtet als maßgebend für ihre Lehre nur die Lehre der Apostel, nicht aber, wie die katholische Kirche, auch noch die Beschlüsse der Konzilien und die Aussprüche der Päpste.

b. „Sie blieben sodann beständig im Gebet." Die Christen nahmen zunächst noch am Gottesdienste der Juden teil, wie sie ja auch das mosaische Gesetz zuerst noch hielten; aber es bildete sich doch bald neben und statt desselben ein besonderer christlicher Gottesdienst. Die Christen hatten aber zweierlei Versammlungen, die eine zum Gottesdienst, die andere zum Liebesmahl und Abendmahl; auf die erstere ist hier hingedeutet, wenn es heißt: „Sie blieben aber beständig im Gebet." Der christliche Gottesdienst, welcher sich zunächst aus dem Gottesdienste der jüdischen Synagoge entwickelt hat, bestand aber aus folgenden Teilen: Gebet, Zungenreden, Schriftvorlesung und Predigt. Das sog. Zungenreden war nicht ein Reden in fremden Sprachen, sondern eine Art von Gebet, aber in einer Redeform, welche mehr ein Gefühlsausdruck war als ein Sprechen in gewöhnlicher Sprache und darum auch für die Zuhörer (ebenso wie die Musik) durch Worte nicht wohl zu erklären. Paulus empfiehlt dasselbe zu unterlassen, wenn es nicht ausgelegt werden könne, da die Gemeinde dann davon keinen Nutzen habe; er hält es also nicht für notwendig (wie die Irvingianer).

Zwar haben die alten Christen ihren Gottesdienst in etwas anderer Weise gefeiert, als wir ihn heute feiern; trotzdem stimmt unser Gottesdienst in den Grundzügen mit dem Gottesdienste der alten Christen überein, da auch in ihm die Hauptbestandteile des altchristlichen Gottesdienstes (Gebet, Schriftvorlesung und Predigt) enthalten sind. Wie sich der Gottesdienst in der evangelischen Kirche gestaltet hat, ist unten dargelegt. (Nr. 149—152.)

c. Endlich blieben die Christen auch beständig im Brotbrechen und in der Gemeinschaft.

Außer der Versammlung zum Gottesdienst hielten die Christen auch noch eine zweite Versammlung, nämlich zur Feier des Liebesmahls und des heiligen Abendmahls. Wie Jesus mit seinen Jüngern zusammen gegessen hatten, so blieben auch die Christen beständig im Brotbrechen, d. h. sie hielten täglich eine gemeinsame (Abend-) Mahlzeit, zu welcher die Wohlhabenden Speise und Trank mitbrachten, das sog. Liebesmahl; an dasselbe schloß sich dann jeden Tag die Feier des heiligen Abendmahls. Heute ist ein gemeinsames Essen der Christen unmöglich, dagegen feiern auch wir noch (aber nicht mehr täglich) das h. Abendmahl.

Aber noch mehr rühmt Lukas von den alten Christen, wenn er sagt: „Sie blieben beständig in der Gemeinschaft.“ Wie Jesus mit seinen Jüngern aus einer gemeinsamen Kasse gelebt hatte, so „hielten auch die ersten Christen alle Dinge gemein“, und mancher Reiche verkaufte Hab' und Gut und gab den Erlös den Aposteln, und diese „teilten aus unter alle, je nachdem es jeder bedurfte“. So „war unter den Christen keiner, der Mangel hatte, und die Menge der Gläubigen war ein Herz und eine Seele. Aber diese Gütergemeinschaft war nicht erzwungen, sondern freiwillig, wie die Geschichte von Ananias und Sapphira zeigt. Diese Einrichtung führte in Jerusalem zur Einsetzung von sieben Almosenpflegern, von welchen Stephanus der bekannteste ist. In anderen Gemeinden ist diese Gütergemeinschaft wohl gar nicht eingeführt worden; die spätere Kirche hat zwar nicht die ursprüngliche Form, aber den Kern derselben festgehalten in der Liebestätigkeit, welche zu allen Zeiten in der christlichen Kirche geübt worden ist (Nr. 113). Auch ohne die in Jerusalem eingeführte Gütergemeinschaft unterschied sich das Leben der Christen zu seinem Vorteil von dem der Juden und der Heiden. Wie sich die christliche Sittlichkeit im einzelnen gestaltet hat, zeigen namentlich die Briefe der Apostel (vgl. die oben angegebenen Briefabschnitte)[1]).

65—68. Die Ausbreitung des Christentums unter den Heiden durch den Apostel Paulus.

65. Die Bekehrung des Saulus; die Christengemeinde in Antiochia; die erste Missionsreise des Paulus. (II, 143. I, 5.)

a. Apg. 22, 3—5; 26, 9—11; 7, 57—8, 3; 9, 1—9
(vgl. 22, 6—11 u. 26, 12—18); 9, 10—30 (Röm. 7, 1—8, 4).
b. Apg. 11, 19—30; 12, 25.
c. Apg. 13 u. 14.

a. Obwohl schon durch Petrus ein Heide in die christliche Kirche aufgenommen worden war, so ist doch die Bekehrung der Heiden überhaupt nicht das Werk des Petrus, sondern des Paulus. Der Apostel der Heiden, Paulus, unter seinen jüdischen Landsleuten Saulus (Saul) heißend, stammte aus Tarsus in Cilicien und wurde, obwohl ein Schüler des milde gesinnten Pharisäers Gamaliel (Apg. 5, 34—39), bald ein eifriger Verfolger der Christen (Stephanus' Tod: Apg. 7, 57—8, 3), der sogar im Auslande die Christen verfolgen wollte. Dabei wurde er aber vor Damaskus durch eine wunderbare Erscheinung bekehrt und, da er sich als von Christus selbst berufen betrachtete, nicht bloß ein Christ, sondern ein Apostel Christi, der auch bald als Prediger des neuen Glaubens auftrat. Aber er mußte aus Damaskus fliehen und bald auch aus Jerusalem, wohin er sich von Damaskus begeben hatte; dagegen hoffte er in seiner Heimat Tarsus Ruhe und Sicherheit zu finden.

b. Eine Stätte der Wirksamkeit fand nun Paulus nach einiger Zeit in Antiochia, wo durch (bei der Verfolgung des Stephanus) flüchtig gewordene Christen eine Gemeinde aus Heiden gegründet wurde, welche von

[1]) Eine Ergänzung zu diesem Abschnitt bietet Nr. 70c.

ihren Landsleuten den Namen „Christianer" erhielten. Barnabas, ein angesehenes Mitglied der Gemeinde von Jerusalem, den dieselbe nach Antiochia schickte, um zu untersuchen, ob diese Gemeinde als eine rechte Christengemeinde anzusehen sei, obwohl sie doch, als aus Heiden gewonnen, das mosaische Gesetz nicht hielt, wie die bisherigen Christen, erklärte dieselbe für eine rechte Christengemeinde; ja er blieb selber in Antiochia, und er rief zu seiner Unterstützung den ihm in Jerusalem bekannt gewordenen Paulus aus Tarsus nach Antiochia zurück.

c. Von Antiochia aus unternahmen nun Barnabas und Paulus (zunächst von Johannes Markus begleitet) die erste Missionsreise über Cypern nach dem südöstlichen Kleinasien und gründeten unter den Heiden mehrere Gemeinden (Antiochia in Pisidien, Iconium, Lystra und Derbe). Auf demselben Wege kehrten sie darauf, ohne Cypern zu berühren, nach Antiochia zurück.

66. Judenchristen und Heidenchristen; die Vereinigung in Jerusalem (das Apostelkonzil) und der Streit in Antiochia; der Galaterbrief.

(II, 144. I, 7.)

Apg. 15, 1—35. 1. Kor. 8; 10, 14—33.
Gal. 1 u. 2. (Zu Gal. 2, 11—21 vgl. Röm. 3, 20—30. Jak. 2, 14—26.)
Gal. 3, 1—5, 12 (ausschl. Kap. 3, 15—18 u. 4, 21—31); 5, 13—6, 18.

a. Als man in Jerusalem von der weiteren Ausbreitung des Christentums unter den Heiden hörte, da erwachte unter den Judenchristen aufs neue das Bedenken: die Heidenchristen hielten ja das mosaische Gesetz nicht — war das auch wirklich recht? Und der Judenchrist, der mit ihnen verkehrte und aß und trank, übertrat dann gleichfalls die heiligen Satzungen der Väter. So schien es durch den Übertritt der Heiden dahin zu kommen, daß auch die Judenchristen das mosaische Gesetz nicht mehr hielten — und dazu hielt man diese für verpflichtet. War es da nicht nötig, um die Einheit der Kirche zu erhalten, den Heidenchristen doch das mosaische Gesetz aufzulegen?

b. Judenchristen von dieser Gesinnung kamen denn auch einige Zeit nach der ersten Missionsreise nach Antiochia und brachten durch ihr Auftreten die Gemeinde in Verwirrung. Als nun infolgedessen in Antiochia die Trennung der Heidenchristen von den Judenchristen zur Spaltung der Kirche zu führen drohte, da zogen auf den Beschluß der Gemeinde Paulus und Barnabas nach Jerusalem, um sich mit den Aposteln und den Vorstehern der Muttergemeinde der Christenheit über diese Frage zu verständigen.

Als nun hier in einer Gemeindeversammlung, die man später das Apostelkonzil genannt hat, diese Frage verhandelt wurde, drang schließlich die Meinung durch, daß die Heidenchristen das mosaische Gesetz nicht zu halten brauchten; nur sollten sie einige Verpflichtungen auf sich nehmen, wie auch die Juden sie ihren Proselyten auflegten, um den Verkehr zwischen Judenchristen und Heidenchristen zu erleichtern; sie sollten sich des Götzenopferfleisches enthalten, welches die Heiden beim Opfermahl verzehrten oder auf dem Markte zu kaufen bekamen; sodann sollten sie kein Blut genießen und kein ersticktes Tier, von welchem also das Blut nicht abgelassen war, essen; endlich sollten sie sich des Ehebruchs enthalten, der ja durch den Götzendienst noch befördert und bei den Heiden allgemein geduldet wurde. Dieser Beschluß wurde in Antiochia mit großer Befriedigung aufgenommen.

So wurde, freilich zunächst nur dem Grundsatze nach, aus der bisher getrennten Judenkirche und Heidenkirche die einige allgemeine, christliche Kirche. Doch hat es auch schon in der nächsten Zeit nicht an Kämpfen um die Einheit der Kirche gefehlt. Als nämlich Petrus nach einiger Zeit nach Antiochia kam, lebte er unter den Heidenchristen zunächst in heidnischer Weise; bald aber, durch strengere Judenchristen irre gemacht, weigerte er sich wieder, mit den Heiden zusammen zu essen, und vergebens trat ihm Paulus entgegen; Petrus blieb dabei, daß nur die Heidenchristen zur Beobachtung des mosaischen Gesetzes nicht verpflichtet seien (Gal. 2, 11—21)[1].

c. Unsere Kunde von der Stellung der Judenchristen zu Paulus (auch über den Streit in Antiochia) beruht aber außer auf der Apostelgeschichte vornehmlich auf einem Briefe des Apostels Paulus, dem Galaterbriefe, welcher während der zweiten (oder der dritten) Missionsreise geschrieben worden ist. In die Gemeinden in Galatien, welche auf der ersten (oder auf der zweiten) Reise von Paulus gegründet worden sind, suchten nämlich judenchristliche Prediger einzudringen, um die jungen Christen angeblich erst zum wahren Christentum zu führen, nämlich durch Annahme des mosaischen Gesetzes, ohne welches der christliche Glaube nicht vollständig sei. Aber diesen Eindringlingen trat Paulus mit der größten Entschiedenheit in einem Briefe an die Gemeinden Galatiens entgegen, welcher in größerer Gemütserregung geschrieben ist, als seine anderen Briefe, da es sich um seine ganze Stellung und Lebensarbeit handelte, und er zeigte den Heidenchristen, daß es nicht nötig sei für den Christen, das mosaische Gesetz zu halten. Welchen Erfolg der Brief des Paulus gehabt hat, ist uns nicht bekannt.

67. Die zweite und die dritte Missionsreise des Paulus; Paulinische Gemeinden und Briefe. (II, 145 u. 146. I, 6.)

Apg. 15, 36—18, 22. Die Briefe an die Thessalonicher. Apg. 18, 23—21, 17.
1. Kor. 1—4. 2. Kor. 10—12. 1. Kor. 9.
Röm. 1, 1—17; 15, 14—33.

a. Nicht mit Barnabas (von dem sich Paulus wegen des Markus trennte), sondern mit Silas (dem sich später noch Timotheus und Lukas anschlossen) trat Paulus nach einiger Zeit seine zweite Missionsreise an. Zuerst besuchte er wieder die auf der ersten Reise im südöstlichen Kleinasien von ihm gegründeten Gemeinden, und hierbei kam er auch, entweder jetzt zuerst oder jetzt wieder, nach Galatien, und um den dort erschienenen Irrlehrern entgegenzutreten, welche seine Predigt bekämpften und die Beobachtung des Gesetzes auch für die Christen für notwendig erklärten, schrieb er nach einiger Zeit den Galaterbrief. Das übrige Kleinasien durchziehend, ohne daselbst zu predigen, wendete er sich nunmehr nach Europa, und hier gründete er in Macedonien die ersten Christengemeinden in Philippi (erste Christin in Europa die Purpurhändlerin Lydia) und in Thessalonich. An jene Gemeinde hat er von Rom aus (also als Ge-

[1]) Die sachliche Fortsetzung dieses Abschnittes ist enthalten in Nr. 69a.

fangener in der letzten Zeit seines Lebens) einen Brief, an diese noch auf derselben Reise (von Korinth aus) zwei Briefe geschrieben. Von Macedonien begab sich Paulus nach Achaja (so hieß das alte Griechenland als römische Provinz), und daselbst gründete er, zwar nicht in Athen, aber wohl in dem (im Jahre 146 v. Chr. zerstörten, aber 100 Jahre später wieder aufgebauten) Korinth eine Gemeinde, an welche er auf der dritten Missionsreise (außer einem oder zwei verlorenen) noch zwei Briefe geschrieben hat, in denen er ebenfalls, wie im Galaterbriefe, Gegner bekämpft (1. Kor. 1—4, 2. Kor. 10—12), und außerdem, wie in allen Briefen, wichtige Fragen, welche die Gemeinde bewegten, behandelt und entscheidet (Götzenopfer: 1. Kor. 8—11; Wundergaben: 1. Kor. 12—14; Auferstehung: 1. Kor. 15). Von Korinth kehrte Paulus nach dem Ausgangspunkte seiner Reisen, nach Antiochia, zurück.

b. Von Antiochia begab sich Paulus nach einiger Zeit nach Ephesus (in der römischen Provinz Asia), und damit begann er seine dritte Missionsreise. Als er aus Ephesus, wo er drei Jahre gepredigt hatte, vertrieben wurde (Aufstand der Silberarbeiter), waren in dieser Stadt, wie in der Umgegend, bereits Gemeinden gegründet; an dieselben hat Paulus später (als Gefangener in Cäsarea oder in Rom) die Briefe an die Epheser und an die Kolosser, wie auch den Brief an Philemon geschrieben (wohl ein Mitglied der Gemeinde in Kolossä, dem er einen entlaufenen Sklaven zurückschickt mit der Bitte, denselben, der durch ihn bekehrt worden war, freundlich aufzunehmen). Aus Ephesus vertrieben, begab sich Paulus wieder nach Macedonien und Achaja, um die von ihm gegründeten Gemeinden zu besuchen; über Macedonien zurückreisend, trat er die längst beabsichtigte Reise nach Jerusalem an, um der dortigen Gemeinde der Judenchristen eine unter seinen heidenchristlichen Gemeinden gesammelte Kollekte zu überbringen, in der Hoffnung, dadurch die Gemeinde von Jerusalem für sich und seine Gemeinden günstig zu stimmen.

c. Ehe Paulus nach Jerusalem reiste, schrieb er (um das J. 58) von Korinth aus (auf der dritten Missionsreise) oder vielleicht schon von Kenchreä aus, dem östlichen Hafen von Korinth, von wo er eben über Macedonien nach Jerusalem reisen wollte, einen Brief an die Römer. In Rom war schon seit der Makkabäerzeit eine Judengemeinde entstanden, und in derselben entstand infolge des regen Verkehrs mit Jerusalem gewiß schon sehr früh auch eine christliche Gemeinde (welche aber nicht durch Petrus gegründet worden ist). Da nun Paulus fortan im Westen des Römerreiches wirken wollte, so kam es darauf an, daß diese Gemeinde in der Hauptstadt des Westens ihm nicht feindlich gegenüberstand. Deshalb legt er in diesem Briefe der Gemeinde seine christliche Predigt vor, in der Hoffnung, daß sie dieselbe für eine rechte christliche Predigt halten werde. Der Hauptinhalt seiner Predigt in diesem Briefe ist aber die Lehre von der Rechtfertigung aus dem Glauben, nicht aus den Werken — die Hauptlehre der evangelischen Kirche (Nr. 135—137).

d. Durch persönliche Wirksamkeit und mündliche Predigt, unter Entbehrungen und Leiden, seinen Unterhalt sich durch ein Handwerk selber verdienend (er war Zeltmacher), hat Paulus seine Gemeinden gegründet. Aber wenn sich dieselben gesund weiterentwickeln und durch Irrlehren nicht verwirrt werden sollten, so mußte er sie immer wieder aufs neue selber besuchen oder durch seine Schüler besuchen lassen. Das hat er gleichfalls getan; aber es genügte noch nicht. So sah sich Paulus genötigt, seine Gemeinden durch Briefe im rechten Glauben zu stärken und zu rechtem Wandel zu ermahnen. Er hat aber mehr Briefe geschrieben, als die dreizehn, die wir noch besitzen; zwar gibt es neben den dreizehn auch noch andere Briefe des Paulus, aber dieselben gelten heute sämtlich als untergeschoben. Die Briefe des Paulus sind fast sämtlich an Gemeinden gerichtet, welche er selbst gegründet hat (außer dem an die Römer und vielleicht dem an die Kolosser); vier Briefe sind aber auch an einzelne Männer gerichtet, der an Philemon (der schon oben erwähnt worden ist), die beiden Briefe an Timotheus und der Brief an Titus; die drei letzten nennt man Pastoralbriefe, weil der Apostel in denselben seinen Schülern Timotheus und Titus eine Anweisung gibt, wie sie die ihnen anvertrauten Gemeinden Ephesus und Kreta leiten sollen.

Nicht von Paulus, aber wohl von einem Paulinischen Christen stammt der Hebräerbrief, an Judenchristen gerichtet, um sie vor dem ihnen drohenden Abfall vom Christentum zu bewahren.

e. Hatte Paulus bisher im Osten des Römerreiches gepredigt, so gedachte er nunmehr auch im Westen den christlichen Glauben zu verkündigen, und zwar wollte er, da in Italien das Christentum bereits verbreitet war, alsbald nach Spanien gehen. Aber er ist zwar noch nach Rom gekommen (freilich als Gefangener), nach Spanien aber ist er wohl nicht gekommen.

68. Paulus in Jerusalem und in Cäsarea; Paulus und Petrus in Rom. (II, 147. I, 6.)

Apg. 21, 17—26, 32. K. 27 u. 28. Philipperbrief.

a. Als Paulus auf der Rückkehr von seiner dritten Missionsreise in Jerusalem anlangte, wurde er von den Juden, die ihn im Tempel erblickten, beinahe getötet, weil er angeblich einen Heiden in den Tempel mitgenommen hatte; das Einschreiten der römischen Tempelwache rettete ihm zwar das Leben, aber er war doch nunmehr ein Gefangener des römischen Statthalters. Um seinen Prozeß zur Entscheidung zu bringen, wurde er endlich von Cäsarea, wohin er von Jerusalem gebracht worden war, auf sein Verlangen als römischer Bürger nach Rom geschickt, wo er nach einer gefährlichen Seereise glücklich anlangte. Auch in Rom „predigte er vom Reiche Gottes und lehrte von dem Herrn Jesu mit aller Freudigkeit unverboten". Das Evangelium war bereits von Jerusalem bis Rom unter den Juden wie unter den Heiden verbreitet.

b. Die Apostelgeschichte schließt mit der Bemerkung, daß Paulus als Gefangener in Rom zwei Jahre lang daselbst ungehindert das Evangelium verkündigt habe; was darauf geschehen sei, berichtet sie nicht. Über den Ausgang des Lebens des Apostels gibt es seit alter Zeit zwei verschiedene Meinungen.

Einige sagen, Paulus sei nach den zwei Jahren wieder freigelassen worden, habe darauf noch größere Reisen gemacht, auf denen er seine alten Gemeinden besucht und neue gegründet habe (auch in Spanien), habe noch mehrere Briefe geschrieben, und sei endlich, zum zweiten Male gefangen genommen, in Rom als Märtyrer gestorben.

Andere dagegen glauben, Paulus sei nach den zwei Jahren ums Leben gekommen, entweder vom kaiserlichen Gericht zum Tode verurteilt, oder zugleich mit den vielen Christen, die der Kaiser Nero nach dem großen Brande von Rom als angebliche Brandstifter töten ließ.

Im Jahre 64 nämlich, unter der Regierung des durch seine Grausamkeit berüchtigten Kaisers Nero, brach einst plötzlich in Rom Feuer aus und verbreitete sich mit rasender Schnelligkeit bald über mehrere Stadtteile, und da es sechs Tage und sieben Nächte hindurch wütete, so wurden drei Viertel der Stadt vernichtet. Als das Volk den Kaiser beschuldigte, den Brand selber angestiftet zu haben (seine Schuld läßt sich nicht erweisen), so wälzte er die Schuld auf die Christen, deren sonderbares Wesen sie dem Volke bereits verdächtig gemacht hatte.

Nunmehr wurden dieselben aufgespürt und ergriffen; ihre Schuld konnte freilich nicht erwiesen werden, aber sie waren angeblich Feinde aller Menschen, und das genügte, sie zu töten. Viele wurden gekreuzigt, andere wurden in die Felle wilder Tiere genäht, um von Hunden, die man auf sie hetzte, zerrissen zu werden; andere wurden, am ganzen Körper mit Pech und Teer bestrichen, in den Gärten des Kaisers an Pfähle gebunden und mußten dann als Fackeln die Gärten erleuchten. Zur Feier dieser Schandtaten gab der Kaiser noch dem Volke ein großes Schauspiel in seinen Gärten; aber sogar das wilde und rohe römische Volk empfand Mitleid mit den unschuldig geopferten Christen. Der Kaiser starb nach vier Jahren; aber die Christen sagten, er sei nicht gestorben, sondern er habe sich über den Euphrat zurückgezogen und werde als der Antichrist wiederkommen.

c. Zu den Opfern der Neronischen Verfolgung gehörte vielleicht auch der damals gefangene Paulus; die katholische Kirche zählt dazu auch den Petrus, obwohl sie ihn erst im Jahre 67 gestorben sein läßt. Über dessen spätere Wirksamkeit erzählen spätere, aber ganz unbegründete Sagen, daß er 25 Jahre in Rom als Bischof gewirkt habe. Als nun Paulus in Rom gefangen war, soll auch Petrus, der gerade in dieser Zeit wieder von einer Missionsreise in Rom anlangte, ins Gefängnis geworfen worden sein. Nach der Sage wurde nun Paulus, als römischer Bürger, mit dem Schwerte hingerichtet, dagegen Petrus gekreuzigt. Aber auch wenn die christliche Sage recht hätte, so ist des Petrus Aufenthalt und Tod in Rom (ein kürzerer Aufenthalt des Petrus in Rom und sein Tod in Rom dürfen wohl als hinreichend bezeugt gelten) doch kein Grund für uns, um dem angeblichen Nachfolger des Petrus zu gehorchen; wir bleiben zwar „in der Lehre der Apostel", aber deren Nachfolger sind für den evangelischen Christen keine Autorität.

69. Das Judenchristentum in der späteren Zeit; Jakobus, Petrus und Judas und ihre Briefe; die Sagen von den anderen Aposteln.

(II, 148 u. 150. I, 7 u. 8.)

a. Auch nach dem Apostelkonzil hielt die judenchristliche Gemeinde noch fest am mosaischen Gesetz, und wenn auch die Apostel das nicht forderten, so verlangten doch andere eifrige Judenchristen, daß auch die Heidenchristen doch noch das mosaische Gesetz auf sich nehmen müßten, und in allen von Paulus gegründeten Gemeinden stellten sich Judenchristen ein, welche von Paulus geringschätzig sprachen und den Heidenchristen die Notwendigkeit des mosaischen Gesetzes zu beweisen suchten (vgl. namentlich den Galaterbrief). Diesen Eiferern war es gewiß sehr erfreulich, daß Paulus, als er mit der seinem Versprechen gemäß (Gal. 2) unter den Heidenchristen für die Judenchristen gesammelten Kollekte nach Jerusalem kam, daselbst in Gefangenschaft geriet und nach Rom geführt wurde.

Als im Jahre 66 der Krieg der Juden gegen die Römer begann, da wanderte die Christengemeinde von Jerusalem aus und begab sich nach Pella im Ostjordanlande, wo sie die schlimme Kriegszeit glücklich überstand. Aber auch der Untergang des Judentums hat diese Gesinnung eines Teils der Judenchristen nicht geändert, sondern während das Heidenchristentum sich immer mehr ausbreitete, blieb ein Teil des an Zahl immer mehr zurücktretenden Judenchristentums bei seinem Gesetzeschristentum, und wurde später, als die Kirche vorwiegend heidenchristlich geworden war, von derselben als Sekte der Ebioniten bezeichnet; dieselbe hat noch mehrere Jahrhunderte bestanden, ist aber später gänzlich und für immer verschwunden.

Aber zu den Anhängern der strengen Gesetzeseiferer, welche von Paulus bekämpft wurden, dürfen weder Petrus noch Jakobus gerechnet werden; ja, nicht einmal die ganze Gemeinde von Jerusalem stand auf ihrer Seite, sondern nur ein Teil derselben. Aus dem dem Paulus nicht feindlich gesinnten Judenchristentum stammen außer den drei ersten Evangelien und der Apostelgeschichte[1]) auch mehrere Briefe des N. T., nämlich der Brief des Jakobus, die beiden Briefe des Petrus und der Brief des Judas, von welchen im folgenden Genaueres gesagt werden soll.

b. Nächst Petrus, Paulus und Johannes tritt in der Geschichte der alten Kirche besonders noch Jakobus hervor. Drei Männer dieses Namens werden uns im Neuen Testamente aus dem nächsten Kreise, der Jesum umgab, namhaft gemacht.

Am wenigsten wissen wir von Jakobus, dem Sohn des Alphäus, einem der zwölf Apostel, der uns sonst ganz unbekannt ist.

Etwas mehr ist uns überliefert von Jakobus, dem Sohn des Zebedäus, der ebenfalls Apostel war und immer mit seinem Bruder Johannes zusammengenannt wird (die „Donnerskinder", Mark. 3, 17) — beide nebst Petrus Jesu am nächsten stehend. Der König Herodes Agrippa ließ ihn im Jahre 44, um sich die Juden zu Freunden zu machen, mit dem Schwerte hinrichten (Apg. 12, 1).

Viel bedeutender als diese beiden ist nun aber der dritte Jakobus des Neuen Testamentes; er ist einer von den Brüdern Jesu (auch Schwestern hat Jesus gehabt): Joses, Simon, Judas und Jakobus, die lange an Jesum nicht glauben wollten (Joh. 7, 2); nach der Auferstehung war das anders geworden (Apg. 1, 14). Sehr bald war sogar Jakobus neben Petrus und Johannes der angesehenste Gemeindevorsteher in Jerusalem (Gal. 2, 9);

---

[1]) Ihrem Gedankeninhalte nach gehört hierher auch die Offenbarung Johannis.

daß er die Berechtigung der Heidenchristen, das Gesetz nicht zu halten, anerkannt hat (Apg. 15), ist oben bemerkt worden. Von diesem Jakobus stammt der schöne Brief im Neuen Testamente, der an das „Zwölfstämmevolk in der Zerstreuung", d. h. an alle Judenchristen, gerichtet ist, und bei dieser allgemeinen Bestimmung freilich nur noch der Form nach ein Brief ist, in Wahrheit eine ermahnende und belehrende Schrift, welche aller persönlichen Beziehungen entbehrt. Der Verfasser klagt bereits über Verweltlichung der Kirche und Äußerlichkeit des Glaubens, der die guten Werke vermissen lasse; diesem Verfall der Frömmigkeit tritt er in seinem Briefe entgegen.

Daß dieser Brief echt ist, wird heute fast weniger bezweifelt, als in der alten Kirche, die ihn erst spät in den Kanon des N. T. aufgenommen hat. Man nahm schon in der alten Zeit an seiner Lehre vom Glauben Anstoß, wie ja auch Luther denselben bekanntlich für eine „stroherne Epistel" erklärte, die er für keines Apostels Werk achten könne, da sie stracks wider St. Paulum und alle andere Schrift den Werken die Gerechtigkeit zuschreibe. Wie sich seine Lehre zu der des Paulus verhält, ist in der Glaubenslehre dargelegt. (Nr. 136, 2d.)

c. Petrus hat aus Babylon (I, 5, 13) einen Brief, den ersten, „an die Fremdlinge der Zerstreuung von Kleinasien" (1, 1) geschrieben, d. h. an die Christengemeinden Kleinasiens, vornehmlich aus Heiden bestehend, die, wie wir wissen, von Paulus gegründet worden waren. Er hat also wohl in einer Zeit an sie geschrieben, wo Paulus sich ihrer nicht mehr annehmen konnte; also ist wohl hier der Tod des Paulus vorausgesetzt. Und zwar hat er von Babylon aus an diese Gemeinden geschrieben, d. h. schwerlich von dem verwüsteten Babylon aus, sondern wohl von Rom aus, welches damals unter Juden und Christen sinnbildlich also genannt wurde. Die Echtheit dieses Briefes ist von der alten Kirche gut bezeugt. Dagegen hat schon die alte Kirche aus verschiedenen Gründen angenommen, daß der zweite Brief des Petrus nicht von diesem Apostel, sondern von einem späteren Schriftsteller herstamme, welcher (in der Weise seiner Zeit) das Erbe der Apostel am besten zu verteidigen glaubte, wenn er diese Verteidigung einem Apostel in den Mund lege; trotzdem hat es auch diese Schrift verdient, in das N. T. aufgenommen zu werden.

d. Dieser letztere Brief lehnt sich aber in seinem 2. Kapitel an den Brief des Judas, des Bruders des Jakobus, an, indem er nach dessen Vorgange aufgetretene Irrlehrer bekämpft. Dieser Brief ist vom Altertum besser bezeugt als der zweite Petrusbrief.

e. Wenn die Apostelgeschichte selbst von den Hauptaposteln nicht alles erzählt, was wir zu wissen wünschten, so erfahren wir aus ihr noch weniger oder gar nichts über die anderen Apostel; über das weitere Schicksal dieser und ihrer nächsten Schüler gibt es viele, aber nur ganz unverbürgte Sagen.

Das Andenken an die Apostel und die ersten Anhänger des Herrn erhalten außerdem die ihnen im Kalender gewidmeten Tage und die zu ihren Ehren von der alten Kirche gefeierten Feste, die freilich heute in der evangelischen Kirche hinter den Hauptfesten der Christenheit völlig zurückgetreten sind. Die Tage der Apostel feiert die evangelische Kirche nicht mehr mit der katholischen Kirche; aber ihre Predigt in der Bibel wird von unserer Kirche mehr gewürdigt, als von der katholischen, und ihre Predigt ist wichtiger, als die Geschichte oder Sage von ihrem Leben: durch ihre Predigt ist die christliche Kirche gegründet worden.

70. Das Zeitalter des Johannes; die Schriften des Johannes. Die Einheit der Kirche und die Verfassung der Kirche; die Hoffnung der Kirche. (II, 149 u. 155. I, 8.)

a. Der erste Abschnitt des apostolischen Zeitalters hat uns vornehmlich den Apostel Petrus als den Begründer des Christentums unter den Juden gezeigt. Der zweite Abschnitt ist die Zeit des Paulus und der durch ihn bewirkten Begründung einer großen Kirche unter den Heiden. Als nun Paulus und Petrus gestorben waren, und als durch die Zerstörung Jerusalems und des Tempels die völlige Loslösung der Christenheit vom Judentum befördert wurde, da begann auch für die Kirche eine neue Zeit. War bis dahin Jerusalem der Mittelpunkt der Christenheit gewesen, auch für die Heidenchristen, so hörte das auf mit der Zerstörung Jerusalems und mit der immer größeren Verbreitung des Christentums unter den Heiden. Seitdem das Judenchristentum hinter der Heidenkirche zurücktrat, gab es nur noch eine Kirche, welche, frei vom Gesetz Mosis, aber das Alte Testament festhaltend, jedoch in geistiger Deutung, ihr Leben regelte nach den Worten ihres Meisters, welche, zuerst mündlich überliefert, später schriftlich aufgezeichnet, für Glauben und Leben den Christen zur Richtschnur und Regel dienten und noch heute dienen.

An der Spitze dieser einigen Kirche stand nunmehr der Apostel Johannes, in Ephesus wirkend, von wo er, aber nur nach der Sage, eine Zeit lang weichen mußte, als er durch einen römischen Herrscher nach der Insel Patmos verbannt wurde (Off. Joh. 1, 9). Doch ist er bald nach Ephesus zurückgekehrt und daselbst in hohem Alter gestorben. Durch seine langdauernde Wirksamkeit (70—100 n. Chr.) ist in Kleinasien eine Kirche erblüht, deren Geschichte wir freilich nicht erzählen können, von deren Bedeutung aber das uns genauer, als die Zeit des Johannes, bekannte zweite Jahrhundert Zeugnis gibt.

Eine einige Kirche war nunmehr vorhanden, aber nur im Innern war die Kirche einig, nicht aber geeinigt durch eine die ganze Kirche einigende Verfassung, denn wenn auch die Kirche gegründet worden ist durch die Apostel, so sind doch die Apostel weder die Vorsteher einer einzelnen Gemeinde, noch der Gesamtkirche gewesen; an der Spitze jeder einzelnen Gemeinde standen mehrere von ihr selbst gewählte Vorsteher (welche im N. T. Presbyter oder Bischöfe genannt werden), nicht, wie später, ein Bischof und mehrere ihm untergebene Presbyter; eine Regierungsbehörde für die ganze Kirche oder auch nur für einzelne Provinzen hat es im apostolischen Zeitalter noch nicht gegeben. (Vgl. Nr. 85 und 110.)

b. Mit dem Zeitalter des Apostels Johannes schließt das Zeitalter der Apostel, und die Schriften des Johannes sind (abgesehen von der Off. Joh.) die jüngsten unserer Bibel. Wie Geschichte und Sage, so weisen auch die Schriften des Johannes auf Ephesus und die nachpaulinische Zeit. So zunächst die Offenbarung Johannis, die älteste derselben, von welcher unten die Rede sein wird.

Die zweite Schrift des Johannes ist sein Evangelium, von welchem schon oben gesprochen worden ist (Nr. 46 c).

Dem Evang. Joh. steht in seiner ganzen Art der erste Brief Johannis so nahe, daß er nach fast allgemeiner Meinung denselben Verfasser haben muß, wie das Evangelium, obwohl der Verfasser desselben sich in der Überschrift nicht genannt hat.

Während dieser Brief mit Recht ein katholischer Brief genannt wird, d. h. ein nicht für eine einzelne Gemeinde, sondern für die ganze Christenheit bestimmter, wie auch die Briefe des Petrus, Jakobus und Judas, so sind der zweite und der dritte Brief Johannis an bestimmte Personen gerichtet, der zweite an eine Frau, namens Kyria[1]), der dritte an einen Mann, namens Gajus, die uns beide unbekannt sind. Beide Schriften sind in ihrer Beschaffenheit ebenfalls dem Evang. und dem ersten Briefe gleichartig, und sie werden deshalb gewöhnlich dem Apostel Johannes beigelegt; aber auch hier hat sich der Verfasser nicht genannt.

Die Schriften des Johannes gehören (abgesehen von der Offenb. Joh.) zu den jüngsten Schriften des Neuen Testaments, die des Paulus sind die ältesten, die anderen Schriften stehen wohl in der Mitte zwischen beiden.

c. Die Hoffnung der Kirche (II, [151—152 und] 155; vgl. Hilfsb. Nr. 140 c). Matth. 22, 1—14; 23, 37—25, 46. Off. Joh. (1—3 u. 17—19.) K. 20; 21, 1—22, 5 u. 22, 6—21.

Das von den Propheten verheißene vollkommene Gottesreich war durch Jesus Christus gegründet worden, aber nicht als ein bereits vollendetes, sondern als ein werdendes Reich. Wenn aber das neue Gottesreich ein vollkommenes Gottesreich sein sollte, so mußten demselben erstens alle Menschen angehören, zweitens mußten alle seine Glieder vollkommen fromm sein, und drittens mußte ihr Glaube auch wirklich ganz richtig sein — drei Ziele, welche die Kirche noch heute nicht erreicht hat; noch heute sind ja nicht alle Menschen Christen, noch heute sind nicht alle Christen ganz fromm, und noch heute ist nicht aller Christen Glaube ganz richtig. Daher richtete sich der Blick Jesu und seiner Jünger, ebenso wie der der ATlichen Propheten, auf die Zukunft, wo alle diese Erwartungen sich erfüllen sollten[2]). Die Verkündigung des vollkommenen Gottesreiches bildet nun den Inhalt der Reden Jesu, in denen er seine Jünger über seinen vor der Erfüllung ihrer Erwartungen erfolgenden Weggang tröstete, einerseits bei Johannes (13, 31—16, 33), andererseits in den drei ersten Evangelien (Mark. 13. Matth. 23, 37—25, 46. Luk. 21). Wie die Jünger Jesu an der Hoffnung auf das dereinst zu erwartende ganz vollkommene Gottesreich festgehalten haben, zeigt besonders die Offenbarung Johannis.

[1]) Von Luther aber übersetzt: Frau; beiden Deutungen gegenüber steht eine dritte: Gemeinde.

[2]) Vom dritten Punkte ist aber an den bezeichneten Stellen keine Rede.

Die Off. Joh. ist wahrscheinlich vor der im Jahre 70 erfolgten Zerstörung Jerusalems geschrieben (K. 11); wenn nun die Christenheit bis dahin an den Untergang Jerusalems das Ende der Welt geknüpft glaubte (Matth, 24, 29), so erwartet Johannes dasselbe erst dann, wenn auch die Stadt Rom (Babel) zerstört ist. Nach dem Sturze Roms beginnt aber zunächst das tausendjährige Reich; darauf folgt der letzte Kampf des Gottesreichs gegen die feindliche Weltmacht, und erst nach diesem Siege tritt die Vollendung des Gottesreichs ein.

Dieses ewige Gottesreich stellt der letzte Abschnitt der Offenbarung Johannis (K. 21 u. 22) dar; nach dem Weltgericht steigt das von Ewigkeit her vorhandene himmlische Jerusalem vom Himmel auf die Erde herab, dessen Herrichkeit in sinnbildlicher Weise beschrieben wird. Diese vollendete Gemeinde ist das wahre Israel, aber sie umfaßt nicht bloß Israeliten, sondern auch Heiden, natürlich nur die Frommen, und dieselben stehen nun in vollkommener Gemeinschaft mit Gott. Hiermit ist das Ziel des Volkes Israel, wie das Ziel der Menschheit erreicht; der Seher schließt mit der Hoffnung, daß dies vollendete Gottesreich bald kommen werde. Auch wir hoffen auf das vollkommene Gottesreich, aber wir haben aus der von Gott gelenkten Geschichte gelernt, daß das Gottesreich nicht so schnell kommt, wie Johannes gedacht hat, da nicht von Gottes alleiniger Wirksamkeit sein Kommen abhängt, sondern auch der Menschen Mitwirkung gefordert wird. Auch wir wollen deshalb beten: Dein Reich komme; aber wir wollen auch durch unser Tun dafür sorgen, daß das Reich Gottes komme.

Schluß.

Indem die Apostel, dem Worte Jesu gehorchend, hingegangen sind in alle Welt und gepredigt haben, wie vor Zeiten Gott manchmal und mancherleiweise zu den Israeliten durch die Propheten und zuletzt durch den Sohn zu allen Menschen geredet hat, haben sie den Grund gelegt zu dem allgemeinen und vollkommenen Reiche Gottes, welches von Moses erstrebt, von den Propheten verkündet, aber erst durch den Sohn Gottes begründet worden ist; die weitere Entwickelung dieses Reiches erkennen wir aus der Kirchengeschichte[1]).

---

[1]) Zur heiligen Geschichte gehören noch die Abschnitte: Die heilige Schrift, Nr. 141—143. Die biblischen Bücher, Nr. 155, 1. Zahlen zur heiligen Geschichte, Nr. 155, 2.

II. Kirchenbuch.

A. Die heilige Schrift [1]).

1. (141.) Einteilung und Entstehung der heiligen Schrift.

(I, 71 A. II, 13 u. 14.) [2])

1. Einteilung der heiligen Schrift.

a. Unsere Religion verdanken wir nicht unseren Vorfahren, auch nicht einem anderen Volksstamme der Indogermanen, sondern dem zum Volksstamme der Semiten gehörenden Volke Israel, welchem Gott sich in besonderer Weise geoffenbart hat. Die Kunde davon, wie Gott vor Zeiten manchmal und mancherlei Weise zu den Israeliten geredet hat durch Moses und die Propheten, und wie er am letzten zu ihnen geredet hat durch seinen Sohn Jesus Christus, liegt uns vor in der Bibel oder der heiligen Schrift. Ja, die Bibel reicht einerseits noch weiter zurück, indem sie die Offenbarung im Volke Israel zurückführt bis auf die erste Offenbarung Gottes, die Schöpfung der Welt, und indem sie andererseits die Offenbarung Gottes in Christus enden läßt mit dem neuen Himmel und der neuen Erde, auf welche die Christen hoffen. Vom Anfang bis zum Ende dieser Welt reicht also der Gesichtskreis der heiligen Schrift.

b. Dies große Buch zerfällt nun, wie schon das Titelblatt angibt, in zwei Hauptteile, das Alte und das Neue Testament. Das Alte Testament wird aber in der ältesten Stelle der Bibel, wo von einer (natürlich noch nicht abgeschlossenen) Sammlung heiliger Schriften (der Grundlage unseres Alten Testaments) die Rede ist (Dan. 9, 2) „die Bücher" genannt; von der griechischen Übersetzung dieses Wortes (biblia) stammt unser Wort „Bibel", d. h. die Bücher. Später nannte man dieses Buch auch „die Bücher des Alten Bundes". Indem aber die lateinische Bibel das griechische Wort für „Bund" fälschlich mit „testamentum" übersetzte (was das Wort allerdings ebenfalls heißen kann, aber nicht hier), entstand die unrichtige Bezeichnung „Altes Testament". Danach haben dann die Bücher des Neuen Bundes den Namen „Neues Testament" erhalten.

[1]) Dieser Abschnitt schließt sich an an Nr. 1—3 des Hilfsbuchs, namentlich an 3c, und er findet eine Ergänzung in Nr. 147b.

[2]) In der Klammer ist der betr. Abschnitt des Handbuchs angegeben.

c. Das Alte und das Neue Testament enthalten nun aber dreierlei Bücher: Geschichtsbücher, Lehrbücher und Weissagungsbücher (prophetische Schriften). Die Geschichtsbücher erzählen, wie Gott sich im Volke Israel geoffenbart und ein Reich Gottes gegründet hat, zunächst nur für dies eine Volk, aber bestimmt für alle Völker. Die Lehrbücher lassen uns erkennen, was die Frommen des Alten und des Neuen Bundes auf Grund der Offenbarung Gottes glauben und wie sie leben. Die Weissagungsbücher enthalten die Predigten der Propheten im Volke Israel und in der Christenheit von der Vollendung des Reiches Gottes.

d. Nachdem in der letzten Zeit vor Christi Geburt das Alte Testament, und um das Jahr 400 nach Christus das Neue Testament zusammengestellt und abgeschlossen worden war, besaß nunmehr die christliche Kirche die ganze heilige Schrift, wie sie uns heute als ein Buch vorliegt, und über den Umfang der Bibel ist die christliche Kirche im ganzen einig. Wenn allerdings die katholische (sowohl die römische, wie auch die griechische) Kirche zur Bibel auch die Apokryphen rechnet (d. h. Schriften frommer Juden welche nach dem Abschluß des Alten Testaments geschrieben worden waren, aber unter die heiligen Bücher nicht mehr aufgenommen wurden), so dulden zwar die Lutheraner dieselben in ihrer Bibel als „nützlich und gut zu lesen", aber sie stellen sie den anderen Büchern nicht gleich; strengere Reformierte dagegen weisen dieselben aus der Bibel hinaus, weshalb die Bibeln der englischen Bibelgesellschaft dieselben nicht enthalten. Abgesehen von diesen Büchern, stimmen die drei großen Kirchen über den Umfang der Bibel überein, und sie betrachten die Bibel als die Richtschnur (griechisch: Kanon) für ihr Glauben und Leben; die kleineren Kirchen haben in ihrem N. T. zum Teil auch noch andere alte Schriften.

2. Entstehung der heiligen Schrift.

e. In unserer Bibel, die wir zunächst als Ganzes vor uns haben, sind also eine große Anzahl von heiligen Schriften verschiedener Männer und verschiedener Zeiten vereinigt; wie ist nun diese Sammlung heiliger Schriften entstanden?

α. Das Alte Testament (ohne die Apokryphen), wie es sich seit etwa 2000 Jahren in den Händen der Juden und auch der Christen befindet, besteht aus 39 Büchern, welche uns die äußere Geschichte und die innere Entwickelung des Reiches Gottes im Alten Bunde bis zur Zeit nach dem Exil vorführen, und in einem Zeitraum von etwa tausend Jahren von verschiedenen Männern geschrieben worden sind. Wie ist diese Sammlung entstanden?

Der erste Teil des Alten Testaments sind die fünf Bücher Mosis, welche in der hebräischen Bibel unter dem Namen „das Gesetz" den ersten Teil des A. T. bilden; lange Zeit hat das Volk Gottes nichts weiter von heiligen Schriften besessen als dies „Gesetz", und der gemeine Mann besaß auch diese kleine heilige Schrift nicht, denn Bücher waren ja in der alten Zeit wenig verbreitet, und die wenigsten Menschen konnten früher lesen und schreiben.

Den zweiten Teil ihrer Bibel nennen die Israeliten „Propheten", und sie bezeichnen damit die von prophetischen Männern verfaßten Geschichtsbücher Josua, Richter, Samuels und der Könige nebst den Büchern der eigentlichen Propheten (außer Daniel); dieser zweite Teil des A. T., der bis in die Zeit nach dem Exil hinabreicht, ist natürlich erst in dieser Zeit dem „Gesetz" beigefügt worden.

Noch später ist der dritte und letzte Teil des A. T., „Schriften" von den Israeliten genannt (wie *wir* die *ganze* Bibel nennen), den beiden älteren Teilen angefügt worden; derselbe umfaßt geschichtliche (Ruth, Chronik, Esra, Nehemia und Esther), prophetische (Daniel) und namentlich Lehrbücher und dichterische Bücher (Psalmen, Sprüche, Prediger, Hohes Lied, Hiob, Klagelieder).

Mit dieser Sammlung war für die Israeliten ihre heilige Schrift („Gesetz, Propheten und Schriften") abgeschlossen, und seit den Tagen der Makkabäer hat bei ihnen kein Buch mehr ein gleiches Ansehen erlangt, wie diese Bücher der älteren Zeit.

β. Als die hebräische Bibel ins Griechische übersetzt wurde, entstanden unter den Juden außerhalb Palästinas noch mehrere mehr oder weniger wertvolle Schriften, welche in der griechischen Bibel Aufnahme fanden, während sie den Juden in Palästina unbekannt waren und von ihnen auch nicht in ihre Bibel aufgenommen wurden, obgleich sie zum Teil ursprünglich in hebräischer Sprache verfaßt waren und erst später ins Griechische übersetzt wurden. Da die alten Christen meist nicht Hebräisch verstanden, sondern nur Griechisch und Lateinisch, so hielten sie sich an die griechische und an die lateinische Bibel, und da die griechische Bibel diese Bücher enthielt, so waren dieselben auch in die lateinische übergegangen, und das ganze Mittelalter hat dieselben ebensogut als heilige Bücher angesehen, wie die alten Schriften der hebräischen Bibel. Erst in der Reformationszeit und durch die evangelischen Kirchen wurden sie von der ursprünglichen Bibel wieder gesondert, und der Name „Apokryphen", der sonst nur die von der Kirche gänzlich verworfenen Bücher bezeichnete, auch auf diese Bücher übertragen, so daß bei Luther ihre Überschrift bekanntlich lautet: „Apokrypha. Das sind Bücher, welche der heiligen Schrift nicht gleichgehalten und doch nützlich und gut zu lesen sind." Und bei dieser Ansicht Luthers ist die evangelische Kirche im ganzen geblieben; strengere Reformierte aber haben dieselben aus der Bibel hinausgewiesen, und die britische Bibelgesellschaft verbreitet seit dem Jahre 1825 nur Bibeln ohne Apokryphen.

Während nun die Apokryphen des Alten Testaments in unseren Bibeln meist zu finden sind, haben dagegen die zahlreich vorhandenen Apokryphen des Neuen Testaments mit Recht keine Aufnahme in die Volksbibel gefunden; dieselben sind zwar für den Gelehrten interessant und wertvoll, enthalten aber neben wenigem Schönen und Anziehenden allzuviel gänzlich Verkehrtes, als daß es sich empfehlen könnte, ihnen auch nur einen bescheidenen Platz in unserer Bibel zu gönnen.

γ. Für die Christen war nun zunächst das A. T. die heilige Schrift; für die Lauterkeit der eigentlich *christlichen* Predigt beriefen sie sich zuerst nur auf die *mündliche* Predigt der Apostel und der Jünger derselben. Als nun aber allerlei Irrlehrer auftraten, welche sich gleichfalls auf die Lehre der Apostel beriefen, bildete sich allmählich (vom 2.—4. Jahrhundert) ein *Kanon des Neuen Testaments*, in welchen die von den Aposteln oder ihren nächsten Schülern herrührenden Schriften aufgenommen wurden. Von den vielen Schriften nun, welche bis dahin entstanden waren und von denen in den verschiedenen Gemeinden verschiedene zu Ansehen gelangt waren, fanden zunächst nur die vier Evangelien, die Apostelgeschichte, die Paulinischen Briefe (nicht der Hebräerbrief), der erste Brief des Petrus und der des Johannes allgemeine Anerkennung, während dieselbe dem Hebräerbriefe, dem zweiten Briefe Petri, dem zweiten und dritten Briefe Johannis, den Briefen des Jakobus und des Judas und der Offenbarung Johannis meist noch versagt wurde; dagegen wurden damals noch manche Schriften in den Gemeinden anerkannt und vorgelesen, welche später allgemein verworfen worden sind. Seinen Abschluß hat der Kanon des N. T. im Morgenlande durch die Synode von Laodicea im Jahre 360 erhalten, welche jedoch die Offenbarung Johannis vom N. T. noch ausschloß; dagegen ist dieselbe im Abendlande, wo die Sammlung des N. T. auf den Synoden zu Rom (382), zu Hippo (383) und zu Carthago (397) abgeschlossen wurde, in das N. T. aufgenommen und auch von der griechischen Kirche seitdem als kanonische Schrift anerkannt worden. Seitdem besteht das N. T. aus 27 Büchern: den 4 Evangelien, der Apostelgeschichte, den 13 Paulinischen Briefen, dem Hebräerbriefe, den 7 sogenannten katholischen Briefen (d. h. Briefen ohne spezielle Adresse, also für die ganze Kirche bestimmt) und der Offenbarung Johannis. Diese Sammlung heiliger Schriften ist seitdem von den Christen dem Alten Testament als das Neue Testament zur Seite gestellt worden, und in diesen beiden Sammlungen, welche die christliche Bibel bilden, erblickt die Kirche[1]) seitdem ihre kanonischen Schriften, ihre Richtschnur (Kanon = Richtschnur) für christliches Glauben und Leben.

3. Grundsprachen und Text der Bibel: Heil. Gesch.[1] Nr. 14.

2. (142.) Die Übersetzung der Bibel. (I, 71 C.)

1. Die griechische und die lateinische Bibel.

a. Als die Juden aus dem Exil zurückgekehrt waren und ihre frühere Muttersprache, das Hebräische, mehr und mehr verlernten, und sich dafür in ihrem Heimatlande der aramäischen, in den anderen Ländern, wo sie wohnten, der damals allgemein verbreiteten griechischen Sprache bedienten, da wurden ihnen auch ihre heiligen Schriften, die ja in hebräischer Sprache verfaßt sind (nur Esra und Daniel zum Teil in aramäischer), unverständlich, und der Vorleser in der Synagoge mußte, je nach der Gegend, das, was er vorlas, in das Aramäische oder in das Griechische übersetzen, damit es von den Zuhörern verstanden würde. Das war aber eine Aufgabe, der nur wenige Vorleser gewachsen waren, namentlich wenn es sich um die Übersetzung ins Griechische handelte, und so machte sich das Bedürfnis einer griechischen Übersetzung der Bibel geltend. Dieselbe ist jedenfalls allmählich entstanden und war um das Jahr 150 vor Chr. vollendet, und sie ist natürlich von gelehrten Juden angefertigt worden. Nach der Sage ist dagegen die hebräische Bibel auf den Wunsch eines Heiden für die Heiden

---

[1]) Aber nur die drei großen Kirchen; die kleineren Kirchen haben in ihrem N. T. zum Teil auch noch andere alte Schriften.

ins Griechische übersetzt worden, nämlich auf den Wunsch des ägyptischen Königs Ptolemäus II. (285—247) für die Bibliothek in Alexandria, und zwar von 72 Juden (daher der Name Septuaginta = 70), von jedem ganz übersetzt, wobei die 72 Übersetzungen buchstäblich übereinstimmten, also offenbar von Gott eingegeben waren.

Dieser griechischen, nicht mehr der hebräischen Bibel, bedienten sich fortan Juden und Christen; diese fügten allmählich auch noch die Bücher des Neuen Testaments hinzu, die sämtlich in derjenigen Sprache geschrieben waren, in die das Alte Testament zuerst übersetzt worden ist. So besaß denn das christliche Morgenland die heiligen Bücher in der allen verständlichen griechischen Sprache, und die morgenländische Kirche bedient sich für die griechischen Gemeinden noch heute dieser griechischen Bibel, und sogar in den Schulen des heutigen Griechenlands wird das N. T. im Grundtext gelesen, obwohl doch die heutige griechische Sprache von der der alten Griechen sehr verschieden ist.

b. Im Abendlande war aber das Griechische viel weniger verbreitet, hier verstanden alle das Lateinische; darum begehrte man hier frühzeitig eine lateinische Übersetzung der Bibel. Und schon gegen Ende des 2. Jahrhunderts hat es eine solche gegeben; da sie aber sehr mangelhaft war, so übersetzte ein gelehrter Theologe der lateinischen Kirche, Hieronymus, der im Jahre 420 gestorben ist[1]), das A. T. aus dem Hebräischen, das er von einem Juden erlernt hatte, und revidierte die Übersetzung des N. T., und seine Übersetzung wurde im Abendlande allmählich allgemein angenommen. Noch heute wird sie in der katholischen Kirche gebraucht; von ihrem allgemeinen Gebrauch heißt sie seit dem Tridentiner Konzil die Vulgata.

2. Die deutsche Bibel vor Luther.

a. Auch das deutsche Volk hat schon in alter Zeit eine Bibel in seiner Muttersprache erhalten. Als nämlich im 4. Jahrhundert das Christentum auch zu den Westgoten gekommen war, hat unter diesem Volke Wulfila (d. h. Wölflein — die Griechen nannten ihn Ulfila) vierzig Jahre lang als hoch angesehener Bischof gewirkt († 383), und um sein Volk im Christentum zu erhalten und zu befestigen, hat er die Bibel aus dem Griechischen ins Gotische übersetzt. In Wulfila hat Luther schon einen Vorgänger gehabt, von dem er freilich nichts gewußt hat, denn erst nach Luthers Tode wurde die kostbare Handschrift (codex argenteus) in der Abtei Werden an der Ruhr gefunden, von wo sie nach Prag und später nach Upsala gekommen ist, und erst in noch späterer Zeit hat man entdeckt, welchen kostbaren Schatz sie birgt.

b. Die gotische Sprache aber, die älteste uns bekannte deutsche Sprache, ist mit dem Volke, das sie sprach, untergegangen; von den anderen deutschen Sprachen, welche noch heute weiterleben, ist für uns das Hochdeutsche vornehmlich wichtig. Es vergingen viele Jahrhunderte, ehe es zu einer vollständigen hochdeutschen Bibelübersetzung kam, nach der ja auch die Kirche des Mittelalters nicht so sehr verlangte; auch war ein großes Buch im

---

[1]) Der Traum des Hieronymus: Ciceronianus es, non Christianus; ubi enim thesaurus tuus, ibi et cor tuum.

Mittelalter gar zu teuer. Doch hat es im späteren Mittelalter an deutschen Bibeln nicht ganz gefehlt.

c. Als die Buchdruckerkunst erfunden war, wurden auch alsbald deutsche Bibeln gedruckt, und es sind von den vor Luthers Zeit gedruckten vielen Bibeln 14 hochdeutsche und 4 plattdeutsche Ausgaben einer Übersetzung der heiligen Schrift erhalten, welche freilich nur aus der lateinischen Bibel ziemlich ungeschickt und fehlerhaft übersetzt waren. Alle diese Übersetzungen sind vor Luthers Bibel verschwunden, wie die Sterne vor der aufgehenden Sonne.

3. Luthers Bibel.

(Nr. 153 C, 1. Quell. II, 4—6, vgl. auch oben Nr. 100.)

a. Auf die Bibel hatte sich Luther berufen, um seine Predigt zu rechtfertigen; da war es natürlich, daß er daran dachte, die Bibel dem Volke in die Hand zu geben, damit jeder selbst erkenne, daß seine Predigt der Bibel entspreche. Schon in den früheren Jahren hatte er einige kleine Stücke der Bibel übersetzt und ausgelegt; aber an die Übersetzung der ganzen Bibel konnte er erst während seiner unfreiwilligen Muße auf der Wartburg (im Jahre 1521) denken, und das N. T. hat er hier wirklich zustande gebracht. Als er wieder in Wittenberg war, arbeitete er dasselbe mit Melanchthon noch einmal durch und zog auch andere Freunde vielfach zu Rate. Neben der Revision ging der Druck des Buches her, und Ende September 1522 konnte dasselbe erscheinen. Inzwischen hatte Luther auch das A. T. zu übersetzen angefangen, wobei ihm neben Melanchthon namentlich auch Aurogallus, der Lehrer des Hebräischen in Wittenberg, zur Seite stand, und dasselbe erschien in einzelnen Teilen in den Jahren 1523—1534.

b. Als endlich alle Teile der heiligen Schrift übersetzt und wiederholt einzeln herausgegeben worden waren, da ließ Luther im Jahre 1534 seine Bibel als Ganzes neu erscheinen. Auch hier wieder war vieles gebessert, und bei jeder neuen Auflage des Gesamtwerkes, die immer wieder erschienen, hat Luther an seinem Werke gefeilt und gebessert. Leider haben nach seinem Tode seine Anhänger diese fortgehende Besserung des großen Werkes fast ganz unterlassen. In unseren Tagen aber hat die Hallesche Bibelgesellschaft die Berichtigung der Lutherbibel im Jahre 1857 in die Hand genommen, und, nachdem zunächst im Jahre 1870 das revidierte Neue Testament und im Jahre 1883 eine ganze revidierte Bibel erschienen war, besitzen wir nunmehr (seit dem Jahre 1892) eine „durchgesehene" (revidierte) Lutherbibel, von welcher im Jahre 1913 eine sprachlich revidierte neue Ausgabe erschienen ist.

c. Luther hat seine Arbeit ernst und schwer genommen, aber er hat nun auch seinem Volke eine Bibelübersetzung geschenkt, wie sie wohl kein anderes Volk besitzt; daher hat sein Werk auch für das deutsche Volk eine Bedeutung gewonnen, wie nur wenige Bücher sie gewonnen haben.

3. (143.) Die Verbreitung der Bibel. (I, 71 E.)

a. Luther hatte dem deutschen Volke die Bibel trefflich übersetzt, und sie war seitdem immer aufs neue an vielen Orten gedruckt worden. Aber noch war die heilige Schrift zu teuer, als daß jeder Arme und jedes Schulkind sie sich hätte anschaffen können; diesem Übelstande hat zuerst der Freiherr Hildebrand von Canstein durch die Gründung der noch heute bestehenden Bibelanstalt in Halle abgeholfen (1710), welche noch immer das deutsche Volk mit „guten und wohlfeilen Ausgaben" der heiligen Schrift versorgt.

b. Eine noch größere Bibelgesellschaft ist hundert Jahre später in England gegründet worden (1804), die „britische und ausländische Bibelgesellschaft", die das Wort Gottes in allen Sprachen und in allen Ländern zu verbreiten beschloß. Überall haben sich seitdem noch andere Bibelgesellschaften gebildet, eine in Amerika und noch 24 in Deutschland außer der Cansteinschen, und in regem Eifer verbreiten dieselben in allen Ländern und Sprachen (heute in mehr als 600 von vielleicht 1000 Sprachen) die heilige Schrift [1]).

c. So ist denn auch auf diesem Gebiete zwar Großes in der letzten Zeit getan worden, aber noch viel Größeres bleibt zu tun übrig; denn die Bibel zu verbreiten hält ja die evangelische Kirche, in Übereinstimmung mit der alten Kirche (aber in höherem Grade als die katholische Kirche), für ihre Pflicht [2]).

B. Der Glaube der evangelischen Kirche und die Bekenntnisschriften.

4. (144.) Die Bekenntnisschriften der verschiedenen Kirchen.

(I, 64—68.)

a. Aus der Bibel kann der Christ erkennen, wie Gott sich den Menschen geoffenbart hat, und wie das Christentum entstanden ist; aber da es unmöglich war, daß jeder erst die ganze Bibel durchstudierte, um ein Christ werden zu können, und da es ja zunächst noch kein Neues Testament gab, so waren schon in der alten Zeit die Hauptstücke des christlichen Glaubens kurz und einfach zusammengestellt worden. So war das sogenannte apostolische Glaubensbekenntnis entstanden, welches später in den Glaubensstreitigkeiten der alten Kirche im Nicänischen und im Athanasianischen Bekenntnis erweitert und ausgelegt worden ist. Diese Glaubensbekenntnisse der alten Kirche haben sowohl die Katholiken als auch die Evangelischen anerkannt als übereinstimmend mit der Predigt der Apostel in der heiligen Schrift [3]). Aber als sich nun aus der alten Kirche die katholische und aus dieser die evangelische Kirche entwickelte, da genügten dieselben (die ja auch weder den eigentlich katholischen noch den evan-

---

[1]) Die Bibel in der Weltliteratur: Festschrift der britischen Bibelgesellschaft zum 7. März 1904 (Joh. 3, 16) in 403 Sprachen oder Formen — 2. Aufl.: 498 Sprachen oder Formen, 20 Pfg. Vgl. KG [3] Nr. 71 E, 2. Eine Ergänzung zu dieser Schrift ist im Jahre 1909 erschienen (und wird umsonst geliefert): „Proben von denjenigen (26) Sprachen, welche in den deutschen Kolonieen gesprochen werden".

[2]) Hierher gehören noch der Abschnitt Nr. 146 b: Die Bedeutung der heiligen Schrift, und die am Ende des Buches befindlichen Abschnitte Nr. 155, 1: Die Bücher der heiligen Schrift, und Nr. 155, 2: Zahlen der heiligen Geschichte.

[3]) Die morgenländische Kirche erkennt aber das Athanasianum nicht an; das Apostolikum erkennt sie zwar als richtig an, aber sie gebraucht im Unterricht wie im Gottesdienst nur das Bekenntnis von Nicäa-Konstantinopel.

gelischen Glauben enthalten) weder für die katholische noch für die evangelische Kirche, da beide Kirchen sich mit Recht auf diese Bekenntnisse beriefen. So sind denn im 16. Jahrhundert (und zwar für beide Kirchen) neue Bekenntnisse entstanden, die uns die Entwickelung der Kirche und den Unterschied der verschiedenen Kirchen erkennen lassen.

b. Zunächst entstanden Luthers Katechismen, der große und der kleine, im Jahre 1529, welche die Hauptsache im Christentum kindlich und einfach darstellen, ohne der Glaubensstreitigkeiten zu gedenken.

Demnächst verfaßte Melanchthon im Jahre 1530 die Augsburgische Konfession, und zu ihrer Verteidigung gegen die Angriffe der Katholiken die Apologie der Konfession, jene eine kurze und einfache Darstellung des evangelischen Glaubens, diese eine gelehrte und ausführliche Rechtfertigung der von den Katholiken angefochtenen Lehren der Augsburgischen Konfession.

Als ein Konzil die Glaubensstreitigkeiten entscheiden sollte, verfaßte Luther im Jahre 1537 die Schmalkaldischen Artikel, in denen er, schärfer als Melanchthon in der Konfession, den Gegensatz gegen die katholischen Lehren und Bräuche hervorhob.

Als allmählich in der evangelischen Kirche allerlei Streitigkeiten um den rechten Glauben ausbrachen, sollten dieselben durch eine neue Bekenntnisschrift, die sogenannte Konkordienformel, die im Jahre 1580 mit den anderen alten und neuen Bekenntnissen zusammen in dem Konkordienbuche herausgegeben wurde, beigelegt werden; das ist ihr aber nicht gelungen; die lutherische Kirche hat diese Schrift schon damals nur zum Teil anerkannt und sich später noch mehr von ihr abgewandt.

Die schweizerische Reformation hat ihren Glauben vornehmlich in dem von Ursinus und Olevianus im Jahre 1563 verfaßten Heidelberger Katechismus ausgesprochen, die evangelische Kirche Englands in den im Jahre 1562 verfaßten und im Jahre 1571 als Glaubensbekenntnis anerkannten 39 Artikeln.

Auch die kleineren evangelischen Kirchenparteien haben ihren Glauben in besonderen Bekenntnissen dargestellt.

c. Gegenüber der Reformation hat die katholische Kirche ihren Glauben in den Dekreten des Tridentiner Konzils (1545—1563), in einem eigenen, dem Römischen Katechismus und in dem Tridentinischen Glaubensbekenntnis, einem Auszug aus den Dekreten des Konzils, dargelegt. Dazu sind im Jahre 1870 die Beschlüsse des Vatikanischen Konzils gekommen, durch welches namentlich erst die Unfehlbarkeit des Papstes als Kirchenlehre hingestellt worden ist, so daß nunmehr neben den Glaubensbestimmungen der von dieser Kirche anerkannten zwanzig allgemeinen Konzilien (325—1869/70) auch alle Erklärungen der Päpste in Glaubenssachen als Norm des Glaubens anzusehen sind.

Die morgenländische Kirche, welche bei dem von ihr allein gebrauchten nicänischen Bekenntnis geblieben ist (unter Anerkennung des apostolischen, aber Verwerfung des Athanasianischen), erkennt nur die Beschlüsse von sieben allgemeinen Konzilien (325—787) als für den Glauben bindend an, und ein eigentliches Glaubensbekenntnis ist von ihr seit der alten

Zeit nicht mehr aufgestellt worden; aber sie hat ihren Gegensatz gegen die evangelischen Kirchen im Jahre 1643 ausgesprochen, indem sie ein Bekenntnis des Metropoliten von Kiew, Petrus Mogilas, allgemein als dem rechten Glauben entsprechend anerkannt hat.

d. Alle Kirchen aber, große wie kleine, bekennen, daß ihr Glaube mit der heiligen Schrift sich in Übereinstimmung befinden müsse, und sie sind alle der Meinung, daß ihre Bekenntnisse der heiligen Schrift nicht widersprechen[1]; wir sind der Meinung, daß unsere Kirche das Christentum am richtigsten und am tiefsten erfaßt hat, richtiger und tiefer, als die morgenländische und die römische Kirche; aber auch unser Wissen ist Stückwerk, und auch wir wollen und sollen immer noch tiefer und gründlicher in die Geheimnisse der göttlichen Offenbarung einzudringen suchen.

e. Die Glaubensbekenntnisse der christlichen Kirche.

1. Das apostolische Glaubensbekenntnis. Siehe Nr. 75 B.
2. Das nicänische Glaubensbekenntnis. Siehe Nr. 76 c.
3. Das sogen. Athanasianische Glaubensbekenntnis. Siehe Nr. 76 d.
4. Die Augsburgische Konfession. Siehe Nr. 147.
5. Dr. Martin Luthers kleiner Katechismus. Siehe Nr. 145 und 148.

5. (145.) Der Katechismus. (Nr. 153 C, 2. I, 69.)[2]

A. Die Entstehung des Katechismus.

Unter den Bekenntnisschriften der christlichen Kirchen nimmt aber die erste Stelle ein der Katechismus. Ein solches Buch, wie es jetzt im Katechismus dem Kinde in die Hand gegeben wird, hat es vor Luther nicht gegeben; aber die Grundlage zu diesem Buche, die Aufstellung und Ausbildung der Hauptstücke des Christentums, verdankte Luther der alten Kirche. Wenn nämlich in der alten Zeit Heiden, natürlich Erwachsene, wie noch heute in den Missionsländern, zum christlichen Glauben übertreten wollten, so wurden sie natürlich zuerst über den christlichen Glauben eingehend unterrichtet und auch ihr Wandel beobachtet, damit sie nicht unvorbereitet und unwürdig die heilige Taufe empfingen. Den christlichen Glauben lernten sie aber kennen, indem ihnen die großen Taten Gottes, von der Weltschöpfung an bis zur Begründung der Kirche unter Juden und Heiden, verkündet wurden, wie dieselben auch jetzt in unserem Schulbuche, der „biblischen Geschichte", der Jugend zuerst erzählt werden, und wie sie allmählich in dem sogenannten apostolischen Glaubensbekenntnis kurz zusammengefaßt worden sind; diesen Glauben sollten ja die Täuflinge bei der Taufe als den ihrigen bekennen. Ebenso erhielten sie, da ja der Christ, und zwar besser als der Heide, beten soll, bei dieser Unterweisung eine Anleitung zum Beten, und welche bessere Anweisung dazu hätte ihnen gegeben werden können, als die im Vaterunser den Christen gegebene Form und Weise des rechten Gebetes! Endlich gab man den Täuflingen auch

---

[1] „Die heilige Schrift ist allein die einige wahrhaftige Richtschnur, nach der alle Lehrer und Lehren zu richten und zu urteilen sind." Konkordienformel I, 1.

[2] Der Text von Luthers Katechismus ist unten abgedruckt: Nr. 148.

Ermahnungen zu christlichem Leben und Wandel; aber da man in der alten Zeit ein besonderes Gewicht darauf legte, daß die Christen vom Joche des mosaischen Gesetzes frei seien und nicht mehr aus Furcht vor den Drohungen des Gesetzes, sondern vom Geiste Gottes getrieben Gutes täten, so benutzte die Kirche bei der Anleitung zum christlichen Leben nicht die zehn Gebote, die man als nur für die Juden gültig ansah, sondern legte den Täuflingen das Wort Jesu (oder ein ähnliches) ans Herz: „Du sollst lieben Gott deinen Herrn von ganzem Herzen, von ganzer Seele und von ganzem Gemüte, und deinen Nächsten als dich selbst." Hatten so die Täuflinge eine dreifache Unterweisung über der Christen Glauben, Beten und Leben empfangen, so wurden sie, vornehmlich am Ostersonnabend, wo des Nachts die Auferstehung gefeiert wurde, getauft, und am Sonntag nach Ostern empfingen sie zum ersten Male das heilige Abendmahl; die Zwischenzeit aber wurde dazu benutzt, um sie über die Lehre von den Sakramenten genauer zu unterweisen, von der sie bis dahin noch wenig oder nichts vernommen hatten. So war auch das Hauptstück von den Sakramenten der alten Kirche nicht fremd. Das letzte Jahrhundert vor der Reformation hat auch noch den letzten Baustein herbeigetragen zu dem Gebäude, welches Luther aufführen sollte, indem die zehn Gebote, nunmehr als Norm der Sittlichkeit anerkannt, immer aufs neue erklärt und ausgelegt wurden.

Wenn so Luther die Hauptstücke des Christentums auch bereits aufgestellt vorfand, ja, wenn auch schon die alte Kirche und die Kirche des Mittelalters Schriften hervorgebracht hatten, welche als Anfänge unseres Katechismus angesehen werden können, so bleibt doch Luther derjenige, welcher erst in unserem Sinne den Katechismus der Kirche gegeben hat, denn erst Luther hat die allmählich aufgestellten Hauptstücke des Christentums in einem Buche zusammengestellt und diesem Buche auch erst den sonst in anderem Sinne gebrauchten Namen „Katechismus" gegeben, und erst nach Luthers Zeit, und von ihm dazu angeregt haben auch die anderen Kirchen für ihre Angehörigen einen „Katechismus" zusammengestellt.

B. Die Katechismen der anderen Kirchen, besonders der Heidelberger Katechismus.

a. Von Luthers Beispiel angeregt, haben die anderen Kirchen ebenfalls Katechismen geschaffen. So gibt es denn jetzt einen griechischen Katechismus; derselbe hat die Hauptstücke in der Ordnung hintereinander, wie sie in der Geschichte nacheinander aufgestellt worden sind: Glaube[1]), Gebet, Gesetz; ebenso einen auf Anregung des Tridentiner Konzils verfaßten römischen Katechismus, der sie anders geordnet hat: Glaube[2]), Gesetz, Gebet, so daß ihre Folge der Zusammenstellung von Glaube, Liebe (im Gesetz gefordert und aus dem Glauben herkommend) und Hoffnung (auf die ja das Vaterunser wenigstens in zwei Bitten hindeutet) entspricht; vom reformierten Katechismus wird alsbald Ausführlicheres gesagt werden.

[1]) Daß aber in der griechischen Kirche nicht das apostolische, sondern das nicänische Glaubensbekenntnis gebraucht wird, ist schon oben bemerkt worden.

[2]) Im Katechismus wird das apostolische Glaubensbekenntnis zugrunde gelegt, während in der Messe das nicänische Bekenntnis gebraucht wird.

Diesen Hauptkatechismen stehen in allen Kirchen (auch in der lutherischen) noch andere mehr oder weniger verbreitete zur Seite, und auch von den kleineren Religionsparteien hat jede ihren besonderen Katechismus.

b. Der bedeutendste Katechismus neben dem Lutherschen ist unstreitig der Heidelberger Katechismus, der in der ganzen reformierten Kirche als ein rechtes Bekenntnis ihres Glaubens anerkannt worden ist. Derselbe ist zu Heidelberg im Jahre 1563 erschienen, in der Hauptstadt der Kurpfalz, auf Veranlassung und unter Mitwirkung des Kurfürsten Friedrich III. und der bedeutendsten Theologen der pfälzischen Kirche von zwei frommen Männern, dem Professor Ursinus und dem Hofprediger Olevianus, ausgearbeitet. Wie Luthers Katechismus, so beruht auch der Heidelberger Katechismus vornehmlich auf dem Römerbriefe; ja, seine Einteilung ist wohl diesem Briefe entnommen. Wenn der Apostel Paulus am Ende des 7. Kapitels seines Römerbriefes ausruft: „Ich elender Mensch, wer wird mich erlösen von dem Leibe dieses Todes? Ich danke Gott durch Jesum Christum unserm Herrn" — so haben die Verfasser des Heidelberger Katechismus wohl nach diesem Worte des Paulus ihren Katechismus in drei Teile geteilt: „Von des Menschen Elend" — „Von des Menschen Erlösung" — „Von der Dankbarkeit". In diesen drei Teilen (mit ihren 129 Fragen) sind die fünf Hauptstücke des Lutherschen Katechismus enthalten. Der erste Teil, die Einleitung, weist auf die Sünde des Menschen hin, aber die zehn Gebote sind nicht an dieser Stelle ausgelegt (wie das Luther getan hat). Der zweite Teil enthält den christlichen Glauben und die Sakramente. Der dritte Teil enthält die zehn Gebote und das Vaterunser, denn ein frommer Wandel und das Gebet sind die vornehmsten Stücke der Dankbarkeit des von der Sünde erlösten Menschen. Die Hauptstücke folgen also aufeinander so, wie im katholischen Katechismus: Glaube, Gesetz, Gebet; daß aber trotzdem beide Katechismen grundverschieden sind, versteht sich von selbst[1].

C. Luthers Katechismus. (Nr. 153 C, 2. Quell. II, 7—9. KG[3] 69.)

a. Vor allen diesen Katechismen sind die beiden Katechismen Luthers entstanden. Als nämlich Luther, durch die Erfahrungen bei der Kirchenvisitation dazu bestimmt, wo er bei Geistlichen und Laien die gröbste Unwissenheit fand, daran ging, einen Katechismus zu schaffen, entstanden nach mancherlei früheren Schriften, welche denselben Zweck verfolgten, am An-

[1]) Bekannt und mit Recht berühmt ist die erste Frage und Antwort des Heidelberger Katechismus:

Was ist dein einiger Trost im Leben und im Sterben?

Daß ich mit Leib und Seele, beides im Leben und im Sterben, nicht mein, sondern meines getreuen Heilandes Jesu Christi eigen bin, der mit seinem teuren Blut für alle meine Sünden vollkömmlich bezahlet und mich aus aller Gewalt des Teufels erlöset hat, und also bewahret, daß ohne den Willen meines Vaters im Himmel kein Haar von meinem Haupte fallen kann, ja, auch mir alles zu meiner Seligkeit dienen muß. Darum er mich auch durch seinen heiligen Geist des ewigen Lebens versichert, und ihm forthin zu leben von Herzen willig und bereit macht.

fange des Jahres 1529 ungefähr gleichzeitig der Große und der Kleine Katechismus, und zwar erst der letztere in der Form von Frage und Antwort (die seitdem für die eigentliche Form eines Katechismus gilt) und in so einfacher und dabei so trefflicher Form, daß dies Buch bis auf den heutigen Tag noch von keiner derartigen Schrift übertroffen worden ist.

b. Luther stellte aber in seinem Katechismus (und dadurch unterscheidet sich derselbe von allen anderen) die zehn Gebote dem Glauben voran und ließ erst auf das Vaterunser die in den anderen Katechismen dem Glauben nachfolgenden Sakramente folgen. Aus welchem Grunde er das aber getan hat, und was für ein Zusammenhang der Hauptstücke in Luthers Katechismus anzunehmen ist, ist fraglich.

Nach der Meinung einiger Forscher gliedert sich Luthers Katechismus in zwei Teile (I—III und IV—V), von denen der erste die Frage beantwortet: „Wie wird der Mensch vor Gott gerecht?" Die Antwort lautet: „Nicht durch des Gesetzes Werke (Hauptstück I), denn durch das Gesetz kommt [nur] Erkenntnis der Sünde (Röm. 3, 20), — sondern durch den Glauben (Hauptstück II), — denn so halten wir nun dafür, daß der Mensch gerecht werde ohne des Gesetzes Werke allein durch den Glauben (Röm. 3, 28); — als Gerechtfertigte können wir nunmehr (Röm. 8, 15; Gal. 4, 6) beten zu Gott als unserem Vater (Hauptstück III). Der zweite Teil beantwortet die sich hieran anknüpfende Frage: „Wie kommt der Mensch zum Glauben?" Die Antwort lautet: Durch die Sakramente (Hauptstück IV und V). Diese Antwort wäre aber nur dann vollständig, wenn dem Lehrstücke von den Sakramenten ein Lehrstück vom Worte Gottes voranginge, denn der Glaube kommt ja doch zunächst aus der Predigt des Wortes Gottes; ein solches Hauptstück hat Luther aber nicht vorgefunden, und der Katechismus enthält ja eben nur, was er vorgefunden hat; der später (im Jahre 1531) von ihm selber dem Katechismus beigegebene Abschnitt von der Beichte enthält, aber freilich auf die Beichte beschränkt, eine kurze Belehrung über die Bedeutung der Predigt oder des Wortes Gottes; dagegen stammt das Hauptstück „Vom Amt der Schlüssel" nicht von Luther her, sondern aus den im Jahre 1533 von Brenz (dem Reformator von Württemberg) oder von Osiander (dem Reformator von Nürnberg) verfaßten Nürnberger Kinderpredigten und ist schon vor Luthers Tod in manche Katechismen aufgenommen worden. Diese Lücke des Katechismus ist ausgefüllt in der Augsb. Konfession (Art. 5), welche mit Recht sagt: „Solchen Glauben zu erlangen hat Gott das Predigtamt eingesetzt, Evangelium und Sakramente gegeben, dadurch er als durch Mittel den heiligen Geist gibt, welcher den Glauben wirket in denen, so das Evangelium hören [und die Sakramente empfangen]." Unter den anderen Anhängen, die dem Katechismus später noch beigegeben worden sind, ist namentlich die sogenannte Haustafel zu beachten; hinter dem Vaterunser kann man nämlich ein Hauptstück von dem neuen Leben des Gläubigen vermissen, wie ja auch in der alten Kirche an dieser Stelle das Wort von der Liebe zu Gott und den Menschen seine Stelle fand, weshalb auch in den anderen Katechismen die zehn Gebote hinter dem Glauben stehen; dasselbe wird einigermaßen in der Haustafel dargestellt.

Dagegen sind andere Forscher der Meinung, daß Luther bei seiner Anordnung der Hauptstücke einen anderen Gedankengang im Sinne gehabt habe. Danach wird uns zunächst in den zehn Geboten gezeigt, was Gott von uns getan und gelassen haben wolle; das ist das erste, was der Mensch wissen muß, und darum ist es ganz angemessen, daß der Katechismus mit dem Gesetz beginnt. Darauf wird dem Menschen im christlichen Glauben gezeigt, was Gott für uns getan habe, damit wir seinen Willen tun können. Damit wir nun aber Gottes Gebote wirklich halten, dazu bedarf es von unserer Seite des Gebets. Auf diese drei Hauptstücke des Christentums folgen dann noch die Lehrstücke von den Sakramenten, durch welche dem Menschen, wie auch durch das Wort Gottes, Vergebung der Sünden zuteil wird, und wo Vergebung der Sünden ist, da ist auch ein frommer Wandel zu finden. Bei dieser Fassung des Zusammenhanges der Hauptstücke zielt schließlich alles im Katechismus hin auf die Frömmigkeit und Sittlichkeit, von der das Gesetz Gottes handelt, dem darum auch mit Recht die erste Stelle im Katechismus zukommt [1]).

c. Wenn man in Luthers Katechismus auch wohl dieses oder jenes vermissen kann, so ist dennoch dies kleine Büchlein eins der trefflichsten Bücher, die von Luther und von anderen großen Männern jemals geschrieben worden sind, und noch heute bildet es mit Recht in einem großen Teile der evangelischen Kirche die Grundlage für den Unterricht im christlichen Glauben. Wenn Luther gesagt hat, er müsse immer ein Kind und Schüler des Katechismus bleiben und er bleibe es auch gerne, so wollen auch wir gerne Schüler des Katechismus bleiben.

D. Luthers Vorrede zum Kleinen Katechismus: Nr. 153 D, 2.
E. Der Wert des Katechismus: Nr. 153 D, 2.
F. Luthers Katechismus mit Anmerkungen und Bibelsprüchen: Nr. 148.

6. (146.) Der Glaube der evangelischen Kirche im Unterschiede vom katholischen Glauben. (I, 60—63.) [2])

Aus den Bekenntnisschriften der verschiedenen Kirchen erkennen wir nun die Verschiedenheit des Glaubens in den verschiedenen Kirchen. Dieselbe soll im folgenden dargelegt werden.

a. Luthers (wie auch der anderen Reformatoren) ganzes Wirken und Lehren hat seinen letzten Grund in der Erfahrung, die ihm geworden, daß der Mensch allein durch den Glauben an die Gnade Gottes in Christus die Rechtfertigung, d. h. die Vergebung der Sünden, erlange. Wir stehen nämlich Gotte nicht bloß als Geschöpfe, sondern als Sünder gegenüber, und unsre Sünde läßt uns Gottes Zorn

---

[1]) Die unlängst vorgenommene Revision des Lutherschen Katechismus bezweckte nicht (wie bei der Bibel) eine Umgestaltung des Wortlauts, sondern nur eine übereinstimmende Festsetzung des Textes unter Beseitigung der allmählich in den verschiedenen Gegenden hervorgetretenen Verschiedenheiten.

[2]) Vgl. Nr. 89.

fürchten. Aber Gott hat sich nun in Christus als einen gnädigen Gott geoffenbart, und seiner Gnade werden wir teilhaftig und gewiß durch den Glauben. So findet denn die evangelische Kirche auf die Frage: „Wie wird der Mensch vor Gott gerecht?" die Antwort im Römerbrief K. 3, 28: „So halten wir nun dafür, daß der Mensch gerecht werde ohne des Gesetzes Werke allein durch den Glauben."

Dieser Lehre tritt nun der Katholik in dreifacher Hinsicht entgegen. Zunächst behauptet er, daß das Heil des Menschen nicht bloß auf der vom Menschen im Glauben immer aufs neue angeeigneten Gnade Gottes in Christus beruhe, sondern Christus müsse immer aufs neue geopfert werden, und das geschehe in der Messe, in welcher durch den Priester immer aufs neue Brot und Wein in Leib und Blut Christi verwandelt und Gotte zum Opfer dargebracht werden.

Sodann ist der Katholik der Meinung, daß es rätlich sei, sich nicht bloß an Gott mit seinem Gebete um Gnade und allerlei Güter zu wenden, sondern auch an die Heiligen und besonders an die Maria, damit diese bei Gott für ihn Fürbitte einlegen und dadurch sein Gebet unterstützen. Der evangelische Christ glaubt dieser Fürbitte der Heiligen nicht zu bedürfen, sondern er wendet sich in seinem Gebet unmittelbar an Gott.

Endlich bestreitet der Katholik, daß die Rechtfertigung des Menschen allein auf dem Glauben beruhe, nicht bloß deshalb, weil ja das Wort „allein" nur ein Zusatz von Luther ist, sondern auch deshalb, weil er unter „Rechtfertigung" etwas anderes versteht als Luther. Luther versteht unter diesem Worte des Paulus „Vergebung der Sünden", während der Katholik dasselbe deutet als „Gerechtmachung", d. h. Umwandlung des Sünders in einen Gerechten. Diese Umwandlung ist nach der katholischen Lehre zwar ein Werk Gottes, aber sie kann nur erfolgen unter Mitwirkung des menschlichen Willens, welcher der Gnade Gottes zustimmen muß. Erst der „Gerechtfertigte" (d. h. wie Luther sagt, der „Geheiligte") kann unter dem Beistande der Gnade Gottes gute, d. h. für die Ewigkeit verdienstliche Werke vollbringen. Da nun aber auch der „Gerechtfertigte" immer wieder sündigt, so bedarf es für ihn nach katholischer Lehre des Sakraments der Buße, in welchem ihm die Sünden vergeben werden. Und hier zeigt sich nun deutlicher als bei der in beiden Kirchen verschieden gedeuteten „Rechtfertigung" der Unterschied in der Lehre der beiden Kirchen, indem der Katholik als Mittel zur Erlangung der Vergebung der Sünden bezeichnet: contritio cordis (Reue des Herzens), confessio oris (Beichte des Mundes) und satisfactio operis (Genugtuung des Werkes); jedenfalls ist die dritte Forderung mit der Lehre der evangelischen Kirche nicht zu vereinigen; wir betrachten als die Voraussetzung für die Vergebung der Sünden zwar Reue und Glauben, aber nicht gute Werke.

Aber allerdings — so lehrt der evangelische Christ —, wenn der Mensch zum Glauben an die Gnade Gottes in Christus gekommen ist, dann fühlt er sich dazu angetrieben, auch den Willen Gottes zu tun, und da er denselben jetzt aus Liebe tut, nicht aus Zwang, so ist er jetzt im Besitze einer besseren Frömmigkeit als früher, wo er das Gesetz nur aus Furcht vor der Strafe Gottes erfüllte.

Aber wenn der evangelische Christ jetzt Gottes Willen tut, so glaubt er einerseits nicht, wie der Katholik, daß er durch sein Tun sich die Gnade Gottes verdiene, und andererseits glaubt er nicht, daß er ganz besondere Dinge tun müsse, um sich Gottes Wohlgefallen zu erwerben, sondern er tut, was in seinem Beruf und in seinem Stande seine Pflicht ist, und darin bewährt sich die rechte Frömmigkeit des Christen. Es gibt nämlich nicht ein zweifaches Christentum, wie der Katholik lehrt, eins für die gewöhnlichen und ein höheres für die vollkommenen Christen, sondern nur ein einziges Christentum für alle Menschen, welches beruht auf dem Glauben an die Gnade Gottes in Christus, durch welche der Mensch Vergebung der Sünden erlangt, und welches sich bewährt in der Erfüllung der Pflichten des Berufs, in welchen Gott den Menschen gestellt hat. Der Katholik dagegen lehrt, daß es zwar für den gewöhnlichen Christen genüge, wenn er die zehn Gebote Gottes und die fünf Gebote der Kirche[1]) erfülle, aber nicht für denjenigen Christen, welcher vollkommen fromm sein wolle; ein solcher müsse auch die drei evangelischen Ratschläge beobachten, nämlich: beständige Ehelosigkeit, vollkommene Armut und Gehorsam gegen einen geistlichen Oberen. Der evangelische Christ bestreitet die Richtigkeit dieser Behauptung; er bleibt bei dem, was Paulus sagt, daß der Mensch gerecht werde durch den Glauben, und bestreitet jedes Verdienst der guten Werke.

b. Aber wie kommt nun der Mensch zum Glauben[2])?

Unsere Kunde von der Offenbarung Gottes beruht zunächst auf der uns zuteil gewordenen mündlichen Predigt des Evangeliums, wie ja auch Jesus seinen Jüngern zunächst nur die mündliche Predigt des Evangeliums aufgetragen hatte. Aber wie schon die Propheten des A. T. nicht bloß mündlich gepredigt, sondern ihre Predigt auch in Schriften aufgezeichnet hatten, so haben auch die Apostel und ihre nächsten Schüler von Jesus Christus nicht bloß mündlich gepredigt, sondern ihre Predigt auch schriftlich aufgezeichnet, und diese Schriften bilden, zusammen mit den Schriften des Alten Bundes, die heilige Schrift.

Es war ja nun sehr gut, daß die Predigt der Propheten und der Apostel auch schriftlich aufgezeichnet worden ist, denn wenn auch die Kunde von der Offenbarung Gottes durch die bloße mündliche Predigt sich hätte erhalten können, so wäre dieselbe doch im Laufe der Jahrhunderte allmählich so umgestaltet worden, daß wir über ihren wirklichen Inhalt sehr ungewiß sein würden, da niemand entscheiden könnte, welches der wahre christliche Glaube sei.

[1]) Dieselben lauten also: 1. Du sollst die angesetzten Feiertage halten. 2. Du sollst alle Sonn- und Feiertage die heilige Messe mit Andacht hören. 3. Du sollst die gebotenen Fasttage und den Unterschied der Speisen halten. 4. Du sollst zum wenigsten einmal im Jahre deinem verordneten Priester deine Sünden beichten. 5. Du sollst das allerheiligste Sakrament des Altars wenigstens einmal im Jahre, um die österliche Zeit, empfangen.

[2]) Vgl. Nr. 134 und Heil. Gesch.[3] Nr. 15.

Aber nur in der evangelischen Kirche wird nun die Bedeutung der heiligen Schrift vollkommen gewürdigt.

Wenn nach unserer Meinung die Kunde von der den Menschen zuteil gewordenen Offenbarung Gottes rein und unverfälscht nur in der heiligen Schrift zu finden ist, so bemerkt der Katholik zunächst, die Bibel sei unvollständig ohne die Apokryphen (welche die evangelische Kirche der heiligen Schrift zwar „als gut und nützlich zu lesen" beizugeben gestattet, aber mit Recht ihr nicht völlig gleichstellt). Sodann fordert der Katholik, daß bei der Erforschung des Inhalts der heiligen Schrift nicht der hebräische und griechische Grundtext, sondern die kirchliche Übersetzung, die lateinische Vulgata, zugrunde gelegt werde, da sie (jedenfalls in allen für Glauben und Leben bedeutsamen Stellen) eine durchaus entsprechende und richtige Übersetzung sei (was wir natürlich bestreiten). Aber auch die Vulgata mit den Apokryphen genügt dem Katholiken noch nicht, seine Kirche lehrt und fordert so viel Dinge von ihm, die doch auch in ihrer Bibel nicht zu finden sind; wo sind dieselben zu finden? Nach der Lehre der Katholiken in der Tradition, der Überlieferung, welche als angeblich notwendige Ergänzung zur Bibel hinzukommen muß, wenn man das wahre und ganze Christentum haben will; die Apostel haben ja nicht alles aufgeschrieben, was sie gepredigt haben; ihre weitere Predigt ist aber von den Kirchenvätern aufgeschrieben worden. Von dieser Überlieferung muß man sich auch bei der Auslegung der heiligen Schrift leiten lassen, um den rechten Sinn derselben zu erfassen, nicht von der Wissenschaft und Frömmigkeit, die oft irreführen, was angeblich die Überlieferung nicht tut. Indes, wer bestimmt denn, was eigentlich Überlieferung von den Aposteln her ist? Es gibt ja auch falsche Überlieferungen! Das tut die Kirche, die (nach katholischer Lehre) unfehlbar ist; die Kirche aber spricht ihre Lehre aus durch die Konzilien (die Versammlungen der Bischöfe), und so sind die Konzilien unfehlbar. Da nun aber ein Konzil doch nicht immer versammelt ist, die Kirche ein unfehlbares Organ aber immer haben muß, so kommt die Unfehlbarkeit — nach der neusten Lehre — auch dem Papste zu; wer aber an einen unfehlbaren Papst glaubt, der kann eigentlich die Bibel entbehren. Bibel oder Papst — das ist also schließlich der Gegensatz in den Antworten der beiden Kirchen auf die Frage, worauf der Glaube des Christen beruhe.

Aber freilich darf man auch die Bibel nicht in unrichtiger Weise betrachten und auslegen. Die Bibel ist nicht ein Lehrbuch weltlicher Wissenschaft, sondern ein Religionsbuch; sie ist also nicht dazu da, um Fragen der Wissenschaft zu entscheiden, z. B. die Frage, ob sich die Sonne um die Erde dreht oder die Erde um die Sonne. Auch darf man, wenn man eine religiöse Frage nach der Bibel entscheiden will, nicht alle einzelnen Teile der Bibel als für den Christen gleichwertig betrachten; nicht das Alte, sondern das Neue Testament, als die Urkunde der vollkommenen Offenbarung, ist maßgebend für des Christen Glauben und Leben; das Alte Testament ist für den Christen nur so weit maßgebend, als es mit dem Neuen Testament übereinstimmt. Aber auch vom Neuen Testamente, wie von der ganzen Bibel, darf man nicht jedes einzelne Wort als maßgebend betrachten, sondern man muß jedes einzelne Bibelwort stets im Zusammenhange der ganzen Bibel betrachten; nur die ganze Bibel, vornehmlich die Predigt Jesu, ist maßgebend für des Christen Glauben und Leben.

c. Vergebung der Sünden auf Grund unseres Glaubens empfangen wir aber nicht bloß durch die Predigt des Wortes Gottes, sondern auch durch die Sakramente, d. h. heilige Handlungen, von Christus selbst eingesetzt, bei denen dem Menschen unter sichtbaren Zeichen die unsichtbaren Gnadengüter (Vergebung der Sünden, Leben und Seligkeit) gereicht werden. Solcher Handlungen kennt die evangelische Kirche nur zwei, Taufe und Abendmahl; die katholische Kirche zählt deren sieben, indem sie das ganze Leben des Menschen mit einem Kranze heiliger Handlungen umgibt. Der Neugeborene empfängt die Taufe; der Heranwachsende empfängt die Firmelung (unserer Konfirmation entsprechend — die von Christus jedoch nicht eingesetzt ist), die Absolution (bei der Ohrenbeichte, wo der Priester die Sünde vergibt und allein vergeben kann — uns vergibt Gott unsere Sünde, auch ohne Beichte vor dem Geistlichen) und das heilige Abendmahl; der Erwachsene empfängt entweder die Priesterweihe (wir Evangelischen betrachten uns nach der heiligen Schrift sämtlich als Priester) oder die Ehe (die wir nicht als Sakrament ansehen); der Sterbende empfängt die letzte Ölung (im N. T. angewandt zur Wiederherstellung des Kranken). So bleiben denn von diesen sieben heiligen Handlungen für den Evangelischen nur zwei als Sakramente übrig, Taufe und Abendmahl, und wenn in der Lehre von der Taufe beide Kirchen ziemlich übereinstimmen, so gehen sie um so weiter beim heiligen Abendmahl in Lehre und Brauch auseinander. Die Evangelischen haben sich zwar untereinander über diese schwierige Lehre nicht ganz verständigen können[1], aber der katholischen Lehre und Übung gegenüber sind sie einig. Nach der letzteren wird beim heiligen Abendmahl durch des Priesters Wort Brot und Wein verwandelt in Leib und Blut Christi (transsubstantiatio — aber Paulus spricht nur von einer Gemeinschaft des Leibes und Blutes Christi), wobei, da in diesem Leibe auch schon Blut ist, dem Laien nach der katholischen Lehre der Kelch nicht gereicht zu werden braucht (aber Jesus hat ausdrücklich gesagt: Trinket alle daraus), und diesen Leib Christi empfängt man nicht bloß im heiligen Abendmahl, sondern der Priester bringt auch, wie oben gesagt, diesen Leib Christi stets aufs neue Gotte als ein (unblutiges) Opfer dar zur Vergebung der Sünden; das geschieht in der Messe; aber nach unserer Meinung braucht das Opfer Jesu nicht immer aufs neue vom Priester dargebracht, sondern nur immer aufs neue im Glauben angeeignet zu werden. Also auch hier wieder zwischen beiden Kirchen ein scharfer Gegensatz: Abendmahl oder Messe[2].

d. So besteht denn ein entschiedener Gegensatz zwischen evangelischem und katholischem Christentum: Glaube oder Werke, Bibel oder Papst, Abendmahl oder Messe — dazwischen gibt es noch heute keine Vermittelung, und darauf beruhen die anderen Abweichungen zwischen evangelischem und katholischem Christentum, welche anderwärts dargelegt worden sind.

[1] Vgl. Nr. 109 B a.
[2] Vgl. Nr. 88.

7. (147). Die Augsburgische Konfession. Confessio Augustana[1].

(Handbuch I, 70 und Handbuch III², Nr. 97—99.)

1. Einleitung.

a. Als der Kaiser Karl V. erkannte, daß der von ihm im Jahre 1521 auf dem Reichstage zu Worms geächtete Ketzer Dr. Martin Luther so viele Anhänger gefunden habe, daß es nicht möglich sei, dieselben ohne weiteres zu unterdrücken, beschloß er, im Jahre 1530 einen neuen Reichstag zu halten, um die Einheit des Glaubens wiederherzustellen. Für diesen Reichstag, der im Jahre 1530 in Augsburg abgehalten wurde, wurde nun von Melanchthon eine Schrift verfaßt, welche — dem Wunsche des Kaisers entsprechend — darlegte, was die Anhänger Luthers glaubten und was sie verwürfen. Melanchthon stellte, um eine Wiedervereinigung beider Kirchen zu ermöglichen, die Sache so dar, daß die Evangelischen im wesentlichen mit den Katholiken übereinstimmten, und nur in der Verwerfung einiger erst in der späteren Zeit entstandenen Mißbräuche von ihnen abwichen. Trotz dieses vermittelnden Standpunkts wurde die von ihm vorgelegte Schrift von den Katholiken nicht anerkannt, und nun wurde sie erst das, was sie eigentlich nicht war, eine nur von den Evangelischen anerkannte Bekenntnisschrift ihres Glaubens.

b. Nachdem die Augsb. Konfession vorgelesen worden war, wurden die beiden Exemplare, aus welchen die Vorlesung erfolgt war, dem Kaiser übergeben. Derselbe behielt das lateinische Exemplar für sich, während er das deutsche dem Erzbischof von Mainz als dem Reichserzkanzler übergab, damit es dem Reichsarchiv zu Mainz einverleibt würde. Beide Exemplare sind heute nicht mehr vorhanden. Aber schon vor der Vorlesung waren von beiden Exemplaren Abschriften gemacht worden, welche wenigstens im ganzen übereinstimmen; auf Grund derselben wurde diese Schrift trotz des Verbotes des Kaisers schon im Jahre 1530 gedruckt; Melanchthon selber gab seine Schrift nebst der Apologie erst im Jahre 1531 heraus, zuerst in lateinischer, dann auch in deutscher Sprache.

c. Immer aufs neue hat Melanchthon die Augsb. Konfession in beiden Sprachen herausgegeben, und da er dabei von dem Streben geleitet wurde, seine Gedanken immer besser und deutlicher auszudrücken, so hat er unbedenklich an dieser Schrift gefeilt und geändert, wie es ihm gut schien, und daran hat zunächst niemand Anstoß genommen. Als nun vollends mit den mehr reformiert als lutherisch denkenden Süddeutschen die Wittenberger Concordia geschlossen worden war (1536)[2], während die Trennung von den Katholiken, welche durch die ursprüngliche Augsb. Konfession verhindert

[1] Der Text ist berichtigt nach der Ausgabe von Tschackert, 1901.
[2] Vgl. Nr. 101 c.

werden sollte, für immer erfolgt schien (und auch wirklich erfolgt war), da hielt es Melanchthon für nötig, den ursprünglich vorhandenen Gegensatz gegen die reformierten Glaubensgenossen möglichst zu beseitigen, wie er früher den Gegensatz gegen die Katholiken gemildert hatte. Diese Umgestaltung der ursprünglichen Augsb. Konfession ist aber vornehmlich in der Ausgabe des Jahres 1540 erfolgt, und so sprach man später (aber nicht sofort nach dem Jahre 1540) von einer Variata (veränderte Konfession) im Gegensatze zur Invariata (ursprüngliche Ausgabe), und die strengen Lutheraner der späteren Zeit haben Melanchthon aus diesen Änderungen ein großes Verbrechen gemacht, namentlich auch deshalb, weil er im 10. Artikel, bei der Lehre vom Abendmahl, den Gegensatz gegen die Reformierten nicht mehr ausgedrückt hatte. Luther hat an diesen Änderungen keinen Anstoß genommen, und die Neuzeit erkennt an, daß Melanchthon das eigentliche Wesen des Glaubensbekenntnisses nicht verändert hat.

Noch heute gilt die Augsb. Konfession mit Recht als das wichtigste Glaubensbekenntnis der evangelischen Kirche.

2. Die Augsburgische Konfession.

Ps. 119, 46. Ich rede von deinen Zeugnissen vor Königen und schäme mich nicht.

A. Vorrede[1]).

Allerdurchleuchtigster, großmächtigster, unüberwindlichster Kaiser, allergnädigster Herr[2]). Als Eure Kaiserliche Majestät kurz vorschiener Zeit[3]) einen gemeinen Reichstag allhier gen Augsburg gnädiglichen ausgeschrieben, mit Anzeig und ernstem Begehr, von Sachen unsern und des christlichen Namens Erbfeind, den Türken, betreffend, und wie demselben mit beharrlicher Hilfe stattlichen widerstanden, auch, wie[4]) der Zwiespalten halben in dem heiligen Glauben und der christlichen Religion gehandelt möge werden, zu rathschlagen und Fleiß anzukehren, alle eines jeglichen Gutbedünken, Opinion und Meinung zwischen uns selbst in Lieb und Gütigkeit zu hören, zu ersehen und zu erwägen, und dieselben zu einer einigen christlichen Wahrheit zu bringen und zu vergleichen, alles, so zu beiden Theilen nicht recht ausgelegt oder gehandelt wäre, abzuthun, und durch uns alle ein einige und wahre Religion anzunehmen und zu halten, und wie wir alle unter einem Christo sind und streiten, also auch alle in einer Gemeinschaft, Kirchen und Einigkeit zu leben[5]), und wir [quumque

[1]) Verkürzt.

[2]) Lateinisch: Invictissime Imperator, Caesar Auguste, Domine clementissime.

[3]) D. h. in der kürzlich verschienenen, d. h. vergangenen Zeit.

[4]) Das hängt ab von dem nachfolgenden „zu rathschlagen und Fleiß anzukehren".

[5]) Diese Äußerungen der Evangelischen schließen sich an das Ausschreiben des Kaisers für den Reichstag an, in welchem es hieß:

„Förter [Ferner] wie der Irrung und Zwiespalt halben in dem heiligen Glauben und der christlichen Religion gehandelt und beschlossen werden möge und solle. Und damit solches desto besser und heilsamlicher geschehen möge, die

nos][1] die unten benannten Churfürst[2]) [Elector et Principes] und Fürsten sammt unsern Verwandten, gleich andern Churfürsten, Fürsten und Ständen dazu erfordert [worden sind][3]), so haben wir uns darauf dermaßen erhaben[4]), daß wir sonder Ruhm mit den ersten hierher kommen [inter primos affuimus][5]).

Und als denn auch [Quum igitur — also nicht zu schreiben: Und alsdenn auch] E. K. M.[6]) zu unterthänigster Folgthuung berührtes E. K. M. Ausschreibens und demselbigen gemäß, dieser Sachen halben, den Glauben berührend, an Churfürsten, Fürsten und Stände ingemein gnädiglichen, auch mit höchstem Fleiß und ernstlich begehrt, daß ein jeglicher, vermöge vorgemeldts E. K. M. Ausschreibens, sein Gutbedünken, Opinion und Meinung derselbigen Irrungen, Zwiespalten und Misbräuch halben u. s. w. zu Deutsch und Latein in Schrift stellen und überantworten sollte: darauf denn, nach genommenem Bedacht und gehaltenem Rath, E. K. M. [Dativ] an vergangener Mittwochen [22. Juni 1530] ist fürgetragen worden, als wollten wir auf unserm Theil das Unsere, vermöge E. K. M. Fürtrags, in Deutsch und Latein auf heut Freitag [24. Juni] übergeben[7]). Hierum und E. K. M. zu unterthänigstem Gehorsam überreichen und übergeben wir unser Pfarrherren, Prediger und ihrer Lehren, auch unseres Glaubens Bekenntnis, was und welchergestalt sie aus Grunde göttlicher heiliger Schrift in unsern Landen, Fürstenthumen, Herrschaften, Städten und Gebieten predigen, lehren, halten und Unterricht thun.

Und sind gegen E. K. M., unsern allergnädigsten Herrn, wir in aller Unterthänigkeit erbötig, so die anderen Churfürsten, Fürsten und Stände dergleichen gezwiefachte schriftliche Übergebung ihrer Meinung und Opinion in Latein und Deutsch jetzt auch thun werden, daß wir uns mit ihren Liebden und ihnen gern von bequemen gleichmäßigen Wegen unterreden, und [in Betracht] derselbigen, so viel der Gleichheit nach immer möglich [quantum honeste fieri potest], vereinigen wollen, damit unser beiderseits, als Parten, schriftlich Fürbringen und Gebrechen [Beschwerde] zwischen uns selbst in Lieb und Gütigkeit gehandelt, und dieselben Zwiespalten zu einer

Zwietrachten hinzulegen, Widerwillen zu lassen, vergangene Irrial Christo unserm Seligmacher zu ergeben, und Fleiß anzukehren, alle eines jeglichen Gutbedünken, Opinion und Meynung zwischen uns selbsten in Liebe und Gütlichkeit zu hören, zu verstehen und zu erwegen, die zu einer einigen Christlichen Wahrheit zu bringen und zu vergleichen; alles, so zu beiden Theilen nicht recht ist ausgelegt oder gehandelt, abzuthun; durch uns alle eine einige und wahre Religion anzunehmen und zu halten; und wie wir alle unter einem Christo seyn und streiten, also alle in einer Gemeinschaft, Kirchen und Einigkeit zu leben."

[1]) Der Vordersatz geht (trotz des Absatzes in beiden Texten) noch weiter, wie der lateinische Text zeigt durch die Wiederaufnahme von quum.

[2]) Singularis; nur ein Kurfürst, der von Sachsen, gehörte zu den Unterzeichnern der A. K.

[3]) Bis hierher reicht der Vordersatz (trotz des im Grundtext befindlichen Absatzes bei: „Und wir", und trotz des „evocati sumus", wofür wohl „simus" zu lesen ist; vgl. Müller, Symb. Bücher, S. 830).

[4]) Diese alte Form ist noch in dem Adjektivum „erhaben" erhalten.

[5]) Schon am 2. Mai, während der Kaiser erst am 15. Juni eintraf.

[6]) Eure Kaiserliche Majestät — hier der Nominativ.

[7]) Die Vorlesung wurde aber auf den folgenden Tag (Sonnabend, den 25. Juni) verschoben.

einigen wahren Religion, wie wir alle unter einem Christo sind und streiten und Christum [unum Christum] bekennen sollen, alles nach laut [iuxta] oftgemeldts E. K. M. Ausschreibens und nach göttlicher Wahrheit, geführt möge werden; als wir denn auch Gott den Allmächtigen mit höchster Demuth anrufen und bitten wollen, seine göttliche Gnade dazu zu verleihen. Amen!

Wo aber bei unsern Herrn, Freunden und besonders[1]) den Churfürsten, Fürsten und Ständen des andern Theils die Handlung dermaßen, wie E. K. M. Ausschreiben vermag [sapienter duxit], „bequeme Handlung unter uns selbst in Lieb und Gütigkeit"[2]) [scilicet cum tali mutua praesentatione scriptorum ac sedata collatione — das wünschte das Kaiserliche Ausschreiben] nit verfahen [non processerit] noch ersprießlich sein wollt, als doch an uns in keinem, das mit Gott und Gewissen zu christlicher Einigkeit dienstlich sein kann oder mag, erwinden [fehlen] soll, wie E. K. M., auch gemeldte unsere Freunde, die Churfürsten, Fürsten, Stände und ein jeder Liebhaber christlicher Religion, dem diese Sachen fürkommen, aus nachfolgendem unserm und der Unsern Bekenntnissen [Singul.] gnädiglich, freundlich und genugsam werden zu vernehmen haben —[3])

so erbieten gegen E. K. M. wir uns hiermit in aller Unterthänigkeit und zum Überfluß, in berührtem Fall ferner auf ein solch gemein, frei, christlich Concilium, darauf [de quo congregando, d. h. welches zu versammeln] auf allen Reichstägen[4]), so [quae] E. K. M. bei ihrer Regierung [annis imperii Majestatis Vestrae] im Reich gehalten [hat], durch Churfürsten, Fürsten und Stände aus hohen und tapfern Bewegungen [Beweggründen] geschlossen [beschlossen worden ist], an welches auch zusammt E. K. M. wir uns von wegen dieser großwichtigsten Sachen [Singul.] in rechtlicher Weise und Form vorschiener Zeit [iam ante, d. h. schon früher] berufen und appellirt haben, der wir hiermit nachmals [adhuc][5]) anhängig bleiben und uns durch diese oder nachfolgende Handlung (es werden denn diese zwiespaltigen Sachen endlich in Lieb und Gütigkeit, laut E. K. M. Ausschreibens, gehört, erwogen, beigelegt und zu einer christlichen Einigkeit vergleichet) nicht zu begeben wissen, davon wir hiemit öffentlich bezeugen und protestiren.

Und seind das unsere und der Unsern Bekenntnis, wie unterschiedlichen von Artikeln zu Artikeln hernach folget.

[1]) Kolde: besondern, Tschackert: Besonderen, (beide mit folgendem Komma, das dann auch — mit Tschackert — hinter „Teils" zu setzen ist). „Besondere" ist ein Titel oder eine Anrede, die in der damaligen Zeit üblich ist, z. B.: „Ehrbare, Liebe, Besondere".

[2]) Worte des Kaiserlichen Ausschreibens.

[3]) Zu diesem langen Vordersatze folgt nun — nach Zwischenschiebung einer hier weggelassenen Begründung des folgenden Anerbietens, auf einem Konzil oder auf einem Reichstag über die Religionssache weiter zu verhandeln — im letzten Absatze der Vorrede der Nachsatz: „So erbieten . . ." Der lateinische Text faßt das Vorhergehende geschickt zusammen: In eventum ergo talem, quod in causa religionis dissensiones inter nos et partes amice et in caritate non fuerint compositae, d. h.: Für den Fall nun, daß in der Religionssache der Zwiespalt zwischen uns und den Gegnern nicht freundlich und in Liebe beigelegt würde.

[4]) Andere Beispiele dieser seltenen Form siehe bei Sanders s. v. Tag.

[5]) Nach Müller (Symb. Bücher, S. 829) und Tschackert (Augsb. Konf. 1901) zu lesen: „nochmals".

B. Artikel des Glaubens und der Lehre.[1]

I. Artikel 1. 2. (19 und 18.) 3. (21.)

Der alte Glaube der ganzen Christenheit[2].

Also hat Gott die Welt geliebt, daß er seinen eingeborenen Sohn gab, auf daß alle, die an ihn glauben, nicht verloren werden, sondern das ewige Leben haben. Joh. 3, 16.

„Diese Artikel sind in keinem Zank noch Streit, weil wir zu beiden Theilen dieselbigen bekennen. Darum nicht vonnöthen jetzt davon weiter zu handeln." Schmalkald. Art. I.

Der 1. Artikel. Von Gott.

Erstlich wird einträchtiglich gelehret und gehalten, laut des Beschluß concilii Nicaeni[3]), daß ein einig göttlich Wesen sei, welches genannt wird und wahrhaftiglich ist Gott, und seind doch drei Personen in demselben einigen göttlichen Wesen, gleich gewaltig, gleich ewig, Gott Vater, Gott Sohn, Gott heiliger Geist, alle drei Ein göttlich Wesen, ewig, ohne Stück, ohne Ende, unermeßlicher Macht, Weisheit und Güte, ein Schöpfer und Erhalter aller sichtbaren und unsichtbaren Dinge. Und wird durch das Wort Persona verstanden nicht ein Stück, nicht eine Eigenschaft in einem andern, sondern das selbst bestehet, wie denn die Väter in dieser Sachen dies Wort gebraucht haben.

Derohalben werden verworfen alle Ketzereien, so diesem Artikel zuwider sind, als Manichäi, die zween Götter gesetzt haben, ein bösen und ein guten[4]), item [ebenso] Valentiniani[5]), Ariani, Eunomiani[6]), Mahometisten und alle dergleichen, auch[7]) Samosateni, alt und neu[8]), so nur eine Person setzen und von diesen zweien, Wort und heiligem Geist, Sophisterei machen und sagen, daß es nicht müssen unterschiedene Personen sein, sondern Wort bedeute leiblich Wort oder Stimme und der heilige Geist sei erschaffene Regung in Kreaturen[9]).

[1]) Die Gliederung in die Abschnitte I—V und die Überschriften derselben stammen, wie sich von selbst versteht, nicht von Melanchthon her, sondern sind im Interesse des Schülers vom Herausgeber dieses Buches gemacht. Wenn der Lehrer die Artikel in der ursprünglichen Ordnung lesen wollte, so wird er dieselbe leicht herausfinden. [2]) Der alte Glaube der ganzen Christenheit (Nr. 125—133) wird noch vollständiger, als hier, zusammengefaßt in folgender Weise: a. Der erste Artikel. b. Augsb. Konf. 2. (19 u. 18.) c. Der zweite Artikel; Augsb. Konf. 3. (21.) d. Der dritte Artikel. e. Augsb. Konf. 1. [3]) Das Folgende beruht aber mehr auf dem Athanasianischen als auf dem nicänischen Bekenntnis. [4]) Der Manichäismus war eine dualistische Mischreligion aus Parsismus und Christentum, gestiftet von Mani um 250 n. Chr. [5]) Eine Partei der sogen. Gnostiker, welche ein angeblich höheres Christentum in ihrer Erkenntnis (Gnosis) gegenüber dem einfachen Glauben besaßen. [6]) Die entschiedensten Anhänger des Arius. [7]) Älteste Ausgabe: auch die Juden und Samosateni; in Tschackerts Ausgabe ist dieser Zusatz nicht vorhanden. [8]) Anhänger des Bischofs Paulus von Samosata in Asien (um das Jahr 260) in der alten Zeit, und ihre Gesinnungsgenossen im 16. Jahrhundert (zunächst einige Zeitgenossen der Reformatoren, später namentlich die Socinianer). — [9]) Auf die abweichende Lehre der morgenländischen Kirche, welche den heiligen Geist nur vom Vater ausgehen läßt, nicht von Vater und Sohn, ist hier nicht hingewiesen.

Der 2. Artikel. Von der Erbsünde.

Weiter wird bei uns gelehret, daß nach Adam's Fall alle Menschen, so natürlich geboren werden, in Sünden empfangen und geboren werden, das ist, daß sie alle von Mutterleibe an voller böser Lust und Neigung sind, und keine wahre Gottesfurcht, keinen wahren Glauben an Gott von Natur haben können; daß auch dieselbige angeborene Seuche und Erbsünde wahrhaftiglich Sünde sei, und verdamme alle die unter ewigen Gottes Zorn, so nicht durch die Taufe und heiligen Geist wiederum neu geboren werden.

Hieneben werden verworfen die Pelagianer und andere, so die Erbsünde nicht für Sünde haben, damit sie die Natur fromm machen durch natürliche Kräfte, zu Schmach dem Leiden und Verdienst Christi.

Der 19. und 18. Artikel[1]).

Von Ursach der Sünde. Vom freien Willen.

19. Von Ursach der Sünde wird bei uns also gelehret, daß, wiewohl Gott der Allmächtige die ganze Natur geschaffen hat und erhält, so wirket doch der verkehrte Wille die Sünde in allen Bösen und Verächtern Gottes, wie denn des Teufels Wille ist und aller Gottlosen, welcher alsbald, so Gott die Hand abgethan[2]), sich von Gott zum Argen gewandt hat, wie Christus spricht Joh. 8, 44: Der Teufel redet Lügen aus seinem Eigenen.

18. Vom freien Willen wird also gelehret, daß der Mensch etlichermaßen einen freien Willen hat, äußerlich ehrbar zu leben und zu wählen unter den Dingen, so die Vernunft begreift; aber ohne Gnade, Hilfe und Wirkung des heiligen Geistes vermag der Mensch nicht, Gott gefällig zu werden, Gott herzlich zu fürchten, oder zu glauben, oder die angeborenen bösen Lüste aus dem Herzen zu werfen; sondern solches geschieht durch den heiligen Geist, welcher durch Gottes Wort gegeben wird. Denn Paulus spricht 1. Kor. 2, 14: Der natürliche Mensch vernimmt nichts vom Geiste Gottes[3]).

Der 3. Artikel. Von dem Sohne Gottes.

Item [Ebenso], es wird gelehret, daß Gott der Sohn sei Mensch worden, geboren aus der reinen Jungfrau Maria, und daß die zwo Naturen, göttliche und menschliche, in Einer Person also unzertrennlich vereinigt, Ein Christus sind, welcher wahrer Gott und wahrer Mensch ist, wahrhaftig geboren, gelitten, gekreuziget, gestorben und begraben, daß er

[1]) Diese beiden Artikel, dem erst in Augsburg von Melanchthon noch angefügten Anhang zur Augsb. Konf. angehörend (Art. 18—21), werden hier eingefügt, da sie Erläuterungen zum 2. Artikel enthalten.

[2]) Besser der lateinische Text: non adiuvante Deo, d. h. ohne Gottes Mitwirkung.

[3]) Die im gewöhnlichen lat. Text (nach der ersten gedruckten Ausgabe) enthaltene Abwehr der pelagianischen Ansichten hat im deutschen Texte keine Stelle gefunden, vermutlich deswegen, weil sie sich aus dem 2. Art. von selbst ergab. Die im deutschen Text noch angeführte Stelle aus einem angeblichen Werke Augustins (welches aber nicht Hypognostika, sondern Hypomnestika heißt) ist, als entbehrlich und nicht beweiskräftig, oben weggelassen worden.

ein Opfer wäre, nicht allein für die Erbsünde[1], sondern auch für alle anderen Sünden, und Gottes Zorn versühnete[2].

Item, daß derselbige Christus sei abgestiegen zur Hölle, wahrhaftig am dritten Tage von den Toten auferstanden, aufgefahren gen Himmel, sitzend zur Rechten Gottes, daß er ewig herrsche über alle Kreaturen und regiere, daß er alle, so an ihn glauben, durch den heiligen Geist heilige, reinige, stärke und tröste, ihnen auch Leben und allerlei Gaben und Güter austeile, und wider den Teufel und wider die Sünde schütze und beschirme

Item, daß derselbige Herr Christus endlich wird öffentlich kommen, zu richten die Lebendigen und die Toten u s w laut des Symboli apostolorum[3]

Der 21 Artikel Vom Dienst der Heiligen[4]

Vom Heiligendienst wird von den Unsern also gelehret, daß man der Heiligen gedenken soll, auf daß wir unseren Glauben stärken, so wir sehen, wie ihnen Gnade widerfahren, auch wie ihnen durch Glauben geholfen ist, dazu, daß man Exempel nehme von ihren guten Werken, ein jeder nach seinem Beruf, gleichwie Kaiserl Majestät seliglich und göttlich dem Exempel Davids folgen mag, Krieg wider den Türken zu führen; denn sie beide sind in königlichem Amt, welches Schutz und Schirm ihrer Unterthanen fordert Durch Schrift aber mag man nicht beweisen, daß man die Heiligen anrufen oder Hilfe bei ihnen suchen soll. Denn es ist allein ein einiger Versühner und Mittler gesetzt zwischen Gott und den Menschen, Jesus Christus, 1 Tim 2, 5, welcher ist der einige Heiland, der einige oberste Priester Gnadenstuhl und Fürsprecher vor Gott, Röm 8, 34 Und derselbe hat allein zugesagt, daß er unser Gebet erhören wolle Das ist auch der höchste Gottesdienst nach der Schrift, daß man denselbigen Jesum Christum in allen Nöthen und Anliegen von Herzen suche und anrufe, 1. Joh. 2, 1: So jemand sündiget, haben wir einen Fürsprecher bei Gott, der gerecht ist, Jesum

II. Artikel 4. 6. 20[5])

Wie wird der Mensch vor Gott gerecht?

So halten wir nun dafür, daß der Mensch gerecht werde ohne des Gesetzes Werke allein durch den Glauben Röm 3, 28.

„Von diesem Artikel kann man nichts weichen oder nachgeben, es falle Himmel und Erden oder was nicht bleiben will" Schmalk Art II, 1.

[1]) Das ist zwar nicht katholische Kirchenlehre, aber (vgl die Anmerk von Kolde in seiner Ausgabe der Augustana zu Art 3 und 24) es wurde doch damals und früher vielfach so gelehrt

[2]) Und zwar so, daß eine Wiederholung seines Opfers in der Messe nicht nötig ist; vgl Art 24

[3]) D h: laut des apostolischen Glaubensbekenntnisses

[4]) Auch dieser hier eingefügte Artikel gehört dem erst in Augsburg angefügten Anhange der Konfession an; er weist mit Recht darauf hin, daß wir neben Christus keine anderen Mittler des Heils bedürfen

[5]) Wenn sich die evangelische Kirche zunächst an den Glauben der alten Kirche anschloß (Art 1–3), so hat sie doch denselben von den im Laufe der Zeit damit verbundenen Irrtümern befreit und nach der h. Schrift erneuert und weiterentwickelt: das zeigen die folgenden Artikel der Augsb. Konfession.

Der 4. Artikel. Von der Rechtfertigung.

Weiter wird gelehret, daß wir Vergebung der Sünden und Gerechtigkeit vor Gott nicht erlangen mögen durch unser Verdienst, Werke und Genugthun, sondern daß wir Vergebung der Sünden bekommen und vor Gott gerecht werden aus Gnaden um Christus willen durch den Glauben, so wir glauben, daß Christus für uns gelitten hat, und daß uns um seinetwillen die Sünde vergeben, Gerechtigkeit und ewiges Leben geschenkt wird. Denn diesen Glauben will Gott für Gerechtigkeit vor ihm halten und zurechnen, wie St. Paulus sagt zu den Römern am [im] dritten und vierten [Kapitel][1].

Item docent, quod homines non possint iustificari coram Deo propriis viribus, meritis aut operibus, sed gratis iustificentur propter Christum per fidem, cum credunt se in gratiam recipi et peccata remitti propter Christum, qui sua morte pro nostris peccatis satisfecit. Hanc fidem imputat Deus pro iustitia coram ipso, Rom. 3 et 4.

Der 6. Artikel. Vom neuen Gehorsam.

Auch wird gelehret, daß solcher Glaube gute Früchte und gute Werke bringen soll, und daß man müsse gute Werke thun, allerlei, so Gott geboten hat, um Gottes willen, doch nicht, auf solche Werke zu vertrauen, dadurch Gnade vor Gott zu verdienen. Denn wir empfahen Vergebung der Sünde und Gerechtigkeit durch den Glauben an Christum, wie Christus selbst spricht Luk. 17: So ihr dies alles gethan habt, sollt ihr sprechen: Wir sind untüchtige Knechte.

Also lehren auch die Väter[2]. Denn Ambrosius spricht[3]: Also ist's beschlossen bei Gott, daß, wer an Christum glaubt, selig sei, und nicht durch Werke, sondern allein durch den Glauben, ohne Verdienst, Vergebung der Sünden habe.

Item docent, quod fides illa debeat bonos fructus parere, et quod oporteat bona opera mandata a Deo facere propter voluntatem Dei, non ut confidamus per ea opera iustificationem coram Deo mereri. Nam remissio peccatorum et iustificatio fide apprehenditur, sicut testatur et vox Christi: Cum feceritis haec omnia, dicite, servi inutiles sumus. Idem docent et veteres scriptores ecclesiastici. Ambrosius enim inquit: Hoc constitutum est a Deo, ut qui credit in Christum, salvus sit, sine opere, sola fide, gratis accipiens remissionem peccatorum.

[1]) Wie groß der Gegensatz in dieser Lehre zwischen beiden Kirchen ist, erkennen wir besonders deutlich, wenn wir die Aussagen der Apologie der Augsb. Konfession und des Tridentinischen Konzils hinsichtlich dieser Lehre vergleichen.

Apol. Conf.: Justificari significat non ex impio justum effici, sed justum pronuntiari.

Concil Trident. sess. 6: Justificatio non est sola peccatorum remissio, sed et sanctificatio et renovatio interioris hominis. Si quis dixerit, sola fide impium justificari, ita ut intelligat, nihil aliud requiri, quod ad justificationis gratiam cooperetur — anathema sit.

[2]) Melanchthon urteilt hier, wie in der ganzen Schrift, über „die Väter" zu günstig.

[3]) Diese Stelle gehört nicht dem Ambrosius an, wie man damals meinte.

Der 20. Artikel. Vom Glauben und guten Werken[1]).

Den Unsern wird mit Unwahrheit aufgelegt, daß sie gute Werke verbieten. Denn ihre Schriften von zehn Geboten und andere beweisen, daß sie von rechten christlichen Ständen und Werken guten nützlichen Bericht und Ermahnung gethan haben, davon man vor dieser Zeit wenig gelehret hat, sondern allermeist in allen Predigten auf kindische unnöthige Werke, als Rosenkränze, Heiligendienst, Mönchwerden, Wallfahrten, gesetzte Fasten, Feiern, Brüderschaften u. s. w. getrieben. Solche unnöthige Werke rühmet auch unser Widerpart nun nicht mehr so hoch als vor Zeiten; darzu haben sie auch gelernet nun vom Glauben zu reden, davon sie doch in Vorzeiten gar nichts geprediget haben; lehren dennoch nun, daß wir nicht allein aus Werken vor Gott gerecht werden, sondern setzen den Glauben an Christum darzu und sprechen: Glauben und Werke machen uns gerecht vor Gott; welche Rede etwas mehr Trosts bringen mag, denn so man allein lehrt auf Werke zu vertrauen.

Dieweil nun die Lehre vom Glauben, die das Hauptstück ist im christlichen Wesen, so lange Zeit, wie man bekennen muß, nicht getrieben worden, sondern allein Werklehre an allen Orten gepredigt, ist davon durch die Unsern solcher Unterricht geschehen:

Erstlich, daß uns unsere Werke nicht mögen mit Gott versöhnen und Gnade erwerben, sondern solchs geschieht allein durch den Glauben, so man glaubt, daß uns um Christus willen die Sünden vergeben werden, welcher allein der Mittler ist, den Vater zu versöhnen (1. Tim. 2, 5). Wer nun vermeinet, solches durch Werke auszurichten und Gnade zu verdienen, der verachtet Christum und sucht einen eigenen Weg zu Gott wider das Evangelium.

Diese Lehre vom Glauben ist öffentlich und klar im Paulo an vielen Orten gehandelt, sonderlich zu den Ephes. 2, 8: Aus Gnaden seid ihr selig worden durch den Glauben, und dasselbige nicht aus euch, sondern es ist Gottes Gabe, nicht aus Werken, damit sich niemand rühme, u. s. w. Und daß hierin kein neuer Verstand eingeführet sei, kann man aus Augustino beweisen, der diese Sache fleißig handelt, und auch also lehret, daß wir durch den Glauben an Christum Gnade erlangen und vor Gott gerecht werden, und nicht durch Werke, wie sein ganzes Buch de spiritu et litera[2]) ausweiset.

Wiewohl nun diese Lehre bei unversuchten Leuten sehr verachtet wird, so befindet sich doch, daß sie den blöden und erschrockenen Gewissen sehr tröstlich und heilsam ist. Denn das Gewissen kann nicht zu Ruhe und Friede kommen durch Werke, sondern allein durch Glauben, so es bei sich

[1]) Dieser hier eingefügte Artikel gehört wiederum zu den vier erst in Augsburg als Anhang noch beigefügten Artikeln, welche die Protestanten gegen neuerdings vorgebrachte Anklagen (nämlich hier, daß sie die guten Werke gering schätzten, ja verböten) in Schutz nehmen sollten. — In den späteren Ausgaben der Augsb. Konfession ist dieser Artikel, in welchem der Kern der apostolischen Predigt besonders schön und treffend dargelegt ist, noch weiter ausgeführt worden. Der Lehrer findet denselben in dieser Gestalt z. B. in Krahners Gymnasial-Katechismus.

[2]) Vom Geist und vom Buchstaben.

gewißlich schleußt, daß es um Christus willen einen gnädigen Gott habe, wie auch Paulus spricht Röm. 5, 1: So wir durch den Glauben sind gerecht worden, haben wir Ruhe und Friede vor Gott.

Diesen Trost hat man vor Zeiten nicht getrieben in Predigten, sondern die armen Gewissen auf eigne Werke getrieben; und sind mancherlei Werke fürgenommen. Denn etliche hat das Gewissen in die Klöster gejagt, der Hoffnung, daselbst Gnade zu erwerben durch Klosterleben; etliche haben andere Werke erdacht, damit Gnade zu verdienen und für die Sünde gnug zu thun. Derselbigen viele haben erfahren, daß man dadurch nicht ist zu Frieden kommen[1]). Darum ist noth gewesen, diese Lehre vom Glauben an Christum zu predigen und fleißig zu treiben, daß man wisse, daß man allein durch den Glauben, ohne Verdienst, Gottes Gnade ergreifet.

Es geschieht auch Unterricht, daß man hie nicht von solchem Glauben redet, den auch die Teufel oder Gottlosen haben, die auch die Historien glauben, daß Christus gelitten habe und auferstanden sei von den Toten; sondern man redet vom wahren Glauben, der da glaubet, daß wir durch Christum Gnade und Vergebung der Sünde erlangen.

Und der nun weiß, daß er einen gnädigen Gott durch Christum hat, [der] kennet also Gott, rufet ihn an, und ist nicht ohne Gott wie die Heiden. Denn Teufel und Gottlose glauben diesen Artikel: Vergebung der Sünden, nicht; darum sind sie Gott feind, können ihn nicht anrufen, nichts Gutes von ihm hoffen. Und also, wie jetzt angezeigt ist, redet die Schrift vom Glauben, und heißet nicht Glauben ein solches Wissen, das Teufel und gottlose Menschen haben; denn also wird vom Glauben gelehret zu den Hebr. am 11., daß glauben sei nicht allein die Historien wissen, sondern Zuversicht haben zu Gott, seine Zusage zu empfahen. Und Augustinus erinnert uns auch, daß wir das Wort Glauben in der Schrift verstehen sollen, daß es heiße Zuversicht zu Gott, daß er uns gnädig sei, und heiße nicht allein solche Historien wissen, wie auch die Teufel wissen.

Ferner wird gelehret, daß gute Werke sollen und müssen geschehen, nicht daß man darauf vertraue, Gnade damit zu verdienen, sondern um Gottes willen und Gott zu Lob; der Glaube ergreift allzeit allein Gnade und Vergebung der Sünden. Und dieweil durch den Glauben der heilige Geist gegeben wird, so wird auch das Herz geschickt, gute Werke zu thun; denn zuvor, dieweil es ohne den heiligen Geist ist, so ist es zu schwach; dazu ist es ins Teufels Gewalt, der die arme menschliche Natur zu viel Sünden treibet, wie wir sehen an den Philosophen, welche sich unterstanden [conati, welche versucht haben], ehrlich und unsträflich zu leben, haben aber dennoch solches nicht ausgerichtet, sondern sind in viele große öffentliche Sünden gefallen. Also gehet es mit dem Menschen, so er außer rechtem Glauben ohne den heiligen Geist ist, und sich allein durch eigene menschliche Kräfte regieret.

Derhalb ist diese Lehre vom Glauben nicht zu schelten, daß sie gute Werke verbiete, sondern vielmehr zu rühmen, daß sie lehre gute Werke zu thun, und Hilfe anbiete, wie man zu guten Werken kommen möge. Denn außer dem Glauben und außerhalb Christo ist menschliche Natur und Ver-

[1]) Luthers eigenes Erlebnis.

mögen viel zu schwach, gute Werke zu thun, Gott anzurufen, Geduld zu haben im Leiden, den Nächsten zu lieben, befohlene Ämter fleißig auszurichten, gehorsam zu sein, böse Lust zu meiden. Solche hohe und rechte Werke mögen nicht geschehen ohn die Hilfe Christi, wie er selbst spricht Joh. 15, 5: Ohne mich könnt ihr nichts thun[1]).

Falso accusantur nostri, quod bona opera prohibeant. Nam scripta eorum, quae exstant de decem praeceptis et alia simili argumento testantur, quod utiliter docuerint de omnibus vitae generibus et officiis, quae genera vitae, quae opera in qualibet vocatione Deo placeant. De quibus rebus olim parum docebant concionatores; tantum puerilia et non necessaria opera urgebant, ut certas ferias, certa ieiunia, fraternitates, peregrinationes, cultus sanctorum, rosaria, monachatum et similia. Haec adversarii nostri admoniti nunc dediscunt nec perinde praedicant haec inutilia opera, ut olim. Incipiunt etiam fidei mentionem facere, de qua olim mirum erat silentium. Docent nos non tantum operibus iustificari, sed coniungunt fidem et opera, et dicunt nos fide et operibus iustificari. Quae doctrina tolerabilior est priore et plus afferre potest consolationis quam vetus ipsorum doctrina.

Cum igitur doctrina de fide, quam oportet in ecclesia praecipuam esse, tam diu iacuerit ignota, quemadmodum fateri omnes necesse est, de fidei iustitia altissimum silentium fuisse in concionibus, tantum doctrinam operum versatam esse in ecclesiis, nostri de fide sic admonuerunt ecclesias:

Principio, quod opera nostra non possint reconciliare Deum aut mereri remissionem peccatorum et gratiam, sed hanc tantum fide consequimur, credentes, quod propter Christum recipiamur in gratiam, qui solus positus est mediator et propitiatorium, per quem reconcilietur Pater. Itaque qui confidit operibus se mereri gratiam, is aspernatur Christi meritum et gratiam, et quaerit sine Christo humanis viribus viam ad Deum, cum Christus de se dixerit: Ego sum via, veritas et vita.

Haec doctrina de fide ubique in Paulo tractatur; Eph. 2: Gratia salvi facti estis per fidem, et hoc non ex vobis, Dei donum est, non ex operibus, ne quis glorietur.

Et ne quis cavilletur a nobis novam Pauli interpretationem excogitari, tota haec causa habet testimonia patrum. Nam Augustinus multis voluminibus defendit gratiam et iustitiam fidei contra merita operum. Et similia docet Ambrosius De vocatione gentium et alibi. Sic enim inquit De vocatione gentium: Vilesceret redemptio sanguinis Christi, nec misericordiae Dei humanorum operum

[1]) In dieser Lehre von der Rechtfertigung allein aus dem Glauben stimmen alle evangelischen Christen miteinander überein, und alle stimmen ein in die berühmte erste Frage und Antwort des Heidelberger Katechismus:

„Was ist dein einiger Trost im Leben und im Sterben?"

„Daß ich mit Leib und Seel', beides im Leben und im Sterben, nicht mein, sondern meines getreuen Heilands Jesu Christi eigen bin, der mit seinem teuren Blut für alle meine Sünden vollkömmlich bezahlet und mich aus aller Gewalt des Teufels erlöset hat, und also bewahret, daß ohne den Willen meines Vaters im Himmel kein Haar von meinem Haupte fallen kann, ja, auch mir alles zu meiner Seligkeit dienen muß. Darum er mich auch durch seinen heiligen Geist des ewigen Lebens versichert, und ihm forthin zu leben von Herzen willig und bereit macht."

praerogativa succumberet, si iustificatio, quae fit per gratiam, meritis praecedentibus deberetur, ut non munus largientis, sed merces esset operantis.

Quamquam autem haec doctrina contemnitur ab imperitis, tamen experiuntur piae et pavidae conscientiae plurimum eam consolationis afferre, quia conscientiae non possunt reddi tranquillae per ulla opera, sed tantum fide, cum certo statuunt, quod propter Christum habeant placatum Deum, quemadmodum Paulus docet Rom. 5: Iustificati per fidem, pacem habemus apud Deum. Tota haec doctrina ad illud certamen perterrefactae conscientiae referenda est, nec sine illo certamine intelligi potest. Quare male iudicant de ea re homines imperiti et profani, qui christianam iustitiam nihil esse somniant nisi civilem et philosophicam iustitiam.

Olim vexabantur conscientiae doctrina operum, non audiebant ex evangelio consolationem. Quosdam conscientia expulit in desertum, in monasteria, sperantes ibi se gratiam merituros esse per vitam monasticam. Alii alia excogitaverunt opera ad promerendam gratiam et satisfaciendum pro peccatis. Ideo magnopere fuit opus hanc doctrinam de fide in Christum tradere et renovare, ne deesset consolatio pavidis conscientiis, sed scirent, fide in Christum apprehendi gratiam et remissionem peccatorum.

Admonentur etiam homines, quod hic nomen fidei non significat tantum historiae notitiam, qualis est in impiis et diabolo, sed significet [fidem, quae credit non tantum historiam, sed etiam effectum historiae, videlicet hunc articulum, remissionem peccatorum, quod videlicet per Christum habeamus gratiam, iustitiam et remissionem peccatorum.

Iam qui scit se per Christum habere propitium Patrem, is vere novit Deum, scit se ei curae esse, invocat eum, denique non est sine Deo, sicut gentes. Nam diaboli et impii 'non possunt hunc articulum credere, remissionem peccatorum. Ideo Deum tamquam hostem oderunt, non invocant eum, nihil boni ab eo exspectant. Augustinus etiam de fidei nomine hoc modo admonet lectorem et docet in scripturis nomen fidei accipi non pro notitia, qualis est in impiis, sed pro fiducia, quae consolatur et erigit perterrefactas mentes.

Praeterea docent nostri, quod necesse sit bona opera facere, non ut confidamus per ea gratiam mereri, sed propter voluntatem Dei. Tantum fide apprehenditur remissio peccatorum ac gratia. Et quia per fidem accipitur Spiritus Sanctus, iam corda renovantur et induunt novos affectus, ut parere bona opera possint. Sic enim ait Ambrosius: Fides bonae voluntatis et iustae actionis genitrix est. Nam humanae vires sine Spiritu Sancto plenae sunt impiis affectibus et sunt imbecilliores, quam ut bona opera possint efficere coram Deo. Ad haec sunt in potestate diaboli, qui impellit homines ad varia peccata, ad impias opiniones, ad manifesta scelera; quemadmodum est videre in philosophis, qui et ipsi conati honeste vivere, tamen id non potuerunt efficere, sed contaminati sunt multis manifestis sceleribus. Talis est imbecillitas hominis, cum est sine fide et Spiritu Sancto et tantum humanis viribus se gubernat.

Hinc facile apparet, hanc doctrinam non esse accusandam, quod bona opera prohibeat, sed multo magis laudandam, quod ostendit, quomodo bona opera facere possimus. Nam sine fide nullo modo potest humana natura primi aut secundi praecepti opera facere. Sine fide non invocat Deum, nihil a Deo exspectat, non tolerat crucem, sed quaerit humana praesidia, confidit humanis praesidiis. Ita regnant in corde omnes cupiditates et humana consilia, cum abest fides et fiducia erga Deum. Quare et Christus dixit: Sine me nihil potestis facere, Iohan. 15. Et ecclesia canit:

Sine tuo numine
Nihil est in homine,
Nihil est innoxium [1]).

III. Artikel 5. 9. 10. (22. 24.) 12. 11. (25.) 13.

Wie kommt der Mensch zum Glauben?

„Solchen Glauben zu erlangen, hat Gott das Predigtamt eingesetzt, Evangelium und Sakramente gegeben." Augsb. Konf. 5.

Der 5. Artikel. Vom Predigtamt.

Solchen Glauben zu erlangen, hat Gott das Predigtamt eingesetzt, Evangelium und Sakramente [2]) gegeben, dadurch er als durch Mittel den heiligen Geist gibt, welcher den Glauben wirket, wo und wenn er will, in denen, so das Evangelium hören, welches lehret, daß wir durch Christus' Verdienst, nicht durch unser Verdienst, einen gnädigen Gott haben, so wir solches glauben.

Und werden verdammt die Wiedertäufer und andere, so lehren, daß wir ohne das leibliche Wort des Evangelii den heiligen Geist durch eigene Bereitung, Gedanken und Werke erlangen.

Der 9. Artikel. Von der Taufe.

Von der Taufe wird gelehret, daß sie nöthig sei, und daß dadurch Gnade angeboten werde; daß man auch die Kinder taufen soll, welche durch solche Taufe Gott überantwortet und gefällig werden.

Derhalben werden die Wiedertäufer verworfen, welche da lehren, daß die Kindertaufe nicht recht sei.

Der 10. Artikel. Vom heiligen Abendmahl.

Vom Abendmahl des Herrn wird also gelehret, daß wahrer Leib und Blut Christi wahrhaftiglich unter der Gestalt des Brotes und Weines im Abendmahl gegenwärtig sei und allda ausgetheilt und genommen werde.

Derhalben wird auch die Gegenlehre verworfen.

De coena domini docent, quod corpus et sanguis Christi vere adsint et distribuantur vescentibus in coena Domini; et improbant secus docentes [3]).

---

[1]) Eine Strophe des Pfingstliedes Veni Sancte Spiritus et emitte. Dasselbe ist eine Dichtung des Königs Robert von Frankreich (998—1031), des Sohnes von Hugo Capet. Es gehört zu den fünf lateinischen Liedern, welche in der Messe Aufnahme gefunden haben. In das evangelische Gesangbuch ist dies Lied nicht aufgenommen worden.

[2]) Wie der lateinische Text zeigt, ist das im deutschen Texte stehende Wort „Sakrament" als Pluralis anzusehen.

[3]) Viel größer, als es nach dem Wortlaut der Augsb. Konfession auf den ersten Blick scheinen könnte, ist die Verschiedenheit der beiden Kirchen in der Lehre vom h. Abendmahl (Art. 10). Die Confutatio Pontificia konnte sagen: Decimus articulus in verbis nihil offendit, quia fatentur, in Eucharistia, post consecrationem

Der 22. Artikel. Von beider Gestalt des Sakraments[1]).

Den Laien wird bei uns beide Gestalt des Sakraments gereicht, aus dieser Ursache, daß dies ist ein klarer Befehl und Gebot Christi, Matth. 26: „Trinket alle daraus!" Da gebeut Christus mit klaren Worten von dem Kelch, daß sie alle daraus trinken sollen.

legitime factam, corpus et sanguinem Christi substantialiter et vere adesse. Doch das war nicht richtig.

a. Die nach dem Glauben der Katholiken beim heiligen Abendmahl durch des Priesters Wort bewirkte Verwandlung von Brot und Wein in Leib und Blut Christi, die Transsubstantiation, war im Jahre 1530 für die Evangelischen nicht mehr ein Gegenstand des Glaubens. Wenn Melanchthon auf diesen großen Unterschied zwischen beiden Kirchen hier nicht hinweist, so hängt das damit zusammen, daß die Augsb. Konfession ursprünglich das gemeinsame Bekenntnis der beiden Kirchen sein sollte, so daß also die Verschiedenheit der Lehre über das h. Abendmahl nicht als Grund zur kirchlichen Spaltung angesehen werden sollte. Dieser Standpunkt war aber weder damals noch heute aufrechtzuerhalten; wurde doch die viel geringere Abweichung der Schweizer Reformatoren von den Lutheranern Jahrhunderte lang als Grund der kirchlichen Trennung angesehen!

b. Wenn die Augsb. Konfession von diesem Gegensatz in der Lehre vom h. Abendmahl schweigt, so rügt sie es dagegen als einen Mißbrauch der katholischen Kirche bei der Feier des h. Abendmahls (den die griechische Kirche nicht kennt), daß nur der das h. Abendmahl zelebrierende Priester (nicht die Laien, ja, nicht einmal die das h. Abendmahl bloß genießenden Priester) gegen das ausdrückliche Gebot Christi („Trinket alle daraus") Brot und Wein genießt, während die Abendmahlsgäste nur das Brot erhalten (Art. 22).

c. Dagegen tritt nun die Augsb. Konfession ausdrücklich der reformierten Abendmahlslehre entgegen, wenn sie sagt (Art. 10): „Derhalben wird auch die Gegenlehre verworfen."

Auf dem im Jahre 1529 zwischen den Wittenbergern und den Schweizern abgehaltenen Religionsgespräch zu Marburg war festgestellt worden, daß beide Parteien einig seien in der Verwerfung der katholischen Lehre vom h. Abendmahl, aber nicht in der positiven Lehre vom h. Abendmahl. Wie nun Luther um dieser Abweichung willen in der Abendmahlslehre sich im Jahre 1529 weigerte, die Reformierten als Glaubensbrüder anzuerkennen, so erklärte im Jahre 1530 Melanchthon in der Augsb. Konfession (Art. 10) ausdrücklich, daß die (reformierte) Gegenlehre verworfen werde. Als nun aber durch die Wittenberger Konkordie im Jahre 1536 bestimmt wurde, daß, wiewohl beide Teile sich über die Lehre vom h. Abendmahl nicht ganz verglichen hätten, doch Gott hoffentlich seine Gnade geben werde, daß der Streit aufhöre — da konnte sich Melanchthon für berechtigt halten, bei einer im Jahre 1540 erfolgten Neubearbeitung der Augsb. Konfession (welche die strengen Lutheraner später als Confessio variata, d. h. Veränderte Konfession, bezeichnet haben) den 10. Art. so abzuändern, daß er den Schlußsatz (von der Verwerfung der Reformierten) wegließ und den Artikel so faßte:

Vom Abendmahl des Herrn wird also gelehrt, daß mit Brot und Wein den beim Abendmahl Essenden Leib und Blut Christi wahrhaft dargereicht werde. De coena domini docent, quod cum pane et vino vere exhibeantur corpus et sanguis Christi vescentibus in coena domini.

Wegen dieser Änderung ist Melanchthon später aufs heftigste angegriffen worden, obwohl sie doch den lutherischen Glauben nicht verleugnet, denn die Reformierten lehren: Nicht den Essenden, sondern nur den Glaubenden werden Leib und Blut Christi mitgeteilt; die Ungläubigen empfangen nur Brot und Wein. Die Neuzeit hat (äußerlich namentlich durch die im Jahre 1817 begründete Union) anerkannt, daß eine Abweichung in der Lehre vom h. Abendmahl kein genügender Grund zur Trennung der in den Hauptlehren übereinstimmenden lutherischen und reformierten Kirche sei.

[1]) Verkürzt.

Und damit niemand diese Worte anfechten oder glossieren [mißdeuten] könne, als gehöre es den Priestern allein zu, so zeiget Paulus 1. Kor. 11, 26 an, daß die ganze Versammlung der Korinther-Kirche beide Gestalten gebraucht hat. Und dieser Brauch ist lange Zeit in der Kirche blieben, wie man durch die Historien und der Väter Schriften beweisen kann [1]. Nun ist's öffentlich, daß solche Gewohnheit, wider Gottes Gebot, auch wider die alten Kanones eingeführt, unrecht ist. Derhalben hat sich nicht gebühret, derjenigen Gewissen, so das heilige Sakrament nach Christus' Einsetzung zu gebrauchen begehrt haben, zu beschweren, und zu zwingen, wider unsres Herrn Christi Ordnung zu handeln.

Der 24. Artikel. Von der Messe [2].

... Dabei [d. h. außer anderen Irrtümern] ist auch der gräuliche Irrtum gestraft [3], daß man gelehret hat, unser Herr Christus habe durch seinen Tod allein für die Erbsünde genuggethan und die Messe eingesetzt zu einem Opfer für die anderen Sünden, und also die Messe zu einem Opfer gemacht für die Lebendigen und Toten, dadurch Sünden wegzunehmen und Gott zu versöhnen. Darum ist erstlich Unterricht geschehen, daß kein Opfer für Erbsünde und andere Sünde sei, denn der einige Tod Christi; zum anderen, daß wir vor Gott Gnade erlangen durch Glauben und nicht durch Werke; zum dritten, so ist das heilige Sakrament eingesetzt, daß unser Glaube dadurch erweckt und die Gewissen getröstet werden, welche durch das Sakrament erinnert werden, daß ihnen Gnade und Vergebung der Sünden von Christo zugesagt ist; derhalben fordert dies Sakrament Glauben und wird ohne Glauben vergeblich gebraucht [4].

[1] „Und solcher Brauch wird auch heutiges Tages gehalten in der griechischen Kirche; so ist er auch in der römischen Kirche gewesen, wie die Väter zeugen. Nun dringen sie darauf, daß es christlich und recht sei, beiderlei Gestalt zu verbieten. Ich halte wohl, es sei die größte und vornehmste Ursache, warum sie das heutiges Tages so festhalten, damit der Pfaffenstand heiliger scheine gegen den Laienstand." Apol. der Konf. 22 (10). Das wird bestritten von Loofs, Symbolik I, § 56, 4, Anm. 8, und von Drews, Theol. Encykl.³ Bd. 12, S. 721—722: Der Kelch ist den Laien nicht von der Kirche entzogen worden, sondern die Laien haben im Mittelalter — aus verschiedenen Gründen — allmählich auf denselben verzichtet; das Konzil von Konstanz hat im Jahre 1415 eine bereits bestehende Sitte für rechtmäßig erklärt (gegen Wiclif und Huß); ganz durchgeführt wurde die Kelchentziehung erst durch Papst Benediktus XIV. (1740—1758.)

[2] Verkürzt.

[3] Vgl. Anm. 1 zu Art. 3.

[4] Gegen die Messe wendet sich bekanntlich besonders scharf auch der Heidelberger Katechismus (Frage 80): „Die Messe ist also im Grunde nichts anderes, denn eine Verleugnung des einigen Opfers und Leidens Jesu Christi und eine vermaledeite Abgötterei."

Aber nicht weniger scharf auch Luther in den Schmalk. Art. II, 2: „Die Messe im Papsttum muß der größte und schrecklichste Greuel sein, und ist über und für allen anderen päpstlichen Abgöttereien die höchste und schönste gewesen."

Auf diesen schweren Vorwurf erwidert das Trident. Konzil (Sess. 22, cap. 2): „Durch dieses unblutige Opfer [in der Messe] empfangen wir aufs reichlichste die Früchte des blutigen Opfers [Christi am Kreuze], so daß also durch die Messe die Ehre Christi durchaus nicht geschmälert [sondern eher erhöht] wird." — Aber dadurch wird doch, wie wir glauben, die Messe nicht gerechtfertigt.

Artikel 12. 11. 25. 13.
„Wer empfängt denn solch Sakrament würdiglich[1]?"

Der 12. Artikel. Von der Buße.

Von der Buße wird gelehret, daß die, so nach der Taufe gesündigt haben, zu aller Zeit, so sie zur Buße kommen, mögen Vergebung der Sünden erlangen, und ihnen die Absolution von der Kirche nicht soll geweigert werden. Nun ist wahre rechte Buße eigentlich nichts anderes denn[2] Reue und Leid oder Schrecken haben über die Sünde, und doch daneben glauben an das Evangelium und Absolution, daß die Sünde vergeben und durch Christum Gnade erworben sei, welcher Glaube das Herz wiederum tröstet und zufrieden macht. Danach soll auch Besserung folgen, und daß man von Sünden lasse; denn dies sollen die Früchte der Buße sein, wie Johannes spricht Matth. 3, 8: Wirket rechtschaffene Früchte der Buße.

Hie werden verworfen die, so lehren, daß diejenigen, so einst sind fromm worden, nicht wieder fallen mögen[3]).

Es werden auch verdammet die Novatiani, welche die Absolution denen, so nach der Taufe gesündigt hatten, weigerten[4]).

Auch werden die verworfen, so nicht lehren, daß man durch den Glauben Vergebung der Sünden erlange, sondern durch unser Genugthun[5]).

Der 11. Artikel. Von der Beichte.

Von der Beichte wird also gelehret, daß man in der Kirche privatam absolutionem [die Einzellossprechung] erhalten und nicht fallen lassen soll, wiewohl in der Beichte nicht noth ist, alle Missethaten und Sünden zu erzählen, dieweil doch solches nicht möglich ist; Psalm 19, 13: Wer kennet die Missethat?

Der 25. Artikel. Von der Beichte[6]).

Die Beichte ist durch die Prediger dies Theils nicht abgethan. Denn diese Gewohnheit wird bei uns gehalten, das Sakrament nicht zu reichen

[1]) Wer aber das h. Abendmahl zum Segen empfangen will, der muß Reue und Glauben haben; seine Reue über die Sünde spricht der Sünder aber aus in der Beichte. So folgen nunmehr die Artikel 12 (Buße = Reue), 11 (Beichte) und 13 (Rechter Brauch im Glauben) nacheinander. Da der 11. Art. sein richtiges Verständnis aus Art. 12 gewinnt, so ist derselbe hier (wie Melanchthon später selber getan hat) vor den 11. Art. gestellt worden.

[2]) Müller, Symb. Bücher, S. 829 und auch Tschackert fügen diese drei Wörter [nichts anderes denn] dem gewöhnlichen Texte bei.

[3]) Das wurde von manchen Wiedertäufern behauptet, die ja darauf ausgingen, eine wirkliche Gemeinde der Heiligen herzustellen.

[4]) Um das Jahr 250 entstand in Rom eine Spaltung über die Frage, ob man die in der Verfolgung abgefallenen Christen wieder in die Kirche aufnehmen dürfe. Dem römischen Bischof Cornelius, welcher dies für recht hielt, trat eine strengere Partei unter Novatianus entgegen, welche den Abgefallenen die Wiederaufnahme verweigerte. Diese Partei glaubte (mit der älteren Kirche), daß die Taufe dem Menschen zwar Vergebung der früheren, aber nicht der späteren Sünden zusichere; daher kam es ja auch, daß die alten Christen sich gern erst auf dem Totenbette taufen ließen, damit die Taufe alle ihre Sünden wegnehme.

[5]) Hier bekämpft Melanchthon die Katholiken; vgl. Anm. 2 auf der folg. Seite.

[6]) Verkürzt.

denen, so nicht zuvor verhört und absolviert sind. Dabei wird das Volk fleißig unterrichtet, wie tröstlich das Wort der Absolution sei, wie hoch und theuer die Absolution zu achten; denn es sei nicht des gegenwärtigen Menschen Stimme oder Wort, sondern Gottes Wort, der da die Sünde vergibt. Denn sie wird an Gottes Statt und aus Gottes Befehl gesprochen [1]).

Von diesen nöthigen Stücken haben in Vorzeiten die Prediger, so von der Beichte viel lehreten, nicht ein Wörtlein gerühret, sondern allein die Gewissen mit langer Erzählung der Sünden, mit Genugthun, mit Ablaß, mit Wallfahrten und dergleichen gemartert. Und viele unserer Widersacher bekennen selbst, daß dieses Theils [von den Unsern] von rechter christlicher Buße [Beichte] schicklicher denn zuvor in langer Zeit geschrieben und gehandelt sei [2]).

[1]) Vgl. hierzu, was Luther in seinem Katechismus (Großer Kat., Von der Taufe, und Kleiner Kat., Anhang) von der Buße, d. h. Beichte, sagt:

„Und hier siehst du, daß die Taufe mit ihrer Kraft und Deutung begreift auch das [von ihm damals noch als solches angesehene] dritte Sakrament, welches man genannt hat die Buße [d. h. Beichte], als die eigentlich nichts anders ist, denn die Taufe, nämlich ein Wiedergang und Zutreten zur Taufe, daß man das wiederholt und treibt, so man zuvor angefangen und doch davon gelassen hat."

„Was ist aber die Beichte?"

„Die Beichte begreift zwei Stücke in sich: eins, daß man die Sünden bekenne; das andere, daß man die Absolution oder Vergebung vom Beichtiger empfahe als von Gott selbst, und ja nicht daran zweifle, sondern fest glaube, die Sünden seien dadurch vergeben vor Gott im Himmel."

[2]) In der Forderung der Reue und des Glaubens als Bedingungen der Vergebung der Sünden stimmen alle Christen überein; aber der Katholik behauptet, daß Reue und Glauben noch nicht genügen, um Vergebung der Sünden zu erlangen, sondern daß es dazu auch der Beichte und der Genugtuung bedürfe. Der Katholik nämlich lehrt (mit der alten Kirche), daß die früheren Sünden zwar durch die Taufe ohne weiteres getilgt würden, aber nicht die späteren; zur Tilgung derselben gebe es ein besonderes Sakrament, das Sakrament der Buße oder der Absolution. Wer nämlich nach der Taufe gesündigt hat, für den genügt es nicht, daß er Reue und Glauben hat, um Vergebung der Sünden zu erlangen, sondern er braucht dazu drei Dinge: Reue, Beichte und Genugtuung (contritio cordis, confessio oris und satisfactio operis). Dieser (auf dem Konzil von Florenz, 1439, anerkannten) Lehre der Scholastiker tritt die Augsb. Konfession entgegen.

Zwar Reue und Glauben halten auch wir für notwendig, um Vergebung der Sünden zu erlangen, aber nicht die Beichte und die Genugtuung.

Der Katholik nämlich betrachtet als weitere Bedingung für die Erlangung der Vergebung der Sünden die Beichte, in welcher man dem Priester „alle Missetaten und Sünden erzählen" muß, um von denselben losgesprochen zu werden (Art. 11 und 25). Die Augsb. Konfession verwirft diese Forderung der Beichte, und besonders der Ohrenbeichte, als einer Bedingung der Vergebung der Sünden. Aber die Augsb. Konfession verwirft nicht die Beichte überhaupt, sondern sie meint, daß man in der Kirche privatam absolutionem (d. h. Beichte und Zusicherung der Vergebung durch den Geistlichen an jeden einzelnen Christen) erhalten und nicht fallen lassen soll (Art. 11), allerdings nicht als ein göttliches Gebot, ohne dessen Befolgung der Mensch keine Vergebung der Sünden erhalten könne, sondern als eine heilsame menschliche Ordnung.

Vergebung der Sünden wird zwar dem Christen auch schon in der für alle Menschen geltenden Predigt verkündigt, und wer an die Predigt von der Gnade Gottes glaubt, der empfängt darum auch in der Predigt Vergebung der Sünden. Da nun aber die Predigt auch jedem einzelnen Menschen gilt, so darf auch

Der 13. Artikel. Vom Gebrauch der Sakramente[1]).

Vom Brauch der Sakramente wird gelehret, daß die Sakramente eingesetzt sind nicht allein darum, daß sie Zeichen seien, dabei man äußerlich die Christen kennen möge, sondern daß es [sie] Zeichen und Zeugnis seien göttlichen Willens gegen uns, unsern Glauben dadurch zu erwecken und zu stärken, derhalben sie auch Glauben fordern, und dann recht gebraucht werden, so man sie im Glauben empfähet und den Glauben dadurch stärket.

IV. Artikel 7 u. 8. 14. (28.) 15. 16. (23. 26. 27.)

Kirche und Staat.

Der 7. und 8. Artikel. Von der Kirche[2]).

7. Es wird auch gelehret, daß alle Zeit müsse eine heilige christliche Kirche sein und bleiben, welche ist die Versammlung aller Gläubigen, bei

---

jedem einzelnen Menschen das Wort von der Gnade Gottes besonders zugerufen werden, und das geschieht in der Absolution bei der Beichte. Als nun aber gewissenhafte evangelische Geistliche bedenklich wurden, jedem Beichtenden, weil sie ihm doch nicht ins Herz sehen könnten, die Absolution zuzusprechen, da wurde aus der in der älteren Zeit üblichen Privatbeichte die allgemeine Beichte und aus der Privatabsolution die allgemeine Absolution; nur in kleineren Gemeinden ist als Rest der früher üblichen Privatbeichte und Privatabsolution nach der allgemeinen Beichte, die jetzt überall allein üblich ist, noch die Privatabsolution erhalten geblieben (privata absolutio, wie es in Art. 11 heißt), obwohl man doch gerade an dieser, nicht an der Privatbeichte, Anstoß genommen hatte. Natürlich kann auch die heute meist übliche allgemeine Absolution zur bloßen Form werden, von welcher der Mensch keinen Nutzen, sondern Schaden hat; aber gegen den Mißbrauch gibt es eben bei keiner Sache einen ausreichenden Schutz.

Wenn nun die Augsb. Konfession schon die Beichte wenigstens nicht für notwendig erklärt, so verwirft sie vollends die andere Forderung der katholischen Kirche, daß derjenige, welcher Vergebung der Sünden erhalten wolle, nicht bloß Reue und Beichte, sondern auch Genugtuung durch gute Werke brauche. Nach unserer Meinung erlangt der Mensch „durch Glauben Vergebung der Sünden, nicht durch sein Genugtun" (Art. 12).

Wenn nämlich der Katholik reuig beichtet, so erhält er zwar vom Priester die Vergebung zugesprochen, aber nur die Vergebung der Sündenschuld und der ewigen Strafe; dagegen muß er noch die zeitlichen Strafen der Sünde auf sich nehmen. Das ist nur insofern richtig, als allerdings auch der bußfertige Mensch die ihm von Gott auferlegten zeitlichen Strafen für die Sünden erdulden muß. Aber dem Katholiken werden von seinem Priester, wenn er beichtet, zeitliche Strafen für seine Sünden auferlegt, indem ihm der Priester gewisse Leistungen auferlegt, durch welche er Gott für seine Sünden genugtun soll (Fasten, Beten, Wallfahren usw.). Wer diese Werke nicht tut, muß im Fegfeuer seine Sünden abbüßen. Aber die Kirche gewährte doch auch wieder Befreiung von den geforderten Werken der Genugtuung und Errettung aus dem Fegfeuer durch den Ablaß, den sie den Gläubigen gewährte (und noch heute gewährt) auf Grund der guten Werke, welche die Heiligen im Überfluß vollbracht haben. Den Ablaß aber verschaffte man sich für Geld, und so wurde man für Geld befreit von der Pflicht der Genugtuung und erlöst aus der Pein des Fegfeuers. Diese Lehre und Übung der katholischen Kirche hat bekanntlich Luther im Jahre 1517 zum Beginn seines Reformationswerkes veranlaßt.

[1]) Zu den Sakramenten rechnete Melanchthon damals auch noch die „Buße".

[2]) Der 7. Artikel müßte die Überschrift haben: Von der beständigen Dauer der Kirche; Melanchthon will sagen: es hat allezeit eine rechte Kirche gegeben.

welchen das Evangelium rein gepredigt und die heiligen Sakramente laut des Evangelii gereicht werden.

Denn dieses ist genug zu wahrer Einigkeit der christlichen Kirche[1], daß da einträchtiglich nach reinem Verstand das Evangelium gepredigt und die Sakramente dem göttlichen Worte gemäß gereicht werden. Und ist nicht noth zu wahrer Einigkeit der christlichen Kirche, daß allenthalben gleichförmige Ceremonien, von Menschen eingesetzt, gehalten werden[2], wie Paulus spricht Ephes. 4, 4—5: Ein Leib, Ein Geist, wie ihr berufen seid zu einerlei Hoffnung eures Berufs, Ein Herr, Ein Glaube, Eine Taufe.

8. Item, wiewohl die christliche Kirche eigentlich nichts anderes ist, denn die Versammlung aller Gläubigen und Heiligen, jedoch dieweil in diesem Leben viel falscher Christen und Heuchler, auch öffentliche Sünder unter den Frommen bleiben, [so] sind die Sakramente gleichwohl kräftig, obschon die Priester, dadurch sie gereicht werden, nicht fromm sind, wie denn Christus selbst anzeigt Matth. 23, 2: Auf dem Stuhl Mosis sitzen die Schriftgelehrten und Pharisäer; alles nun, was sie euch sagen, das ihr halten sollt, das haltet und thut's!

Derhalben werden die Donatisten und alle andern verdammt, so anders halten[3].

Der 14. (28.) und 15. (23.) Artikel.

Von kirchlichen Ordnungen[4].

14. Vom Kirchenregiment wird gelehret, daß niemand in der Kirche ohne ordentlichen Beruf öffentlich lehren oder predigen oder Sakramente reichen soll[5].

15. Von Kirchenordnungen, von Menschen gemacht[6], lehret

[1]) Daß das im deutschen Grundtext hier und im folgenden Satze stehende Wort „Kirchen" als Singularis anzusehen ist, zeigt der lateinische Text.

[2]) Vgl. den alten Spruch: In necessariis unitas, in non necessariis libertas, in utrisque caritas.

[3]) Eine Partei in Afrika, im 4. Jahrhundert entstanden, welche behauptete, daß die Sakramente nur dann wirksam seien, wenn sie von frommen Priestern verwaltet würden, und welche eine von Sündern freie Kirche herstellen wollte.

[4]) Melanchthons Überschriften: „Vom Kirchen-Regiment" und „Von Kirchenordnungen", entsprechen nicht ganz dem Inhalt dieser Artikel, namentlich ist unter „Kirchen-Regiment" nicht das zu verstehen, was wir darunter verstehen, die Regierung der Kirche, sondern entsprechend dem Sprachgebrauch des Mittelalters (rector = Pfarrer) die seelsorgerische Leitung der Gemeinde durch die Predigt und die Sakramente, wie ja auch der Art. 14 nur von diesen Dingen spricht. Vgl. Mejer, Rechtsleben der evangelischen Landeskirchen (1889) II, 7.

[5]) Dafür zu sorgen, daß in der Kirche gepredigt und die Sakramente dargereicht werden, ist, wie Art. 28 zeigt, die Aufgabe der kirchlichen Vorgesetzten, also damals der Bischöfe. „Dieweil nun die Gewalt der Bischöfe ewige Güter gibt, und allein durch das Predigtamt geübt und getrieben wird, so hindert sie die Polizei und das weltliche Regiment nichts überall. Denn das weltliche Regiment gehet mit viel anderen Sachen um, denn das Evangelium; welche Gewalt schützt nicht die Seelen, sondern Leib und Gut wider äußerliche Gewalt mit dem Schwert und leiblichen Pönen [Strafen]. Darum soll man die zwei Regimente, das geistliche und weltliche, nicht ineinander mengen und werfen" — wie das im Mittelalter geschehen ist und von der katholischen Kirche noch heute für recht gehalten wird.

[6]) Um Gottesdienst und Verfassung der Kirche zu gestalten und zu regeln.

man diejenigen halten, so ohne Sünde mögen gehalten werden[1], und zu Frieden und guter Ordnung in der Kirche dienen, als gewisse Feiern, Feste und dergleichen. Doch geschieht Unterricht dabei, daß man die Gewissen nicht damit beschweren soll, als sei solch Ding nöthig zur Seligkeit[2].

Darüber [Etiam] wird gelehret, daß alle Satzungen und Traditionen, von Menschen dazu gemacht, daß man dadurch Gott versöhne und Gnade verdiene, dem Evangelio und der Lehre vom Glauben an Christum entgegen sind. Derhalben sind Klostergelübde und andere Traditionen von Unterschied der Speise, Tage u. s. w., dadurch man vermeint Gnade zu verdienen und für Sünde genugzuthun, untüchtig und wider das Evangelium.

Der 16. Artikel. Von weltlichem Regiment und Stand[3].

Vgl. Art. 26 und 27 und Luthers „Beschluß der zehn Gebote" im Großen Katechismus.

Von Polizei und weltlichem Regiment wird gelehret, daß alle Obrigkeit in der Welt und geordnete Regimente und Gesetze gute Ordnung, von Gott geschaffen und eingesetzt, sind, und daß Christen mögen in Obrigkeit-, Fürsten- und Richteramt ohne Sünde sein, nach kaiserlichen und andern üblichen Rechten Urtheil und Recht sprechen, Übelthäter mit dem Schwerte strafen, rechte Kriege führen, streiten, kaufen und verkaufen, aufgelegte Eide thun, Eigenes haben, ehelich sein u. s. w.

Hie werden verdammt die Wiedertäufer, so lehren, daß der obangezeigten keins christlich sei.

Auch werden diejenigen verdammt, so lehren, daß christliche Vollkommenheit sei, Haus und Hof, Weib und Kind leiblich verlassen und sich der vorberührten Stücke äußern [entäußern], so doch das allein rechte Vollkommenheit ist: rechte Furcht Gottes und rechter Glaube an Gott; denn das Evangelium lehret nicht ein äußerlich, zeitlich, sondern innerlich, ewig Wesen und Gerechtigkeit des Herzens, und stößt weltlich Regiment, Polizei

[1] Art. 23 bestreitet das hinsichtlich des vom Priester geforderten Gelübdes der Ehelosigkeit.

[2] Darum können solche Ordnungen auch an verschiedenen Orten und zu verschiedenen Zeiten verschieden sein, und jedenfalls sind sie nicht als göttliche Gesetze, sondern als menschliche Ordnungen anzusehen. Der 28. Artikel weist namentlich auch auf die Bedeutung des Sonntags hin. „Die es dafür achten, daß die Ordnung vom Sonntag für [statt] den Sabbath als nötig aufgerichtet sei, die irren sehr. Denn die heilige Schrift hat den Sabbath abgetan, und lehret, daß alle Ceremonien des alten Gesetzes nach Eröffnung des Evangelions mögen nachgelassen werden und dennoch [Tschackert: demnach], weil vonnöten gewest ist, einen gewissen Tag zu verordnen, auf daß das Volk wüßte, wann es zusammenkommen sollte, hat die christliche Kirche den Sonntag dazu verordnet, und zu dieser Veränderung desto mehr Gefallens und Willens gehabt, damit die Leute ein Exempel hätten der christlichen Freiheit, daß man wüßte, daß weder die Haltung des Sabbaths noch eines anderen Tages vonnöten sei." Darum soll man auch nicht „stellen Form und Maß, wiefern man am Feiertag arbeiten mag; was sind solche Disputationes anders, denn Fallstricke der Gewissen?" Diesen freien Standpunkt des Christen haben diejenigen Evangelischen in England und in Amerika wieder aufgegeben, welche die Sonntagsfeier wieder nach dem Sabbathgesetz geordnet sehen wollen.

[3] Melanchthon: Von Polizei und weltlichem Regiment.

und Ehestand nicht um, sondern will, daß man solches alles halte als wahrhaftige Gottesordnung und in solchen Ständen christliche Liebe und rechte gute Werke, ein jeder nach seinem Beruf, beweise. Derhalben sind die Christen schuldig, der Obrigkeit unterthan und ihren Geboten und Gesetzen gehorsam zu sein in allem, so ohne Sünde geschehen mag. Denn so der Obrigkeit Gebot ohne Sünde nicht geschehen mag, soll man Gott mehr gehorsam sein, denn den Menschen; Apostelgesch. 5, 29[1].

Der 26. Artikel. Vom Unterschied der Speise[2].

In Vorzeiten hat man also gelehret, gepredigt und geschrieben, daß Unterschied der Speise und dergleichen Traditionen, von Menschen eingesetzt, dazu dienen, daß man dadurch Gnade verdiene und für die Sünden genugthue. Aus diesem Grund hat man täglich neue Fasten, neue Ceremonien, neue Orden und dergleichen erdacht, und auf solches heftig und hart ge-

[1]) Wenn es auch die Hauptaufgabe des Christen ist, an die Gnade Gottes in Christus zu glauben und durch den heiligen Geist geheiligt zu werden, so steht doch der Christ durch Gottes Ordnung auch in einem natürlichen Leben, welches ebenfalls eine berechtigte Ordnung ist; auch der Christ gehört der Familie und dem Staate an. Die Augsb. Konfession tritt nun zuerst dem Irrtum der **Wiedertäufer** entgegen, daß das Christentum die Teilnahme am weltlichen Leben verbiete, weshalb z. B. noch heute die Mennoniten Eid und Kriegsdienst für nicht erlaubt halten. Sodann tritt sie entgegen dem Irrtum der **Katholiken**, welche zwar das Leben in der Ehe und in der Welt nicht für sündlich halten, aber es doch für einen höheren Standpunkt der Frömmigkeit halten, auf die Ehe zu verzichten und aus der Welt sich zurückzuziehen.

In der katholischen Kirche hält man nämlich, wie die Augsb. Konfession mit Recht tadelt (Art. 26), „für ein weltlich, ungeistlich Wesen diejenigen Werke, so jeder nach seinem Beruf zu tun schuldig ist, als daß der Hausvater arbeitet Weib und Kind zu ernähren und zu Gottesfurcht aufzuziehen, die Hausmutter Kinder gebiert und ihrer wartet, ein Fürst und Obrigkeit Land und Leute regiert, usw. Solche Werke, von Gott geboten, mußten ein weltlich und unvollkommen Wesen sein; aber die Traditiones [Armut, Ehelosigkeit und Klosterleben] mußten den prächtigen Namen haben, daß sie allein heilige, vollkommene Werke hießen."

„Und wenn nun" (so heißt es in der Apologie Art. 15) „die Leute also durch so großen und prächtigen Schein der [selbsterdachten] Heiligkeit betrogen werden, so folget denn unzählig Fahr und Unrat daraus, nämlich daß Christi Erkenntnis und das Evangelium vergessen wird, und daß man alles Vertrauen auf solche Werke setzet. Und ist über den Irrtum noch der Jammer dabei, daß, wenn die Leute in dem Wahn sein [sind], daß solche Satzungen nötig seien zur Seligkeit, die Gewissen ohne Unterlaß in Unruhe und Qual sein, daß sie ihre Orden, ihre Möncherei, ihre aufgelegte Werke, nicht so gestrenge gehalten haben."

Diesem Irrtum gegenüber weist die Augsb. Konfession (Art. 16) mit Recht darauf hin, daß der Christ gerade seine Frömmigkeit zeige durch seine **Teilnahme** an den göttlichen Ordnungen des weltlichen Lebens, in welche Gott jeden Menschen hineinstellt. **Staat und Ehe sind göttliche Ordnungen des menschlichen Lebens** — das ist eine Erkenntnis, die wir der Reformation verdanken. Darum soll sich der Christ nicht aus der Welt zurückziehen, sondern **in der Welt** seine Frömmigkeit bewähren; das Einsiedlerleben und die Ehelosigkeit sind nicht als eine höhere Stufe der Frömmigkeit zu betrachten.

Auch ist der Staat, da er eine **selbständige göttliche Ordnung** ist, dem Papste nicht untertan, sondern **Staat und Kirche stehen nebeneinander als gleich selbständige und voneinander unabhängige Ordnungen Gottes**, deren jede eine besondere Aufgabe zu lösen hat.

[2]) Verkürzt. — Lateinisch: De discrimine ciborum.

trieben, als seien solche Dinge nöthige Gottesdienste, dadurch man Gnade verdiene, so man's halte, und große Sünde geschehe, so man's nicht halte. Daraus sind viel schädlicher Irrthümer in der Kirchen gefolget.

Erstlich ist dadurch die Gnade Christi und die Lehre vom Glauben verdunkelt, welche uns das Evangelium mit großem Ernst fürhält, und treibt hart darauf, daß man das Verdienst Christi hoch und theuer achte, und wisse, daß gläuben an Christum hoch und weit über alle Werke zu setzen sei. Solche Lehre ist schier ganz verloschen dadurch, daß man hat gelehret Gnade zu verdienen mit gesetzten Fasten, Unterschied der Speise, Kleidern u. s. w.

Zum andern haben auch solche Traditiones Gottes Gebot verdunkelt, denn man setzte diese Traditiones weit über Gottes Gebote. Dies hielt man allein für christlich Leben: wer die Feier also hielt, also betete, also fastete, also gekleidet war; das nannte man geistlich, christlich Leben[1]). Daneben hielt man andere nöthige gute Werke für ein weltlich, ungeistlich Wesen, nämlich diese, so jeder nach seinem Beruf zu thun schuldig ist, als daß der Hausvater arbeitet, Weib und Kind zu ernähren und zu Gottesfurcht aufzuziehen, die Hausmutter Kinder gebiert und ihrer wartet, ein Fürst und Obrigkeit Land und Leute regiert u. s. w. Solche Werke, von Gott geboten, mußten ein weltlich und unvollkommen Wesen sein, aber die Traditiones mußten den prächtigen Namen haben, daß sie allein heilige, vollkommene Werke hießen. Derhalben war kein Maß noch Ende, solche Traditiones zu machen.

Zum dritten sind solche Traditiones zu hoher Beschwerung der Gewissen gerathen. Denn es war nicht möglich, alle Traditiones zu halten, und waren doch die Leute der Meinung, als wäre solches ein nöthiger Gottesdienst, und Gerson schreibet[2]), daß viele hiermit in Verzweiflung gefallen, etliche sich auch selbst umbracht haben, darum, daß sie keinen Trost von der Gnade Christi gehöret haben.

Darum haben die Unsern nicht aus Frevel oder Verachtung geistliches Gewalts von diesen Sachen gelehret, sondern es hat die hohe Noth gefordert, von obangezeigten Irrthumen Unterricht zu thun, welche aus Mißverstand der Tradition gewachsen sein. Denn das Evangelium zwinget, daß man die Lehre vom Glauben solle und müsse in Kirchen treiben, welche doch nicht mag verstanden werden, so man vermeint, durch eigene erwählte Werke Gnade zu verdienen.

Und ist davon also gelehret, daß man durch Haltung gedachter menschlicher Traditionen nicht kann Gnade verdienen oder Gott versühnen oder für die Sünde genugthun. Und soll derhalben kein nöthiger Gottesdienst daraus gemacht werden.

Daß man aber den Unsern hie Schuld gibt, als verbieten sie Kasteiung und Zucht, wie Jovinianus[3]), wird sich viel anders aus ihren Schriften befinden.

[1]) Substantivum, wie der lat. Text zeigt; aber bei Tschackert: leben.

[2]) Kanzler der Universität Paris, † 1429, berühmt als eifriger Vertreter der Rechte der Konzilien gegenüber dem Papste.

[3]) Ein römischer Mönch des 4. Jahrhunderts, der bereits die Werkheiligkeit bekämpfte — aber schwerlich „Kasteiung und Zucht“.

Denn sie haben allezeit gelehret vom heiligen Kreuz, daß Christen zu leiden schuldig sind, und dieses ist rechte, ernstliche und nicht erdichtete Kasteiung.

Daneben wird auch gelehret, daß ein jeglicher schuldig ist, sich mit leiblicher Übung, als Fasten und andrer Arbeit, also zu halten, daß er nicht Ursach zu Sünden gebe, nicht damit Gnade zu verdienen, sondern den Leib geschickt zu halten, daß er nicht verhindere, was einem jeglichen nach seinem Beruf zu schaffen befohlen ist. Und wird also nicht das Fasten verworfen, sondern daß man ein nöthigen Dienst daraus auf bestimmte Tage und Speise zu Verwirrung der Gewissen gemacht hat[1].

Der 27. Artikel. Von Klostergelübden[2].

Von den Klostergelübden hat man eine solche Meinung, daß sie der Taufe gleich wären, und daß man mit dem Klosterleben Vergebung der Sünden und Rechtfertigung für Gott verdienet. Ja, sie setzten noch mehr dazu, daß man mit dem Klosterleben verdienet nicht allein Gerechtigkeit vor Gott und Frommkeit, sondern auch, daß man damit hielte die Gebote und Räthe, im Evangelio verfaßt, und wurden also die Klostergelübde höher gepreiset denn die Taufe.

Item [Ebenso], daß man mehr verdiente mit dem Klosterleben denn mit allen andern Ständen, so von Gott geordnet sind, als Pfarrherr-, Predigerstand, Obrigkeit-, Fürsten-, Herrenstand und dergleichen, die alle nach Gottes Gebot, Wort und Befehl in ihrem Beruf ohne erdichtete Geistlichkeit dienen, wie denn dieser Stücke keines mag verneint werden, denn man findet's in ihren eigenen Büchern.

Das alles wird darum angezogen, ohne alle Verunglimpfung, damit man je desto baß vernehmen und verstehen möge, was und wie die Unsern predigen und lehren.

Erstlich lehren sie bei uns von denen, die zur Ehe greifen, also, daß alle die, so zum ledigen Stand nicht geschickt sind, Macht, Fug und Recht haben, sich zu verehelichen. Denn das Gelübde soll in möglichen Sachen, willig und ungezwungen sein. Wie aber die ewige Keuschheit in des Menschen Gewalt und Vermögen stehe, weiß man wohl.

Und die Unsern wenden noch mehr Ursachen für, daß Klostergelübde nichtig und unbündig sind. Denn aller Gottesdienst, von den Menschen ohne Gottes Gebot und Befehl eingesetzt und erwählet, Gerechtigkeit und Gottes Gnade zu erlangen, sei wider Gott und dem heiligen Evangelio und Gottes Befehl entgegen. Derhalben auch die, so durch Gelübde wollen rechtfertig werden, sind von Christo ab und fehlen der Gnade Gottes. Denn dieselben rauben Christo seine Ehre, der allein gerecht macht, und geben solche Ehre ihren Gelübden und Klosterleben.

Ja, die Mönche haben noch wohl ungeschicktere und ungereimtere Dinge erdichtet und gesagt, daß sie ihre guten Werke den andern mittheilten.

Über das alles haben sie auch die Leute des überredet, daß die er-

[1]) Vgl. Luthers Wort: „Fasten und leiblich sich bereiten ist wohl eine feine äußerliche Zucht“.

[2]) Verkürzt.

dichteten geistlichen Orden Stände sind christlicher Vollkommenheit[1]. Die christliche Vollkommenheit ist, daß man Gott von Herzen und mit Ernst fürchtet, und doch auch eine herzliche Zuversicht, Glauben und Vertrauen fasset, daß wir um Christus willen einen gnädigen, barmherzigen Gott haben, daß wir mögen und sollen von Gott bitten und begehren, was uns noth ist, und Hilfe von ihm in allen Trübsalen gewißlich nach eines jeden Beruf und Stand gewarten, daß wir indes sollen mit Fleiß äußerlich gute Werke thun und unsers Berufs warten. Darin stehet die rechte Vollkommenheit und der rechte Gottesdienst, nicht im Betteln oder in einer schwarzen oder grauen Kappe.

So viel gottloser Meinung und Irrthum kleben in den Klostergelübden: daß sie sollen rechtfertigen und fromm für Gott machen, daß sie die christliche Vollkommenheit sein sollen, daß man damit beide, des Evangelions Räthe und Gebote, halte, daß sie haben die Übermaßwerke [opera supererogationis], die man Gott nicht schuldig sei. Dieweil denn solches alles falsch, eitel und erdichtet ist, so macht es auch die Klostergelübde nichtig und unbündig [unverbindlich][2].

[1]) Vgl. über diese Frage Loofs, Symbolik I, § 52, 4.

[2]) Mit der Augsb. Konfession stimmt in der Verwerfung des Mönchtums als einer höheren Frömmigkeit vollständig überein Luther in seiner Erklärung zu dem „Beschluß der zehn Gebote“ im Großen Katechismus.

„So haben wir nun die zehn Gebote, einen Ausbund [was man als Muster für den Käufer herausbindet: das Beste] göttlicher Lehre, was wir tun sollen, daß unser ganzes Leben Gott gefalle, und den rechten Born und Röhre, aus und in welchen quellen und gehen müssen alles, was gute Werke sein sollen, also daß außer den zehn Geboten kein Werk noch Wesen gut und Gott gefällig kann sein, es sei so groß und köstlich vor der Welt, wie es wolle. Laß nun sehen, was unsere großen Heiligen rühmen können von ihren geistlichen Orden und großen, schweren Werken, die sie erdacht und aufgeworfen haben, und diese [die zehn Gebote] fahren lassen, gerade als wären diese viel zu gering oder allbereit längst ausgerichtet.

Ich meine ja, man sollte hier alle Hände voll zu schaffen haben, daß man diese hielte, Sanftmut, Geduld und Liebe gegen Feinde, Keuschheit, Wohltat usw., und was solche Stücke mit sich bringen. Aber solche Werke gelten und scheinen nicht vor der Welt Augen, denn sie sind nicht seltsam [sonderlich] und aufgeblasen, an sonderliche eigene Zeit, Stätte, Weise und Geberde geheftet, sondern gemeine tägliche Hauswerke, so ein Nachbar gegen den andern treiben kann; darum haben sie kein Ansehen ... Daß [aber] ein Pfaffe in einer güldenen Kasel [Priestergewand] steht oder ein Laie den ganzen Tag in der Kirche auf den Knieen liegt, das heißt ein köstlich Werk, das niemand genug loben kann. Aber daß ein armes Mägdlein eines jungen Kindes wartet und treulich tut, was ihr befohlen ist, das muß nichts heißen; was sollten sonst Mönche und Nonnen in ihren Klöstern suchen?

Siehe aber, ist es nicht eine verfluchte Vermessenheit der verzweifelten Heiligen, so da sich unterstehen, höher und besser Leben und Stände zu finden, denn die zehn Gebote lehren; geben vor, es sei ein schlecht Leben [eine hinreichende Frömmigkeit] für den gemeinen Mann, ihres aber sei für die Heiligen und Vollkommenen, und die elenden blinden Leute sehen nicht, daß es kein Mensch so weit bringen kann, daß er eins von den zehn Geboten halte, wie es zu halten ist, sondern noch beides, der Glaube und das Vaterunser, zu Hilfe kommen muß, dadurch man solches suche und bitte und ohne Unterlaß empfange. Darum ist ihr Rühmen gerade so viel, als wenn ich rühmte und sagte: „„Ich habe zwar nicht einen Groschen zu bezahlen, aber zehn Gulden traue ich wohl zu bezahlen.““

Das rede und treibe ich darum, daß man doch des leidigen Mißbrauchs, der so tief eingewurzelt hat und noch jedermann anhängt, loswerde, und sich gewöhne, in allen Ständen auf Erden allein hierher [auf die zehn Gebote] zu sehen und

V. Artikel 17.

Die Hoffnung des Christen.

Der 17. Artikel. Von der Wiederkunft Christi zum Gericht.

Auch wird gelehret, daß unser Herr Jesus Christus am jüngsten Tage kommen wird zu richten, und alle Toten auferwecken, den Gläubigen und Auserwählten ewiges Leben und ewige Freude geben, die gottlosen Menschen aber und die Teufel in die Hölle und ewige Strafe verdammen.

Derhalben werden die Wiedertäufer verworfen, so lehren, daß die Teufel und verdammte Menschen nicht ewige Pein und Qual haben werden.

Item, hie werden verworfen etliche jüdische Lehren, die sich auch itzund eräugen[1]), daß vor der Auferstehung der Toten eitel Heilige, Fromme ein weltlich Reich haben und alle Gottlosen vertilgen werden[2]).

---

sich damit zu bekümmern [um ihre Erfüllung]. Denn man wird noch lange keine Lehre noch Stände aufbringen, die den zehn Geboten gleich sind, weil sie so hoch sind, daß sie niemand durch Menschenkraft erlangen kann, und wer sie erlangt, ist ein himmlisch, englisch Mensch, weit über alle Heiligkeit der Welt. Nimm sie nur vor und versuche dich wohl, lege alle Kraft und Macht daran, so wirst du wohl so viel zu schaffen gewinnen, daß du keine andere Werke oder Heiligkeit suchen noch achten wirst."

Vgl. auch im Großen Katechismus die Erklärung des 4. Gebots: „Sollte nicht ein Herz springen und von Freude zerfließen, wenn es zur Arbeit ginge und täte, was ihm befohlen wäre, daß es könnte sagen: Siehe, das ist besser, denn aller Karthäuser Heiligkeit, ob sie sich gleich zu Tode fasten und ohne Unterlaß auf den Knieen beten. Denn hier hast du einen gewissen Text und göttlich Zeugnis, daß er dies geheißen hat, aber von jenem [ist] kein Wort befohlen. Aber das ist der Jammer und [die] leidige Blindheit der Welt, daß solches niemand glaubt; so hat uns der Teufel bezaubert mit falscher Heiligkeit und Schein eigener Werke."

[1]) Die Variata bezeichnet als die Vertreter dieser „jetzigen" Meinung ausdrücklich die Wiedertäufer. — Aus dem richtigen Worte „eräugen" [von „Auge" abstammend] ist später „ereignen" geworden.

[2]) Mit der Predigt von dem vollkommenen Gottesreich im Himmel schließt, wie das apostolische Glaubensbekenntnis, so auch die ursprüngliche Augsb. Konfession. In diesem Punkte stimmen ja nun alle christlichen Parteien im ganzen überein, aber auch hier fehlt es im einzelnen nicht an Differenzen.

Eine Abweichung von der katholischen Lehre ist zwar nicht hier, aber schon in Art. 12 angedeutet, wenn es daselbst heißt: „Auch werden die verworfen, so nicht lehren, daß man durch Glauben Vergebung der Sünde erlange, sondern durch unser Genugtun." Das war nämlich die Lehre der Katholiken, und diese Lehre hatte zur Folge, daß der Katholik auch aus dem von ihm geglaubten Fegfeuer durch eigene gute Werke oder durch Leistungen der Kirche (Messe, Ablaß, Seligsprechung des Papstes) erlöst zu werden hoffte. Aus diesem Grunde verwarfen die Evangelischen die Lehre vom Fegfeuer; auch für den Verstorbenen kann es nach ihrer Meinung keine andere Rettung geben, als durch den Glauben an die Gnade Gottes; überdies ist ja die Lehre vom Fegfeuer aus der heiligen Schrift nicht zu begründen.

Ebenso verwarfen die Evangelischen die Behauptung der Wiedertäufer, daß alle Menschen dereinst selig werden sollen, da auch diese Behauptung aus der heiligen Schrift nicht zu erweisen sei.

Endlich verwarfen die Evangelischen auch die damals ebenfalls von den Wiedertäufern erneuerte, wie sie meinten, jüdische Lehre von einem vor

C. Anhang (Art. 18—21), zweiter Teil (Art. 22—28) und Schluß der Augsb. Konfession.

a. Die vier letzten Lehrartikel der Augsb. Konfession (18—21), welche derselben, wie schon oben bemerkt, von Melanchthon nachträglich noch beigefügt worden sind, sind schon oben an geeigneter Stelle eingefügt worden. Es sind folgende Artikel:

18. Vom freien Willen. Vgl. Art. 2.
19. Von Ursach der Sünden. Vgl. Art. 2.
20. Vom Glauben und guten Werken. Vgl. Art. 6.
21. Vom Dienst der Heiligen. Vgl. Art. 3.

Nachdem die Augsb. Konfession den Inhalt des evangelischen Glaubens in 21 Artikeln dargelegt hat, schließt sie diese Darlegung mit den folgenden Worten:

Dies ist fast [etwa] die Summa der Lehre, welche in unsern Kirchen zu rechtem christlichen Unterricht und Trost der Gewissen, auch zu Besserung der Gläubigen gepredigt und gelehret ist; wie wir denn unsere eigene Seelen und Gewissen je nicht gerne wollten vor Gott mit Misbrauch göttliches Namens oder Worts in die höchste und größte Fahr setzen, oder auf unsere Kinder und Nachkommen eine andere Lehre, denn so [welche] dem reinen göttlichen Wort und christlicher Wahrheit gemäß, fällen oder erben. So denn dieselbige in heiliger Schrift klar gegründet und darzu gemeiner christlicher, ja auch römischer Kirchen, so viel aus der Väter Schriften zu vermerken, nicht zuwider noch entgegen ist, so achten wir auch, unsere Widersacher können in obangezeigten Artikeln nicht uneinig mit uns sein. Derhalben handeln diejenigen ganz unfreundlich, geschwind und wider alle christliche Einigkeit und Liebe, so die Unsern derhalben als Ketzer abzusondern, zu verwerfen und zu meiden ihnen selbst ohne einigen beständigen Grund göttlicher Gebote oder Schrift fürnehmen. Denn die Irrung und Zank ist fürnehmlich über etlichen Traditionen und Misbräuchen. So denn nun an den Hauptartikeln kein befindlicher Ungrund oder Mangel, und dies unser Bekenntnis göttlich und christlich ist, sollten sich billig die Bischöfe wann schon bei uns der Tradition halben ein Mangel wäre, gelinder erzeigen, wiewohl wir verhoffen, beständige Gründe und Ursachen darzuthun, warum bei uns etliche Traditionen und Misbräuche geändert sind.

der Auferstehung der Toten zu erwartenden (und von den Wiedertäufern bald darauf, im Jahre 1534, in Münster wirklich aufgerichteten) irdischen Gottesreiche, für welches sie ebenfalls eine ausreichende Begründung in der heiligen Schrift vermißten. Wenn die neuere Theologie versucht hat, auf Grund der prophetischen Schriften der Bibel hinsichtlich der Entwickelung der Kirche und der Welt zum vollkommenen Gottesreiche eine genauere Erkenntnis zu gewinnen, als die Reformatoren sie besessen haben, so stehen diese Forschungen natürlich nicht im Widerspruch mit den Grundsätzen, nach welchen in der Augsb. Konfession gelehrt wird; dieselbe will ja nur solche Behauptungen verwerfen, welche der heiligen Schrift widersprechen, läßt aber freien Raum für die weitere Erforschung der Bibel hinsichtlich der Vollendung des Gottesreiches. Was aber hinsichtlich der „letzten Dinge" als Lehre der heiligen Schrift anzusehen sei, ob und was von einem tausendjährigen Reiche zu lehren sei — darüber gehen die Meinungen der Gelehrten noch heute auseinander.

b. Der nun folgende zweite Teil der Augsb. Konfession hat folgende Überschrift und beginnt also:

Artikel, von welchen Zwiespalt ist, da erzählet werden die Misbräuche, so geändert sind.

So nu von den Artikeln des Glaubens in unsern Kirchen nicht gelehret wird zuwider der heiligen Schrift oder gemeiner christlichen Kirchen, sondern allein etliche Misbräuche geändert sind, welche zum Theil mit der Zeit selbst eingerissen, zum Theil mit Gewalt aufgerichtet[1], erfordert unser Nothdurft, dieselbigen zu erzählen und Ursache anzuzeigen, warum hierinne Änderung geduldet ist, damit Kaiserl. Majestät erkennen möge, daß hierinne nicht unchristlich oder freventlich gehandelt, sondern daß wir durch Gottes Gebot, welches billig höher zu achten denn alle Gewohnheit, gedrungen sind solche Änderung zu gestatten.

Dieser Abschnitt besteht nun aus 7 Artikeln, welche, viel ausführlicher, als die Artikel des Glaubens, folgende Mißbräuche besprechen.

22. Von beider Gestalt des Sakraments. Vgl. Art. 10.
23. Vom Ehestand der Priester. Vgl. Art. 15, Anm. 3.
24. Von der Messe. Vgl. Art. 10.
25. Von der Beichte. Vgl. Art. 11.
26. Vom Unterschied der Speise. Vgl. Art. 16.
27. Von Klostergelübden. Vgl. Art. 16.
28. Von der Bischöfe Gewalt. Vgl. Art. 14, Anm. 1.

Auf diese Artikel ist bei den Glaubensartikeln hingewiesen und, soweit es nötig schien, sind sie oben abgedruckt worden.

c. Der „Beschluß" der Augsburgischen Konfession lautet aber also:

Dies sind die fürnehmsten Artikel, die jetzt für streitig geachtet werden. Denn wiewohl man viel mehr Misbräuche und Unrichtigkeit hätte anziehen können, so haben wir doch, die Weitläuftigkeit und Länge zu verhüten, allein die fürnehmsten vermeldet, daraus die andern leichtlich zu ermessen ... Dafür soll es auch nicht gehalten werden, daß in deme [in dem Gesagten] jemand ichtes [etwas] zu Haß oder Unglimpf geredt oder angezogen sei, sondern wir haben allein die Stück erzählet, die wir für nöthig anzuziehen und zu vermelden geachtet haben, damit man daraus desto baß zu vernehmen habe, daß bei uns nichts, weder mit der Lehre noch Ceremonien, angenommen ist, das entweder der heiligen Schrift oder gemeiner christlichen Kirchen zu entgegen[2] wäre. Denn es ist je [ja] am Tage und offentlich, daß wir mit allem Fleiß mit Gottes Hilfe, ohne Ruhm zu reden, verhütet haben, damit je kein neue und gottlose Lehre sich in unsern Kirchen heimlich einflechte, einreiße und überhandnehme.

Diese obgemeldten Artikel haben wir dem Ausschreiben nach übergeben wollen zu einer Anzeigung unser Bekenntnis und der Unsern Lehre.

---

[1]) Hier verrät sich wieder der Standpunkt Melanchthons bei der Abfassung seines Bekenntnisses: die Reformation hat viel mehr erstrebt und erreicht, als hier angenommen ist.

[2]) „Zu entgegen" nicht etwa: allzu entgegen, sondern einfach: entgegen.

Und ob jemand befunden würde, der daran Mangel hätte [d. h. fände], dem ist man ferneren Bericht [latiorem informationem] mit Grund göttlicher heiliger Schrift zu thun erbötig.

Eurer Kaiserlichen Majestät
unterthänigste
Churfürst, Fürsten und Städte:

Johanns Hertzog zu Sachsen Churfürst.
Georg Marggraf zu Brandenburg[1]).
Ernst Hertzog zu Braunschweig und Lünenburg.
Philipp Landgraff zu Hessen.
Wolfgang Fürst zu Anhalt.
Die Stadt Nürnbergk.
Die Stadt Reutlingen[2]).

D. Die Spaltung der christlichen Kirche.

Schluß der „Apologie der Augsburgischen Konfession".

Daß Uneinigkeit und Spaltung in der Kirche ist, weiß man, wie sich diese Händel erstlich zugetragen haben, und wer Ursach zur Trennung geben, nämlich die Indulgenzkrämer[3]), die unleidliche Lügen unverschämt predigten und nachmals den Luther verdammten, daß er dieselbige Lügen nicht billigte, dazu erregten für und für mehr Händel, daß Luther ander mehr Irrtum anzufechten verursacht ward. Dieweil aber unser Gegenteil die Wahrheit nicht hat dulden wollen, und sich unterstehet öffentlichen Irrtum noch mit Gewalt zu handhaben, ist leichtlich zu richten, wer an der Trennung schuldig ist. Es sollt ja billig alle Welt, alle Weisheit, alle Gewalt Christo und seinem heiligen Wort weichen; aber der Teufel ist Gottes Feind, darum erregt er alle seine Macht wider Christum, Gottes Wort zu dämpfen und unterzudrücken. Also ist der Teufel mit seinen Gliedern, so sich wider Gottes Wort legt, Ursach der Spaltung und Uneinigkeit; denn wir zum höchsten Frieden gesucht haben, des wir noch zum höchsten begehren, sofern, daß wir nicht gedrungen werden Christum zu lästern und zu verleugnen. Denn Gott weiß, der aller Herzen Richter ist, daß wir an dieser schrecklichen Uneinigkeit nicht Lust oder Freude haben. So hat der Gegenteil bis anher kein Frieden machen wollen, darin nicht gesucht sei, daß wir die heilsame Lehre von Vergebung der Sünde durch Christum ohn unser Verdienst sollten fallen lassen, dadurch doch Christus zum höchsten gelästert würde.

---

[1]) Herr von Ansbach und Jägerndorf, aus der fränkischen Linie der Hohenzollern, ein Enkel von Albrecht Achilles, † 1543. Sein Bruder Albrecht war Herzog von Preußen † 1568; seine Vettern, ebenfalls Enkel von Albrecht Achilles, waren Joachim I. von Brandenburg † 1535, und Albrecht, Erzbischof von Mainz und Magdeburg † 1545.

[2]) Auch der Kurprinz von Sachsen, Johann Friedrich, und ein zweiter Herzog von Lüneburg, Franz, vielleicht auch Albrecht, Graf und Herr zu Mansfeld, als Führer der Grafen, der Ritter und des Adels, hatten die Augsb. Konfession wohl mit unterschrieben; im Verlaufe des Reichstags sind auch noch die Städte Kempten, Windsheim, Heilbronn und Weißenburg (in Franken) der Augsb. Konfession beigetreten.

[3]) D. h. Ablaßhändler.

Und wiewohl nicht ohne ist, daß, wie die Welt pflegt, in dieser Spaltung dennoch Ärgernis durch Frevel und ungeschickte Leute etwa fürgefallen, denn der Teufel richtet solche Ärgernis an zu Schmach dem Evangelio: so sind sie doch alle nicht zu achten gegen dem hohen Trost, den diese Lehre mit sich bracht hat, die lehret, daß wir um Christus willen ohn unser Verdienst Vergebung der Sünden und einen gnädigen Gott haben. Item, daß sie unterrichtet, daß Gottesdienst nicht sei, verlassen weltliche Stände und Oberkeit, sondern daß solche Stände und Oberkeit Gott gefallen und rechte heilige Werke und Gottesdienst seien.

Wir hoffen, es sollen alle Gottfürchtige in dieser unser Schrift[1]) genugsam sehen, daß unser Lehre christlich und allen Frommen tröstlich und heilsam sei. Darum bitten wir Gott, daß er Gnade verleihe, daß sein heiliges Evangelium bei allen erkannt und geehret werde, zu seinem Lobe und zu Friede, Einigkeit und Seligkeit unser aller, und erbieten uns hiemit, wo es not ist, von allen Artikeln weiter Bericht zu tun.

E. Luthers Vermahnung an die Geistlichen, versammelt auf dem Reichstag zu Augsburg.

a. Gnade und Friede von Gott unserm Vater und dem Herrn Jesu Christo!

Wiewohl mir, liebe Herren, nicht gebührt, auf diesem Reichstag persönlich zu erscheinen, und ob ich erscheinen müßte oder sollte, doch nichts nütze da sein könnte, als an dem in solcher Pracht und Geschäft nichts gelegen sein würde: so habe ich mir doch vorgenommen, über meine geistliche Gegenwärtigkeit (die ich mit ganzem meinem Herzen durch Gebet und Flehen zu meinem Gott fleißig und redlich mit Gottes Hilfe beweisen will) auch schriftlich und mit dieser meiner stummen und schwachen Botschaft unter euch zu sein.

Sollte aber dieser Reichstag (da Gott gnädiglich vor sei) ohne Ende zergehen und nicht etwas Redliches ausgerichtet werden, und alle Welt nun lange Zeit her mit Reichstagen und Concilien vertröstet und aufgezogen [hingezogen], und alle Hoffnung gefehlt und umsonst gewesen [sein], ist zu besorgen, es würde ein Verzweifeln daraus kommen, und jedermann würde des Vertröstens und Harrens allzu müde werden, und das vergebliche lange Gaffen Ungeduld und böses Blut machen. Denn es kann und mag länger so nicht stehen, wie es jetzt steht, sonderlich mit euch selbst und mit euerm Stande und Wesen, das wißt und fühlt ihr besser, denn ich euch sagen kann. So tue ich euch hiermit, was ich tue, euch zum Besten um Friede und Einigkeit willen.

Weil man [nun] vergessen hat, wie es dazumal stand in der Welt, ehe meine Lehre anfing, und nun niemand will nie[2]) etwas Übles getan haben, so muß ich die alten Larven hervorziehen und den Geistlichen ihre ver-

[1]) Der Apologie der Augsb. Konfession.
[2]) Die doppelte Negation hebt sich in der alten Sprache nicht auf.

gessene Tugend vor die Augen stellen, damit sie sehen oder wieder daran gedenken, was in der Welt sollte geworden sein, wo unser Evangelium nicht gekommen wäre, und wir auch zu unserm Trost sehen, wie mannigfaltige herrliche Frucht das Wort Gottes getan habe.

b. Wahres und falsches Christentum[1]).

c. Es will aber zu viel und zu lang werden, mehr Stücke zu behandeln. Gott helfe euch auf dem Reichstage also fahren, daß uns nicht not sei, alles von neuem wieder anzufangen, denn das ist auch nicht gut; so sind wir der Mühe lieber überhoben. Doch daß ihr nicht denket, es seien lose Drohworte, das [was] ich jetzt sage, will ich hier, so viel mir jetzt einfällt, Stücke und Artikel erzählen, so auf beiden Seiten getrieben werden.

Die Stücke, so nötig sind in der rechten christlichen Kirche zu handeln[2]), da wir mit umgehen, solche Stücke hat nie kein Bischof gehandelt, und sind dazu von den Euren auch nie gründlich verstanden noch gelehrt, und ein großer Teil gar verblichen. Das dürft ihr nicht leugnen, wir sind in euren Schulen auferzogen; so sind eure Bücher noch vorhanden, die solches zeugen; so zeuget alle Welt, daß [solches] zuvor nie ist gepredigt. Nun ist's gewiß, daß an diesen Stücken gelegen und die christliche Kirche mit diesen versorgt ist, und bedarf eure unnötigen Zusätze nicht überall [ganz und gar nicht].

Die Stücke [aber], so in der gleißenden Kirche in Übung und Brauch sind gewesen — wer vermag es, alles zu erzählen in solcher Kürze[3])? Wohl ist's wahr, daß unter diesen Stücken etliche sind, die nicht zu verwerfen sind, und derselben etliche sind gefallen, die ich nicht wollte, daß sie gefallen wären, können aber wohl leichtlich wieder aufkommen.

Wenn man solche Stücke hätte lassen bleiben, ein Kinderspiel für die Jugend und junge Schüler, damit [womit] sie hätten ein kindliches Bild gehabt christlicher Lehre und Lebens, wie man doch muß Kindern Tocken[4]), Puppen, Pferde und andere Kinderwerke vorgeben, und [es] wäre bei dem Brauche geblieben, wie man die Kinder lehrt, S. Niklas und dem Christkind fasten, daß sie ihnen sollen des Nachts bescheren, wie sich's läßt ansehen, daß unsere Vorfahren gemeint haben, so wäre es wohl zu leiden, daß man Palmesel[5]), Himmelfahrt[6]) und dergleichen viel ließe gehen und geschehen, denn da wäre kein Gewissen mit verwirrt. Können wir solche Kinderspiele, die leidlich sind, helfen erhalten um der Jugend willen, ohne Nachteil der rechten, ernsten Hauptstücke, so wollen wir's gern tun. Aber daß wir sie für Artikel des Glaubens halten und auch in Bischofshüten narren, daraus wird nichts, zürne und lache, wer da will!

[1]) Auf Luthers Darlegungen über das wahre und das falsche Christentum im einzelnen muß hier verzichtet werden.
[2]) Sie werden von Luther aufgezählt.
[3]) Das Register derselben bei Luther umfaßt 114 Nummern.
[4]) Puppen, aus allerlei Stoff, auch aus Zucker und Pfefferkuchen.
[5]) Eine Nachahmung des Einzugs Jesu in Jerusalem.
[6]) Emporziehen einer Christusbildsäule in der Kirche.

Summa, es war Jammer und Herzeleid mit Predigen und Lehren; dennoch schwiegen alle Bischöfe still und sahen nichts Neues, die doch jetzt eine neue Mücke in der Sonne sehen können[1]).

d. Darum bieten wir euch an die Wahl. Erstlich weil ihr doch bischöfliches Amt und Werk nicht könnt noch wollt verhegen [verwalten], als die ihr zu predigen und Gewissen zu trösten und richten, doch wahrlich, wahrlich nicht taugt samt allen euern Gelehrten, so laßt uns doch euer Amt, das ihr schuldig seid, ausrichten, gebt uns das Evangelium frei zu lehren, und laßt uns dem armen Volk, das fromm zu sein begehrt, dienen. Verfolgt und wehrt doch dem nicht, das ihr nicht könnt und doch schuldig seid und andere für euch tun wollen.

Zum andern, so wollen wir über das [für das, was wir tun] nichts von euch begehren, noch Sold von euch nehmen, sondern wo [wie] uns sonst Gott ernährt gewarten [abwarten], auf daß ihr also beide, der Arbeit und Lohn, der Mühe und Kosten, überhoben seid.

Zum dritten wollen wir euch lassen bleiben, was ihr seid, und lehren — wie ihr denn bisher getan — daß man euch solle Fürsten und Herren sein lassen] um Friedens willen und eure Güter lassen. Denn was schadet uns das, ob ihr Herren und Fürsten seid? Wollt ihr nicht für euch und [für] euren Stand und Amt tun, was recht ist, wohlan, davon werden nicht wir, sondern ihr Rechenschaft geben.

Allein haltet doch Friede und verfolgt uns nicht! Wir bitten ja nicht mehr, haben auch nie anders gebeten, denn ums freie Evangelium. Ihr könnt uns und wir euch zum Frieden helfen.

Mehr und höher können wir uns wahrlich nicht entbieten, nämlich euer Amt wollen wir ausrichten, selbst wollen wir uns, ohne eure Kosten, ernähren; euch wollen wir helfen bleiben, wie ihr seid [nämlich weltliche Landesherren]. Was sollen wir doch mehr tun?[2]) . . .

e. Wollen sie[3]) aber das Evangelium dämpfen, dessen mögen sie ihr Abenteuer stehen [das mögen sie auf ihre eigene Gefahr hin wagen]: wir predigen doch, was wir wollen. Auch sitzen sie so fest nicht. Haben sie Lust zu Unglück, so hat Gott bald einen andern Münzer erweckt, der sie vollends stürze. Die Lutherischen bleiben wohl Meister, weil Christus bei ihnen und sie bei ihm bleiben, wenn gleich Hölle, Welt, Teufel, Fürsten und alles sollte unsinnig werden[4]).

---

[1]) D. h.: sie erkannten nicht, daß in ihrer Kirche lauter Neuerungen aufgekommen seien; nur in Luthers Lehre sahen sie eine Neuerung.

[2]) Aus den Bischöfen sollen also — wenigstens für die Evangelischen — nur Landesherren werden, denen allerdings — wie ja auch heute — die Kirche ihres Landes in äußeren Dingen untertan ist. Das ist schon damals geschehen, wo der Bischof in seinem Lande die Evangelischen duldete; ja, im Jahre 1803 wurden an die Stelle der Bischöfe überall in Deutschland weltliche Herren eingesetzt.

[3]) Wechsel der Person infolge der Weglassung eines Abschnitts.

[4]) Luthers Erwartung ist zunächst schon im Jahre 1532, für immer im Jahre 1555 in Erfüllung gegangen.

8 A. (148 A.) Dr. Martin Luthers kleiner Katechismus mit Anmerkungen und Bibelsprüchen[1].

A. Das erste Hauptstück[2].

Die zehn Gebote. (II, 61.)[3])

Das erste Gebot.

Ich bin der Herr, dein Gott.

Du sollst nicht andere Götter haben neben mir[4]).

Was ist das?

Wir sollen Gott über alle Dinge fürchten, lieben und vertrauen.

*5. Mose 6, 4. Höre, Israel, der Herr unser Gott ist ein einiger Herr.

*Matth. 4, 10. Du sollst anbeten Gott deinen Herrn, und ihm allein dienen.

---

[1]) Vgl. oben Nr. 146. — Text nach dem revidierten Katechismus. Stuttgart, Grüninger, 1885. — Von den 175 dem Katechismus beigegebenen Sprüchen sind die zunächst zu lernenden (120) durch ein vorgesetztes Sternchen bezeichnet.

[2]) Da die beiden Tafeln, auf welchen die ursprünglichen zehn Gebote verzeichnet waren, nicht erhalten sind, die zehn Gebote uns aber in zwei Überlieferungen erhalten sind (2. Mose 20 und 5. Mose 5), welche nicht buchstäblich miteinander übereinstimmen, so ist es nicht möglich, die ursprüngliche Fassung des Zehngebots anzugeben; doch sind die Unterschiede sachlich unbedeutend und fast nur in den (wahrscheinlich nicht als ursprünglich anzusehenden) Erläuterungen der Gebote enthalten. Der Hauptunterschied ist der, daß es im 5. Buch Mose nicht an erster Stelle heißt: „Du sollst nicht begehren deines Nächsten Haus", sondern „Weib". Im Grundtexte aber bilden unsere beiden letzten Gebote nur ein Gebot, und so kam denn auf die Ordnung der Gegenstände in demselben nicht so viel an, wie bei uns, die wir zwei Gebote daraus gemacht haben. Der Luthersche „Schluß der Gebote" steht im Grundtexte an beiden Stellen hinter dem in Luthers Katechismus fehlenden Bilderverbot. Unser Katechismus schließt sich im allgemeinen an den Text von 2. Mose 20 an.

[3]) Vgl. Luthers Lieder: „Mensch, willst du leben seliglich" und „Dies sind die heil'gen zehn Gebot'".

[4]) Die Anrede („Ich bin der Herr, dein Gott"), welche Luther in seinem Katechismus nicht hatte, ist nach Luthers Tode mit Recht aufgenommen worden; sie ist allerdings wohl mehr als eine Einleitung zum ganzen Gesetz anzusehen, als speziell zum ersten Gebot; die Schule mag sie aber mit dem ersten Gebot verbinden. Den nur für die Israeliten passenden Zusatz der Anrede in der Bibel: „Der ich dich aus Ägyptenland, aus dem Diensthause, geführt habe", hat der Katechismus mit Recht weggelassen; vgl. Jerem. 23, 7 (u. 16, 14—15): „Es wird die Zeit kommen", spricht der Herr, „daß man nicht mehr sagen wird: So wahr der Herr lebt, der die Kinder Israel aus Ägyptenland geführt hat". Wenn aber Jeremias (23, 8) hinweist auf den Gott, der Israel aus Babel führen wird, so müßte natürlich der Christ hinweisen auf den Gott, der uns in Christus von der Sünde erlöst hat. — Die letzten Worte des Gebots: „neben mir" sind mit Recht nach der Bibel dem Luthertexte zugesetzt worden.

2. Mose 20, 4—5. Du sollst dir kein Bildnis noch irgend ein Gleichnis machen, weder des, das oben im Himmel, noch des, das unten auf Erden, oder des, das im Wasser unter der Erde ist. Bete sie nicht an, und diene ihnen nicht[1])!

Joh. 14, 9. Wer mich sieht, der sieht den Vater.

Ps. 33, 8. Alle Welt fürchte den Herrn, und vor ihm scheue sich alles, was auf dem Erdboden wohnt.

Tob. 4, 6. Dein Leben lang habe Gott vor Augen und im Herzen, und hüte dich, daß du in keine Sünde willigst und tust wider Gottes Gebote.

*Ps. 111, 10. Die Furcht des Herrn ist der Weisheit Anfang.

*1. Joh. 4, 19. Lasset uns ihn lieben, denn er hat uns zuerst geliebt.

Ps. 73, 25—26. Herr, wenn ich nur dich habe, so frage ich nichts nach Himmel und Erde. Wenn mir gleich Leib und Seele verschmachtet, so bist du doch, Gott, allezeit meines Herzens Trost und mein Teil.

*1. Joh. 5, 3. Das ist die Liebe zu Gott, daß wir seine Gebote halten, und seine Gebote sind nicht schwer.

*Ps. 37, 5. Befiehl dem Herrn deine Wege und hoffe auf ihn, er wird's wohl machen.

Matth. 10, 28. Fürchtet euch nicht vor denen, die den Leib töten, und die Seele nicht können töten. Fürchtet euch aber vielmehr vor dem, der Leib und Seele verderben kann in die Hölle.

Lesen: Matth. 19, 16—26. Luk. 12, 13—21. Matth. 6, 19—34. Luk. 16, 19—31.

Das zweite Gebot.

Du sollst den Namen des Herrn, deines Gottes, nicht unnützlich führen; denn der Herr wird den nicht ungestraft lassen, der seinen Namen mißbraucht[2]).

Was ist das?

Wir sollen Gott fürchten und lieben, daß wir bei seinem Namen nicht fluchen, schwören, zaubern, lügen oder trügen, sondern denselben in allen Nöten anrufen, beten, loben und danken[3]).

[1]) Das in der Bibel auf das erste Gebot folgende Bilderverbot, welches Luther in Übereinstimmung mit dem katholischen Katechismus weggelassen, aber der reformierte Katechismus wieder aufgenommen hat, zieht Luther in Betracht bei der Erklärung der Abgötterei; dasselbe verbietet aber nicht die Abgötterei, sondern die Verehrung des rechten Gottes unter einem Bilde. — Über dieses Verbot sagt der Heidelberger Katechismus in Frage 98 folgendes: „Mögen aber nicht die Bilder, als der Laien Bücher, in den Kirchen geduldet werden?" [So rechtfertigen die Katholiken die Aufstellung der Bilder in den Kirchen.] — „Nein; denn wir sollen nicht weiser sein als Gott, welcher seine Christenheit nicht durch stumme Götzen, sondern durch die lebendige Predigt seines Wortes will unterwiesen haben."

[2]) Die dem Texte des Gebotes in der Bibel beigefügte Drohung fehlt zwar in Luthers Originaltext, aber nur darum, weil sie damals nicht üblich war: im Großen Katechismus ist sie erklärt.

[3]) Man kann in der Erklärung aller Gebote vom zweiten bis zum zehnten (ausgenommen das achte) doppelt konstruieren: entweder ergänzt man im zweiten Teile aus dem Vorhergehenden das Verbum sollen, so daß die folgenden Verba Infinitive sind (wie im achten Gebot), oder (und das ist richtig) die zweite Hälfte

*Matth. 7, 21. Es werden nicht alle, die zu mir sagen: „Herr, Herr!" in das Himmelreich kommen, sondern die den Willen tun meines Vaters im Himmel.

Jak. 3, 9—10. Durch die Zunge loben wir Gott den Vater, und durch sie fluchen wir den Menschen, die nach dem Bilde Gottes gemacht sind. Aus einem Munde geht Loben und Fluchen. Es soll nicht, liebe Brüder, also sein.

Hebr. 6, 16. Der Eid macht ein Ende alles Haders, dabei es fest bleibt unter ihnen.

*Matth. 5, 37. Eure Rede sei: Ja, ja; nein, nein; was darüber ist, das ist vom Übel.

Matth. 12, 36. Ich sage euch aber, daß die Menschen müssen Rechenschaft geben am jüngsten Gericht von einem jeglichen unnützen Wort, das sie geredet haben.

Gal. 6, 7. Irret euch nicht, Gott läßt sich nicht spotten.

*Ps. 106, 1. Danket dem Herrn, denn er ist freundlich, und seine Güte währet ewiglich.

*Ps. 50, 15. Rufe mich an in der Not, so will ich dich erretten, und du sollst mich preisen[1]).

Ps. 19, 15. Laß dir wohlgefallen die Rede meines Mundes und das Gespräch meines Herzens vor dir, Herr, mein Hort und mein Erlöser!

Lesen: Matth. 5, 33—37. Matth. 23, 16—22.

Das dritte Gebot.

Du sollst den Feiertag heiligen.

Was ist das?

Wir sollen Gott fürchten und lieben, daß wir die Predigt und sein Wort nicht verachten, sondern dasselbe heilig halten, gerne hören und lernen.

*Ps. 26, 6—8. Ich halte mich Herr, zu deinem Altar, da man hört die Stimme des Dankens, und da man predigt alle deine Wunder. Herr, ich habe lieb die Stätte deines Hauses und den Ort, da deine Ehre wohnet.

*Luk. 11, 28. Selig sind, die das Wort Gottes hören und bewahren!

*Kol. 3, 16. Lasset das Wort Christi unter euch reichlich wohnen in aller Weisheit; lehret und vermahnet euch selbst mit Psalmen und Lobgesängen und geistlichen lieblichen Liedern, und singet dem Herrn in eurem Herzen!

2. Thess. 3, 10. So jemand nicht will arbeiten, der soll auch nicht essen.

---

der Erklärung von daß abhängen lassen. Im neunten Gebot ist das Schlußwort sein heute allerdings nur Infinitiv, zu welchem „sollen" zu ergänzen ist; vielleicht hat es Luther als Konjunktiv (seien) oder als Indikativ (was es bei ihm ebenfalls war) gemeint. Vgl. Ebeling, Luthers Katech. (zu Gebot 6).

[1]) Frühere und Rev. Bibel: „so sollst du mich preisen"; Kautzsch: „und du sollst mich preisen".

Das vierte Gebot.

Du sollst deinen Vater und deine Mutter ehren, auf daß dirs wohlgehe und du lange lebest auf Erden[1]).

Was ist das?

Wir sollen Gott fürchten und lieben, daß wir unsere Eltern und Herren nicht verachten noch erzürnen, sondern sie in Ehren halten, ihnen dienen, gehorchen, sie lieb und wert haben.

*Sprüche 30, 17. Ein Auge, das den Vater verspottet, und verachtet der Mutter zu gehorchen, das müssen die Raben am Bach aushacken und die jungen Adler fressen.

Eph. 6, 1—2. Ihr Kinder, seid gehorsam euren Eltern in dem Herrn, denn das ist billig. „Ehre Vater und Mutter", das ist das erste Gebot, das Verheißung hat.

*Hebr. 13, 17. Gehorchet euren Lehrern und folget ihnen, denn sie wachen über eure Seelen, als die da Rechenschaft dafür geben sollen, auf daß sie das mit Freuden tun und nicht mit Seufzen, denn das ist euch nicht gut.

*Röm. 13, 1. Jedermann sei untertan der Obrigkeit, die Gewalt über ihn hat. Denn es ist keine Obrigkeit ohne von Gott; wo aber Obrigkeit ist, die ist von Gott verordnet.

Apg. 5, 29. Man muß Gott mehr gehorchen denn den Menschen.

Sirach 3, 11. Des Vaters Segen baut den Kindern Häuser, aber der Mutter Fluch reißt sie nieder.

Lesen: Sirach 3, 1—18.

Das fünfte Gebot.

Du sollst nicht töten.

Was ist das?

Wir sollen Gott fürchten und lieben, daß wir unserm Nächsten an seinem Leibe keinen Schaden noch Leid tun, sondern ihm helfen und fördern in allen Leibesnöten.

*1. Mose 9, 6. Wer Menschenblut vergießt, des Blut soll auch durch Menschen vergossen werden, denn Gott hat den Menschen zu seinem Bilde gemacht.

*1. Joh. 3, 15. Wer seinen Bruder haßt, der ist ein Totschläger, und ihr wisset, daß ein Totschläger hat nicht das ewige Leben bei ihm bleibend.

*Matth. 5, 43—45. Ihr habt gehört, daß gesagt ist: Du sollst deinen Nächsten lieben und deinen Feind hassen. Ich aber sage euch: Liebet eure Feinde; segnet, die euch fluchen; tut wohl denen, die euch hassen; bittet für die, so euch beleidigen und verfolgen, auf daß ihr Kinder seid eures Vaters

[1]) Die in der Bibel vorhandene, dem Gebote angefügte Verheißung hat Luther erst im Jahre 1542 beigefügt, aber nicht in ATlicher („auf daß du lange lebest im Lande, das dir der Herr, dein Gott, gibt"), sondern in NTlicher Form (Ephes. 6, 2—3).

im Himmel; denn er läßt seine Sonne aufgehen über die Bösen und über die Guten, und läßt regnen über Gerechte und Ungerechte.

Joh. 13, 34—35. Ein neu Gebot gebe ich euch, daß ihr euch unter einander liebet, wie ich euch geliebt habe, auf daß auch ihr einander liebhabet. Dabei wird jedermann erkennen, daß ihr meine Jünger seid, so ihr Liebe unter einander habt.

Lesen: Matth. 5, 21—26 und 38—42 und 43—48.

Das sechste Gebot.

Du sollst nicht ehebrechen.

Was ist das?

Wir sollen Gott fürchten und lieben, daß wir keusch und züchtig leben in Worten und Werken und ein jeglicher sein Gemahl[1]) lieben und ehren[2]).

*1. Kor. 15, 33. Lasset euch nicht verführen. Böse Geschwätze verderben gute Sitten.

*Ps. 51, 12. Schaffe in mir, Gott, ein reines Herz, und gib mir einen neuen gewissen Geist.

*Matth. 5, 8. Selig sind, die reines Herzens sind, denn sie werden Gott schauen.

Lesen: Matth. 5, 27—32.

Das siebente Gebot.

Du sollst nicht stehlen.

Was ist das?

Wir sollen Gott fürchten und lieben, daß wir unseres Nächsten Geld oder Gut nicht nehmen, noch mit falscher Ware oder Handel an uns bringen, sondern ihm sein Gut und Nahrung[3]) helfen bessern und behüten.

*1. Tim. 6, 9—10. Die da reich werden wollen, die fallen in Versuchung und Stricke und viel törichte und schädliche Lüste, welche versenken die Menschen ins Verderben und Verdammnis; denn Geiz ist eine Wurzel alles Übels.

*1. Tim. 6, 6. Es ist aber ein großer Gewinn, wer gottselig ist und lässet sich genügen.

1. Petr. 4, 10. Dienet einander, ein jeglicher mit der Gabe, die er empfangen hat, als die guten Haushalter der mancherlei Gnade Gottes.

[1]) Das Gemahl bezeichnet in der alten Sprache beide Gatten.
[2]) Der Pluralis (statt des zu erwartenden Singularis) ist wohl aus dem noch nachwirkenden wir zu erklären.
[3]) Nahrung, d. h. das, womit man sich seine Nahrung erwirbt.

Das achte Gebot.

Du sollst nicht falsch Zeugnis reden wider deinen Nächsten.

Was ist das?

Wir sollen Gott fürchten und lieben, daß wir unsern Nächsten nicht fälschlich belügen[1]), verraten, afterreden[2]) oder bösen Leumund[3]) machen, sondern sollen ihn entschuldigen, Gutes von ihm reden und alles zum Besten kehren.

*Eph. 4, 25. Leget die Lüge ab und redet die Wahrheit, ein jeglicher mit seinem Nächsten, sintemal wir unter einander Glieder sind.

*1. Petr. 4, 8. Die Liebe decket auch der Sünden Menge.

Matth. 7, 12. Alles, was ihr wollt, daß euch die Leute tun sollen, das tut ihr ihnen auch; das ist das Gesetz und die Propheten.

Lesen: Matth. 7, 1—5.

Das neunte Gebot[4]).

Du sollst nicht begehren deines Nächsten Haus.

Was ist das?

Wir sollen Gott fürchten und lieben, daß wir unserm Nächsten nicht mit List nach seinem Erbe oder Hause stehen[5]) und mit einem Schein des Rechtes an uns bringen, sondern ihm dasselbe zu behalten förderlich und dienstlich sein.

Das zehnte Gebot.

Du sollst nicht begehren deines Nächsten Weib, Knecht, Magd, Vieh oder alles, was sein ist.

Was ist das?

Wir sollen Gott fürchten und lieben, daß wir unserm Nächsten nicht sein Weib, Gesinde oder Vieh abspannen[6]), abdringen oder abwendig machen, sondern dieselben anhalten, daß sie bleiben und tun, was sie schuldig sind.

[1]) Fälschlich, d. h. absichtlich, gehört nur zum nächstfolgenden Worte: jemanden belügen bedeutet bei Luther Unwahres von ihm aussagen.

[2]) Afterreden, d. h. hinter (= mittelhochd. after) dem Rücken eines andern von ihm reden; dann redet man aber in der Regel mehr Böses als Gutes.

[3]) Leumund (sprachlich falsch gedeutet: der Leute Mund), d. h. Ruf; die Endung „und" hat hier den vollen Vokal noch behalten, der in Tugend (althochdeutsch: tugundi), wie gewöhnlich, abgeschwächt worden ist.

[4]) Im Großen Katechismus hat Luther, wie in allen seinen katechetischen Schriften, außer dem Kleinen Katechismus, dem Grundtext entsprechend, beide Gebote zusammengefaßt; dieselben sind bekanntlich nur deshalb voneinander getrennt worden, um nach der Weglassung des Bilderverbots doch die Zehnzahl festhalten zu können. Wenn in manchen katholischen Katechismen das 9. Gebot lautet: „Du sollst nicht begehren deines Nächsten Weib" — so stimmt das überein mit 5. Mose 5, während unser Katechismus mit 2. Mose 20 übereinstimmt.

[5]) Nach etwas stehen, d. h. mit seinem Begehren auf etwas gerichtet sein.

[6]) Gewöhnlich läßt man den drei Objekten die drei Prädikate in umgekehrter Ordnung entsprechen; aber „abspannen" wird von Luther nicht in unserem Sinne gebraucht, sondern es bedeutet: abspenstig machen.

Matth. 15, 19. Aus dem Herzen kommen arge Gedanken: Mord, Ehebruch, Dieberei, falsch Zeugnis, Lästerung; das sind die Stücke, die den Menschen verunreinigen.

*Jak. 1, 13—15. Niemand sage, wenn er versucht wird, daß er von Gott versucht werde; denn Gott kann nicht versucht werden zum Bösen, und er selbst versucht niemand; sondern ein jeglicher wird versucht, wenn er von seiner eigenen Lust gereizt und gelockt wird. Danach, wenn die Lust empfangen hat, gebiert sie die Sünde; die Sünde aber, wenn sie vollendet ist, gebiert sie den Tod.

Gal. 5, 24. Welche aber Christo angehören, die kreuzigen ihr Fleisch samt den Lüsten und Begierden.

Was sagt nun Gott von diesen Geboten allen?

Er sagt also: Ich, der Herr dein Gott, bin ein eifriger[1]) Gott, der über die, so[2]) mich hassen, die Sünde der Väter heimsucht[3]) an den Kindern bis ins dritte und vierte Glied; aber denen, so mich lieben und meine Gebote halten, tue ich wohl in tausend Glied[4]).

Was ist das?

Gott dräuet zu strafen alle, die diese Gebote übertreten; darum sollen wir uns fürchten vor seinem Zorn und nicht wider solche Gebote tun. Er verheißet aber Gnade und alles Gute allen, die solche Gebote halten; darum sollen wir ihn auch lieben und vertrauen und gerne tun nach seinen Geboten[5]).

*Röm. 2, 6. Gott wird geben einem jeglichen nach seinen Werken.

*Gal. 6, 7. Irret euch nicht, Gott läßt sich nicht spotten, denn was der Mensch sät, das wird er ernten.

*Spr. 14, 34. Gerechtigkeit erhöhet ein Volk, aber die Sünde ist der Leute Verderben.

Lesen: 2. Mose 20, 1—17. 5. Mose 5, 6—21. 3. Mose 19, 1—18 u. 30—37. Matth. 22, 34—40. Luk. 10, 25—37. Matth. 4, 23—7, 29[6]).

[1]) Die frühere Lesart: „ein starker, eifriger Gott" ist zwar sachlich angemessen, aber in der Bibel nicht begründet.

[2]) Indeklinables Relativpronomen (mittelhochdeutsch).

[3]) Heimsuchen, d. h. segnend oder strafend (in seinem Hause) besuchen — heute nur in dem letzteren Sinne.

[4]) Unveränderter Pluralis der älteren Sprache, wie er beim Neutrum regelrecht ist, also wohl (als Dativ gefaßt): in tausend Gliedern. — Der auf 5. Mose 7, 9 beruhende Ausdruck („tausend Glieder" d. h. „Generationen") lautet 2. Mose 20, 6: „auf Tausende hinaus", und dies bezeichnet wohl nicht tausend Generationen, sondern den weiten Kreis der um den Frommen lebenden Menschen, denen Gott um des Frommen willen Gutes erweist.

[5]) Während Luther diesen Schluß der Gebote, der im Grundtext hinter dem Bilderverbot steht, im Großen Katechismus noch hinter dem ersten Gebot, aber auch am Schluß der Gebote behandelt, hat er denselben im Kleinen Katechismus nur hierher gestellt.

[6]) Vgl. Luthers „Schluß der Gebote" in seinem Großen Katechismus, im Gegensatz zu der Lehre der Katholiken von den fünf Geboten der Kirche und den drei evangelischen Ratschlägen (Nr. 146a).

B. Das zweite Hauptstück [1]).

Der Glaube. (I. 66.) [2])

Der erste Artikel.

Von der Schöpfung.

Ich glaube an Gott den Vater [3]), den Allmächtigen [4]), Schöpfer Himmels und der Erde [5]).

Was ist das?

Ich glaube, daß mich Gott geschaffen hat samt allen Kreaturen, mir Leib und Seele, Augen, Ohren und alle Glieder,

[1]) Die ältere Form des apostolischen Glaubensbekenntnisses — welche namentlich noch nicht enthielt die Ausdrücke: „Schöpfer Himmels und der Erde", „niedergefahren zur Hölle", „die Gemeinde der Heiligen", „ein ewiges Leben" — lautete also:

1. Ich glaube an Gott den Vater, den Allmächtigen, 2. Und an Jesum Christum, seinen eingeborenen Sohn, unsern Herrn, 3. Geboren vom Heiligen Geiste und der Jungfrau Maria, 4. Unter Pontius Pilatus gekreuzigt und begraben, 5. Am dritten Tage auferstanden von den Toten, 6. Aufgefahren gen Himmel, 7. Sitzend zur Rechten des Vaters, 8. Von wo er kommt, zu richten die Lebendigen und die Toten, 9. Und an (den) heiligen Geist, 10. Eine [Artikel!] heilige Kirche, 11. Vergebung der Sünden, 12. Auferstehung des Fleisches.

Als der Zusatz hinzukam „Ein ewiges Leben", wurden zur Erhaltung der Zwölfteilung des Bekenntnisses Nr. 5 und 6 in einen Abschnitt zusammengezogen. — Vgl. Luthers Lied „Wir glauben all an einen Gott" (Nr. 32).

[2]) „Bisher hat man den Glauben geteilt in zwölf Artikel [und so wird der Glaube noch heute im katholischen Katechismus eingeteilt], wiewohl, wenn man alle Stücke, so in der Schrift stehen und zum Glauben gehören, einzeln fassen sollte, gar viel mehr Artikel sind, auch nicht alle deutlich mit so wenig Worten mögen ausgedrückt werden. Aber daß man's aufs leichteste und einfältigste fassen könnte, wie es für die Kinder zu lehren ist, wollen wir den ganzen Glauben kürzlich fassen in drei Hauptartikel nach den drei Personen in der Gottheit, dahin alles, was wir glauben, gerichtet ist, also daß der erste Artikel von Gott dem Vater erkläre die Schöpfung, der andere von dem Sohne die Erlösung, der dritte von dem heiligen Geist die Heiligung. Als wäre der Glaube aufs allerkürzeste in so viel Worte gefaßt: Ich glaube an Gott den Vater, der mich geschaffen hat; ich glaube an Gott den Sohn, der mich erlöst hat; ich glaube an den heiligen Geist, der mich heilig macht. Ein Gott und ein Glaube, aber drei Personen, darum auch drei Artikel." Luther, Gr. Katech., Teil II.

[3]) Das Wort „Vater" bezeichnet hier (nach Luther) das Verhältnis Gottes zu uns.

[4]) Dies Wort (omnipotentem) kann nach dem lateinischen Texte zu dem vorhergehenden (patrem) oder zu dem nachfolgenden Worte (creatorem) als Attribut gezogen, oder, wie man jetzt für richtiger hält, als selbständige Aussage gefaßt werden — und dafür spricht der älteste (griechische) Text, wo dieses Wort durch ein Substantivum ausgedrückt ist (pantokrator d. h. Allherrscher). Auch Luther sagt im Großen Katechismus: „Aber davon weiter zu sagen, gehört in die andern zwei Stücke dieses Artikels, da man spricht: Vater allmächtigen". Unrichtig war die früher übliche Verbindung mit dem folgenden, erst später beigefügten Zusatz: „Schöpfer Himmels und der Erde".

[5]) „Erden" war die ältere Form des Genitiv und Dativ Singularis (vgl. noch heute: „auf Erden").

Vernunft und alle Sinne[1]) gegeben hat und noch erhält[2]); dazu[3]) Kleider und Schuh, Essen und Trinken, Haus und Hof, Weib und Kind, Acker, Vieh und alle Güter; mit aller Notdurft und Nahrung des[4]) Leibes und Lebens reichlich und täglich versorget[5]), wider alle Fährlichkeit beschirmet und vor allem Übel behütet und bewahret; und das alles aus lauter väterlicher, göttlicher Güte und Barmherzigkeit ohne all mein Verdienst und Würdigkeit; des alles[6]) ich ihm zu danken und zu loben und dafür zu dienen und gehorsam zu sein schuldig bin. Das ist gewißlich wahr[7]).

a. „Ich glaube an Gott, den Vater, den [Heiligen und] Allmächtigen."

*2. Mose 20, 2—3. Ich bin der Herr, dein Gott; du sollst nicht andere Götter haben neben mir[8]).

*2. Mose 20, 4—5. Du sollst dir kein Bildnis noch irgend ein Gleichnis machen, weder des, das oben im Himmel, noch des, das unten auf Erden, oder des, das im Wasser unter der Erde ist. Bete sie nicht an, und diene ihnen nicht!

*1. Mose 17, 1. Ich bin der allmächtige Gott; wandle vor mir und sei fromm!

*3. Mose 19, 2. Ihr sollt heilig sein, denn ich bin heilig, der Herr, euer Gott.

*1. Joh. 4, 16. Gott ist Liebe, und wer in der Liebe bleibet, der bleibet in Gott, und Gott in ihm.

b. „Schöpfer Himmels und der Erde."

„Ich glaube, daß mich Gott geschaffen hat . . . gegeben hat."

Hebr. 11, 3. Durch den Glauben merken wir, daß die Welt durch Gottes Wort fertig ist, daß alles, was man sieht, aus nichts geworden ist.

Lesen: 1. Mose 1, 1—2, 4a. Psalm 104. „Wenn ich, o Schöpfer, deine Macht."
1. Mose 2, 4b—25. Psalm 8.

[1]) „Sinne" bedeutet hier „Kräfte der Seele"; vgl. den Großen Katechismus: omnes sensus rationem, rationis usum virtutemque intelligentiae.

[2]) Objekt nicht: mich, sondern die vorhergenannten Dinge, und „mir" dazuzudenken.

[3]) „Dazu" d. h. „außerdem" (latein. Text: ad haec).

[4]) Text der Eisenacher Konferenz: „dieses".

[5]) Nach der lat. Übersetzung dieser Stelle: et omnia bona cum (mit d h. zugleich mit) omnibus vitae necessariis copiose et quotidie largiatur (versorget) glaubten neuere Forscher annehmen zu müssen, daß der deutsche Text anders, als gewöhnlich, zu deuten sei, nämlich: dazu Kleider . . . und alle Güter (ohne das Semikolon!) mit (d. h. zugleich mit) aller Notdurft . . . versorget (d. h. besorget, bescheret). Da diese Deutung aber von anderen für unrichtig erklärt wird, so wird die Schule wohl dabei bleiben, daß der Satz unter Ergänzung von „mich" in der gewöhnlichen Weise zu deuten sei.

[6]) Genitiv: für das alles.

[7]) Übersetzung von Amen. — „Gewißlich" ist die ältere Adverbialform zu dem Adjektivum „gewiß".

[8]) Der Spruch ist in der Fassung des Katechismus zu lernen.

c. „Und noch erhält . . . versorget."

*Ps. 145, 15—16. Aller Augen warten auf dich [Herr], und du gibst ihnen ihre Speise zu seiner Zeit. Du tust deine Hand auf, und erfüllest alles, was lebet, mit Wohlgefallen.

Lesen: Matth. 6, 25—34. „Bis hierher hat mich Gott gebracht."

d. „Wider alle Fährlichkeit . . . bewahret."

Jes. 55, 8—9. Meine Gedanken sind nicht eure Gedanken, und eure Wege sind nicht meine Wege, spricht der Herr, sondern so viel der Himmel höher ist, denn die Erde, so sind auch meine Wege höher, denn eure Wege, und meine Gedanken, denn eure Gedanken.

Ps. 73, 25—26. Herr, wenn ich nur dich habe, so frage ich nichts nach Himmel und Erde. Wenn mir gleich Leib und Seele verschmachtet, so bist du doch, Gott, allezeit meines Herzens Trost und mein Teil.

*Röm. 8, 28. Wir wissen aber, daß denen, die Gott lieben, alle Dinge zum Besten dienen.

Lesen: Ps. 1. 23. 91. 37. 73. 121.
Das Buch Hiob (Auswahl).
Luk. 16, 19—31.
„Wer nur den lieben Gott läßt walten." „Befiehl du deine Wege." „Was Gott tut, das ist wohlgetan."

e. „Für deine Ehr' wir danken, daß du, Gott Vater, ewiglich regierst ohn' alles Wanken."

Die Heidenwelt: Apg. 17, 22—31.
Heilige Geschichte: Hebr. 1, 1—2.
Die Weltgeschichte.
Der einzelne Mensch (Luthers Lebensführung).

f. „Und das alles aus . . . Würdigkeit."

[Weshalb Gott so große Dinge vollbringen kann und vollbracht hat und noch heute vollbringt.]

α. Der allmächtige Gott.

*Ps. 90, 1—2. Herr Gott, du bist unsre Zuflucht für und für. Ehe denn die Berge wurden und die Erde und die Welt geschaffen wurden, bist du, Gott, von Ewigkeit zu Ewigkeit.

Lesen: Ps. 90.

*Ps. 104, 24. Herr, wie sind deine Werke so groß und so viel! Du hast sie alle weislich geordnet, und die Erde ist voll deiner Güter.

Lesen: Ps. 139.

*Ps. 139, 1—4. Herr, du erforschest mich und kennest mich. Ich sitze oder stehe auf, so weißt du es; du verstehest meine Gedanken von ferne. Ich gehe oder liege, so bist du um mich und siehest alle meine Wege. Denn siehe, es ist kein Wort auf meiner Zunge, das du, Herr, nicht alles wissest.

*Ps. 139, 7—10. Wo soll ich hingehen vor deinem Geist, und wo soll ich hinfliehen vor deinem Angesicht? Führe ich gen Himmel, so bist du da. Bettete ich mir in die Hölle, siehe, so bist du auch da. Nähme ich Flügel der Morgenröte und bliebe am äußersten Meer, so würde mich doch deine Hand daselbst führen und deine Rechte mich halten.

β. Der heilige Gott.

*Hiob 34, 11. Gott vergilt dem Menschen, danach er verdient hat.

γ. Der gnädige Gott.

Röm. 2, 4. Verachtest du den Reichtum seiner Güte, Geduld und Langmütigkeit? Weißt du nicht, daß dich Gottes Güte zur Buße leitet?

*Jes. 54, 10. Es sollen wohl Berge weichen und Hügel hinfallen, aber meine Gnade soll nicht von dir weichen, und der Bund meines Friedens soll nicht hinfallen, spricht der Herr, dein Erbarmer.

*Joh. 3, 16. Also hat Gott die Welt geliebt, daß er seinen eingeborenen Sohn gab, auf daß alle, die an ihn glauben, nicht verloren werden, sondern das ewige Leben haben.

„Wie groß ist des Allmächtgen Güte."

g. „Des alles ich . . . schuldig bin."

*Ps. 106, 1. Danket dem Herrn, denn er ist freundlich, und seine Güte währet ewiglich!

Lesen: Ps. 103. 29. 19. 46. 150.

„Lobe den Herren, den mächtigen König der Ehren." „Nun danket alle Gott." „Sei Lob und Ehr' dem höchsten Gut."

1. Sam. 15, 22. Gehorsam ist besser denn Opfer, und Aufmerken besser denn das Fett von Widdern.

h. „Das ist gewißlich wahr."

Der zweite Artikel.

Von der Erlösung.

Ich glaube an Jesum Christum, Gottes eingebornen Sohn, unsern Herrn, der empfangen ist vom heiligen Geiste, geboren von der Jungfrau Maria, gelitten unter Pontio Pilato [1]), gekreuziget, gestorben und begraben, niedergefahren zur Hölle [2]), am dritten Tage wieder auferstanden von den Toten, aufgefahren gen Himmel, sitzend zur Rechten Gottes, des allmächtigen Vaters, von dannen [3]) er kommen wird, zu richten die Lebendigen und die Toten.

Was ist das?

Ich glaube, daß Jesus Christus, wahrhaftiger Gott vom Vater in Ewigkeit geboren, und auch wahrhaftiger Mensch, von der Jungfrau Maria geboren, sei mein Herr, der mich verlornen und verdammten Menschen erlöset hat, erworben und gewonnen von allen Sünden, vom Tode und von der Gewalt des Teufels; nicht mit Gold oder Silber, sondern mit seinem heiligen, teuren Blute und mit seinem un-

[1]) „Unter Pontio Pilato" gehörte ursprünglich nicht, wie man heute verbindet, zu „gelitten", sondern zu „gekreuzigt", wie die ältere Form des Glaubensbekenntnisses zeigt.

[2]) Hölle — Totenreich (Hades), nicht: Aufenthaltsort der Verdammten. — Katholischer und Heidelb. Katech.: „abgestiegen zu der Hölle". Vgl. Theol. Encykl.", Bd. 9: Höllenfahrt Christi.

[3]) von dannen, heute: von wo.

schuldigen Leiden und Sterben; auf daß ich sein eigen sei, und in seinem Reiche unter ihm lebe und ihm diene in ewiger Gerechtigkeit, Unschuld und Seligkeit, gleichwie er ist auferstanden vom Tode, lebet und regieret in Ewigkeit. Das ist gewißlich wahr.

A. Übergang zum zweiten Artikel.

1. Das Bild Gottes; die Sünde; das Heidentum.

a. Lesen: 1. Mose 1, 26–30 und 2, 7; Ps. 8.

*1. Mose 1, 27. Gott schuf den Menschen ihm zum Bilde, zum Bilde Gottes schuf er ihn.

b. Lesen: 1. Mose 2, 8–9 und 15–17; Kap. 3; Ps. 51; Ps. 90.

*Röm. 3, 23. Sie sind allzumal Sünder und mangeln des Ruhmes, den sie bei Gott haben sollten.

c. Lesen: 1. Mose 11, 1–9; Röm. 1, 18–23; Apg. 17, 16–31.

d. *1. Mose 3, 15. Gott der Herr sprach zur Schlange: Ich will Feindschaft setzen zwischen dir und dem Weibe, und zwischen deinem Samen und ihrem Samen; derselbe soll dir den Kopf zertreten, und du wirst ihn in die Ferse stechen.

2. Die Offenbarung Gottes im Alten Bunde.

a. Die Gnade Gottes: Luk. 15.

b. Die Offenbarung Gottes im alten Bunde:

*1. Mose 12, 1–3. Der Herr sprach zu Abraham: Gehe aus deinem Vaterlande und von deiner Freundschaft und aus deines Vaters Hause in ein Land, das ich dir zeigen will. Und ich will dich zum großen Volke machen, und in dir sollen gesegnet werden alle Geschlechter auf Erden.

*2. Mose 19, 5–6 und 3. Mose 26, 12. Der Herr sprach zu Mose: So sollst du sagen zu den Kindern Israel: Werdet ihr meiner Stimme gehorchen und meinen Bund halten, so sollt ihr mein Eigentum sein vor allen Völkern, und ihr sollt mir ein priesterlich Königreich und ein heiliges Volk sein. Ich will euer Gott sein, und ihr sollt mein Volk sein.

Lesen: 5. Mose 4, 5–14 u. V. 32–40; Ps. 19; Ps. 1.

c. Das Gesetz des Alten Bundes: Röm. 2, 17–24; Röm. 7, 18–24; Röm. 3, 20b.

3. Die Hoffnung auf die Gründung eines vollkommenen Gottesreiches. Die messianische Weissagung.

a. Lesen: 2. Sam. 7, 1–16.

*2. Sam. 7, 12–14. Der Herr sprach zu David: Wenn nun deine Zeit hin ist, daß du mit deinen Vätern schlafen liegst, will ich deinen Samen nach dir erwecken, und ich will den Stuhl seines Königreichs bestätigen ewiglich; ich will sein Vater sein, und er soll mein Sohn sein.

*Jes. 9, 5–6 (bez. 6–7). Uns ist ein Kind geboren, ein Sohn ist uns gegeben, und die Herrschaft ist auf seiner Schulter; und er heißt Wunderbar-Rat, Kraft-Held, Ewig-Vater, Friedefürst, auf daß seine Herrschaft groß werde und des Friedens kein Ende auf dem Stuhl Davids und in seinem Königreich.

*Micha 5, 1. Und du Bethlehem Ephratha, die du klein bist unter den Städten in Juda, aus dir soll mir der kommen, der in Israel Herr sei, welches Ausgang von Anfang und von Ewigkeit her gewesen ist.

*Sach. 9, 9. Du Tochter Zion, freue dich sehr, und du Tochter Jerusalem, jauchze; siehe, dein König kommt zu dir, ein Gerechter und ein Helfer, arm, und reitet auf einem Esel und auf einem jungen Füllen der Eselin.

Lesen: Ps. 2.

*Ps. 110, 4. Du bist ein Priester ewiglich nach der Weise Melchisedeks.

Lesen: 1. Mose 14, 14—20.

b. *5. Mose 18, 15. Moses sprach: Einen Propheten wie mich wird der Herr dein Gott dir erwecken aus dir und aus deinen Brüdern; dem sollt ihr gehorchen.

*Jerem. 31, 31—34. Siehe, es kommt die Zeit, spricht der Herr, da will ich mit dem Hause Israel und mit dem Hause Juda einen neuen Bund machen: ich will mein Gesetz in ihr Herz geben und in ihren Sinn schreiben, und sie sollen mein Volk sein, so will ich ihr Gott sein.

*Jes. 53, 4—5. Fürwahr, er trug unsre Krankheit und lud auf sich unsre Schmerzen; wir aber hielten ihn für den, der geplagt und von Gott geschlagen und gemartert wäre. Aber er ist um unsrer Missetat willen verwundet und um unsrer Sünde willen zerschlagen; die Strafe liegt auf ihm, auf daß wir Frieden hätten, und durch seine Wunden sind wir geheilt.

c. Lesen: Jes. 40, 1—11.

*Mal. 3, 1. Siehe, ich will meinen Engel senden, der vor mir her den Weg bereiten soll, und bald wird kommen zu seinem Tempel der Herr, den ihr suchet; und der Engel des Bundes, des ihr begehret, siehe, er kommt! spricht der Herr Zebaoth.

d. *Joh. 4, 22. Das Heil kommt von den Juden.

*Hebr. 1, 1—2. Nachdem vor Zeiten Gott manchmal und mancherlei Weise geredet hat zu den Vätern durch die Propheten, hat er am letzten in diesen Tagen zu uns geredet durch den Sohn.

*2. Kor. 1, 20. In Christus sind alle Gottes-Verheißungen Ja und Amen.

B. Der zweite Artikel.

a. „Ich glaube, daß Jesus Christus sei mein Herr.“

„Auf daß ich sein eigen sei und in seinem Reiche... Gerechtigkeit, Unschuld und Seligkeit.“

Lesen: Matth. 13 und Mark. 4, 26—29.

*Matth. 4, 17. Tut Buße, das Himmelreich ist nahe herbeigekommen.

*Matth. 6, 33. Trachtet am ersten nach dem Reiche Gottes und nach seiner Gerechtigkeit, so wird euch solches alles zufallen.

*Röm. 14, 17. Das Reich Gottes ist nicht Essen und Trinken, sondern Gerechtigkeit und Friede und Freude in dem heiligen Geiste.

*Matth. 11, 28. Kommet her zu mir alle, die ihr mühselig und beladen seid, ich will euch erquicken.

*1. Kor. 1, 30. Christus ist uns gemacht von Gott zur Weisheit und zur Gerechtigkeit und zur Heiligung und zur Erlösung.

*Joh. 14, 6. Ich bin der Weg und die Wahrheit und das Leben; niemand kommt zum Vater denn durch mich.

b. „Ich glaube an Jesum Christum ... Herrn."

„Ich glaube, daß Jesus Christus ... Herr."

„Empfangen vom ... Maria."

Lesen: Mark. 8, 27—30. Matth. 16, 13—20.

*(Mark. 8, 29.) Matth. 16, 16. Du bist Christus [der Messias], des lebendigen Gottes Sohn.

Lesen: Ps. 110.

*Joh. 8, 46. Welcher unter euch kann mich einer Sünde zeihen?

*Luk. 2, 49. Wisset ihr nicht, daß ich sein muß in dem, das meines Vaters ist?

*Joh. 14, 9. Wer mich sieht, der sieht den Vater.

*Kol. 2, 9. In ihm wohnt die ganze Fülle der Gottheit leibhaftig.

(Lesen: Joh. 1, 1—18.)

(Joh. 1, 1—3. Im Anfang war das Wort, und das Wort war bei Gott, und Gott war das Wort. Dasselbe war im Anfang bei Gott. Alle Dinge sind durch dasselbe gemacht, und ohne dasselbe ist nichts gemacht, was gemacht ist.)

*Joh. 1, 14. Und das Wort ward Fleisch und wohnte unter uns, und wir sahen seine Herrlichkeit, eine Herrlichkeit als des eingeborenen Sohnes vom Vater, voller Gnade und Wahrheit.

c. „Gelitten ... Hölle."

„Der mich verlornen ... Sterben."

*Joh. 3, 16. Also hat Gott die Welt geliebt, daß er seinen eingeborenen Sohn gab, auf daß alle, die an ihn glauben, nicht verloren werden, sondern das ewige Leben haben.

*Matth. 20, 28. Des Menschen Sohn ist nicht gekommen, daß er sich dienen lasse, sondern daß er diene und gebe sein Leben zu einer Erlösung für viele.

*1. Petr. 1, 18—19. Wisset, daß ihr nicht mit vergänglichem Silber und Gold erlöst seid von eurem eitlen Wandel nach väterlicher Weise, sondern mit dem teuren Blute Christi, als eines unschuldigen und unbefleckten Lammes.

Röm. 8, 32. Wenn Gott seines eigenen Sohnes nicht hat verschonet, sondern hat ihn für uns alle dahingegeben, wie sollte er uns mit ihm nicht alles schenken.

2. Kor. 5, 19. Gott war in Christo und versöhnte die Welt mit ihm selber, und rechnete ihnen ihre Sünden nicht zu, und hat unter uns aufgerichtet das Wort von der Versöhnung.

*Gal. 4, 4—5. Da die Zeit erfüllet ward, sandte Gott seinen Sohn, geboren von einem Weibe und unter das Gesetz getan, auf daß er die, so unter dem Gesetze waren, erlöste, daß wir die Kindschaft empfingen.

*1. Joh. 4, 19. Lasset uns ihn lieben, denn er hat uns zuerst geliebet.

d. „Am dritten Tage wieder auferstanden ... und die Toten."

„Gleichwie er ist ... in Ewigkeit."

*Phil. 2, 5—11. Ein jeglicher sei gesinnt, wie Jesus Christus auch war, welcher, ob er wohl in göttlicher Gestalt war, hielt er's nicht für einen

Raub, Gott gleich sein, sondern entäußerte sich selbst und nahm Knechtsgestalt an, ward gleichwie ein anderer Mensch und an Gebärden als ein Mensch erfunden; er erniedrigte sich selbst und ward gehorsam bis zum Tode, ja, zum Tode am Kreuz.

Darum hat ihn auch Gott erhöht, und hat ihm einen Namen gegeben, der über alle Namen ist, daß in dem Namen Jesu sich beugen sollen aller derer Kniee, die im Himmel und auf Erden und unter der Erde sind, und alle Zungen bekennen sollen, daß Jesus Christus der Herr sei, zur Ehre Gottes des Vaters.

e. „Amen." „Das ist gewißlich wahr."

*1. Tim. 1, 15. Das ist gewißlich wahr und ein teuer wertes Wort, daß Christus Jesus gekommen ist in die Welt, die Sünder selig zu machen.

Der dritte Artikel.

Von der Heiligung.

Ich glaube an den heiligen Geist, eine[1]) heilige, allgemeine[2]) christliche Kirche, die Gemeinde der Heiligen[3]), Vergebung der Sünden[4]), Auferstehung des Fleisches[5]) und ein ewiges Leben. Amen[6]).

Was ist das?

Ich glaube, daß ich nicht aus eigener Vernunft noch Kraft an Jesum Christum, meinen Herrn, glauben oder zu ihm

---

[1]) Später auch von Luther nicht als Artikel, sondern als Zahlwort gefaßt, wie im Nicänischen Glaubensbekenntnis und auch im damaligen lateinischen Texte des apostolischen Glaubensbekenntnisses.

[2]) Luther hat das im lateinischen Texte befindliche Wort „katholische" Kirche ausgedrückt durch „christliche" Kirche. Da diese Übersetzung aber nicht mehr richtig verstanden wird, so hat man in der Neuzeit dasselbe deutlicher ausgedrückt durch Hinzufügung des Wortes „allgemeine" Kirche. — Katholischer Katechismus: „eine heilige, katholische Kirche, Gemeinschaft der Heiligen". — Die „Gemeinschaft der Heiligen" umfaßt nach dem katholischen Katechismus: die streitende Kirche auf Erden, die leidende Kirche der Seelen im Fegfeuer, die triumphierende Kirche der Seligen im Himmel.

[3]) „Eine heilige christliche Kirche sollte auf recht Deutsch und unsere Muttersprache heißen eine christliche Gemeine oder Sammlung, oder aufs allerbeste und klarste eine heilige Christenheit. Die Gemeinde der Heiligen ist nichts anderes, denn die Glosse oder Auslegung, da jemand hat wollen deuten, was die christliche Kirche heiße." Großer Katechismus. Ob diese Deutung dem ursprünglichen Sinne der Worte entspricht, ist sehr zweifelhaft. Der ursprüngliche Sinn des Wortes (Sanctorum communio) ist zwar nicht: Gemeinschaft mit den Heiligtümern (Sakramenten) der Kirche, aber wahrscheinlich: Gemeinschaft mit den vollendeten Heiligen im Himmel. — Die Schule wird bei Luthers Deutung bleiben.

[4]) Katholischer Katechismus: Nachlaß der Sünden.

[5]) „Auf recht Deutsch würden wir also reden: Auferstehung des Leibes." Großer Katech. — „Wenn es auch möglich ist, mit den Wendungen: Niedergefahren zur Hölle und Auferstehung des Fleisches richtige und evangelische Vorstellungen zu verbinden, so ist doch nicht abzusehen, warum man diesem Verständnis nicht durch die direkte Einstellung der schriftgemäßen Formulierungen: Niedergefahren zu den Toten und Auferstehung des Leibes entgegenkommen sollte, wozu doch schon Luther den Weg gewiesen." Kleinert, Der Preußische Agendenentwurf (1894), S. 35.

[6]) Vgl. die Erklärung dieses Wortes beim Vaterunser!

kommen kann; sondern der heilige Geist hat mich durch das Evangelium berufen, mit seinen Gaben erleuchtet, im rechten Glauben geheiliget und erhalten; gleichwie er die ganze Christenheit auf Erden berufet, sammelt, erleuchtet, heiliget und bei Jesu Christo erhält im rechten, einigen Glauben[1]); in welcher Christenheit er mir und allen Gläubigen täglich alle Sünden reichlich vergibt, und am jüngsten Tage mich und alle Toten auferwecken wird, und mir samt allen Gläubigen in Christo ein ewiges Leben geben wird. Das ist gewißlich wahr.

a. „Ich glaube an den heiligen Geist, Vergebung der Sünden."

*Joh. 3, 5—6. Es sei denn, daß jemand geboren werde aus Wasser und Geist, so kann er nicht in das Reich Gottes kommen. Was vom Fleisch geboren wird, das ist Fleisch, und was vom Geist geboren wird, das ist Geist.

*Joh. 14, 26. Der Tröster, der heilige Geist, welchen mein Vater senden wird in meinem Namen, der wird euch alles lehren und euch erinnern alles des, das ich euch gesagt habe.

*1. Tim. 2, 4. Gott will, daß allen Menschen geholfen werde und sie zur Erkenntnis der Wahrheit kommen.

*Röm. 3, 20. Durch das Gesetz kommt Erkenntnis der Sünde.

*Röm. 3, 28. So halten wir nun dafür, daß der Mensch gerecht werde ohne des Gesetzes Werke, allein durch den Glauben.

*2. Kor. 5, 17. Ist jemand in Christo, so ist er eine neue Kreatur; das Alte ist vergangen, siehe, es ist alles neu geworden.

*Apg. 2, 42. Sie blieben aber beständig in der Apostel Lehre und in der Gemeinschaft und im Brotbrechen und im Gebet.

Phil. 2, 12—13. Schaffet, daß ihr selig werdet, mit Furcht und Zittern; denn Gott ist's, der in euch wirket beides, das Wollen und das Vollbringen, nach seinem Wohlgefallen.

b. „Eine heilige ... Kirche, die Gemeinde der Heiligen."

1. Petr. 2, 9. Ihr seid das auserwählte Geschlecht, das königliche Priestertum, das heilige Volk, das Volk des Eigentums, daß ihr verkündigen sollt die Tugenden des, der euch berufen hat von der Finsternis zu seinem wunderbaren Licht.

c. „Auferstehung des Fleisches und ein ewiges Leben."

*Psalm 90, 12. Herr, lehre uns bedenken, daß wir sterben müssen, auf daß wir klug werden.

*Off. Joh. 14, 13. Selig sind die Toten, die in dem Herrn sterben, von nun an; ja, der Geist spricht, daß sie ruhen von ihrer Arbeit, denn ihre Werke folgen ihnen nach.

2. Kor. 4, 14. Wir wissen, daß der, der den Herrn Jesum hat auferwecket, wird auch uns auferwecken durch Jesum.

[1]) D. h. im rechten Glauben, der nur einer ist — deshalb Komma zwischen den beiden Attributen zu setzen.

*Off. Joh. 21, 4. Gott wird abwischen alle Tränen von ihren Augen, und der Tod wird nicht mehr sein, noch Leid, noch Geschrei, noch Schmerz wird mehr sein, denn das Erste ist vergangen.

d. *2. Kor. 13, 13. Die Gnade unsers Herrn Jesu Christi und die Liebe Gottes und die Gemeinschaft des heiligen Geistes sei mit uns allen!

e. „Amen." „Das ist gewißlich wahr."

C. Das dritte Hauptstück [1]).

1. Grundtext und Übersetzungen des Vaterunsers.

Das Vaterunser ist uns in zweifacher Überlieferung erhalten (Matth. 6 und Luk. 11), aber die beiden Überlieferungen stimmen nicht ganz miteinander überein, indem bei Lukas die Anrede nur lautet: „Vater" und die dritte und siebente Bitte ganz fehlen; der Schluß ist überhaupt ein späterer Zusatz. In der Kirche wird überall die längere Form des Vaterunsers gebraucht, aber in der katholischen Kirche von dem Schlusse nur das „Amen".

Im folgenden sind dargeboten der griechische Text, der lateinische und der gotische Text, wie auch der Text der drei Hauptkatechismen, des katholischen, des Lutherschen (vom Jahre 1542) und des Heidelberger Katechismus. Der griechische Text ist nach Matth. 6 gegeben; das gesperrt Gedruckte ist die kürzere Form des Vaterunsers, wie sie sich (mit einigen Abweichungen im Texte) bei Luk. 11 findet.

a. Matth. 6 und Luk. 11.

Πάτερ ἡμῶν ὁ ἐν τοῖς οὐρανοῖς,
ἁγιασθήτω τὸ ὄνομά σου,
ἐλθάτω ἡ βασιλεία σου,
γενηθήτω τὸ θέλημά σου ὡς ἐν οὐρανῷ καὶ ἐπὶ γῆς,
τὸν ἄρτον ἡμῶν τὸν ἐπιούσιον δὸς ἡμῖν σήμερον,
καὶ ἄφες ἡμῖν τὰ ὀφειλήματα ἡμῶν ὡς καὶ ἡμεῖς
ἀφήκαμεν τοῖς ὀφειλέταις ἡμῶν,
καὶ μὴ εἰσενέγκῃς ἡμᾶς εἰς πειρασμόν,
ἀλλὰ ῥῦσαι ἡμᾶς ἀπὸ τοῦ πονηροῦ.
[ὅτι σοῦ ἐστιν ἡ βασιλεία καὶ ἡ δύναμις καὶ ἡ δόξα εἰς τοὺς αἰῶνας.
ἀμήν.]

b. Lateinisches Vaterunser.

Pater noster, qui es in coelis,
sanctificetur nomen tuum,
adveniat regnum tuum,
fiat voluntas tua sicut in coelo et in terra,
panem nostrum quotidianum da nobis hodie,

[1]) Vgl. Luthers Lied: Vater unser im Himmelreich.

et dimitte nobis debita nostra, sicut et nos dimittimus debitoribus nostris,
et ne nos inducas in tentationem,
sed libera nos a malo! Amen.

c. Das Vaterunser der gotischen Bibel[1].

Atta unsar, thu (ßu) in himinam,
veihnai (wichnai) namo thein (ßin),
qimai (kwimai) thiudinassus (ßiud.) theins (ßins),
vairthai (vĕrßai) vilja theins (ßins) sve in himina jah (jach) ana airthai (ĕrßai).
hlaif (chlaif) unsarana thana (ßana) sinteinan (sintinan) gif unhimma daga,
jah (jach) aflet uns thatei (ßati) skulans sijaima, svasve jah (jach) veis (vis) afletam thaim (ßaim) skulam unsaraim,
jah (jach) ni briggais (bringais) uns in fraistubnjai,
ak lausei (lausi) uns af thamma (ßamma) ubilin!
Unte theina (ßina) ist thiudangardi (ßiud.) jah (jach) mahts (machts) jah (jach) vulthus (vulßus) in aivins. Amen.

d. 1. Katholischer Katechismus. 2. Luthers Katechismus (1542).
3. Heidelberger Katechismus.

1. Vater unser, der du bist in dem Himmel
2. VAter vnser, der du bist im Himel[2])
3. Unser Vater, der du bist im Himmel

1. geheiliget werde dein Name
2. geheiliget werde dein Name
3. geheiliget werde dein Name

1. zukomme uns dein Reich
2. dein Reich kome
3. dein Reich komme

1. dein Wille geschehe, wie im Himmel also auch auf Erden
2. dein wille geschehe, Wie im Himel, also auch auff Erden
3. dein Wille geschehe, wie im Himmel, also auch auf Erden

1. gib uns heute unser tägliches Brot
2. vnser teglich Brod gib vns heute
3. unser täglich Brot gib uns heute

1. vergib uns unsere Schulden, wie auch wir vergeben unsern Schuldigern
2. vnd verlasse vns vnser schulde, Als wir verlassen vnsern Schüldigern
3. vergib uns unsere Schulden, wie auch wir vergeben unsern Schuldigern

[1]) Vor h und r wird fast immer ai als ĕ, au als ŏ gesprochen.
[2]) Erst im Jahre 1531 ist die Anrede in Luthers Katechismus aufgenommen worden.

1. führe uns nicht in Versuchung
2. vnd füre vns nicht in versuchung
3. führe uns nicht in Versuchung

1. sondern erlöse uns von dem Übel.
2. sondern erlöse vns von dem vbel.
3. sondern erlöse uns von dem Bösen.

1. Amen.
2. Amen [1].
3. Denn dein ist das Reich, die Kraft und die Herrlichkeit, in Ewigkeit. Amen.

2. Das Vaterunser. (II, 120.)

Vater unser, der du bist im Himmel [2].

Was ist das?

Gott will uns damit locken, daß wir glauben sollen, er sei unser rechter Vater, und wir seine rechten Kinder, auf daß wir getrost und mit aller Zuversicht ihn bitten sollen, wie die lieben Kinder ihren lieben Vater.

*Ps. 50, 15. Rufe mich an in der Not, so will ich dich erretten, und du sollst mich preisen.

*Ps. 19, 15. Laß dir wohlgefallen die Rede meines Mundes und das Gespräch meines Herzens vor dir, Herr, mein Hort und mein Erlöser!

*Matth. 7, 7. Bittet, so wird euch gegeben; suchet, so werdet ihr finden; klopfet an, so wird euch aufgetan!

*Luk. 22, 42. Nicht mein, sondern dein Wille geschehe!

*1. Joh. 3, 1. Sehet, welch eine Liebe hat uns der Vater erzeigt, daß wir Gottes Kinder sollen heißen.

Röm. 8, 15. Ihr habt nicht einen knechtischen Geist empfangen, daß ihr euch abermals fürchten müßtet, sondern ihr habt einen kindlichen Geist empfangen, durch welchen wir rufen: Abba [3]), lieber Vater!

Ps. 115, 3. Unser Gott ist im Himmel, er kann schaffen, was er will.

1. Tim. 2, 1—2. So ermahne ich nun, daß man vor allen Dingen zuerst tue Bitte, Gebet, Fürbitte und Danksagung für alle Menschen, für die Könige und für alle Obrigkeit, auf daß wir ein ruhiges und stilles Leben führen mögen in aller Gottseligkeit und Ehrbarkeit.

Jak. 1, 6—7. Der Mensch bitte aber im Glauben und zweifle nicht; denn wer da zweifelt, der ist gleich wie die Meereswoge, die vom Winde

[1]) Erst im 18. Jahrhundert ist die Doxologie in Luthers Katechismus aufgenommen worden.

[2]) Luther hält sich im Katechismus an die altdeutsche Wortstellung (vgl. das gothische atta unsar), während er in der Bibel übersetzt „Unser Vater", wie auch der reformierte Katechismus, beide übereinstimmend mit unserm heutigen Sprachgebrauch. — Die Anrede mit ihrer Erklärung ist dem Katechismus erst im Jahre 1531 beigegeben worden.

[3]) Aramäisch = Vater.

getrieben und gewebt[1]) wird; solcher Mensch denke nicht, daß er etwas von dem Herrn empfangen werde.

*1. Thess. 5, 17. Betet ohne Unterlaß!

Lesen: Matth. 7, 7—11. Luk. 11, 5—13. Luk. 18, 1—8a. Matth. 6, 5—8. Luk. 18, 9—14. Matth. 6, 9—15. Luk. 11, 1—4.

Die erste Bitte.

Geheiliget werde dein Name.

Gottes Name ist zwar an ihm selbst heilig; aber wir bitten in diesem Gebet, daß er auch bei uns heilig werde.

Wie geschieht das?

Wo[2]) das Wort Gottes lauter und rein gelehrt wird, und wir auch heilig als die Kinder Gottes danach leben; das hilf uns, lieber Vater im Himmel! Wer aber anders lehret und lebet, denn das Wort Gottes lehret, der entheiliget unter uns den Namen Gottes; davor behüte uns, himmlischer Vater!

*3. Mose 19, 2. Ihr sollt heilig sein, denn ich bin heilig, der Herr euer Gott.

Matth. 5, 16. Lasset euer Licht leuchten vor den Leuten, daß sie eure guten Werke sehen und euren Vater im Himmel preisen!

*Joh. 17, (11 und) 17. Heiliger Vater, heilige uns in deiner Wahrheit dein Wort ist die Wahrheit!

Die zweite Bitte.

Dein Reich komme[3]).

Was ist das?

Gottes Reich kommt wohl[4]) ohne unser Gebet von ihm selbst; aber wir bitten in diesem Gebet, daß es auch zu uns komme.

Wie geschieht das?

Wenn der himmlische Vater uns seinen heiligen Geist gibt, daß wir seinem heiligen Worte durch seine Gnade glauben, und göttlich leben, hier zeitlich und dort ewiglich.

*Hebr. 1, 1—2. Nachdem vor Zeiten Gott manchmal und mancherleiweise geredet hat zu den Vätern durch die Propheten, hat er am letzten in diesen Tagen zu uns geredet durch den Sohn.

---

[1]) D. h. bewegt.

[2]) „Wo" nach älterem Sprachgebrauch (der noch erhalten ist in „wo möglich", „wo nicht") = „wenn", wie in der Erklärung der beiden folgenden Bitten.

[3]) Wenn Luther in seiner Auslegung uns bitten heißt, daß das Reich Gottes „auch zu uns komme", so ist diese Auslegung nach Luther sogar in den Text eingedrungen („Zu uns komme dein Reich"), aber aus demselben mit Recht wieder verdrängt worden. In Luthers Auslegung treten die Mission („auch zu uns") und das zukünftige Reich der Herrlichkeit gar zu sehr zurück („und dort ewiglich") hinter dem Gnadenreiche der Gegenwart.

[4]) Wohl = gewiß, ohne Zweifel.

*Matth. 6, 33. Trachtet am ersten nach dem Reiche Gottes und nach seiner Gerechtigkeit, so wird euch solches alles zufallen.

*1. Tim. 2, 4. Gott will, daß allen Menschen geholfen werde, und sie zur Erkenntnis der Wahrheit kommen.

Die dritte Bitte.

Dein Wille geschehe, wie im Himmel, also auch auf Erden.

Was ist das?

Gottes guter, gnädiger Wille geschieht wohl ohne unser Gebet; aber wir bitten in diesem Gebet, daß er auch bei uns geschehe.

Wie geschieht das?

Wenn Gott allen bösen Rat und Willen bricht und hindert, so uns den Namen Gottes nicht heiligen und sein Reich nicht kommen lassen wollen, als da ist des Teufels, der Welt und unsers Fleisches Wille, sondern[1] stärket und behält uns fest in seinem Wort und Glauben, bis an unser Ende; das ist sein gnädiger, guter Wille.

*Matth. 26, 41. Der Geist ist willig, aber das Fleisch ist schwach.

*Joh. 4, 34. Meine Speise ist die, daß ich tue den Willen des, der mich gesandt hat, und vollende sein Werk.

* Luk. 22, 42. Nicht mein, sondern dein Wille geschehe!

Apg. 14, 22. Wir müssen durch viele Trübsale in das Reich Gottes gehen.

Die vierte Bitte.

Unser täglich Brot gib uns heute.

Was ist das?

Gott gibt täglich Brot auch wohl ohne unsere Bitte allen bösen Menschen; aber wir bitten in diesem Gebet, daß er's[2]) uns erkennen lasse und mit Danksagung empfangen[3]) unser täglich Brot.

Was heißt denn täglich Brot?[4])

Alles, was zur Leibes-Nahrung und -Notdurft gehört, als Essen, Trinken, Kleider, Schuh, Haus, Hof, Acker, Vieh, Geld, Gut, fromm Gemahl, fromme Kinder, fromm Gesinde,

[1]) D. h.: sondern wenn er uns stärket . . .

[2]) es, d. h., wie Luther meint: das tägliche Brot als sein Geschenk; vgl. die lateinische Übersetzung: ut agnoscamus hoc beneficium. — Im ursprünglichen Texte fehlt das „es".

[3]) Ergänze: lasse.

[4]) Als zum „täglichen Brot" gehörend zählt Luther 22 Dinge „und desgleichen" auf.

fromme und treue Oberherren, gut Regiment[1], gut Wetter, Friede, Gesundheit, Zucht[2], Ehre, gute Freunde, getreue Nachbarn und desgleichen.

*Spr. 30, 8. Armut und Reichtum gib mir nicht, laß mich aber mein beschieden Teil Speise dahinnehmen!

*Matth. 6, 34. Sorget nicht für den andern Morgen, denn der morgende Tag wird für das Seine sorgen; es ist genug, daß ein jeglicher Tag seine eigene Plage habe.

*2. Thess. 3, 10. So jemand nicht will arbeiten, der soll auch nicht essen.

*Ps. 145, 15—16. Aller Augen warten auf dich [Herr], und du gibst ihnen ihre Speise zu seiner Zeit. Du tust deine Hand auf, und erfüllest alles, was lebet, mit Wohlgefallen.

*Matth. 5, 45. Gott läßt seine Sonne aufgehen über die Bösen und über die Guten, und läßt regnen über Gerechte und Ungerechte.

*Ps. 106, 1. Danket dem Herrn, denn er ist freundlich, und seine Güte währet ewiglich.

Lesen: Matth. 6, 19—34.

Die fünfte Bitte.

Und vergib uns unsre Schuld, wie wir vergeben unsern Schuldigern.

Was ist das?

Wir bitten in diesem Gebet, daß der Vater im Himmel nicht ansehen wolle unsre Sünden, und um derselben willen solche Bitten nicht versagen; denn wir sind der keines wert, das wir bitten, haben's[3] auch nicht verdienet; sondern er wolle es uns alles aus Gnaden geben, denn wir täglich viel sündigen und wohl[4] eitel[5] Strafe verdienen. So[6] wollen wir wiederum auch herzlich vergeben, und gerne wohltun denen, die sich an uns versündigen.

*Ps. 51, 3. Gott, sei mir gnädig nach deiner Güte, und tilge meine Sünden nach deiner großen Barmherzigkeit!

*Matth. 6, 14—15. So ihr den Menschen ihre Fehler vergebet, so wird euch euer himmlischer Vater auch vergeben. Wo ihr aber den Menschen ihre Fehler nicht vergebet, so wird euch euer Vater eure Fehler auch nicht vergeben.

Lesen: Matth. 18, 21—35.

*Matth. 5, 44. Liebet eure Feinde; segnet, die euch fluchen; tut wohl denen, die euch hassen; bittet für die, so euch beleidigen und verfolgen!

*Röm. 12, 20. So nun deinen Feind hungert, so speise ihn; dürstet ihn, so tränke ihn. Wenn du das tust, so wirst du feurige Kohlen auf sein Haupt sammeln.

[1]) D. h. eine gute Regierung seitens der eben genannten Oberherren.
[2]) D. h. Genügsamkeit, Mäßigkeit (vgl. den lateinischen Text: modestiam).
[3]) es, d. h. das, um was wir in den vorangehenden Bitten gebeten haben.
[4]) wohl = gewiß, ohne Zweifel.
[5]) eitel, d. h. nichts als.
[6]) So = dafür.

Die sechste Bitte.

Und führe uns nicht in Versuchung.

Was ist das?

Gott versucht zwar niemand; aber wir bitten in diesem Gebet, daß uns Gott wolle behüten und erhalten, auf daß uns der Teufel, die Welt und unser Fleisch nicht betrüge, und[1] verführe in Mißglauben[2], Verzweiflung und andere große Schande und Laster, und ob wir damit[3] angefochten würden, daß wir doch endlich gewinnen und den Sieg behalten.

Jak. 1, 13—14. Niemand sage, wenn er versucht wird, daß er von Gott versucht werde; denn Gott kann nicht versucht werden zum Bösen, und er selbst versucht niemand. Sondern ein jeglicher wird versucht, wenn er von seiner eigenen Lust gereizt und gelockt wird.

1. Kor. 15, 33. Lasset euch nicht verführen; böse Geschwätze verderben gute Sitten.

*1. Kor. 10, 13. Gott ist getreu, der euch nicht läßt versuchen über euer Vermögen, sondern macht, daß die Versuchung so ein Ende gewinne, daß ihr's könnet ertragen.

*Mark. 14, 38. Wachet und betet, daß ihr nicht in Versuchung fallet; der Geist ist willig, aber das Fleisch ist schwach.

Jak. 1, 12. Selig ist der Mann, der die Anfechtung erduldet, denn nachdem er bewährt ist, wird er die Krone des Lebens empfangen, welche Gott verheißen hat denen, die ihn liebhaben.

*Röm. 8, 28. Wir wissen, daß denen, die Gott lieben, alle Dinge zum Besten dienen.

Matth. 18, 6. Wer aber ärgert dieser Geringsten einen, die an mich glauben, dem wäre besser, daß ein Mühlstein an seinen Hals gehängt, und er ersäuft würde im Meer, da es am tiefsten ist.

Die siebente Bitte.

Sondern erlöse uns von dem Übel[4]).

Was ist das?

Wir bitten in diesem Gebet als in der Summa, daß uns der Vater im Himmel von allerlei Übel Leibes und der Seele, Gutes und Ehre erlöse, und zuletzt, wenn unser Stündlein kommt, ein seliges Ende beschere, und mit Gnaden von diesem Jammertal zu sich nehme in den Himmel.

*Röm. 12, 12. Seid fröhlich in Hoffnung, geduldig in Trübsal, haltet an am Gebet!

[1]) und dadurch.
[2]) Mißglaube, d. h. falscher Glaube.
[3]) Nämlich mit Mißglauben usw.
[4]) Heidelberger Katechismus: „Sondern erlöse uns von dem Bösen".

Hebr. 12, 6. Welchen der Herr liebhat, den züchtigt er.

*2. Tim. 4, 18. Der Herr wird mich erlösen von allem Übel, und mir aushelfen zu seinem himmlischen Reich.

*Off. 2, 10. Sei getreu bis an den Tod, so will ich dir die Krone des Lebens geben.

*Ps. 37, 37. Bleibe fromm und halte dich recht, denn solchem wird es zuletzt wohlgehen.

·· Lesen: Röm. 8, 28—39.

Denn dein ist das Reich und die Kraft und die Herrlichkeit in Ewigkeit[1]). Amen.

Was heißt Amen?[2])

Daß ich soll gewiß sein, solche Bitten sind dem Vater im Himmel angenehm und erhöret, denn er selbst hat uns geboten, also zu beten, und verheißen, daß er uns will erhören. Amen, Amen[3]), das heißt: Ja, ja, es soll also geschehen.

Sprüche siehe bei der Anrede!

D. Das vierte Hauptstück.

Das Sakrament der heiligen Taufe. (III. 54—61.)

Zum ersten.

Was ist die Taufe?

Die Taufe ist nicht allein schlecht[4]) Wasser, sondern sie ist das Wasser in Gottes Gebot gefasset und mit Gottes Wort verbunden.

Welches ist denn solch Wort Gottes?

Da[5]) unser Herr Christus spricht Matthäi am letzten:

Gehet hin in alle Welt, lehret alle Völker und taufet sie im Namen des Vaters und des Sohnes und des heiligen Geistes[6]).

---

[1]) Luther hat von dem (hier zugesetzten) Schlusse des Vaterunsers, der bekanntlich erst ein Zusatz der christlichen Kirche ist und zu seiner Zeit nicht gebräuchlich war und noch heute in der katholischen Kirche nicht gebräuchlich ist (und erst im 18. Jahrhundert in unsern Katechismus aufgenommen worden ist), nur das Wort „Amen" erklärt.

[2]) Das hebräische Wort Amen (= „Das ist gewißlich wahr"), mit welchem schon die Juden ihre Gebete schlossen oder eine Ansprache des Priesters bestätigten, haben auch die Christen beibehalten; nur die Franzosen haben dasselbe übersetzt: ainsi soit-il.

[3]) Beides ist Subjekt, und dasselbe wird noch einmal aufgenommen in dem folgenden Pronomen „das".

[4]) Schlechtes, d. h. einfaches.

[5]) Da = wo, d. h. dasjenige Wort Gottes, in welchem.

[6]) Nach dem Grundtext (vgl. Nr. 134 B, 1) lautet dieses Wort: Gehet hin [in alle Welt: Mark. 16, 15] und [im Katech. nicht enthalten] machet zu meinen

Zum andern.

Was gibt oder nützet die Taufe?

Sie wirkt Vergebung der Sünden, erlöset vom Tode und Teufel, und gibt die ewige Seligkeit allen, die es glauben, wie die Worte und Verheißung Gottes lauten.

Welches sind denn solche Worte und Verheißung Gottes?

Da unser Herr Christus spricht Marci am letzten:

Wer da glaubet und getauft wird, der wird selig werden: wer aber nicht glaubet, der wird verdammet werden.

Zum dritten.

Wie kann Wasser solche große Dinge tun?

Wasser tut's freilich nicht, sondern das Wort Gottes, so mit und bei dem Wasser ist, und der Glaube, so solchem Worte Gottes im Wasser trauet; denn ohne Gottes Wort ist das Wasser schlecht Wasser und keine Taufe; aber mit dem Worte Gottes ist es eine Taufe, das ist, ein gnadenreich Wasser des Lebens und ein Bad der neuen Geburt im heiligen Geiste; wie Sankt Paulus sagt zu Tito im dritten Kapitel:

Gott macht uns selig[1]) durch das Bad der Wiedergeburt und Erneuerung des heiligen Geistes, welchen er ausgegossen hat über uns reichlich durch Jesum Christum, unsern Heiland, auf daß wir durch desselben Gnade gerecht und Erben seien des ewigen Lebens nach der Hoffnung. Das ist gewißlich wahr.

Zum vierten.

Was bedeutet denn solch Wassertaufen?

Es bedeutet, daß der alte Adam in uns durch tägliche Reue und Buße soll ersäufet werden, und sterben mit allen Sünden und bösen Lüsten; und wiederum täglich herauskommen und auferstehen ein neuer Mensch, der in Gerechtigkeit und Reinigkeit vor Gott ewiglich lebe.

Wo stehet das geschrieben?

Sankt Paulus zu den Römern am sechsten spricht:

Wir sind samt Christo durch die Taufe begraben in den Tod, auf daß, gleichwie

---

Jüngern alle Völker [ursprünglich im Katech.: Heiden], indem ihr sie taufet in den Namen des Vaters, des Sohnes und des heiligen Geistes, und indem ihr sie lehret halten alles, was ich euch befohlen habe. Vgl. das Lied (Nr. 86): „Ich bin getauft auf deinen Namen, Gott Vater, Sohn und heil'ger Geist."

[1]) Die vier ersten Worte sind (aus der Bibel) erst im revidierten Katechismus aufgenommen worden.

Christus ist von den Toten auferwecket durch die Herrlichkeit des Vaters, also sollen[1]) auch wir in einem neuen Leben wandeln.

Mark. 10, 14. Lasset die Kindlein zu mir kommen und wehret ihnen nicht, denn solcher ist das Reich Gottes[2]).

E. Das fünfte Hauptstück.

Das Sakrament des Altars oder das heilige Abendmahl.

(III, 54—61.)

Was ist das Sakrament des Altars?

Es ist der wahre Leib und Blut unsers Herrn Jesu Christi, unter dem Brot und Wein uns Christen zu essen und zu trinken von Christo selbst eingesetzt.

Wo stehet das geschrieben?

So schreiben die heiligen Evangelisten Matthäus, Markus, Lukas und Sankt Paulus[3]):

Unser Herr Jesus Christus, in der Nacht, da er verraten ward, nahm er das Brot, dankte und brach's und gab es seinen Jüngern und sprach: Nehmet hin und esset[4]); das ist mein Leib, der für euch gegeben wird; solches tut zu meinem Gedächtnis.

Desselbigengleichen nahm er auch den Kelch nach dem Abendmahl[5]), dankte und gab ihnen den und sprach: Nehmet hin und trinket alle daraus; dieser Kelch ist das neue Testament[6]) in meinem Blut, das für euch vergossen wird zur Vergebung der Sünden; solches tut, so oft ihr's trinket, zu meinem Gedächtnis.

[1]) Das Wort „sollen" bliebe besser weg.

[2]) Luther handelt in seinem Großen Katechismus zuletzt noch von der Berechtigung der Kindertaufe; auf der Sitte der Kindertaufe beruht die erst nach Luther üblich gewordene Konfirmation, von welcher Luther natürlich im Katechismus nicht redet.

[3]) Die bei der Einsetzung des h. Abendmahls von Jesus gesprochenen Worte, welche, als die Handlung bloß erklärend, nicht buchstäblich festgehalten, sondern freier überliefert worden sind, sind in kürzerer Fassung bei Matthäus und Markus, in erweiterter Fassung (namentlich auch durch den Zusatz: „Solches tut zu meinem Gedächtnis!") bei Lukas und Paulus (1. Kor. 11) überliefert. Die Worte Jesu lauten nach dem Grundtext (vgl. Nr. 134 B, 1) der vier Berichte also:
Nehmet, esset, das ist mein Leib für euch (der für euch gegeben wird); das tut zu meinem Gedächtnis. Trinket alle daraus; denn das ist mein Blut des Bundes (dieser Kelch ist der neue Bund in meinem Blut), das für viele (für euch) vergossen wird (zur Vergebung der Sünden). Dies tut, so oft ihr trinket, zu meinem Gedächtnis.
Nur die gesperrt gedruckten Worte sind in allen oder in den beiden älteren Berichten (Matthäus und Markus) vorhanden.

[4]) Und hier in Luthers Text einzuschieben auf Grund der Tradition empfiehlt sich, um die Übereinstimmung mit dem zweiten Gliede (nehmet hin und trinket) herzustellen und um das Auswendiglernen zu erleichtern.

[5]) D. h. nach dem jüdischen Passahmahl.

[6]) D. h. der neue Bund.

Was nützet denn solch Essen und Trinken?

Das zeigen uns diese Worte:

Für euch gegeben und vergossen zur Vergebung der Sünden:

nämlich, daß uns im Sakrament Vergebung der Sünden, Leben und Seligkeit durch solche Worte gegeben wird; denn wo Vergebung der Sünden ist, da ist auch Leben und Seligkeit.

Wie kann leiblich Essen und Trinken solche große Dinge tun?

Essen und Trinken tut's freilich nicht, sondern die Worte, so da stehen:

Für euch gegeben und vergossen zur Vergebung der Sünden;

welche Worte sind neben dem leiblichen Essen und Trinken als[1]) das Hauptstück im Sakrament; und wer denselben Worten glaubt, der hat, was sie sagen und wie sie lauten, nämlich Vergebung der Sünden.

Wer empfängt denn solch Sakrament würdiglich?

Fasten und leiblich sich bereiten ist wohl[2]) eine feine äußerliche Zucht[3]); aber der ist recht würdig und wohl geschickt, wer den Glauben hat an diese Worte:

Für euch gegeben und vergossen zur Vergebung der Sünden.

Wer aber diesen Worten nicht glaubt oder zweifelt, der ist unwürdig und ungeschickt; denn das Wort: **Für euch** fordert eitel[4]) gläubige Herzen.

1. Kor. 10, 16. Der gesegnete Kelch, welchen wir segnen, ist der nicht die Gemeinschaft des Blutes Christi? Das Brot, das wir brechen, ist das nicht die Gemeinschaft des Leibes Christi?

1. Kor. 11, 28—29. Der Mensch prüfe aber sich selbst, und also esse er von diesem Brot und trinke von diesem Kelch. Denn welcher unwürdig isset und trinket, der isset und trinket sich selber zum Gericht, damit daß er nicht unterscheidet den Leib des Herrn.

Anhang zu Luthers Katechismus.[5])

1. Die Predigt. (III, 54—61.)

„Ich glaube, daß ich nicht aus eigener Vernunft . . . durch das Evangelium ... im rechten, einigen Glauben." Katech. II, 3, Erkl.

„Solchen Glauben zu erlangen, hat Gott das Predigtamt eingesetzt, Evangelium und Sakramente gegeben, dadurch er,

---

[1]) Heute überflüssig; lateinischer Text: tanquam caput et summa = so zu sagen das Hauptstück.

[2]) wohl = gewiß, ohne Zweifel.

[3]) Zucht = Sitte.

[4]) eitel = ganz.

[5]) Von den folgenden Zugaben zum Katechismus ist 1. vor, 2. und 3. nach dem vierten Hauptstück durchzunehmen.

als durch Mittel, den heiligen Geist gibt, welcher den Glauben wirket, wo und wenn er will, in denen, so das Evangelium hören." Augsb. Konf. Art. 5.

Sprüche zu dem Hauptstücke von der Predigt[1]).

a. Die Einsetzung der Predigt.

Röm. 10, 17. So kommt der Glaube aus der Predigt, das Predigen aber durch das Wort Gottes.

Mark. 16, 15. Gehet hin in alle Welt und prediget das Evangelium aller Kreatur.

2. Tim. 3, 15. Weil du von Kind auf die heilige Schrift weißt, kann dich dieselbe unterweisen zur Seligkeit durch den Glauben an Christum Jesum.

b. Der Inhalt der Predigt.

Röm. 3, 28. So halten wir nun dafür, daß der Mensch gerecht werde[2]) ohne des Gesetzes Werke, allein durch den Glauben.

Joh. 3, 16. Also hat Gott die Welt geliebt, daß er seinen eingeborenen Sohn gab, auf daß alle, die an ihn glauben, nicht verloren werden, sondern das ewige Leben haben.

Röm. 1, 16. Ich schäme mich des Evangeliums von Christo nicht, denn es ist eine Kraft Gottes, die da selig macht alle, die daran glauben, die Juden vornehmlich und auch die Griechen.

c. Die Kraft der Predigt.

Hebr. 4, 12. Das Wort Gottes ist lebendig und kräftig und schärfer denn kein zweischneidig Schwert, und dringt durch, bis daß es scheidet Seele und Geist, auch Mark und Bein, und ist ein Richter der Gedanken und Sinne des Herzens.

d. Wer wird des Segens der Predigt teilhaftig?

Luk. 11, 28. Selig sind, die das Wort Gottes hören und bewahren.

Matth. 7, 21. Es werden nicht alle, die zu mir sagen „Herr, Herr", in das Himmelreich kommen, sondern die den Willen tun meines Vaters im Himmel.

Jak. 1, 22. Seid aber Täter des Worts und nicht Hörer allein, wodurch ihr euch selbst betrüget.

2. Die Konfirmation. (III, 54—61.)[3])

Geistlicher. Liebe Kinder, ihr seid durch die heilige Taufe in den Gnadenbund des dreieinigen Gottes aufgenommen, im evangelischen Be-

[1]) Von den folgenden Sprüchen sind vornehmlich die unter a zu lernen. Die Sprüche sind geordnet (a—d) im Anschluß an die vier Fragen der Hauptstücke IV und V.

[2]) D. h.: Vergebung der Sünden erhalte.

[3]) Das Folgende bietet den Gang der in der Regel an einen Gottesdienst sich anschließenden kirchlichen Handlung, um die Besprechung derselben in der Schule zu erleichtern.

kenntnis unterwiesen und zum Verständnis des göttlichen Wortes angeleitet, und begehret nunmehr, zum Tisch des Herrn in der Gemeinde zugelassen zu werden. So tut nun, was eure Eltern und Paten dereinst in eurem Namen getan haben, und bekennet unsern christlichen Glauben.

Konfirmanden. Ich glaube an Gott ... Amen.

Geistl. Wollet ihr solchem Glauben gemäß wandeln, der Sünde absagen und eurem Heiland nachfolgen,

so antwortet: Ja, mit Gottes Hilfe. | so bezeuget dies, indem ihr euch zu eurem Taufgelübde bekennt.

Konfirm. Ja, mit Gottes Hilfe.

Konfirm. Ich entsage dem Bösen [dem Teufel] und allen seinen Werken und allem seinen Wesen, und ergebe mich dir, du dreieiniger Gott, Vater, Sohn und heiliger Geist, in Glauben und Gehorsam dir treu zu sein bis an mein letztes Ende. Amen.

Geistl. Wollet ihr auch, damit ihr solches alles vermöget, die euch dargebotenen Gnadenmittel gewissenhaft gebrauchen, euch mit fleißigem Gebet zu Gottes Wort und Tisch treulich halten, der Ordnung und Zucht der Kirche euch willig unterwerfen und also mit Gottes Hilfe als getreue Glieder unserer evangelischen Kirche im rechten Glauben und gottseligen Leben beharren bis ans Ende, so antwortet: Ja, wir wollen es mit Gottes Hilfe.

Konfirm. Ja, wir wollen es mit Gottes Hilfe.

Geistl. Das helfe euch Gott, der allmächtige Vater, um Jesu Christi willen durch seinen heiligen Geist. Er gebe euch zum Wollen das Vollbringen, daß ihr in diesem allen möget bleiben, wachsen und zunehmen.

Gebet.

Segen.

Der Gott und Vater unseres Herrn Jesu Christi, der in euch angefangen hat das gute Werk, der wolle es durch seinen heiligen Geist bestätigen und vollführen bis an den Tag Jesu Christi. Amen.

[Gesang der Konfirmierten.]

Geistl. Liebe Kinder, nachdem ihr auf euer Bekenntnis und Gelübde den Segen der Kirche empfangen habt, so erteile ich, als ein verordneter Diener der Kirche, euch die Befugnis, das Abendmahl des Herrn mitzufeiern und also an allen geistlichen Gütern und Gaben der Gemeinde teilzunehmen, deren Haupt unser Herr Jesus Christus ist.

Ansprache an die Gemeinde.

Gebet.

Liedervers der Gemeinde.

Vaterunser.

Segen.

3. Die Beichte. (III, 54—61.)[1]

a. Was ist die Beichte?

Die Beichte begreift zwei Stücke in sich: eins, daß man die Sünden bekenne; das andere, daß man die Absolution oder Vergebung vom Beichtiger empfahe als von Gott selbst, und ja nicht daran zweifle, sondern fest glaube, die Sünden seien dadurch vergeben vor Gott im Himmel[2].

b. Wie pflegen wir zu beichten?

Allmächtiger Gott, barmherziger Vater, ich armer, elender, sündiger Mensch bekenne dir alle meine Sünde und Missetat, die ich begangen mit Gedanken, Worten und Werken, damit ich dich jemals erzürnet und deine Strafe zeitlich und ewiglich verdient habe. Sie sind mir aber alle herzlich leid und reuen mich sehr, und ich bitte dich um deiner grundlosen Barmherzigkeit und um des unschuldigen und bitteren Leidens und Sterbens deines lieben Sohnes Jesu Christi willen, du wollest mir armen sündhaften Menschen gnädig und barmherzig sein, mir alle meine Sünden vergeben und zu meiner Besserung deines Geistes Kraft verleihen. Amen.

Darauf fragt der Pastor die Beichtenden:

Ist das nun euer ernstlicher Wille [euer aufrichtiges Bekenntnis], begehrt ihr Vergebung der Sünden um Christi willen, und habt ihr den festen und aufrichtigen Vorsatz, euer sündliches Leben zu bessern, so antwortet: „Ja".

Die Beichtgemeinde antwortet: „Ja".

c. Wie werden wir von der Sünde losgesprochen?

Auf solch euer Bekenntnis verkündige ich euch allen, die ihr eure Sünden herzlich bereut und euch des Verdienstes Jesu Christi im wahren Glauben getröstet und den festen Vorsatz habt, euer Leben zu bessern, kraft meines Amtes, als ein berufener und verordneter Diener des Wortes, die Gnade Gottes und die Vergebung eurer Sünden im Namen des Vaters und des Sohnes und des heiligen Geistes. Amen.[3]

[1]) Dieser Unterricht Luthers von der Beichte (von welchem hier nur die erste Frage aufgenommen worden ist) ist dem Katechismus erst im Jahre 1531 beigefügt worden. Nr. b und c sind aus der Agende beigefügt.

[2]) „Und hier siehst du, daß die Taufe mit ihrer Kraft und Deutung begreift auch das dritte Sakrament [als welches Luther damals noch die „Buße" betrachtete], welches man genannt hat die Buße [d. h. Beichte], als die eigentlich nichts anderes ist, denn die Taufe, nämlich ein Wiedergang und Zutreten zur Taufe, daß man das wiederholt und treibt, so man zuvor angefangen und doch davon gelassen hat." Luther, Großer Katech., Von der Taufe.

[3]) Vgl. Nr. 145: Die Entstehung des Katechismus. Nr. 153 C, 2: Luthers Vorrede zum kleinen Katechismus. Nr. 153 C, 2: Der Wert des Katechismus.

C. Der christliche Gottesdienst.

9. (149.) Der evangelische Sonntags-Gottesdienst.

(I, 72. Quell. II, 3.)[1])

Zum Glauben an Gott und zum Gebet wird durch die Predigt zunächst der einzelne Christ geführt. Aber die einzelnen Christen schließen sich nun zusammen zu Gemeinden, und auch in der Gemeinde wird das Wort Gottes gepredigt und zu Gott gebetet. So entsteht der gemeinsame Gottesdienst der Christen, und es ist oben gezeigt worden, wie sich derselbe in der alten und in der mittelalterlichen Kirche gestaltet hat. Im folgenden soll nun gezeigt werden, wie sich der evangelische Gottesdienst gestaltet hat.

a[2]). Aus dem Gottesdienste der alten Kirche, dessen Hauptbestandteile Gebet und Gesang, Vorlesung und Auslegung der h. Schrift und die Abendmahlsfeier gewesen waren, hatte sich allmählich der Gottesdienst der morgenländischen Kirche und der katholischen Kirche des Mittelalters entwickelt. Als das Hauptstück des ganzen katholischen Gottesdienstes gilt aber die Messe, d. h. die auf Grund der Verwandlung von Brot und Wein in Leib und Blut Christi erfolgende Wiederholung des Opfers Christi zur Vergebung der Tatsünden der Gläubigen. Ein Opfer kann aber nur durch einen Priester dargebracht werden, nicht durch einen Laien. So werden nun durch den katholischen Priester jeden Tag, indem er die Einsetzungsworte über Brot und Wein spricht, in der Messe Brot und Wein verwandelt in Leib und Blut Christi, nicht bloß zum Genuß beim h. Abendmahl, sondern vornehmlich dazu, um Christum dem Vater immer aufs neue als Opfer darzubringen für die sonst ungesühnt bleibenden Tatsünden der Gläubigen.

b. Als nun Luther erkannt hatte, daß die Lehre der Katholiken vom Abendmahl falsch sei, konnte er auch die katholische Messe nicht mehr billigen, durch welche die Predigt und der Gemeindegesang fast verdrängt worden waren. Aber während die Wittenberger Schwärmer alles auf einmal umändern wollten, ging Luther mit der Umänderung des Gottesdienstes sehr langsam vor, und erst nach der in den Jahren 1527—1529 abgehaltenen Kirchenvisitation ist der Gottesdienst in Sachsen allgemein umgestaltet worden. Aus der katholischen Messe sind seitdem die evangelische Liturgie und die Abendmahlsfeier geworden; aber die letztere hat sich mehr und mehr von dem gewöhnlichen Gottesdienst, mit welchem sie früher verbunden war, getrennt und ist zu einer besonderen gottesdienstlichen Feier geworden, wie das ja auch in der ersten christlichen Kirche geschehen war.

Wenn sich also der evangelische Gottesdienst vom katholischen Gottesdienste vornehmlich dadurch unterscheidet, daß von uns die Messe verworfen wird, so unterscheidet er sich vom katholischen Gottesdienste auch noch in anderer Beziehung; zunächst nämlich dadurch, daß er in jedem Lande in der Landessprache gehalten wird, während die katholische Kirche für den Hauptteil des Gottesdienstes, die Messe, die lateinische Sprache fordert. Aber noch wichtiger ist es, daß der katholische Gottesdienst vor-

[1]) Vgl. auch meine Schrift: Der Sonntags-Gottesdienst in der preußischen Landeskirche. (Progr. des Gymnasiums zu Nakel-Netze, 1896, Nr. 163.) [2]) Vgl. Nr. 64 und 88.

nehmlich ein Werk des Priesters ist und ohne einen solchen nicht gehalten werden kann, während der evangelische Gottesdienst ein Tun der Gemeinde ist, wobei der Geistliche nur im Namen der Gemeinde handelt und nur das tut, was jeder andere ebensogut tun könnte, da ja alle Christen Priester sind und wir keine besonderen Priester haben, wenn es nicht im Interesse der Ordnung läge, bestimmte Dinge einzelnen Gliedern der Gemeinde zu übertragen. Ihren Höhepunkt erreicht die Mittätigkeit der Gemeinde im Kirchengesang. Endlich ist auch erst im evangelischen Gottesdienst die Predigt wieder in ihr Recht eingesetzt worden, welche in der katholischen Kirche so sehr hinter der Messe zurückgetreten war und noch heute zurücksteht, daß sie nicht einmal im Hauptgottesdienste für nötig gilt.

Enger als Luther hat sich die anglikanische Kirche an den Gottesdienst der alten Kirche angeschlossen; weiter als Luther hat sich von demselben die reformierte Kirche entfernt, welche den Gottesdienst auf die einfachste, den biblischen Andeutungen sich anschließende Form zurückzuführen suchte. Allmählich aber haben sich die beiden evangelischen Kirchen Deutschlands auch auf diesem Gebiete einander mehr genähert, so daß heute zwischen lutherischem und reformiertem Gottesdienst, wenigstens in Deutschland, kein großer Unterschied mehr besteht. Diejenige Gottesdienstordnung, welche jetzt in Preußen üblich ist, ist seit dem Jahre 1816 von dem Könige Friedrich Wilhelm III. allmählich eingeführt und im Jahre 1894 revidiert und vervollkommnet worden. Durch dieselbe hat der Hauptgottesdienst in der preußischen Landeskirche folgende Gestalt erhalten.

c. Der evangelische Christ wird, wenn er nach dem Läuten der Glocken in die Kirche eintritt, von den würdigen, den ganzen Kirchenraum ausfüllenden Tönen der Orgel empfangen, welche, wie sie den Gottesdienst anfängt und schließt, so auch seine einzelnen Teile zu einem niemals durch eine Pause unterbrochenen Ganzen verbindet. Unser Hauptgottesdienst zerfällt aber in vier Hauptteile: Liturgie, Gesang, Predigt und Kirchengebet, denen ein Eingang vorangeht und ein Schluß nachfolgt. Den Eingang des Gottesdienstes bildete in der alten Zeit ein vom Chor gesungener Bibelspruch (von dem ja bekanntlich manche Sonntage ihren Namen erhalten haben), jetzt in der Regel ein für den Beginn des Gottesdienstes geeignetes Lied. Inzwischen hat der Geistliche den Altar betreten, und es beginnt der erste Teil des Gottesdienstes, die sogenannte Liturgie, welche in zwei Abschnitte zerfällt, das Sündenbekenntnis und die Schriftvorlesung, welche von einleitenden und abschließenden kürzeren Worten des Geistlichen und der Gemeinde eingeschlossen sind. Der Gemeinde, die ihrem Gotte gegenübertritt, ist es natürlich, zunächst ihrer Sünde zu gedenken, und deshalb spricht der Geistliche in ihrem Namen zuerst das Sündenbekenntnis: „Allbarmherziger Gott und Vater" usw., und die Gemeinde stimmt in diese Bitte ein mit dem altkirchlichen Rufe: „Kyrie eleison, Christe eleison, Kyrie eleison". (Herr, erbarme dich unser usw.) Auf dies bußfertige Bekenntnis der Sünde verkündigt der Geistliche der Gemeinde im zweiten Teile der Liturgie die Gnade Gottes, indem er, nachdem er zunächst auf das Engelwort hingewiesen hat: „Ehre sei Gott" usw., jetzt meistens nur einen oder früher mehrere Abschnitte aus dem Worte Gottes vorliest. Dazu sind seit alter Zeit bestimmte Abschnitte ausgewählt, die sogenannten Perikopen, die jedem Sonntage zugeteilt sind[1]). Zu dem vernommenen Worte drückt die Gemeinde ihre Zustimmung aus, indem sie mit dem Geistlichen im Herzen einstimmt in das kirchliche Glaubensbekenntnis, oder wohl auch selber statt desselben das daraus entstandene Lutherlied anstimmt: „Wir glauben all' an einen Gott.“ Damit hat die Liturgie ihren Abschluß erreicht.

Nach der Liturgie folgt das **Hauptlied**, welches sich an das verlesene Gotteswort anschließt oder auf die kommende Predigt vorbereitet.

Während des Gesanges besteigt der Pastor die Kanzel, um in der **Predigt** das Wort Gottes der Gemeinde zu erklären und ans Herz zu legen.

Auf die Predigt folgt als letzter Teil des Gottesdienstes das allgemeine **Kirchengebet**, welches im Vaterunser seinen würdigen Abschluß findet.

Der ganze Gottesdienst gewinnt endlich seinen Schluß durch den Segen des Geistlichen und einen Schlußvers der Gemeinde; unter den Klängen der Orgel verläßt die Gemeinde das Gotteshaus.

d. **Die Ordnung des Sonntags-Gottesdienstes in der preußischen Landeskirche.**

Gemeinde: Eingangslied.

Geistlicher[2]): Im Namen des Vaters und des Sohnes und des heiligen Geistes. Amen.

Unsere Hilfe stehet im Namen des Herrn, der Himmel und Erde gemacht hat.

Eingangsspruch (wechselnd).

Gemeinde: Ehre sei dem Vater und dem Sohne und dem heiligen Geiste, wie es war im Anfang, jetzt und immerdar, und von Ewigkeit zu Ewigkeit! Amen.

Geistlicher[3]): [Lasset uns vor dem Herrn unsere Sünden bekennen:]

Sündenbekenntnis (in wechselnder Form).

Gemeinde: Herr, erbarme dich unser. Christe, erbarme dich unser. Herr, erbarme dich unser!

Oder:

Kyrie eleison. Christe eleison. Kyrie eleison[4]).

Geistlicher: Gnadenverkündigung (in wechselnder Form).

Ehre sei Gott in der Höhe[5])!

Gemeinde: Und Friede auf Erden und den Menschen ein Wohlgefallen! Amen, Amen, Amen[6]).

Geistlicher: Der Herr sei mit euch!

Gemeinde: Und mit deinem Geiste!

[1]) Den **alten** Perikopen sind unlängst **neue** zur Seite gestellt worden, um die Gemeinde noch umfassender in die heilige Schrift einzuführen.

[2]) Während der katholische Priester die liturgischen Stücke sämtlich **singt**, werden dieselben in der evangelischen Kirche jetzt sämtlich meistens **gesprochen**; der Gesang hat sich nur in den lutherischen Kirchen, sonst höchstens für den Segen, das Vaterunser und die Abendmahlsworte erhalten.

[3]) Was in eckige Klammern eingeschlossen ist, darf auch wegbleiben.

[4]) *Ἐλέησον* ist der Imper. Aor. von dem Verbum *ἐλεέω* (*η* nach der späteren und heutigen Aussprache des Griechischen als i gesprochen — sprich: ele—ison!).

[5]) Wenn die Gemeinde hierauf mit dem Liedervers antwortet: „Allein Gott in der Höh' sei Ehr'“, so liest der Geistliche die **ganze** Lobpreisung: „Ehre sei . . . Wohlgefallen.“

[6]) An den Festtagen kann hierauf der Chor den „großen Lobgesang“ singen: „Wir loben dich.“ Vgl. Lied 31d.

Geistlicher: Lasset uns beten: (Gebet vor der Schriftvorlesung[1]) — in wechselnder Form).

Gemeinde: Amen.

Geistlicher: Verlesung der Epistel.
Spruch nach der Epistel.
Hallelujah[2]).

Gemeinde: Hallelujah, Hallelujah, Hallelujah.

Geistlicher: Verlesung des Evangeliums.
Gelobt seist du, o Christus!

Gemeinde: Ehre sei dir, Herr!

Geistlicher: [Lasset uns in Einmütigkeit des Glaubens mit der gesamten Christenheit also bekennen:] Glaubensbekenntnis[3]).

Gemeinde: Amen, Amen, Amen.

Gemeinde: Predigtlied.

Geistlicher: Predigt. (Liedervers der Gemeinde.) Abkündigungen. Segen.

Gemeinde: Liedervers.

Geistlicher: Erhebet eure Herzen!

Gemeinde: Wir erheben sie zum Herrn.

Geistlicher: Lasset uns danken dem Herrn, unserm Gott!

Gemeinde: Recht und würdig ist es.

Geistlicher: Recht ist es und wahrhaft würdig und heilbringend, dir, Allmächtiger, Dank zu sagen zu allen Zeiten und an allen Orten durch Jesum Christum, unsern Herrn, (um dessentwillen du uns verschont hast, uns unsere Sünden vergibst und die ewige Seligkeit verheißest,) und mit allen Engeln und Erzengeln und dem ganzen Heere der himmlischen Heerscharen singen wir dir und deiner unendlichen Herrlichkeit einen Lobgesang.

Gemeinde: Heilig, heilig, heilig ist der Herr Zebaoth. Alle Lande sind seiner Ehre voll. Hosianna in der Höh'[4]). Gelobt sei, der da kommt im Namen des Herrn. Hosianna in der Höh'!]

Geistlicher: Kirchengebet (in wechselnder Form).
Gebet des Herrn.

Gemeinde: Amen.

Geistlicher: Segen.

Gemeinde: Amen, Amen, Amen. Schlußvers (vor oder nach dem Segen).

e. Allgemeines Kirchengebet. (Gewöhnliche Form.)

Herr Gott, himmlischer Vater, wir bitten dich, du wollest deine christliche Kirche mit allen ihren Lehrern und Dienern durch deinen heiligen Geist regieren, daß sie bei der reinen Lehre deines Wortes erhalten, der wahre Glaube in uns erweckt und gestärkt werde, auch die Liebe gegen alle Menschen in uns erwachse und zunehme. Segne nach deiner Verheißung die Predigt des Evangeliums zur Ausbreitung deines Reiches auch unter

---

[1]) Dieselbe kann auch auf einen Schriftabschnitt beschränkt werden.

[2]) D. h. Lobet den Herrn!

[3]) Das Apostolikum kann auch durch das Nicänische Bekenntnis oder durch das Lutherlied „Wir glauben all' an einen Gott" oder ein anderes Glaubenslied ersetzt werden.

[4]) D. h.: Hilf doch, du Gott in der Höhe!

Heiden und Juden, und laß dir den Dienst deiner Knechte an diesem Werke wohlgefallen! Wende die Augen deiner Barmherzigkeit auf alle, die deinen Namen bekennen und die unter dem Joche der Ungläubigen seufzen; sei aber insonderheit allen denen gnädig und barmherzig, die mit uns denselben teuren Glauben empfangen haben, dermalen aber noch in vieler Gefahr, Not und Verfolgung leben![1])

Laß, o Herr, deine Gnade groß werden über deinen Knecht[2]) Wilhelm, den Kaiser, unsern König und Herrn, über die Kaiserin und Königin, über den Kronprinzen, über sämtliche Königliche Prinzen und Prinzessinnen und alle, welche dem Kaiser und dem Königlichen Hause anverwandt und zugetan sind! Erhalte sie uns bei langem Leben, zum beständigen Segen und christlichen Vorbilde! Verleihe dem Kaiser, unserm Könige, eine lange und gesegnete Regierung! Beschütze das Königliche Kriegsheer und die gesamte deutsche Kriegsmacht zu Wasser und zu Lande, insonderheit auch die Schiffe und die Luftfahrzeuge, welche auf der Fahrt sind, und alle treuen Diener des Kaisers und Königs und des Vaterlandes; lehre sie stets wie Christen ihres Eides gedenken, und laß dann ihre Dienste gesegnet sein zu deiner Ehre und des Vaterlandes Bestem!

Segne uns und alle Königlichen Länder, sei du des Deutschen Reiches und Volkes starker Schutz und Schirm! Laß deine Gnade ruhen auf seinen Fürsten und freien Städten, gib ihnen allen eine friedevolle und gesegnete Regierung in ihren Landen, und laß Glauben und Treue, Kraft und Einigkeit unseres Volkes Ruhm und Ehre sein!

Nimm alle christliche Obrigkeit in deine gnädige Obhut, und hilf, daß sie mit dem Kaiser, unserm Könige, und allen Regierenden im Reiche unter deinem Segen trachte, dein himmlisches Reich auf Erden bauen zu helfen und deines Namens Herrlichkeit zu preisen!

Hilf einem jeden in seiner Not, und sei ein Heiland aller Menschen, vorzüglich deiner Gläubigen! Bewahre uns vor einem bösen, unbußfertigen Tode, und bringe endlich uns alle in dein ewiges Himmelreich durch Jesum Christum, unsern Herrn! Amen.

10. (150.) Das christliche Gesangbuch; Das Choralbuch; die Orgel in der Kirche. (Nr. 153 C, 3. I, 73. Quell. II, 10—12.)

A. Unser Gesangbuch.

a. Im gemeinsamen Gottesdienste wird einerseits das Wort Gottes verkündigt, aber andererseits wird in demselben auch gebetet. Nun kann ja die Gemeinde zusammen beten, indem entweder der Geistliche im Namen aller zu Gott betet, wobei die Gemeinde im Herzen mitbetet[3]), oder indem die einzelnen zusammen sprechen; aber das letztere kann doch nur geschehen, wenn alle eine bestimmte Formel (z. B. das Vaterunser) auswendig können. Ein gemeinsames Sprechen ist aber nicht leicht und in der Regel auch nicht sehr schön. So war es denn ein Fortschritt, daß aus dem

[1]) „sei aber . . ." ist ein Zusatz König Friedrich Wilhelms IV. von Preußen, infolge der Gründung des Gustav-Adolf-Vereins.

[2]) Dieser Ausdruck (statt des früheren „Seine Majestät") ist durch Friedrich den Großen in das Kirchengebet eingesetzt worden.

[3]) Das geschieht in der sogenannten Liturgie.

gemeinsamen Sprechen ein gemeinsames Singen wurde, welches sowohl leichter als auch schöner ist, als das gemeinsame Sprechen.

Diesen Fortschritt haben nun schon die Israeliten gemacht, indem in ihrem Gottesdienste die Gebete (ihr Gebetbuch war aber der Psalter) von einem Chor der Leviten (allerdings noch nicht von der ganzen Gemeinde) gesungen wurden. Der Psalter, das Gebetbuch und Gesangbuch der Juden, war aber zunächst auch das Gebetbuch und Gesangbuch der Christen. Bald aber begannen die Christen auch in neuen Liedern zu singen von dem jetzt nicht mehr bloß verheißenen, sondern bereits erschienenen Sohne Gottes, der gekommen war, die Sünder selig zu machen, und der einst wiederkommen sollte zur Vollendung seines Werkes. Und so hat denn schon die alte griechische Kirche Lieder hervorgebracht, die uns zum Teil noch erhalten sind, ja sogar noch heute von uns gesungen werden, nachdem sie erst ins Lateinische, dann ins Deutsche übertragen worden sind[1]. Ein Gemeindegesang und ein Gesangbuch sind aber in der heutigen morgenländischen Kirche nicht vorhanden, sondern nur ein Chorgesang geschulter Sänger, und zwar ohne Orgel und Instrumentalmusik.

Von den Griechen der alten Zeit kam sodann das Kirchenlied zu den Lateinern; der Bischof Ambrosius von Mailand hat um das Jahr 350 den in der damaligen griechischen Kirche üblichen volksmäßigen Gemeindegesang auch in der Kirche des Abendlandes heimisch gemacht, und der sogenannte Ambrosianische Lobgesang („Te Deum laudamus“, von Luther übersetzt als „Herr Gott, dich loben wir“, in katholischen Gesangbüchern „Großer Gott, wir loben dich“), der ihm früher (aber mit Unrecht) zugeschrieben wurde, verkündet noch heute das Lob des frommen Bischofs[2]. Auch andere ursprünglich lateinische Lieder werden noch heute in unseren Kirchen gesungen[3], andere sind in unser Gesangbuch allerdings nicht aufgenommen worden, verdienen aber gekannt zu werden[4].

In der römischen Kirche wird aber seit Gregor dem Großen nur noch vom Chor und in lateinischer Sprache gesungen, nicht mehr von der Gemeinde, wie vor Gregor, und nicht in der Muttersprache, wie in der alten Kirche. Es konnte nun nicht ausbleiben, daß allmählich die Gemeinde ihr früheres Recht wieder beanspruchte und wieder selbst in der Muttersprache zu singen begehrte, namentlich bei einem so sangeslustigen Volke, wie es das deutsche Volk seit alten Zeiten ist. Und so hat denn unser Volk schon im Mittelalter angefangen, geistliche Lieder zu singen, teils aus dem Lateinischen übersetzte, teils frei gedichtete deutsche Lieder[5], freilich weniger beim kirchlichen Gottesdienste, wo die Priester das möglichst verhinderten, als bei Wallfahrten, Prozessionen und ähnlichen Feiern außerhalb der Kirche.

---

[1] Vgl. das Lied „Allein Gott in der Höh' sei Ehr'“ (Nr. 31).

[2] Vgl. Lied Nr. 53.

[3] Vgl. Lied Nr. 7, 22 und 91.

[4] Vgl. Lied Nr. 23 und 100 (das letztere in deutscher Nachbildung nur in wenigen Gesangbüchern).

[5] So die Lieder „Gelobet seist du Jesu Christ“, „Christ ist erstanden“, „Nun bitten wir den heilgen Geist“. — Daß das deutsche Lied aus dem lateinischen entstanden ist, läßt uns noch erkennen das Lied „In dulci jubilo, nun singet und seid froh“ (Lied Nr. 5), in welchem lateinische und deutsche Zeilen miteinander abwechseln.

b. Mit der Reformation kam auch für das Kirchenlied eine neue Zeit; hierfür ist aber wieder, wie für die Umgestaltung der Kirche überhaupt, Luther der Anfänger und Bahnbrecher geworden[1]). Er kehrte zu den Grundsätzen der alten Kirche zurück, daß der Gottesdienst nicht bloß eine Sache des Priesters, sondern der ganzen Gemeinde sei, und daß die Gemeinde in der ihr allein verständlichen Muttersprache Gott preisen dürfe und solle. Mit dem evangelischen Gesangbuche ist zugleich das evangelische Choralbuch entstanden; beide Bücher haben sich allmählich immer mehr erweitert und vergrößert, und in beiden besitzt der evangelische Christ neben seiner Bibel und dem Katechismus einen Schatz, auf den er mit Stolz zeigen darf, wenn der Katholik ihn auf die Herrlichkeiten seiner Kirche hinweist.

Um nun der Gemeinde ein Gesangbuch in der ihr allein verständlichen Muttersprache zu verschaffen, hat Luther folgenden Weg eingeschlagen. Er überarbeitete zunächst Psalmen (z. B. Psalm 46: „Ein feste Burg ist unser Gott") und andere biblische Abschnitte. Er übertrug sodann ältere lateinische („Herr Gott dich loben wir") und überarbeitete ältere deutsche Lieder („Gelobet seist du Jesu Christ"), und er dichtete endlich auch Originallieder („Nun freut euch lieben Christen g'mein" — das älteste seiner Lieder). An Luther, der 36 Lieder gedichtet und einige wahrscheinlich auch selbst mit einer Melodie versehen hat, schlossen sich nun auch bei diesem Werke bald seine Freunde und Anhänger an und lieferten wertvolle Beiträge zum evangelischen Gesangbuch. Auch in der reformierten Kirche traten allmählich Liederdichter auf und erschienen Gesangbücher, doch wurde zunächst der von Lobwasser im Jahre 1573 aus dem Französischen in deutsche Verse gebrachte Psalter das Gesangbuch der reformierten Kirche.

Hatte nun das 16. Jahrhundert vornehmlich Glaubenslieder geschaffen, in welchen der evangelische Glaube im allgemeinen zum Ausdruck gebracht wurde, so wurden in den späteren Jahrhunderten vornehmlich Andachtslieder gedichtet, in welchen der einzelne Christ seine Gedanken und Gefühle aussprach. Der Hauptdichter des siebzehnten Jahrhunderts ist Paul Gerhardt, gestorben als Pastor zu Lübben im Jahre 1676, dessen 130 Lieder zu den besten des evangelischen Liederschatzes gehören[2]). Auch im achtzehnten Jahrhundert ist (namentlich durch Anhänger des Pietismus, später auch durch Gellert — 54 Lieder) und ebenso im neunzehnten das evangelische Gesangbuch noch durch manches schöne Lied bereichert worden.

c. Das erste evangelische Gesangbuch ist schon im Jahre 1524 erschienen, und seitdem sind immer aufs neue Gesangbücher herausgegeben worden. Aber in der alten Zeit besaß der gemeine Mann noch kein Gesangbuch; im Gottesdienst wurden nur wenige Lieder gesungen, und diese konnten die Leute auswendig. Erst später gewannen die Gesangbücher eine größere Verbreitung, aber die Leute besaßen verschiedene Gesangbücher. Später wurde in jeder Gemeinde oder in jedem Gebiete dasselbe Gesangbuch eingeführt.

Wenn nun in der evangelischen Kirche Deutschlands überall Luthers Bibel gebraucht wird, und in den meisten Schulen derselbe Katechismus,

[1]) „Vorrede Martini Luther" 1525 (zu seinem Gesangbuch), unten abgedruckt im Quellenbuch: Nr. 153 C, 3.

[2]) Vgl. Nr. 109 B c.

nämlich der Katechismus Luthers, so besitzen wir dagegen noch nicht ein allgemeines Gesangbuch für alle deutschen Gemeinden, sondern in jeder Provinz oder in jedem Lande wird noch heute ein besonderes Gesangbuch gebraucht. Hoffentlich wird es einmal dahin kommen, daß in allen Gemeinden unseres Vaterlandes dasselbe Gesangbuch gebraucht wird; bis jetzt ist nur das deutsche Heer im Besitz eines gemeinsamen Gesangbuchs.

B. Das Choralbuch; die Orgel in der Kirche.

a. Das schönste Gesangbuch wäre aber für die Gemeinde nur ein Gebetbuch, nicht ein Gesangbuch, wenn die Lieder nicht ihre Melodieen hätten, und zwar solche, welche von der ganzen Gemeinde, auch ohne daß sie viel von Musik versteht, leicht gelernt und behalten werden können. Diesen Melodieenschatz unserer Kirche vereinigt das Choralbuch.

Unser Choralbuch ist in derselben Weise entstanden, wie das Gesangbuch. Wie Luther der alten Kirche einen Teil seiner Lieder verdankt, so hat er auch die Melodieen der alten lateinischen wie auch der wenigen schon vorhandenen deutschen Lieder in seine Gemeinde herübergenommen; ja, sogar Melodieen weltlicher Lieder haben die evangelischen Tonsetzer vielfach für die geistlichen Lieder zugrunde gelegt.

In der alten Zeit wurden aber die Kirchenlieder noch nicht von der Orgel begleitet, sondern die Orgel begann nur den Gottesdienst mit einem Vorspiel, oder es wurde der Gemeinde die Melodie vorgespielt; dann aber sang die Gemeinde allein, etwa unter Führung eines Schülerchors; etwa seit dem Jahre 1700 ist aber die Orgel zur beständigen Begleiterin des Gemeindegesanges geworden.

b. Auch das Choralbuch ist, wie das Gesangbuch, vornehmlich eine Schöpfung der lutherischen Kirche; die reformierte Kirche hat zunächst nur zu ihren Psalmen Melodieen erhalten; später hat sie sich das lutherische Choralbuch angeeignet und dasselbe mit einem Teil ihrer Melodieen bereichert, wie auch die lutherische Kirche französische und schon früher böhmische Melodieen sich angeeignet hat.

c. Auch das Choralbuch hat, wie das Gesangbuch, allmählich einen so großen Umfang gewonnen, daß wir fast zu viele Melodieen besitzen, und auch die Choräle haben, wie die Kirchenlieder, allmählich viele Änderungen erfahren. Auch hier betrachtet es unsere Zeit als ihre Aufgabe, aus den vielen Chorälen die besten herauszusuchen und dieselben in der angemessensten Form der Gemeinde darzubieten; aber wie es noch kein allgemeines Gesangbuch für die ganze evangelische Kirche gibt, so gibt es auch noch nicht ein allgemeines Choralbuch.

11. (151.) Das christliche Kirchenjahr.

(I³, 74—76. II², 109 und 138; II³, 109 und 134.)

a. Daß der Christ „allezeit bete", fordert der Apostel mit Recht, und im Leben des einzelnen Christen und im christlichen Hause gilt es noch heute, daß alles durch das Gebet geweiht wird; darum haben auch die alten Christen, solange sie noch wie eine Familie möglichst zusammenhielten, jeden Tag sich vereinigt zu gemeinsamem Gebet und zur gemeinsamen Feier des h. Abendmahls, welches sich an ein gemeinsames Mahl, das Liebesmahl, anschloß.

Aber schon in sehr früher Zeit wurde ein bestimmter Tag in der Woche besonders gefeiert, nicht der Sonnabend, den die Christen als Glieder des Volkes Israel zunächst noch feierten, sondern der Sonntag. Aber wie die Juden auch Jahresfeste feierten, namentlich Ostern, Pfingsten und Laubhüttenfest, so wurden schon in der ältesten Zeit, freilich in neuer Bedeutung, Ostern und Pfingsten auch von den Christen gefeiert; statt des dritten Festes feierten die Christen, aber erst seit dem 4. Jahrhundert, das Weihnachtsfest. Indem nun diese drei Feste, durch eine Vorfeier und eine Nachfeier erweitert, zu Festzeiten wurden, bildete sich allmählich eine festliche Jahreshälfte aus, der eine festlose Hälfte gegenüberstand; so ist neben dem bürgerlichen Jahre nach und nach das Kirchenjahr entstanden.

b. Den Anfang des Kirchenjahres bildet in der Kirche des Abendlandes die Adventszeit (d. h. die Zeit der Ankunft — adventus — des Herrn), an deren vier Sonntagen die Gemeinde ermahnt wird, des Heilands zu gedenken, der einst in die Welt kommen sollte, alsdann auf die Erde gekommen ist, noch jetzt in der Gläubigen Herz kommt, und dereinst wiederkommen wird, zu richten die Lebendigen und die Toten. Am 25. Dezember wird alsdann das Weihnachtsfest gefeiert, als das Fest der Geburt des Herrn, früher drei Tage lang (jetzt freilich meist nur an zwei Tagen), wie auch die anderen großen Feste, zu Ehren des dreieinigen Gottes. Dieses Fest fällt immer auf den 25. Dezember, ist also ein unbewegliches Fest, während Ostern und Pfingsten bewegliche Feste sind, da sie innerhalb bestimmter Grenzen auf eine ganze Reihe von Tagen fallen können.

Acht Tage nach Weihnachten wird das Neujahrsfest gefeiert; an diesem Tage hat Jesus seinen Namen bekommen. Auf den 6. Januar fällt das Epiphanienfest, seinem Namen nach das Fest der Erscheinung des Herrn, d. h. der Offenbarung Jesu als des Sohnes Gottes; als solcher ist er aber nach der ursprünglichen Bedeutung des Festes bei der Taufe erkannt worden; wir denken jetzt an diesem Tage an die Erscheinung der Weisen aus dem Morgenlande, und denken dabei daran, daß in Jesus das Heil nicht bloß für die Juden erschienen ist, sondern auch für die Heiden.

Mit den 1—6 Sonntagen nach Epiphanias (je nachdem Ostern früh oder spät fällt) schließt die erste Festzeit der festlichen Hälfte des Kirchenjahres, die Weihnachtszeit.

Mit den nun folgenden Sonntagen Septuagesimä, Sexagesimä und Quinquagesimä oder Esto mihi (der 64., der 57. und der 50. Tag vor Ostern) fängt die zweite große Festzeit des Kirchenjahres, die Osterzeit, an. Dem eigentlichen Feste geht nämlich auch hier eine Vorbereitungszeit voran, die Fastenzeit oder Passionszeit, in der alten Kirche durch strenges Fasten, bei uns durch die Passionsandachten ausgezeichnet. Diese Zeit beginnt in der griechischen Kirche schon nach dem letzten Epiphaniassonntag (also 70 Tage vor Ostern), in der katholischen Kirche aber erst nach dem Fastnachtsdienstage, der die weltliche Freude und alle Lustbarkeit beendet (caro vale — Fleisch, lebe wohl — daher Carneval), mit der Aschermittwoch (46 Tage vor Ostern)[1], wo der Priester den Kirchenbesuchern

[1]) Aber da früher an den Sonntagen nicht gefastet wurde, so umfaßte die Fastenzeit doch nur 40 Tage.

Asche aufs Haupt streut mit den Worten: „Gedenke, o Mensch, daß du Asche bist und wieder zu Asche werden wirst!“ Die nun folgenden Sonntage haben, wie schon der Sonntag Esto mihi (Ps. 31, 3), ihren Namen von dem Anfangsworte des Bibelspruches, mit dem der Gottesdienst in der alten Kirche begann: Invocavit (Ps. 91, 15), Reminiscere (Ps. 25, 6), Oculi (Ps. 25, 15), Laetare (Jes. 54, 1) und Judica (Ps. 43, 1). Mit dem letzten Sonntage vor Ostern, dem Palmsonntage, dem Tage des Einzugs Jesu in Jerusalem, beginnt die stille oder große Woche, deren große Ereignisse in auffallender Stille kirchlich gefeiert werden, auch Karwoche genannt, d. h. Woche der Trauer, der Klage (von dem altdeutschen Worte kara, d. h. Trauer, Klage).

In der Karwoche wird zunächst noch der „grüne Donnerstag“ gefeiert; er ist der Tag des letzten Mahles Jesu, auf welches alsbald die Gefangennehmung folgte. Jesu Tod erfolgte am Tage darauf, dem Karfreitag, der in der evangelischen Kirche zu einem der größten Feiertage geworden ist. Am dritten Tage darauf ist Jesus vom Tode zu neuem Leben erstanden; das feiert die Kirche am Osterfeste. Ostern ist ein bewegliches Fest, es fällt nach den Bestimmungen des Konzils von Nicäa (325) auf den ersten Sonntag nach dem ersten Vollmond im Frühling, in die Zeit vom 22. März bis zum 25. April. Die sechs Sonntage nach Ostern haben wieder ihren Namen von dem Anfangsspruche des Gottesdienstes: Quasimodogeniti (1. Petr. 2, 2), Misericordias Domini (Ps. 33, 5), Jubilate (Ps. 66, 2), Cantate (Ps. 98, 1), Rogate (Joh. 16, 24), Exaudi (Ps. 27, 7). Der Donnerstag vor dem letzten derselben, der 40. Tag nach Ostern, ist der Tag der Himmelfahrt des Herrn, mit welchem die Osterzeit ihren Abschluß gewinnt.

Die zehn Tage nach Himmelfahrt mit dem Sonntag Exaudi bilden die Vorzeit des dritten großen Festes der Christenheit, des Pfingstfestes, an welchem über die ersten Jünger Jesu der heilige Geist ausgegossen und die christliche Kirche gegründet worden ist. Die Woche nach Pfingsten endet mit dem Trinitatisfeste, d. h. dem Feste der heiligen Dreieinigkeit, an welchem die Christenheit noch einmal zusammenfassend der großen Taten ihres Gottes gedenkt, wie der Vater den Sohn in die Welt gesandt hat, wie der Sohn für die Sünder gestorben und auferstanden ist, und wie der heilige Geist ein neues Leben unter den Völkern erweckt hat. Mit dem Trinitatisfeste ist die dritte große Festzeit, die Pfingstzeit, und zugleich nun auch die festliche Hälfte des Kirchenjahres geschlossen.

c. Die nun folgenden 22—27 Sonntage nach Trinitatis (je nachdem Ostern früher oder später gefallen ist)[1] bilden die festlose Hälfte des Kirchenjahres; in sie fallen nur noch einige kleinere Feste: das Erntefest, gefeiert am Sonntage nach dem Michaelistage (dem 29. September), das Reformationsfest, meist erst am Sonntage nach dem 31. Oktober gefeiert, und das Totenfest am letzten Sonntage des Kirchenjahres. Zu verschiedener Zeit (seit 1893 in fast ganz Norddeutschland am Mittwoch vor dem Totenfest) wird in verschiedenen evangelischen Kirchen ein Bußtag (auch wohl mehr als einer) gefeiert. Die Katholiken feiern außer den genannten großen und kleinen Festen am Donnerstag nach Trinitatis das Fronleichnamsfest, d. h. das Fest des Leibes des Herrn, zum Andenken

[1] Der Katholik zählt aber diese Sonntage von Pfingsten an, und er hat daher 23—28 Sonntage nach Pfingsten.

an das in jeder Messe sich vollziehende Wunder der Verwandlung von Brot und Wein in Leib und Blut Christi; außerdem haben sie, ihrem Glauben entsprechend, noch eine Anzahl Feste zu Ehren der Maria, der Heiligen, der Reliquien und der Engel, welche die evangelische Kirche nicht mehr feiert.

d. Das Weihnachtsfest: I³, 75.

e. Ostern und Pfingsten; weltliche Feste und Schulfeste: I³, 76.

12. (152.) Das christliche Gotteshaus und der Kirchhof.

(I³, 77—79.)

a. Zunächst im Hause betet der einzelne Christ und mit ihm seine Angehörigen; aber wenn die christliche Gemeinde zusammenkommt, um gemeinsam zu beten, so bedarf sie eines besonderen Hauses, in welchem sie zusammenkommen und den gemeinsamen Gottesdienst abhalten kann. Dieses Haus kann heute der Christ schon von ferne erblicken, indem der Turm oder die zwei und mehr zum Himmel emporragenden und gen Himmel weisenden Türme ihn dasselbe leicht auffinden lassen. Vom Turme herab rufen die Glocken zum Gottesdienste. Unter dem Turm oder zwischen den Türmen befindet sich die Vorhalle der Kirche; nachdem man sie durchschritten, gelangt man zu der eigentlichen Kirchentür; an derselben ist bei den katholischen Kirchen ein Becken mit Weihwasser angebracht, damit sich der Katholik nach alter Sitte vor dem Gebet erst die Hände wasche — ein schöner Brauch schon der alten Juden und Heiden; die evangelische Kirche hat diese Sitte dennoch abgeschafft, weil das Volk das Weihwasser in abergläubischer Weise gebrauchte. An der Kirchtür ist auch der „Gotteskasten" angebracht, in welchen man, wenn man die Kirche verläßt, eine Gabe für die Armen legt.

Der Katholik macht aber beim Eintritt in die Kirche, nachdem er die Hand in das Weihwasser getaucht, mit derselben das seit uralter Zeit in der Kirche übliche Kreuzeszeichen und spricht dabei: „Im Namen Gottes des Vaters, des Sohnes und des heiligen Geistes! Amen." In der evangelischen Kirche ist auch diese Sitte allmählich verschwunden, gleichfalls infolge des Aberglaubens, der sich an das Kreuzschlagen schon sehr früh angeschlossen hat.

Sobald der Katholik in die Nähe des Hochaltars kommt, auf welchem stets die Hostie ausgestellt ist, durch welche die Kirche nach seiner Meinung erst zum Hause Gottes gemacht wird, so verneigt er sich vor derselben, da in ihr ja Christus verborgen sein soll; der evangelische Christ glaubt das nicht, hat also auch keinen Grund, sich vor dem Altar zu verbeugen; er betet, wenn er in die Kirche kommt, ein Vaterunser, nach alter Sitte stehend und das Haupt etwas neigend. Das tut er aber erst, nachdem er aus der Vorhalle in die eigentliche Kirche, entweder in den unteren Raum oder auf eins der Chöre, gekommen ist. In dem für die Gemeinde bestimmten Raume befinden sich bei den Evangelischen viele, bei den Katholiken wenige, bei den Griechen vielfach gar keine Bänke, da der Zuhörer bei jenen in der Regel sitzt, bei den letztgenannten Parteien kniet oder steht.

Im Schiff, dem Hauptraum der Kirche, ist für den Prediger die Kanzel angebracht; dem Katholiken ist aber freilich die Predigt durchaus nicht so wichtig wie die Messe, und nur diese muß er nach dem Kirchengebot jeden Sonntag anhören.

Über der Vorhalle der Kirche oder auch an einer anderen Stelle, auf einem besonderen Chore, befindet sich die Orgel. Der Orgel gegenüber befindet sich der Hauptaltar der Kirche, etwas höher als das Schiff, daher Hochaltar genannt; außerdem enthalten die katholischen Kirchen — die griechischen und die evangelischen nicht — noch mehr oder weniger Nebenaltäre. Je nach der Festzeit ist der Altar (wie auch die Kanzel) mit einer farbigen Decke bekleidet (weiß, rot, grün, violett, schwarz). Auf derselben stehen das Kreuz und die Kerzen (Christus ist das Licht der Welt), außerdem bei den Katholiken das Tabernakel oder Sakramentshäuschen mit der geweihten Hostie, und vor dem Kreuz liegt das Meßbuch, in der evangelischen Kirche die Altarbibel. Vor dem Hochaltar brennt in der katholischen Kirche die ewige Lampe; beim Gottesdienste erfüllt Weihrauchduft die Kirche — wie der Rauch, so soll das Gebet zu Gott aufsteigen. Zur Seite des Hochaltars befindet sich die Sakristei.

Als Schmuck der katholischen Kirchen dienen vornehmlich die Bilder. Von den evangelischen Kirchen hat die lutherische die Bilder mehr geduldet, als die reformierte, die vielfach auch das Kreuz auf dem Altar beseitigt hat[1]); es ist ihr das auch nicht zu verargen; wem die katholischen Mönche und Soldaten das Kreuz ins Gesicht schlagen, wenn er es nicht anbeten will (wie das bei den Ketzerverfolgungen geschehen ist), der wird es auch auf dem Altar nicht dulden wollen.

So unterscheidet sich also das katholische Gotteshaus in gar mancher Beziehung von dem Gotteshause des evangelischen Christen.

b. Nicht von jeher haben aber die Christen so schöne und so große Gotteshäuser gehabt, wie sie heute in vielen Städten und Dörfern zu finden sind; ja, sie haben in der ältesten Zeit überhaupt noch keine besonderen Gotteshäuser besessen. In der ältesten Zeit hielten sie nämlich ihren Gottesdienst in Privathäusern, und daher gab es in jeder Stadt mehrere Gemeinden, da ein Wohnhaus wohl selten groß genug war, um die ganze Ortsgemeinde aufnehmen zu können. Als die Verfolgungen aufhörten, wurden aber sofort besondere Gotteshäuser gebaut oder etwa schon vorhanden gewesene, aber zerstörte neugebaut, und jede Gemeinde besaß fortan ihr besonderes Kirchengebäude. Daß die einzelnen Kirchen aber in sehr verschiedener Weise gebaut sind, weiß jeder, der schon verschiedene Kirchen gesehen und miteinander verglichen hat.

c. Um die Kirche herum lag in der alten Zeit stets, heute in den Städten meistens nicht mehr (aber wohl noch auf den Dörfern) der (von seiner Lage so genannte) Kirchhof, die Ruhestätte der entschlafenen Christen. Aber nicht auf dem Kirchhof findet der Christ das Ende seines Lebens, sondern im Himmel, denn er hofft ja auf eine Auferstehung der Toten und auf ein ewiges Leben im Himmel.

---

[1]) Heidelberger Katech., Frage 98: „Mögen aber nicht die Bilder als der Laien Bücher in den Kirchen geduldet werden?" „Nein: denn wir sollen nicht weiser sein denn Gott, welcher seine Christenheit nicht durch stumme Götzen, sondern durch die lebendige Predigt seines Wortes will unterwiesen haben."

V. 155. Übersichten und Gebete.

1. Die Bücher der heiligen Schrift.

a. Die (39) Bücher des Alten Testaments. (929 Kapitel.)

1. Die Geschichtsbücher.

Die 5 Bücher Mose.
Das Buch Josua.
Das Buch der Richter.
Das Buch Ruth.
Die 2 Bücher Samuel.
Die 2 Bücher von den Königen.
Die 2 Bücher der Chronik.
Das Buch Esra.
Das Buch Nehemia.
Das Buch Esther.

2. Die Lehrbücher.

Das Buch Hiob.
Der Psalter (150 Psalmen).
Die Sprüche Salomos.
Der Prediger Salomo.
Das Hohelied Salomos.

3. Die prophetischen Bücher.

Jesaia.
Jeremia.
Die Klagelieder Jeremias.
Hesekiel (Ezechiel).
Daniel.
Hosea.
Joel.
Amos.
Obadja.
Jona.
Micha.
Nahum.
Habakuk.
Zephanja.
Haggai.
Sacharja.
Maleachi.

Die Apokryphen des Alten Testaments[1]. (150 Kapitel.)

Das Buch Judith.
Die Weisheit Salomos.
Das Buch Tobias.
Das Buch Jesus Sirach.
Das Buch Baruch.
Die 2 Bücher der Makkabäer.
Zusätze zum Buche Esther.
Zusätze zum Buche Daniel, und zwar:
Geschichte von der Susanna und Daniel.
Vom Bel zu Babel.
Vom Drachen zu Babel.
Das Gebet Asarjas.
Der Gesang der drei Männer im Feuerofen.
Zusatz zur Chronik:
Das Gebet Manasses.

b. Die (27) Bücher des Neuen Testaments. (260 Kapitel.)

1. Die Geschichtsbücher.

Das Evangelium des Matthäus.
Das Evangelium des Markus.
Das Evangelium des Lukas.
Das Evangelium des Johannes.
Die Apostelgeschichte des Lukas.

---

[1]) Luther: „Das sind Bücher, so der heiligen Schrift nicht gleich gehalten, und doch nützlich und gut zu lesen sind."

2. Die Lehrbücher.

Der Brief des Paulus an die Römer.
Die 2 Briefe des Paulus an die Korinther.
Der Brief des Paulus an die Galater.
Der Brief des Paulus an die Epheser.
Der Brief des Paulus an die Philipper.
Der Brief des Paulus an die Kolosser.
Die 2 Briefe des Paulus an die Thessalonicher.
Die 2 Briefe des Paulus an Timotheus.
Der Brief des Paulus an Titus.
Der Brief des Paulus an Philemon.
Die 2 Briefe des Petrus.
Die 3 Briefe des Johannes.
Der Brief an die Hebräer.
Der Brief des Jakobus.
Der Brief des Judas.

3. Das prophetische Buch.

Die Offenbarung des Johannes.

2. Zahlen der heiligen Geschichte[1]).

c.*1320 Moses führt die Israeliten aus Ägypten und erobert das Ostjordanland; sein Nachfolger Josua erobert das Westjordanland.

c. 1000 Saul, der erste König der Israeliten.

*970 David, der Stammvater des Königsgeschlechtes vom Reiche Juda, erobert Jerusalem.

950 Salomo, Davids Sohn, baut in Jerusalem den ersten Tempel.

*925 Das Reich zerfällt in die Reiche Israel (Hauptstadt Samaria) und Juda (Hauptstadt Jerusalem)[2]).

c. 860 Ahab, König von Israel, Gemahl der Isebel, Vater der Athalja. — Der Prophet Elias.

738 und 734 Israel und Juda werden den Assyrern untertan.

*722 Salmanassar, König der Assyrer, vernichtet das Reich Israel[3]).

701 Jerusalem von dem Assyrerkönig Sanherib vergeblich belagert. — Der Prophet Jesaias.

621 Reform des Gottesdienstes nach dem 5. Buche Mosis durch den König Josia.

609 Josia fällt im Kampfe gegen den König Necho von Ägypten.

606 Ninive, die Hauptstadt des assyrischen Reiches, wird durch die verbündeten Meder und Babylonier zerstört und das assyrische Reich unter die Sieger geteilt.

*586 Nebukadnezar, König von Babylon, vernichtet das Reich Juda. — Der Prophet Jeremias. — Die Juden im Exil. — Der zweite Jesaias.

*538 Kyros, König der Perser, erobert Babylon und entläßt die Juden aus dem babylonischen Exil. — Der zweite Tempel eingeweiht 516.

444 Die Juden verpflichten sich auf Esras Aufforderung, das Gesetz Mosis zu halten.

301 Die Juden kommen unter die Herrschaft der Ptolemäer in Ägypten.

198 Die Juden werden dem Syrerkönig untertan.

---

[1]) Nur die mit einem Stern bezeichneten Zahlen sind zu lernen.

[2]) In jedem der beiden Reiche 19 Herrscher, in Juda alle aus dem Geschlechte Davids, in Israel aus 9 Geschlechtern.

[3]) Genauer: Sargon, König der Assyrer, vernichtet das schon von Salmanassar angegriffene Reich Israel.

*167 Die Juden gewinnen durch die Makkabäer ihre Unabhängigkeit von den Syrern.

143 Der Makkabäer Simon wird Hoherpriester und Feldherr der Juden.

*63 Die Juden werden durch Pompejus den Römern zinspflichtig.

*40—4 v. Chr. König Herodes der Große: gegen Ende seiner Regierung[1]) wird Jesus Christus geboren.

4 v. Chr. Archelaus (bis 6 n. Chr.), Philippus (bis 34 n. Chr.), Antipas (bis 39 n. Chr.), die Söhne des Herodes, als Herrscher im jüdischen Lande.

6 n. Chr. Judäa (mit Samaria und Idumäa) wird ein Teil der römischen Provinz Syrien.

26—36 Pontius Pilatus als Prokurator in Judäa, Samaria und Idumäa; die Kreuzigung Jesu.

37—41 Herodes Agrippa I., König des jüdischen Landes; nach seinem Tode wieder römische Prokuratoren.

64 (oder 67) Paulus (und Petrus) in Rom unter Kaiser Nero getötet.

66 Beginn des Krieges mit den Römern.

*70 Jerusalem wird durch Titus zerstört. — Spätere Kämpfe der Juden mit den Römern unter den Kaisern Trajanus (115—117) und Hadrianus (132—135; Barkochba). — Der Abschluß des Judentums im Talmud (200—500 n. Chr.).

3. Zahlen der Kirchengeschichte[2]).

°64—311 Christenverfolgungen durch die römischen Kaiser; die Zeit der Märtyrer.

325 Constantinus der Große, der erste christliche Kaiser, beruft das erste allgemeine Konzil nach Nicäa (in Bithynien); Arius und Athanasius; das Nicänum.

c. 350 Erste deutsche Bibel durch den Arianer Wulfila, Bischof der Westgoten.

°381 Zweites allgemeines Konzil zu Konstantinopel.

c. 450 Der römische Bischof Leo I., der Große (viertes Konzil zu Chalcedon 451, Attila in Italien 452).

496 Chlodwig, König der Franken, bekennt sich zum katholischen Christentum.

529 Der Untergang des Heidentums im römischen Reiche (Schließung der letzten heidnischen Schule zu Athen durch Kaiser Justinianus I.).

529 Benediktus von Nursia, der Begründer des Mönchtums im Abendlande.

c. 600 Die Angelsachsen in Britannien durch den römischen Bischof Gregor I., den Großen, bekehrt und der römischen Kirche unterworfen.

°726—842 Bilderstreit in der griechischen Kirche.

754 † Winfrid oder Bonifatius, der „Apostel der Deutschen", der Begründer der römisch-katholischen Kirche in Deutschland.

---

[1]) Also vor dem Beginn unserer Zeitrechnung!

[2]) Die mit einem Stern bezeichneten Zahlen sind schon in Tertia zu lernen, in Sekunda zu wiederholen: die mit einer Null bezeichneten Zahlen brauchen nicht gelernt zu werden.

755 Gründung des Kirchenstaates durch die Schenkung Pippins, des Königs der Franken.
800 den 25. Dez. Karl der Große empfängt in Rom von Papst Leo III. die römische Kaiserkrone; Unterwerfung und Bekehrung der Sachsen.
831 Anskar, der „Apostel des Nordens".
863 Methodius und Cyrillus, die „Apostel der Slawen".
°963 Papst Johann XII. wird von Kaiser Otto I. abgesetzt.
°1046 Absetzung der drei gleichzeitig herrschenden Päpste durch Kaiser Heinrich III. auf der Synode zu Sutri.
1054 Trennung der griechischen von der römischen Kirche.
°1076 Kaiser Heinrich IV. wird von Papst Gregor VII. gebannt und abgesetzt. (Erster Bannspruch über einen deutschen Kaiser.)
1077 Kaiser Heinrich IV. erscheint als Büßer zu Canossa vor Papst Gregor VII. (1073—1085).
1122 Das Konkordat von Worms.
c. °1170 Die Waldenser.
1177 Friedrich I. Barbarossa beugt sich zu Venedig vor Papst Alexander III.
c. 1200 (1198—1216) Innocenz III., der weltherrschende Papst.
°1245 Kaiser Friedrich II. von Papst Innocenz IV. gebannt und abgesetzt. Untergang der Staufer (1268). Die Kaisersage des Mittelalters.
c. 1300 (1294—1303) Papst Bonifatius VIII.
1309—1377 Die Päpste in Avignon, das „babylonische Exil" der Päpste.
°1346 Kaiser Ludwig der Bayer wird von Papst Clemens VI. gebannt. (Letzter Bannspruch über einen deutschen Kaiser.)
°1374 John Wiclif, Professor zu Oxford.
1378—1409 Zwei Päpste, zu Avignon und zu Rom.
1409 Konzil zu Pisa; drei Päpste.
1414—1418 Konzil zu Konstanz, Ende der Kirchenspaltung; Johannes Huß aus Prag wird als Ketzer verbrannt 1415; Hussitenkrieg 1419—1436.
1431—1449 Konzil zu Basel.
1453 Konstantinopel wird von den Türken erobert, Ende des griechischen Reiches.
*1517 den 31. Okt. Dr. Martin Luther, geb. zu Eisleben den 10. Nov. 1483, schlägt 95 Thesen gegen den Ablaßhandel an der Schloßkirche zu Wittenberg an.
*1518 Luther in Augsburg vor dem Kardinal Cajetan.
1518 Philipp Melanchthon, Professor in Wittenberg (1497—1560).
*1519 Luther in Altenburg vor Miltitz.
*1519 Luthers Disputation zu Leipzig mit Dr. Eck.
*1520 Die Bannbulle des Papstes gegen Luther und seine Anhänger.
*1521 Luther vor dem Reichstage zu Worms und auf der Wartburg; das Wormser Edikt.
*1522—1534 Luthers Bibel.
1524 Reformation in Zürich durch Huldreich Zwingli (1484—1531).
*1526 Reichstag zu Speier: jeder Reichsstand soll sich in Religionssachen verhalten, wie er es gegen Gott und Kaiserliche Majestät zu verantworten sich getraut.

*1529 Reichstag zu Speier: die Evangelischen protestieren gegen die Beschlüsse der katholischen Mehrheit: „Protestanten“.
*1529 Religionsgespräch zu Marburg zwischen den Wittenbergern und den Schweizern.
*1529 Luthers Großer und Kleiner Katechismus.
*1530 Reichstag zu Augsburg, die Augsburgische Konfession.
*1531 Schmalkaldischer Bund der Protestanten.
*1532 Nürnberger Religionsfriede.
*1539 Kurfürst Joachim II. führt in Brandenburg die Reformation ein.
°1540 Der Jesuitenorden, gestiftet von dem Spanier Ignatius Loyola, aufgehoben 1773, wiederhergestellt 1814.
°1540 Erneuerung der im Jahre 1215 gestifteten Inquisition.
1541 Johannes Calvin als Reformator in Genf (1509—1564).
1545—1563 Das Tridentiner Konzil.
*1546 den 18. Febr. Luther stirbt zu Eisleben.
*1546—1547 Schmalkaldischer Krieg; das Interim 1548.
*1552 Passauer Vertrag.
*1555 Augsburger Religionsfriede: die Gleichberechtigung der Bekenner der Augsburger Konfession mit den Katholiken wird anerkannt.
1563 Der Heidelberger Katechismus.
1598 Das Edikt von Nantes (aufgehoben 1685).
*1613 Kurfürst Johann Sigismund von Brandenburg tritt von der lutherischen zur reformierten Kirche über.
*1648 Westfälischer Friede; die Bestimmungen des Augsburger Religionsfriedens werden erneuert, ergänzt und ausdrücklich auf die Reformierten ausgedehnt.
1675 Spener, der Begründer des Pietismus.
°1705 Hallisch-dänische Mission in Ostindien.
1710 Cansteinsche Bibelanstalt in Halle, im Anschluß an das im Jahre 1698 von August Hermann Francke gegründete Hallische Waisenhaus.
°1727 Graf Zinzendorf erneuert in Herrnhut die Brüdergemeinde.
°1739 Der Methodismus, gegründet von Wesley und Whitefield.
°1792 Gründung der ersten evangelischen (baptistischen) Missionsgesellschaft in London.
1804 Britische und ausländische Bibelgesellschaft in London.
°1815 Gründung der ersten deutschen Missionsgesellschaft in Basel.
*1817 Union der Lutheraner und der Reformierten in Preußen (und in einigen anderen deutschen Ländern).
°1833 Wichern gründet das Rauhe Haus bei Hamburg; die innere Mission.
°1836 Fliedner gründet das erste Diakonissenhaus in Kaiserswerth.
°1842 Der Gustav-Adolf-Verein.
°1846 Die evangelische Allianz.
1869—1870 Vatikanisches Konzil, Unfehlbarkeit des Papstes (Pius IX., 1846—1878), Ende des Kirchenstaates (1870).
1881 den 17. Nov. Botschaft Kaiser Wilhelms I. an den Deutschen Reichstag hinsichtlich der Fürsorge für die Arbeiter.
*1903 Einigung der deutschen evangelischen Landeskirchen.

4. Fremdwörter in Bibel und Kirche.

A und O (der erste und der letzte Buchstabe des griechischen Alphabets): der erste und der letzte, Anfang und Ende.
Abba (aramäisch): der Vater, o Vater.
Abt (lat. abbas, dem Aramäischen entlehnt): der Vater, der Vorsteher des Klosters.
Almosen (griech. eleēmosynē): (Gabe der) Barmherzigkeit.
Altar (lat. altare).
Amen (hebr. — in alle neueren Sprachen aufgenommen, nur im Französischen übersetzt: ainsi soit-il): gewiß, wahrlich.
Ave Maria (lat.): Gegrüßt seist du Maria (Luk. 1, 28).

Baal (Plural: Baalim, bei den Babyloniern: Bel): der Hauptgott der Kanaaniter.
Beelzebub: Fliegengott, zum Namen des Teufels geworden.
benedeien (lat. benedicere): segnen, preisen.
Bibel (griechisch, früher auch im Deutschen: biblia): die Bücher.
Bischof (lat. episcopus, aus dem Griechischen entlehnt): Aufseher.

Cherub (hebr., Plural: Cherubim): Engel.
Choralbuch (lat.): Melodieenbuch der Kirchenlieder.
Crucifix (lat. crucifixus): der ans Kreuz Geheftete.

Dechant (lat. decanus) = Superintendent (lat.) = Ephorus (griech.): Vorsteher einer Anzahl von Geistlichen
Der Dekalog (griech.): das Zehngebot.
Dom (lat. domus): das Haus, nämlich: Gottes.
Doxologie (griech.): Lobpreisung (z. B. am Schlusse des Vaterunsers).
dürfen: früher auch = wagen.
Elend: ursprünglich = Ausland.

Engel (griech. angelos): Bote, nämlich Gottes.
Erzengel (griech.): der erste Engel.
Evangelium (griech.): gute Botschaft.

Farre = (junger) Stier.
Feiertag (lat. feria).
Ferien (lat feriae): seit dem 17. Jahrhundert Bezeichnung der Gerichtsferien, seit dem 18. Jahrhundert auch der Schulferien.
Frühregen = Herbstregen.

Glocke (das einzige kirchliche Wort, welches aus dem Keltischen stammt; lat. clocca).

Hallelujah (hebr.): Lobet den Herrn.
Hölle: meist = Totenreich, selten: Ort der Verdammten.
Hosianna (hebr.) in der Höhe: Hilf doch du Gott in der Höhe (Psalm 118, 25).

Immanuel (hebr.): Gott mit uns.

Kanon (griech.): Richtschnur, Regel.
Kanzel (lat. cancelli): die Schranken vor dem Altar mit aufgesetztem Lesepult.
Kapelle (lat. capella): zunächst Aufbewahrungsort für den Mantel (capella) des h. Martin von Tours; dann jedes kleinere Gotteshaus.
Karwoche: Leidenswoche (altdeutsch kara: Trauer, Klage).
Katechismus (griech.): Lehrbuch.
Kirche (griech. kyriakon): Haus des Herrn [1]).
Kloster (lat. claustrum): verschlossener Aufenthaltsort der Mönche und Nonnen.
Körper (lat. corpus): zunächst der Leib Christi im h. Abendmahl.
Kreatur (lat. creatura): Geschöpf.
Kreuz (lat. crux).
Küster (lat. custos): Hüter der Kirche.
Kyrie eleison (griech., auszusprechen: ele-ison): Herr, erbarme dich.

Liturgie (griech.): der Gebets-Gottesdienst.

Mammon: Geld und Gut.
Märtyrer (griech. martyr): Zeuge, besonders: Blutzeuge.
Melodie (griech.): Singweise eines Liedes.
Messe (lat.: missa est concio, d. h.: die Versammlung ist entlassen).
Messias (hebr.) = Christus (griech.): der Gesalbte (der König des verheißenen vollkommenen Gottesreiches).
Mette (lat. matutina): der Morgengottesdienst.
Mönch (lat. monachus, dem Griechischen entlehnt).
Münster (lat. monasterium): eine größere Kirche.

Nonne (lat. nonna).

opfern (lat. operari).
Orden (lat. ordo, die Ordnung).
Orgel (griech. organon, das Werkzeug).
orthodox (griech.): rechtgläubig.
Ostern: das Fest der Ostara, der altdeutschen Frühlingsgöttin.

Papst (griech.-lat.: papas): Vater.
Paradies: der Garten Gottes in Eden.
Paternoster (lat.: Vaterunser).
Patriarch: Erzvater.
Pein (lat. poena): Strafe.
Pfaffe (griech. papas, d. h. Vater): Geistlicher.
Pfarre (lat. parochia).
Pfingsten (griech. pentekoste): der fünfzigste Tag nach Ostern.
Pfründe (lat. praebenda, das zu Gewährende).

[1]) Das französische Wort église ist entlehnt dem Lateinischen (ecclesia), aber das lateinische Wort selbst dem Griechischen.

Plage (lat. plaga): der Schlag.
predigen (lat. praedicare): verkündigen.
Priester (griech. presbyteros, der Ältere).
Propst (lat. propositus: der Vorsteher).
Proselyten (griech.): Judengenossen (Heiden, welche sich dem Judentum angeschlossen haben).

Rabbi (hebr.): mein Lehrer, der Lehrer.
Regel (lat.: regula).

Sakrament (lat. sacramentum).
Schoß (Röm. 13, 7): Steuer.
segnen (lat. signare): mit dem Zeichen (signum) des Kreuzes versehen.
Sela: musikalisches Wort von unbekanntem Sinne.
Septuaginta (lat.: die Siebzig): die griechische Übersetzung des A. T.
Seraph (hebr., Plur.: Seraphim): Engel.
Speise (lat. expensa, d. h. die den Mönchen zugeteilte Nahrung.)
Sündflut, in Luthers Bibel: Sintflut = große Flut.

Tedeum (lat.): Herr Gott dich loben wir (Te Deum laudamus).
Teufel (griech.: diabolos, der Verleumder).
Tradition (lat.): die mündliche Überlieferung.

verdammen (lat. damnare).
Vesper (lat. vespera): der Nachmittags-Gottesdienst.
Vulgata (lat.): die lateinische Übersetzung der Bibel.

weben: hin und her bewegen (Jakob. 1, 6), sich bewegen (Apg. 17, 28).
Weihnachten: die geweihten (heiligen) Nächte (Tage) des beginnenden Winters.

Zebaoth (hebr.): Herr der Heerscharen (d. h. der Engel und der Sterne).

Lieder-Verzeichnis.[1])

A. Weihnachtslieder.

a. 1. Mit Ernst, o Menschenkinder
a. 1b. Macht hoch die Tür, die Tor' macht weit
a. 2. Wie soll ich dich empfangen
a—2. 3. Dein König kommt in niedern Hüllen
4a. Quem pastores laudavere
4b. Nunc angelorum gloria
5. In dulci jubilo nun singet und seid froh
6. Es ist ein Ros' entsprungen
a. 7. Gelobet seist du, Jesu Christ
8. Vom Himmel hoch, da komm' ich her
9. Lobt Gott, ihr Christen, alle gleich
a—2. 10. Gott sei Dank durch alle Welt
a—2. 11. Dies ist die Nacht, da mir erschienen
a. 12. Dies ist der Tag, den Gott gemacht
13. Stille Nacht, heilige Nacht
33a. Vgl. unten Nr. 33
14. Bis hierher hat mich Gott gebracht
a. 15. Nun laßt uns gehn und treten

B. Osterlieder.

16a. Agnus Dei, qui tollis peccata mundi
a—2. 16b. Christe, du Lamm Gottes
a—1. 16c. O Lamm Gottes, unschuldig
17. Christi Blut und Gerechtigkeit
18. Die wir uns allhier beisammen finden
a. 19. Herzliebster Jesu, was hast du verbrochen
a—2. 20. Ein Lämmlein geht und trägt die Schuld
a. 21. O Welt, sieh hier dein Leben
a. 22a. O Haupt voll Blut und Wunden
22b. Salve, caput cruentatum
23. Stabat mater dolorosa
24. Christ ist erstanden
a. 25. Jesus, meine Zuversicht
a. 26. Jesus lebt, mit ihm auch ich
33b. Siehe unten Nr. 33

C. Pfingstlieder.

a—1. 27. Auf Christi Himmelfahrt allein
a—2. 28. Nun bitten wir den heiligen Geist
a—1. 29. Komm' heiliger Geist, Herre Gott
29b. Veni sancte spiritus
a. 30. O heil'ger Geist, kehr' bei uns ein
33c. Siehe unten Nr. 33
a. 31a. Allein Gott in der Höh' sei Ehr'
31b. Δόξα ἐν ὑψίστοις θεῷ
31c. Gloria in excelsis Deo
31d. Wir loben dich, wir benedeien dich
32. Wir glauben all an einen Gott
33a, b, c. O du fröhliche, o du selige

D. Die christliche Frömmigkeit.

Nr. 34—39. Vergebung der Sünden.
34. Nun freut euch, lieben Christen, g'mein
35. Es ist das Heil uns kommen her
a. 36. Ist Gott für mich, so trete
a. 37. Ich habe nun den Grund gefunden
a. 38. Jesus nimmt die Sünder an
39. Mir ist Erbarmung widerfahren

Nr. 40—52. Vertrauen auf Gott.
a. 40. O Gott, du frommer Gott
a. 41[2]). Befiehl du deine Wege
a. 42. In allen meinen Taten
a. 43[3]). Wer nur den lieben Gott läßt walten

[1]) Ein a vor der Nummer des Liedes bedeutet, daß dasselbe in allen 39 oder doch in allen 36 in Deutschland eingeführten Gesangbüchern enthalten ist; a—1, daß es in einem der eingeführten Gesangbücher, a—2, daß es in zweien derselben nicht enthalten ist, usw. Von den in allen eingeführten Gesangbüchern enthaltenen 50 Liedern fehlen im Hilfsbuch nur 8 Lieder: Nr. 1b, 55b, 71b, 75b, 76b, 76c, 92b und 98b.

[2]) Beigegeben ist das Gedicht von Schmidt von Lübeck: Paul Gerhardt.

[3]) Beigegeben ist das Gedicht von Kind: Georg Neumark.

[1]) Beigegeben ist das Gedicht von Besser: Der Choral von Leuthen.

Gebete für Schule und Haus.

A. Morgengebete und Gebete am Anfang der Religionsstunde.

1. Gott, ich danke dir von Herzen,
daß du mich in dieser Nacht
vor Gefahr, Angst, Not und Schmerzen
hast behütet und bewacht,
daß des bösen Feindes List
mein nicht mächtig worden ist.

„Gott des Himmels und der Erden", V. 2.

2. Führe mich, o Herr, und leite
meinen Gang nach deinem Wort;
sei und bleibe du auch heute
mein Beschützer und mein Hort!
Nirgends, als bei dir allein,
kann ich recht bewahret sein.

„Gott des Himmels und der Erden", V. 5.

3. Meinen Leib und meine Seele
samt den Sinnen und Verstand,
großer Gott, ich dir befehle
unter deine starke Hand;
Herr, mein Schild, mein Ehr' und Ruhm,
nimm mich auf, dein Eigentum!

„Gott des Himmels und der Erden", V. 6.

4. Gelobet seist du, Gott der Macht
gelobt sei deine Treue,
daß ich nach einer sanften Nacht
mich dieses Tags erfreue!
Laß deinen Segen auf mir ruhn,
mich deine Wege wallen,
und lehre du mich selber tun
nach deinem Wohlgefallen!

„Mein erst Gefühl", V. 6 und 7.

5. Das walte Gott, der helfen kann;
mit Gott fang' ich die Arbeit an;
mit Gott nur geht es glücklich fort;
drum sei auch dies mein erstes Wort:
das walte Gott!

Johann Betichius, Pastor in Zerbst, 1650—1722.

6. Ich gebe dir, mein Gott, aufs neue
Leib, Seel' und Herz zum Opfer hin;
erwecke mich zu neuer Treue
und nimm Besitz von meinem Sinn!
Es sei in mir kein Tropfen Blut,
der nicht, Herr, deinen Willen tut!

„Ich bin getauft auf deinen Namen", V. 5.

7. O Gott, du frommer Gott,
du Brunnquell guter Gaben,
ohn' den nichts ist, was ist,
von dem wir alles haben,
gesunden Leib gib mir,
und daß in solchem Leib
ein' unverletzte Seel'
und rein Gewissen bleib'!

„O Gott, du frommer Gott", V. 1.

8. Erforsche mich, Gott, und erfahre mein Herz; prüfe mich und erfahre, wie ich's meine! Und siehe, ob ich auf bösem Wege bin und leite mich auf ewigem Wege!

Ps. 139, 23—24.

9. Weise mir, Herr, deinen Weg, daß ich wandle in deiner Wahrheit; erhalte mein Herz bei dem Einen, daß ich deinen Namen fürchte!

Ps. 86, 11.

10. Der Herr, unser Gott, sei uns freundlich, und fördere das Werk unsrer Hände; ja, das Werk unsrer Hände wolle er fördern!

Ps. 90, 17.

11. Herr, wenn ich nur dich habe, so frage ich nichts nach Himmel und Erde. Wenn mir gleich Leib und

Seele verschmachtet, so bist du doch, Gott, allezeit meines Herzens Trost und mein Teil. Ps. 73, 25—26.

12. Gott, sei mir gnädig nach deiner Güte, und tilge meine Sünden nach deiner großen Barmherzigkeit! Schaffe in mir, Gott, ein reines Herz, und gib mir einen neuen gewissen Geist! Verwirf mich nicht von deinem Angesicht, und nimm deinen heiligen Geist nicht von mir!

Ps. 51, 3 und 12—13.

13. Ein reines Herz, Herr, schaff' in mir,
schleuß zu der Sünden Tor und Tür,
vertreibe sie und laß nicht zu,
daß sie in meinem Herzen ruh'!

Laß deines guten Geistes Licht
und dein hellglänzend Angesicht
erleuchten mein Herz und Gemüt,
o Brunnen unerschöpfter Güt'!

Und mache denn mein Herz zugleich
an Himmelsgut und Segen reich;
gib Weisheit, Stärke, Rat, Verstand
aus deiner milden Gnadenhand!

Heinrich Georg Neuß † 1716.

14. Psalm 23.

Der Herr ist mein Hirte, mir wird nichts mangeln. Er weidet mich auf einer grünen Aue, und führet mich zum frischen Wasser. Er erquicket meine Seele, er führet mich auf rechter Straße um seines Namens willen. Und ob ich schon wanderte im finstern Tal, fürchte ich kein Unglück; denn Du bist bei mir, Dein Stecken und Stab trösten mich. Du bereitest vor mir einen Tisch im Angesicht meiner Feinde. Du salbest mein Haupt mit Öl, und schenkest mir voll ein. Gutes und Barmherzigkeit werden mir folgen mein Leben lang, und ich werde bleiben im Hause des Herrn immerdar.

15. Psalm 121.

Ich hebe meine Augen auf zu den Bergen, von welchen mir Hilfe kommt. Meine Hilfe kommt von dem Herrn, der Himmel und Erde gemacht hat. Er wird deinen Fuß nicht gleiten lassen, und der dich behütet, schläft nicht. Siehe, der Hüter Israels schläft noch schlummert nicht. Der Herr behütet dich, der Herr ist dein Schatten über deiner rechten Hand, daß dich des Tages die Sonne nicht steche, noch der Mond des Nachts. Der Herr behüte dich vor allem Übel, er behüte deine Seele. Der Herr behüte deinen Ausgang und Eingang von nun an bis in Ewigkeit!

Morgenlieder:

Gott des Himmels und der Erden. Lied 63.

Wach' auf mein Herz und singe. Lied 64.

Morgenglanz der Ewigkeit. Lied 65.

Mein erst Gefühl sei Preis und Dank. Lied 66.

Liebster Jesu, wir sind hier. Lied 82.

B. Am Ende des Unterrichts.

1. Unsern Ausgang segne Gott,
unsern Eingang gleichermaßen;
segne unser täglich Brot,
segne unser Tun und Lassen;
segne uns mit selgem Sterben
und mach' uns zu Himmelserben!

Lieder:

2. Ach bleib' mit deiner Gnade. Lied 80.
3. Nun danket alle Gott. Lied 54.
4. Nun danket all' und bringet Ehr'. Lied 55.
5. Lobe den Herren, den mächtigen König der Ehren. Lied 57.

C. Tischgebete.

1. Aller Augen warten auf dich, [Herr], und du gibst ihnen ihre Speise zu seiner Zeit. Du tust deine [milde] Hand auf und sättigest[1]) alles, was lebet, mit Wohlgefallen.

Ps. 145, 15—16.

2. Komm, Herr Jesu, sei unser Gast, und segne, was du bescheret hast!

3. Danket dem Herrn, denn er ist freundlich,
und seine Güte währet ewiglich!

Ps. 106, 1.

D. Abendgebete.

1. Der ewig reiche Gott
woll' uns bei unserm Leben
ein immer fröhlich Herz
und edlen Frieden geben,
und uns in seiner Gnad'
erhalten fort und fort,
und uns aus aller Not
erlösen hier und dort!

„Nun danket alle Gott", V. 2.

2. Müde bin ich, geh' zur Ruh',
schließe meine Augen zu,
Vater, laß die Augen dein
über meinem Bette sein.
Hab' ich Unrecht heut getan,
sieh es, treuer Gott, nicht an!
Deine Gnad' und Jesu Blut
macht ja allen Schaden gut!
Alle, die mir sind verwandt,
Gott, laß ruhn in deiner Hand!
Alle Menschen, groß und klein,
sollen dir befohlen sein!

Luise Hensel, 1798—1876.

3. Segne und behüte
uns durch deine Güte!
Herr, erheb' dein Angesicht
über uns und gib uns Licht!
Schenk' uns deinen Frieden
alle Tag' hinnieden!
Gib uns deinen guten Geist,
der uns stets zu Christo weist!
Amen, Amen, Amen!
Ehre sei dem Namen
Jesu Christi, unsers Herrn,
denn er segnet uns so gern!

Verf. unbekannt.

Lieder:

Nun ruhen alle Wälder. Lied 67.

Der Mond ist aufgegangen. Lied 68.

Bis hierher hat mich Gott gebracht. Lied 14.

Laß mich dein sein und bleiben. Lied 84.

E. Das Vaterunser.

Vater unser, der du bist im Himmel, geheiliget werde dein Name; dein Reich komme; dein Wille geschehe wie im Himmel also auch auf Erden; unser täglich Brot gib uns heute, und vergib uns unsere Schuld, wie wir vergeben unsern Schuldigern; und führe uns nicht in Versuchung, sondern erlöse uns von dem Übel! Denn dein ist das Reich und die Kraft und die Herrlichkeit in Ewigkeit! Amen.

[1]) Grundtext: erfüllest.

Frommannsche Buchdruckerei (Hermann Pohle) in Jena.

Kolibri 360 GmbH
Ferdinand-Jühlke-Straße 7
99095 Erfurt, Deutschland
produktsicherheit@kolibri360.de